U0138912

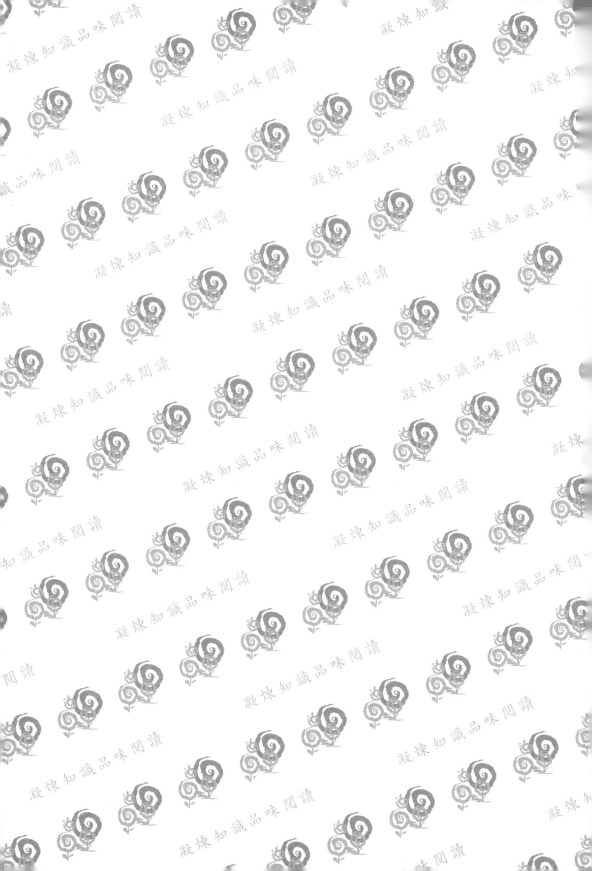

行為改變技術

含正向行為介入與支持（PBIS）

（第9版）

張世彗 著

五南圖書出版公司 印行

九版序

　　行為改變技術是應用行為學習論與認知論，來改變個體已有行為或矯治不適當行為之各種技術的統稱。經過幾十年來的發展與成長，其原理已被廣泛地應用在各個領域，譬如親子關係、青少年和成人行為治療、學校教育、工商業、家庭兒童的教養、心理治療、犯罪、運動表現及身體健康、醫藥與老人醫學、自我管理和政府行政機構等，前景可謂一片光明。因此，將行為改變技術正確的觀念與實務技巧做適當的傳播，似乎是很值得努力的方向。

　　雖然基於「行為後果本位」、「非功能性」及「消除性」等早期行為改變技術的省思，行為處理的方法與術語也不斷在演化中，例如：行為治療、應用行為分析、行為管理及正向行為支持等。不過，行為學派及認知行為改變論所建立之行為改變技術仍有相當的價值性，而且也在持續同化與調適中，例如：考慮行為問題的原因與功能，來增進行為支持或介入的效果。

　　全書計分為四大篇九章，企圖涵蓋目前行為學派取向之行為改變技術的所有範疇。其中第一篇探究理論基礎，包括：緒論（行為改變技術的涵義、簡史與未來挑戰、特性、應用及基本假定與迷思）與主要理論介紹。

　　第二篇述及各種行為原理，包括：增進適當行為、降低或消除不適當行為、建立新行為、維持行為及認知本位的行為改變技巧等。這些都是目前實務工作者經常在家庭、學校、機構或社會情境中直接運用的技巧，實用性與成功性都相當的高。

　　第三篇則提及近二十多來年特別強調的焦點：「行為功能評量和正向行為介入與支持」，企圖透過行為問題的功能性評量，建立正向的行為介入與支持計畫和策略。這個部分非常類似其他專業人士所採用的方法，也

就是先進行為功能評量和分析，然後再採取可行的策略來消除或降低行為問題。

最後一篇為個案行為研究的科學方法，包括：行為改變的變項和各種單一個案實驗設計，適合評估行為改變的因果關係，實際應用性較低，探究因果關係之學術研究性較高。

本書各篇及各章呈現的先後順序，大體上是依循下列三項原則：

(1)自理論至實務，從根源談到由其衍生出的實用性技巧和原理；

(2)由技巧「直接應用」到「先分析再應用」；

(3)從實用層面至研究層面。

冀望運用這樣的出現方式，能夠循序漸進地充實學習者行為改變技術的專業知能。另外，本書在新版中，除了保留各章的重點，以及基於歷年來教師檢定和資格考試題，增添了各章的回顧與知新專欄，以利於學習者閱讀後，更能掌握住該章關鍵的部分及參與相關考試或甄試上的溫習。

最後本書得以順利付梓，要特別感謝五南圖書出版公司的大力支持和協助，以及學生所提供之增強版和相關資料。雖然筆者已勉力撰寫此書，惟因學疏才淺，謬誤和不足之處，在所難免，尚祈方家不吝指正。

張世彗　謹識

於臺北市立大學特殊教育學系

2024.4.30

email: hwi@utaipei.edu.tw

目　錄

九版序

理論基礎篇

行為原理篇

理論基礎篇

第一章

緒　論

　　小弘是班上出名的搗蛋鬼，平時我行我素，班導張老師雖然一再糾正，但是小弘屢勸不聽，令老師非常苦惱。

　　江小弟，11歲8個月，目前就讀於國小五年級。在學校表現良好，但是在家中卻表現出許多不良的生活習慣，包括沉溺於看電視而常常耽誤做功課、常將手伸進魚缸中玩魚、不願意幫忙作家事、受到指責時會表現出「白眼和頂嘴」的態度，甚至會攻擊姊姊。無論父母和姊姊如何的恩威並施，也很難改進這些不良的家庭生活習慣，讓家人傷透了腦筋。

　　新店市龜山地區燕子湖附近湖山新城內的香格里拉大廈、湖光社區等大樓社區，因地勢高，自來水接管不易，多年前政府撥款設置抽水站與社區給水設備。王○○等人自1999年起，涉嫌霸占抽水旁的法拍屋藉以控制水源，對外並以「水廠廠長」自居，任意漲價收費，居民若不從就以斷水逼迫就範。

　　綜觀上述的實際例子，我們可以發現每一特定情境都與人類的行為表現有關，而這正是行為改變技術所關心的範疇。不過，在探討這些行為改變技術之前，我們實在有必要先徹底瞭解一下行為所涵蓋的範圍。

第一節　行為改變技術的涵義

一、何謂行為？

　　要瞭解「**行為改變技術**」（behavior modification）的意義，首先我們應該瞭解「行為」和「行為改變」等名詞的涵義。若能充分認識上述名詞，將會有助於瞭解行為改變技術的真正涵義。根據一般接受的心理學定義來看，「行為」是心理學中最重要的一個名詞，但也是最難以界說的一個名詞。按照不同的觀點，「**行為**」一詞大致有下列四個不同的涵義（主要參考張春興，2007）：

㈠**傳統行為論者**【如華森（J. B. Watson）與斯肯納（B. F. Skinner）】將行為界定為可以觀察測量的外顯反應或活動，像一個人的打球、跑步和游泳等；至於內隱性的心理結構、意識歷程以及記憶、心像等，則均不被視為心理學研究的行為。

㈡**新行為論者**【如霍爾（H. U. Hull）與托爾曼（E. C. Tolman）等】將行為的定義擴大，除可觀察測量的外顯行為之外，也包括內隱性的意識歷程；因而中間變項、中介歷程、假設構念等概念均在考慮之內。

㈢**認知論者**【如皮亞傑（J. Piaget）與布魯納（J. S. Bruner）】將行為視為心理表徵的歷程，對於外顯而可以觀察測量的行為反而不太重視；其所研究者集中在注意、概念、訊息處理、記憶、問題索解、語言獲得等複雜的心理歷程。

㈣行為一詞在心理學上的廣義用法，已包括內在的、外顯的、意識的與潛意識的一切活動。

雖然行為在心理學上的廣義用法，涵蓋了內在和外顯、意識與潛意識的一切活動。惟就行為改變技術目前的實務來看，筆者認為「**行為**」一詞主要是涉及內在意識活動和外顯的活動，較不觸及內隱的潛意識活動。

二、何謂行為改變？

支配或影響行為改變的因素很多，但概括言之不外以下四大因素：「**遺傳**」（heredity）、「**環境**」（environment）、「**成熟**」（maturation）、「**學習**」（learning）（張春興和林清山，1986）（圖1-1）。在這四大因素之中，遺傳與環境可以說是決定或影響個體行為改變的客觀因素，而成熟與學習可以說是決定或影響個體行為改變的主觀因素。茲分別簡要說明如下：

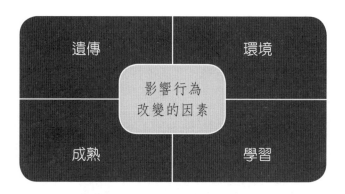

圖1-1　影響個體行為改變的因素

(一)遺傳和環境因素

「遺傳」是指經過受精作用個體生命開始之際，父母親的心理與生理特性傳遞給子女的一種生理變化的過程。而「環境」則是指個體在有生命開始之後，其生存空間所有對其產生影響的一切因素而言。由上可知，遺傳和環境因素自始至終對個體的影響，都會發生交互作用的影響。在受精作用期間，個體由於父母遺傳基因的特殊組合，在生命一開始就決定其基本特徵（如身高、體型、膚色、髮色、血型、色盲、禿髮、智力及知覺動作等）、性別（男性或女性）與單複胎（張春興，1993）等。由此可見，遺傳因素往往是個體無法改變的。

至於環境因素對於個體行為改變的影響方面，Skeels（1966）曾探究一群孤兒院的幼兒在不同慈善機構下的發展情形，結果發現在環境中提供教育性活動的那一組幼兒，不僅智商提高了32個單位，而且長大後亦有良好發展。反之，自小留在孤兒院的幼兒，後來多數表現不佳。Kirk（1958）和Lazar（1983）的另一項研究亦發現兒童環境改變越大，對於兒童的成長加速越多。他們進一步歸結指出，家庭和學校對於擴展學前兒童的整體發展具有決定性的影響。

(二)成熟和學習因素

在個體發展的歷程中，成熟與學習兩因素一直發生交互作用。不過，此種交互作用會隨個體生長程度的改變而改變。一般而言，個體越是幼稚，成熟因素對其行為的支配力就越較學習的因素為大。爾後隨著生長漸進，成熟的影響力量漸減，而學習因素的支配力量則相對的增加。若就行為的性質言，凡是屬於基本的行為，大多數會受到成熟的支配，例如人類的基本動作（如站立、走路等）。至於特殊的、複雜的行為，則多數會受到學習因素的支配，諸如人類所使用的語言、文字等均屬之。

所謂「學習」是個體經由練習或經驗使其行為產生較為持久改變的歷程。此一定義，若詳細分析，可以涵蓋下列三方面的意義：

1.行為產生改變乃是由於經驗或練習的結果

凡是沒有經過練習或是未曾經由與環境接觸而產生經驗，縱使行為有所改變，也不能稱為學習。例如個體的成熟也會使其行為產生持久性改變（如青春期開始後，男生的嗓音會產生改變，但成熟並不屬於個體的經驗，所以由成熟所產生的行為改變，就不能稱為學習）。

2.透過學習改變的行為具有持久性

在此一觀念下，無論外顯行為或者是內隱行為，只有較為持久改變者，才算是學習。因為有些行為改變是暫時性的，時間一過，改變之後的行為，隨之消失而恢復原狀。像疲勞使得動作緩慢、藥物使得知覺麻痺或生病等暫時性行為產生改變的現象，均不是學習。

3.學習並非全是「指導」或「訓練」的結果

指導或訓練固然可以產生學習，但除此之外個體在生活環境中只要與事物接觸發生經驗，均會產生學習。

　　由上述分析可知，雖然遺傳、環境、成熟及學習均會支配或影響到行為的改變，不過環境及學習因素似乎較具有教育上的意義。

三、行為改變技術的涵義

　　在瞭解行為與行為改變這兩個名詞的意義之後，接著我們要來探究何謂行為改變技術？不同的學者對於此一名詞有著不盡相同的看法，茲列表描述如下：

表1-1　不同學者對行為改變技術的界定

學者和年代	涵義
林正文（2005）	行為改變技術是指凡是應用學習理論於實際補救程序。補救、復健、矯正、教室管理、諮商及輔導等技術均稱之，包括不良行為的改善及良好行為的塑造。
Sarafino（1996）	行為改變技術是使用學習和認知原理來瞭解和改變人類的行為。
Coon, Mitterer, & Martin（2018）	行為改變技術是指運用古典和操作制約學習原理來改變人類行為的任何企圖。
張春興（2007）	行為改變技術的涵義主要有二：(1)根據行為論的學習理論，經由制約作用的歷程，改變個體已有行為或矯治不良習慣的一種方法；(2)採用認知論的理論，用以改變個體的態度、觀念、思想等較複雜的心理歷程，從而達到改變某種不良行為的目的。
Martin & Pear（2019）	行為改變技術是有效處理行為的各種技術的統稱。
Miltenberger（2024）	行為改變技術乃是關心分析和改變人類行為的心理學領域。

　　基於上述的分析，我們可以瞭解到目前為止，並沒有任何正式或完全獲得同意的定義。因此，筆者亦根據本身對於此一學門的認識，將「行為改變技術」的涵義界定為：「**凡是應用行為學習論與認知論來改變個體已有行為或矯治不適當行為之各種技術的統稱。**」

由這些涵義可明顯看出，行為改變技術的範疇主要是侷限於行為學派，再融入一些認知行為改變觀點的技術組合而成。至於其他也可以用來改變行為的觀點和技術則未放進來，例如輔導和諮商的技術、宗教運用的方法、以及心理分析論之技巧等。

第二節
行為改變技術的簡史與未來挑戰

雖然行為改變技術所發展的實務已有數十年之久，不過在人類歷史上運用行為學習論和認知論方法實際來影響行為卻仍是很新穎的。例如，心理學家並不是一開始就曉得酬賞行為可以增進行為出現的頻率。以下我們將扼要的描述一下行為改變技術的歷史演進。然後，再述及行為改變技術未來應努力的方向。

一、行為改變技術的簡史

(一)行為改變技術理論與研究的出現

在20世紀的前半段，支配著人類為何有此行為表現的理論或系統化解釋提出了「行為乃是源自於不同的內在力量，諸如驅力、動機、衝突及特質等」，其中最為著名的是奧國精神病科醫生Sigmund Freud（1933）所提倡的「**心理分析論**」（psychoanalytic theory）。例如，他視個人的行為乃是人格及其重要力量（如驅力和衝突）的一種表現。根據這個理論，他認為個人的人格會深深地受到早期經驗的影響，而在兒童期就會定型。因此，Freud相信若想改變個體的問題行為需要個案與矯正者相互交談，藉以瞭解其潛在的力量（譬如衝突和尚未獲得解決的兒童經驗）。

不過，在1900年代初期開始誕生了與「心理分析論」不同的觀點，稱為「**行為主義**」（behaviorism），心理學家John B. Watson（1913）和B. F.

Skinner（1938）為這個理論兩大主要代表人物。行為主義乃是一種理論取向，**強調研究可觀察和可測量的行為，同時主張幾乎所有的行為是經驗的產物，並不關心不適當行為發生的內在原因（內在衝突等），反而認為是環境中的事件維持著行為的出現。**因此，我們可以藉由學習原理，尤其是反應性和操作性制約作用來解釋個體的行為。

這個理論發展的根源有二：哲學和科學。某些哲學觀點已經被採用了200年以上，並且在歐美各國受到廣泛地接受。例如，英國哲學家John Locke（引自林玉体，1984，p.7）主張：「人之出生如白紙，以後所表現的多采多姿或五顏十色等都是外加的。」不過，在行為主義介入之後，心理學就逐漸地脫離哲學的範疇，而科學方法則成為哲學和科學間的主要區別。因此，早期的行為主義者拒絕哲學無法觀察的概念，諸如心靈、意識和靈魂。相反地，他們運用科學方法來檢視學習原理的可行性。其中有兩個方向的研究最為重要：Pavlov（1927）證實了反應制約作用的歷程（參見本書第二章第一節）與Thorndike（1931）研究令人感到滿意和困擾的行為後果（增強和懲罰）是如何對學習產生影響的。

另外，有兩項研究奠立了運用學習原理來改變行為的基礎。其一是Watson和Rayner（1920）曾制約一位11個月大男孩亞伯特（Albert）對小白鼠產生恐懼的歷程。在制約前，亞伯特並不害怕小白鼠。而制約時，研究者呈現小白鼠並伴隨著巨大的聲響（Conditioned Stimulus, CS），造成亞伯特產生恐懼（Conditioned response, CR）。制約之後，亞伯特一看見小白鼠就會產生恐懼而逃避。這個實驗說明了亞伯特經由反應制約作用的歷程學會了害怕小白鼠。

不久，Jones（1924）則描述了她如何降低幼兒彼得（Peter）在日常生活中所發展出來的害怕行為。Peter的害怕行為很像亞伯特——他很害怕白色有毛的東西，如小白兔。Jones用來降低害怕的程序包括：當Peter在吃最喜愛的食物時，讓小白兔逐漸地接近他。重複幾次之後，Peter在呈現小白兔時已不再顯現害怕，而且會尋找牠、撫摸牠、玩弄牠。由這項研究的結果顯示運用學習原理來改變行為的潛在價值性。

往後40年間又發生了四項重要的歷史事件（Bandura, 1969; Kazdin, 1978）。首先，心理學和哲學已清楚的分道揚鑣；其次，研究人員已顯示反應性和操作性制約原理，可以有效地運用於各種情境來改變許多行為；復次，稱為「**行為的實驗分析**」（experimental analysis of behavior）已經發展來研究學習上的理論歷程，這種分析方法通常並不強調運用性；最後，心理學家變得越來越不滿意缺乏科學事實，用以證實處理行為有效的傳統方法，譬如Freud所主張的心理分析論。

(二)行為改變技術的發展

1950年代和1960年代初期，運用學習原理作為方法來改變人類行為的研究一直在成長中（Kazdin, 2012）。B. F. Skinner在此一取向的發展上仍有著深遠的影響。有許多學者不斷地充實觀念和研究發現來注入這個學術領域，不過有兩位研究者應該獲得特別的注意。

Wolpe（1958）曾發展了反應性制約的治療技巧（稱為逐減敏感法），不久就被認為可以有效地協助人們降低強烈的害怕和焦慮。而Hans Eysenck（1952）則出版一系列應用傳統方法（尤其是心理分析）來改進個案心理功能無效的研究結果。雖然Hans Eysenck的作法加劇了應用傳統方法改變行為的無效性，不過亦建立專業人員質疑傳統方法在處理社會心理問題上無效性的基礎，同時激勵他們致力於尋求新的方法。而這些新方法中有些包括了行為學習論方法的應用。

1960年代末期，行為改變技術成為正式的訓練，並有雜誌出版，同時亦形成「**應用行為分析**」（applied behavior analysis）的研究領域，著重於運用行為學習論的方法於社會重要的課題上，包括各級學校教育、兒童教養、特殊兒童的訓練、身體健康和醫藥、運動表現、犯罪及心理疾病等（Baer, Wolf, & Risley, 1987; Kazdin, 2001）。就在此時，臨床心理學上的心理治療則包含一項類別稱為「行為治療」（behavior therapy）——即運用行為改變的原理來處理個案的問題。行為治療初期所使用的處理技巧幾乎是基於行為學習論的方法，不過，在1970年代以後所採用技巧的範圍，卻

開始組合越來越多認知論的方法（Mahoney, 1977; Wixted, Bellack, & Hersen, 1990）。

　　現今行為改變技術的原理已經被廣泛地運用在各個領域，譬如心理治療者、普通班教師、特殊班教師、父母、工商業主管、矯正學校人員及教養院人員等。此外，有越來越多的應用是要預防維持及促進行為，而不只是要消除現有的行為問題而已。由上述的發展可以預知，行為改變技術應用的遠景似乎是無限寬廣的。

二、行為改變技術的未來挑戰

　　當我們探究瞭解釋人類行為的理論基礎，以及這些理論基礎所衍生出來的基本行為原理和技巧，同時亦瞭解到這些行為原理和技巧對於社會與個人的好處具有很大的潛力。目前我們已能清晰地描繪這些基本行為原理和技巧，以及成功地運用它們來改變自己和他人行為的方法。事實上，我們已經發現行為改變技術是高度有效的，而且可以產生明顯的改進，同時也瞭解到這些原理和技巧可運用於各種情境上，來改變大多數的問題行為。雖然行為改變技術擁有許多明顯的優點，但是仍存在著一些限制（Goldfried & Castonguay, 1993）。以下我將要來探究一下行為改變技術未來將會面對的許多挑戰。

㈠提高行為改變技術的效果

　　不管行為學習論和認知論的方法或技巧在改變行為上的高度成功，在可預見的未來，它仍然存在著某些重要的挑戰。而提升行為改變技術成功的方法之一，就是提高關心所設計和實施的介入。例如，有許多專業人士在設計行為改變方案時，是使用直覺的方式來選擇處理的方法，而不是進行徹底的「**功能性評量或分析**」（functional assessment or analysis）（O'Neill et al., 1997）。此外，實施行為改變技術的人員可能會因未經詳細且定期的訓練和監督他們的努力，而鬆散的使用這些技巧（Harchik et al., 1992）。

　　行為改變技術不僅對於矯正已有行為問題有助益，而且在預防人類遭遇和問題行為上也顯現出某些前景。例如，實施介入以預防青少年免於發展出不健康的上癮行為方面（如抽菸或使用藥物）已有某種程度的成功（Botvin et al., 1990; Murray et al., 1989）。而某些行為學習論或認知論的方法亦被設計來預防未來的行為問題，這些方法透過訓練個體能力來協助它們在日常生活中適應良好。此外，自我管理技巧、壓力免疫訓練法及問題解決訓練法也常被視為具預防性的方法，來防禦人類問題行為的發生。

　　目前我們也已經瞭解到「再發」（relapse）對於行為改變方案的成功是一項重要的障礙。基本上，行為改變技術在方案有效時，可以產生問題行為改變，不過有時行為在方案結束後會產生恢復的現象。雖然在發展方法來降低再發可能性方面已有某些進展，不過這項問題仍會是未來重要的挑戰。

(二)整合不同的治療方法

　　由於行為改變技術的研究和資料，在改變行為上，許多運用行為學習論和認知行為改變論方法的專業人員，已經願意考慮其他證實有效的新技巧。在1970年以前，行為改變技術的研究和治療傾向於使用單一的技巧，諸如過度矯正、代幣增強或隔離等。在1970年之後，越來越多開始組合不同的行為學習論與認知行為改變論的方法（Swan & MacDonald, 1978）。這些改變說明了從不同理論基礎（諸如醫藥和心理分析），統合治療方法運動的濫觴（Wilson, 1990）。

　　形成此項運動的主要因素在於研究支持發展不同治療的成效（Beitman, Goldfried, & Norcross, 1989）。其中最常見的整合行為治療的形式之一是運用藥物，例如處理焦慮異常（anxiety disorders）、沮喪（depression）及注意力缺陷過動異常（attention deficit hyperactive disorder, ADHD）等（Emmelkamp, Bouman, & Scholing, 1992）。雖然教育或心理人員不可以開立藥方，但是他們經常提供治療結合可以開立藥方的專業人員

（如醫生）。

　　目前有關整合不同治療方法的價值尚存在著爭議，而且其要採取的速度和方向仍不是很清晰的。

㈢提升行為改變技術的正面形象

　　行為改變技術的運用初期是基於大眾和專業人員的支持。不過，這個領域後來卻受到很大的批判。其主要原因有下列幾項：⑴行為改變技術的哲學基礎似乎反對認知和生物歷程在行為上的角色；⑵它所使用的技巧似乎是簡單的、無人性的。例如，有許多早期的研究和應用，包括懲罰的運用，有時會針對發展障礙兒童使用身體的厭惡性刺激。

　　行為改變技術初期特性對其形象的負面影響至少一直持續到1980年代，造成人們反對使用行為學習論方法的偏差（Woolfolk, Woolfolk, Wilson, 1977）。自1980年代初期，運用行為改變技術的專業人員已經開始致力於改變這些負面的形象。他們所使用的策略之一就是挑戰在新聞媒體所揭露的錯誤觀念與陳述（O'Leary, 1984）。另外一項策略是在心理學領域刊出為大眾所廣泛接受與使用的技巧。經過這樣的努力，此種負面的形象已獲得相當的進展。

第三節
行為改變技術的特性

　　從上述行為改變技術的涵義中，我們可以歸納出幾項使得這種技術顯現出其獨特性的性質。這些為大多數專家所接受的特性包括：⑴著重行為而非特質；⑵強調學習和環境的重要性；⑶改變行為的實用方法；及⑷運用科學方法來研究行為等四大項（Kazdin, 2012; Wixted, Bellack, & Hersen, 1990）如圖1-2，並分述如下：

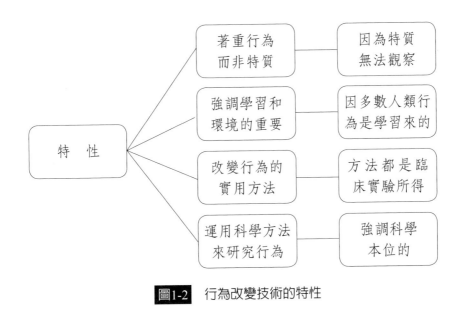

圖1-2　行為改變技術的特性

一、著重行為而非特質

　　我們已經瞭解到行為改變技術主要是針對「**行為的**」，而非「**特質**」（如圖1-3所示）。特質是相當穩定且永久的人格特性，不過特質的描述存在許多障礙，因為特質無法觀察——它只存在我們心中（每個人的解釋可能不盡相同）。此外，個體特質的描述通常是不夠精確的，而且無法提供有關何時會影響到個人行為的資訊。因此，使用行為改變技術者均會強調下列三點：⑴依照行為來界定個體目前的情形，而不是根據特質或者是其他較為廣泛的特性；⑵能夠以某種方式來測量行為；⑶可能的話，依照外顯的行為表現（包括語文和非語文的線索）來間接評估內隱行為（如害怕、動機、思考、知覺及態度等）或心理歷程，行為改變技術認為情緒和認知事件亦可以採用類似於外顯行為的方法，來進行改變和研究。不管怎樣，僅僅使用主觀測量來評估內隱行為（例如讓個體評估本身害怕或焦慮的感受），往往對於行為改變技術是否成功的事實助益不大。

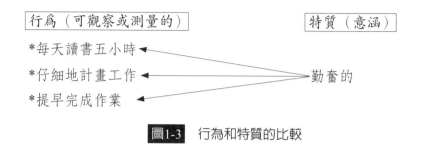

圖1-3 行為和特質的比較

　　至於我們到底要增進或降低行為，往往繫於行為是不足或過多的問題。如果行為是不足夠的，即意味著個體所表現的適當行為是經常不足、不夠持久、不夠好或者是強烈的不足等。例如，很少主動溝通、學習時間不夠。若是行為表現過度，就是表示個體表現某一特定行為太經常、太強烈或者是太持久。例如，抽菸過多、活動量過大、酗酒尖叫、打人及考試焦慮等。

二、強調學習和環境的重要性

　　大多數的人類行為是學習來的（learned behavior）。前一節我曾探究了遺傳因素可以影響行為及其發展，但是學習卻提供了個體最為實質且廣泛的過程，來獲得或改變他們所做的任何事情。因此，運用行為改變技術者都會假設行為是容易犯錯的，而且可以藉由提供適當的新經驗來加以修正或改變。

　　在改變行為上所提供的新經驗則包括改變個體環境的範圍，主要是藉著改變行為的「**前提事件**」（antecedent）和「**行為後果**」（consequence）。雖然提供個體新的學習經驗在行為改變上已經獲得高度的成功，不過我們仍然應該注意到此種提供新經驗作法所存在的限制：⑴我們必須仔細地選擇與應用前提事件和行為後果，若未能如此，那麼改變行為所下的工夫將會受到影響；⑵行為改變技術所使用的知識體系仍在成長中；⑶就某些個案言，目前行為的前提事件和行為後果，乃是根源於個案的社會或文化環境。由於這些環境通常對於個案行為具有強烈的影響，因而可能

很難加以實質性的改變；⑷有些行為是嚴重的異常（譬如自閉症或注意力不足過動異常兒童所表現出來的行為特性）或有著明顯的生理基礎，至少目前的行為改變技術並不足以完全改變它們（Wilson & Simpson, 1990）。

三、改變行為的實用方法

在方法上，行為改變技術是採取實用的方法，來改變個體的行為（Baer, Wolf, & Risley, 1968）。因此，實施行為改變技術者大都強調發現和使用能夠產生作用的方法來改變個體的行為，不管此種技術是否符合某一特定的理論。目前行為改變技術所採取的實用方法主要包括兩大類：「行為學習論的方法」和「認知論的方法」（Sweet & Loizeaux, 1991）。

這些方法（或稱原理／策略／技巧）大都由學者從事動物或病患臨床實驗所得的菁華，並非憑空想像得來的。其中，行為學習論的方法乃是運用古典制約作用、操作制約作用及社會學習論的原理，來處理外顯行為；至於認知論的方法則是藉由修正個體的思考歷程，來改變外顯和內隱的行為。

雖然這兩大類似乎是分離的，惟實際上它們有很多的重疊存在。若有所重疊，此一技術有時會被稱為「認知─行為的方法」。

四、運用科學方法來研究行為

行為改變技術是強調科學本位的──其核心在於經由科學方法來發現知識，所以有些學者會將其稱為「客觀而系統的處理行為的有效方法」。基本上，科學方法包括藉由下列方式來進行「個體行為」研究：⑴實徵性的蒐集資料──也就是說，直接的觀察和測量；⑵分析和解譯資料；⑶設定精確的方法來蒐集資料，使得其他研究人員瞭解其程序及加以複製這些程序，後來逐漸發展為「**應用行為分析法**」（applied behavior analysis, APA）或「**單一受試實驗設計**」（single subject experimental design）來評

估個案行為的實務分析。

　　行為改變原理及其運用研究的特色，就是詳細且精確的測量行為，而研究人員運用科學的方法已經發現學習和認知影響行為的方法（可參見本章第四節）。

第四節

行為改變技術的應用

　　本節作者將要來探討行為改變技術的應用層面，從行為學習論所發展出來的行為改變技術迄今已有數十年的歷史，相關的研究文獻亦已多的不勝枚舉，而且這些研究文獻已經充分地顯現，運用行為改變技術來增進各種行為的價值。心理學家和其他專業人員也已經應用行為改變技術在許多的情境，例如學校、家庭、監獄、工商業、政府行政機構及醫院。至於應用的範圍則是針對各種個體和行為，如圖1-4所示，並依序扼要描述：

應用範圍

☐ 親子關係	☐ 身體健康和醫藥
☐ 學校教育	☐ 老人醫學
☐ 青少年和成人行為治療	☐ 自我管理
☐ 身心障礙兒童的訓練	☐ 更生重建
☐ 運動心理學	☐ 政府行政機構
☐ 職業情境	

圖1-4　行為改變技術應用的範圍

一、親子關係

　　教導父母行為和認知能力可以協助他們改變行為，進而改變其孩子的行為，許多學者的研究都證實這樣的說法，Christophersen et al.（1972）和Wolfe、Mendes及Factor（1984）的研究就指出訓練父母行為學習論的方法，可以有效地協助他們處理各種養育兒童的問題，例如讓兒童做家事或降低兒童觀看電視的時間等。Carolyn Webster-Stratton（1982）則指出運用模仿和討論是教導父母增進其養育兒童的有效方法。

　　McNeil et al.（1990）亦發現父母運用行為改變方法在家降低兒童干擾性的行為，兒童也可以在其他情境表現良好，例如學校與親戚家裡。

二、學校教育

　　在學校教育方面，行為改變技術的基本原理已經被廣泛且有效的應用，來改進教學方法和學校內所發生的行為。電腦輔助教學（computer-assisted instruction, CAI）就是基於行為學習論代表人物Skinner（1954）的編序教學法的概念，運用電腦來教導學生學習一系列的教材。CAI方案可以解釋概念、提供實例、問問題及給予回饋等。Ormrod（1990）的研究顯示CAI常常要比傳統的方法來得有效。

　　至於在學校內所發生的行為方面，很早就有研究發現老師可以經由讚美和社會性注意，來增進學生的學習行為；而採用消弱策略來降低阻斷性行為（Madsen, Becker, & Thomas, 1968）。此外，Wasik（1970）亦指出提供學生自由選擇活動的機會，可以有效地改進教室內的行為。自1960年代初期，行為改變技術在班級中的運用已有相當的進展。學校中設計了許多改變學生阻斷性或與學習不相容行為的技術運用，目前在班級中已能成功地處理離開座位、亂發脾氣、攻擊及過度社會化的行為。至於其他關心的是直接修正學業性行為，包括閱讀理解、拼字、數學、作文、創造力及精熟科學概念等（Martin & Pear, 2019）。

三、青少年和成人行為治療

　　前面所述大都是針對兒童，本部分我們將著重於運用行為改變技術，來處理青少年和成人的心理問題。目前這些技術已經能夠有效地處理青少年和成人的異常，包括沮喪、性異常、焦慮、精神疾病及物質濫用等（Turner, Calhoun, & Adams, 1992）。就沮喪來說，基本上沮喪乃是一種臨床的異常，沮喪者對於悲傷或者是失去興趣和樂趣的感受是非常嚴重、經常性且持久的（Davison & Neale, 1994）。

　　沮喪的行為治療通常包括認知論和行為學習論的方法（Freeman, 1990）。認知論的方法是藉由質問個人用以支持其信念的事實，來改正這些思考信念；至於行為學習論的方法則是透過展示他們表現行為的方法，讓其練習並給予回饋。至於完整的處理通常包括藥物治療，尤其是嚴重沮喪時。

　　在物質濫用方面，某些人常會任意地使用許多不合法或不健康的物質，包括毒品、酒精及藥物，要停止這些不適當的行為通常是相當棘手的。不過，Tucker、Vuchinich和Downey（1992）的研究則顯示，行為改變技術是有所助益的。Wilson（1991）亦指出行為改變技術對於酒精濫用的處理是有效的。

四、身心障礙兒童的訓練

　　特殊教育對象，尤其是身心障礙兒童，有許多共通的特性——幾乎學習各種能力會有很大的困難——動作、認知、語言及社交等。因此，這些兒童需要高度結構性和計畫完善的訓練，來學習即使是相當簡單的任務。行為改變技術在這一方面應用可說是相當的廣泛。

　　就智能障礙和多重障礙兒童言，訓練他們往往需要密集的努力，尤其是重度障礙者。老師必須將學習任務分成幾個小步驟，介紹前提事件，詳細地監督每位學生的表現，並對正確反應提供酬賞。運用這些行為學

習論的方法，每位智能障礙兒童可以學習適合其年齡和能力水準的任務（Hamilton & Matson, 1992）。例如，極重度智能障礙者可以進行如廁訓練（Azrin & Foxx, 1971），重度智能障礙者可以學習表現簡單的社會性行為（Whitman, Mercurio, & Caponigri, 1970）。

　　就自閉症兒童來說，自閉症兒童學習緩慢且困難重重。學習任務必須一再地重複。個別教學、高度結構性及立即性回饋是必要的。例如，Oltmanns、Neale和Davison（1990）就曾運用這些策略來發展一位自閉症兒童與老師眼睛接觸的行為。倪志琳（1999）則曾採用結構教學法成功地發展了四位自閉症兒童的認知操作、認知語言及模仿能力。另外，行為改變技術亦可用來降低或消除自閉症兒童許多的過度行為。例如，Lovaas et al.（1973）就曾運用行為學習論的方法成功地降低自閉症兒童的自我刺激行為。

五、運動心理學

　　行為改變技術已經廣泛用於運動心理學的領域（Martin & Hrycaiko, 1983）。因此各種運動練習、比賽的期間，行為改變技術的程序都用來改善運動員的表現（Wolko, Hrycaiko & Martin, 1993; Zeigler, 1994）。比起傳統教練的步驟，行為改變技術明顯產生較佳的運動表現。

　　Rushall（1993）曾採用認知論的方法來協助一位喪失自信的女性金牌選手克服其問題。這種方法要求她集中注意力於每一部分的動作，而忽視痛苦和努力，終而提升其體適能分數，並恢復了她的信心。此外，行為改變技術（如模仿和增強）也可以用來協助低成就的運動員增進其運動能力（Whelan, Mahoney, & Meyers, 1991）。這些行為學習論的方法需要運動員注意行為的細節。而錄影帶和電腦設備的技術增進，可以使得這些方法更加精確（Franks & Maile, 1991）。

六、職業（工商業）情境

Frederiksen和Lovett（1980）認為將行為改變技術應用於組織上，稱為「組織行為管理」（organizational behavior management）。而組織行為管理主要是藉由改正其前提事件和行為後果來改變行為，以及透過教學和模仿來教導新行為（Luthans & Kreitner, 1985），這些方法可以有效地達成許多不同目標。例如，降低竊盜（Carter et al., 1988）、工廠降低怠惰（Hermann et al., 1973）、工作表現、工作安全，並且減少遲緩、長期缺席、工作上的意外等。所以，行為改變技術在商業、工業上的運用，已經使得組織的生產率、利潤增加，而且對工作者的工作滿意度也上升。

而國內工商業為了提高消費行為增進利潤，亦經常運用到行為改變技術的原理，尤其是增強原理。例如，刷某種信用卡累積點數，點數可作為現金使用，提高該信用卡使用率。

Google在2021年3月10日宣布Google Play首度在臺推出使用者獎勵計畫「Google Play Points」。讓臺灣成為繼美國、日本、南韓後，第四個「Google Play Points」服務上線國家。加入Google Play Points獎勵計畫不需支付任何費用。為了表達對消費者的感謝，Google Play Points獎勵計畫讓消費者只需透過原本使用Google Play的方式，就能輕鬆獲得點數獎勵。在Google Play上所有的消費活動都可獲得點數，包含：購買應用程式或遊戲、應用程式或遊戲內的額外付費內容、電影、電子書；欲獲得更多點數，可隨時留意最新Play Points點數活動。

經由消費或參加點數活動得到的Play Points，可用來兌換以下內容：

- 應用程式／遊戲內中的寶物、道具等商品。
- 應用程式／遊戲內的優待券。
- Google Play抵用金：每100點可換價值新臺幣30元的Google Play抵用金。Google Play抵用金可折抵未來在Google Play上的任何消費。

Google Play Points獎勵計畫共分為5個等級：銅級、銀級、黃金級、白金級和鑽石級。等級越高，將可享有更豐富的優惠內容並解鎖額外獎勵。

等級	銅級	銀級	黃金級	白金級	鑽石級
每等級要求的點數	-	250	1,000	4,000	15,000
每消費 NT$30 獲得	1.0 點	1.25 點	1.5 點	1.75 點	2.0 點
NT$30元電影租借優惠		1次	1次	2次	3次
NT$150元電子書抵用金			1次	2次	3次
每週獎勵		最高50點	最高100點	最高500點	最高1000點

七、身體健康和醫藥

　　近年來，我們已經瞭解到心理和行為環境也可能會影響到疾病的發生與復原的速度。例如，我們的健康會因長期的壓力、抽菸、缺乏運動等因素而受到傷害。由於醫學和心理的關聯性造成了相關領域的研究，包括「健康心理學」（Health psychology）、「行為醫學」（Behavioral medicine）和「身心醫學」（Psychosomatic medicine）等（Sarafino, 1994）。

　　行為改變技術已經被有效地用來提高健康和預防疾病和受傷。例如，DeVries、Burnette和Redmon（1991）曾採取AIDS預防方案來增加護士戴手套的行為。這項方案包括向護士展示前兩週是否戴上手套的情形，讚美並鼓勵她們經常戴上手套。行為改變技術不僅有助於提高人們的健康，而且也能提升醫學處理病人的成效。

八、老人醫學

行為改變技術用於看護家庭、其他養護機構，即可助其管理老人的行為（Hussian, 1981; Hussian & Davis, 1985）。而且，行為改變技術的程序還可幫助老人處理衰退的身體能力、助其調整看護家庭的環境、促進健康相關的行為、進行適合的社交互動。甚至，減少可能源自Alzheimer的問題行為、其他類型的失智、制度的需要（Stock & Milan, 1993）。

九、自我管理

學習自我管理的技術，我們將可以獲得所需的自我控制和自我調節的能力，來增進行為的改變。學習此種技術之所以會成功的理由有二：首先，自我管理在行為治療上已被廣泛的使用且獲致相當的成功。例如，Nakano（1990）曾運用自我管理技術成功地降低幾位A型性格者社交不耐煩行為的次數，同時增加他們飯後放鬆的時間。其次是，大學生運用自我管理技術成功的例子相當的多。例如，Hamilton（1980）的研究發現他的學生符合先前所建立之自我管理計畫目標的83-86%。

十、更生重建

「更生重建」是指傷害、精神創傷之後（所謂的傷害像是：車禍造成的頭部創傷、中風造成的腦部損傷），一種幫助人們恢復正常功能的過程。行為改變技術用於更生重建，主要藉此激勵病人順從一些例行的復健（例如，物理治療）。並且教導新的技能，以便替代那些因為傷害、精神創傷所失去的技能。還有減少問題行為的出現、幫助處理長期的疼痛、改善記憶的工作情況（Bakke et al., 1994; Davis & Chittum, 1994）。

十一、政府行政機構

　　在政府行政機構方面，行為改變技術的基本原理亦已經被廣泛應用，來改進機構內外所發生的行為，例如，為了鼓勵醫院對病情穩定的慢性病患開立連續處方箋，中央健保署擬提高醫師診察費給付（增強原理），每開出一張慢性病連續處方箋（醫療行為），健保就多給200元診察費。除醫師的診察費提高外，醫院亦可藉此疏散門診量，民眾則可以免去多次看診的掛號費與部分負擔花費；而我國經濟部為鼓勵中小企業創業創新，特推動「國家新創事業獎」競賽活動，除融合「鼓勵中小企業新技術開發計畫」的研發補助資源投入外，並首度跨部會整合政府、民間團體及創投基金資源，獲選最受青睞的企業可望獲得1,300萬元以上的研發補助金。

　　日本政府為了重振先進半導體製造產業，穩定半導體供應，先補助了「台積電熊本一廠成熟製程」。於今年（2024）2月24日舉辦啟用儀式，日本政府宣布將再對台積電補助多達7,320億日圓（48.6億美元），協助興建熊本二廠。第二座廠是引進10奈米以下製程，可以讓日本工程師參與，替日本的半導體產業帶來刺激，以求未來在半導體先進製程居於領先。

　　臺北市政府教育局為鼓勵（增強原理）中等學校教師擔任學校行政職，特別修改中等學校候用主任甄選規則，降低學歷積分（從28分降至20分），加重現任國中組長獲秘書年資積分，另外新增特殊表現一項，鼓勵教師參與語文及學科競賽（最高可得10分）。

　　幾乎沒有人會贊同鼓勵賭博，不過，若是小賭能被視為改善道路安全、環保、上學，甚至是幫助整個社會的一種方式，賭博可能就有不同意義。美國「時代雜誌」（Time）曾列舉幾種讓世界變得更美好的樂透玩法：⑴**改善狗狗隨地排便**。新北市環保局曾推出的「撿黃金（狗糞），換黃金」活動，鼓勵民眾清除狗大便，再以此換取摸彩券，就有機會獲得相當於2,000美元的獎項；⑵**獎勵環保**。美國各州常推出獎勵誘因以達到環保目的，例如回收塑膠瓶和鋁罐可獲得美金5分或10分的獎勵；⑶**鼓勵**

民眾「存錢」。美國馬里蘭州（State of Maryland）引進英國的實例，以現金鼓勵民眾購買儲蓄債券；⑷**鼓勵學生有高出席率**。美國麻薩諸塞州（Commonwealth of Massachusetts）、紐約州（State of New York）和俄亥俄州（State of Ohio）曾推出鼓勵學生只要出席率高，就有機會獲得免費筆記型電腦、服飾店禮物卡及現金獎勵的摸彩方式；⑸**鼓勵投票**。美國亞利桑那州（State of Arizona）曾提出一項鼓勵民眾踴躍投票的法案，民眾只要在初選及普選中投票，就有機會獲得100萬美元的獎金；⑹**鼓勵民眾在限速內行駛交通工具**。瑞典曾推出「測速照相機」的樂透獎金，鼓勵民眾在限速內行駛交通工具，就有機會贏得現金獎勵；⑺**鼓勵民眾遵守稅法**。例如為了防止餐廳逃漏稅，中國大陸官方在發票上附有刮刮樂，顧客因而樂於向店家索取發票，希望能中獎，連帶使餐廳據實申報。

　　總括而言，行為改變技術的原理可以在日常生活中的許多範圍，有效地用來**改變行為**。從親子關係至**自我管理**都可以看到行為改變技術成功地應用的例子。綜觀本節，我們將會發現下列兩項特色：⑴行為學習論和認知論方法的應用潛力是無止盡的；⑵基於研究堅實的支持，行為改變技術的前景是相當樂觀的。

第五節
行為改變技術的基本假定與迷思

一、基本假定

　　依照行為改變技術的涵義與其主要的理論基礎，我們大致可以歸結出行為改變技術的基本假定（如表1-2所示）。大多數的行為學習論者或認知行為改變論者相信至少有些基本假定是有例外的。不過，這些基本假定代表著行為學習論者或認知行為改變論者的一般哲學，以下乃是這些基本假定的描述：

♂表1-2　行為改變技術的基本假定

基　本　假　定	理　論　取　向	
	行為學習論	認知行為改變論
1.大多數的行為是學習到的	∨	
2.行為是刺激特定的	∨	
3.行為是可以教導和改正的	∨	
4.行為改變方案必須是個別化的	∨	
5.行為介入的重點在此時和此地	∨	
6.病因的重點在個體的環境上	∨	
7.行為改變的目標是特定的且界定清楚的	∨	
8.行為會受到認知（如思想、信仰等）的影響		∨
9.認知改變會導致行為產生改變		∨

㈠大多數的行為是學習到的

　　行為學習論者相信大多數所觀察到的兒童行為是學習到的。也就是說，兒童傾向於表現出受到強化的行為，而避開先前未被強化或者是受到懲罰的行為。此外，執行行為改變者相信適當行為和不適當行為之間並沒有差異——兩者都是學習到的（learned）。因此，行為改變技術的目標在於提供個體提高適當的、前社會性行為的學習經驗。

㈡行為是刺激特定的

　　行為學習論者相信個體在不同環境會表現出不同的行為。也就是說，兒童在特定情境上所表現出的行為，僅僅是顯示兒童在那種情境上如何表現而已。這是因為每種環境包括它自己的前提事件（如人、期望）和行為後果（增強物和懲罰物）。此外，個體在不同環境也會有不同的增強和懲罰史。例如，兒童可能學習到在家發脾氣會受到強化，而在其他環境（如學校）發脾氣不會受到強化。可見兒童在家和在校的發脾氣行為並不相同。

(三)行為是可以教導和改正的

由於行為是學習到的，所以執行行為改變者可以教導新行為和改正目前不適當或反社會行為。行為學習論者指出許多研究證實行為改變技術的效能和缺乏事實來支持傳統的精神分析法。由於行為改變技術在教導新行為與改正目前行為上的成效，因而它可以作為父母和教師在日常生活情境上的功能性方法。

(四)行為改變方案必須是個別化的

行為學習論者相信個體在不同環境上有著不同的前提事件和行為後果。由於我們每個人已經發展出各種行為、前提事件和行為後果之間許多不同的關聯。也就是說，個體對於不同環境和反應形式會有不同反應。因此，對於每位兒童和兒童的環境來說，行為改變方案均必須是個別化的。我們若想運用單一行為改變技術來作為環境內所有兒童的管理策略，並不符合行為改變技術的基本假定。

(五)行為介入的重點在此時和此地

不像「心理分析」法會投注許多時間和努力於個體的過去經驗。行為學習論者並不特別關心過去的事件。相反地，行為學習論者集中心力於個體環境內的目前事件，以確認對個人目前行為上的影響。行為學習論者甚至認為確定和探討兒童害怕、焦慮與個人關係的潛在原因是沒有好處的。再者，行為學習論者認為當我們企圖改正家庭和教室內的目前行為時，並沒有事實顯示確定和探討歷史事件的用處。是故，他們強調行為介入的焦點應在此時此地，而非個體過去的經驗。

(六)病因的重點在個體的環境上

「心理分析」法主要是集中在個體和在個體內尋找問題行為的解釋，而「行為學習論」者則是針對個體的環境和尋找環境內問題行為的解釋。

因此，執行行為改變者對於行為的環境、情境和社會決定因子特別感到興趣。此外，「心理分析法」主要視不適當行為是由於人格缺陷和其他內在屬性的結果，而「行為學習論」者則認為前提事件和行為後果才是適當和不適當行為最為重要的因素。

(七)行為改變的目標是特定的和界定清晰的

「行為學習論取向」乃是一種有計畫和系統教導新行為或改正目前行為的方法，其目標是可觀察的和可測量的，並以特定的術語來加以陳述。行為學習論取向上所使用的策略也是特定的且須系統化的運用。因而其目標、方法及介入策略等都以書寫方式描述，使得方案的實施是一致的。

(八)行為會受到認知（如思想、信仰者等）的影響

「認知行為改變論」者認為個體如何知覺環境對於周遭事件的衝擊力大小有著很大的影響。例如，兩個駕駛小飛機的人反應可能非常不同，部分是因為他們以不同的方式知覺經驗。對這兩個人來說，這趟行程本身的自然要素，基本上是相同的。不過，一個或許會認為這趟行程很危險，生命也遭受威脅，所以極度緊張；但是另一位也許會認為這趟行程很安全，而且覺得興奮快活。這趟行程對於這兩個人有著不同的衝擊，因為他們的知覺、信念及自我陳述不同。此外，事件並不只是在他們心理上不同，他們的知覺對於這次行程的安全性亦有直接的影響。視這次經驗為完全免於風險的人可能變得粗心大意，而且忽略了安全防備，這可能增加了受傷的風險。而視這次經驗很危險的人可能服鎮定劑或喝點酒壯膽，以便不幸的事件發生時能處變不驚。由上述分析可見，知覺不僅對這兩個人的想法有作用，也會影響到他們的行為表現。

(九)認知改變會導致行為產生改變

認知行為改變論者基本上認為不適當的認知過程會導致不適應行為，因而主張藉著轉換認知過程來改變行為。事實上，研究亦證實認知

歷程與幾項臨床異常（如憂鬱、沮喪和焦慮）的發展有關（Kazdin, 2012; Rosenhan & Seligman, 1984; Stein & Young, 1992）。例如，憂鬱的人傾向於視自己為失敗者，認為世界充滿失落感，對未來感到悲觀無助，而且把壓力事件和負面情況歸咎於自己。這些認知歷程與憂鬱的多種徵候有所關聯，也會造成個體與他人互動減少及缺乏參與活動的興趣。雖然憂鬱患者可以經由多種形式來加以治療，不過認知行為改變論者則強調透過轉換憂鬱患者的認知信念系統，可以導正其不適應行為。

二、迷思與正思

　　行為改變技術充滿著許多的迷思和錯誤概念，導致了社會大眾及專業人士對於行為改變原理和技術的敵意（Kaplan, 1991; Kazdin, 2012）。這些概念已存在很久，一如行為改變技術這個專有名詞。有關這個術語的技術已經受到了濫用和誤用。行為改變技術與非行為改變技術的關係，例如，藥物治療、電擊、心理外科手術，則提供了一個共同錯誤的例子。

　　雖然這些醫學介入能夠改變或修正行為，但是可能會和行為改變技術產生混淆，其實「醫學和行為介入之間存在著清晰的差異」（Kazdin, 1978）。不幸地，許多人並不瞭解Kazdin和Cole（1981）就發現人們較難將行為改變術語（增強，懲罰）視同人性化的術語（個人成長和發展）。因此，有些人建議使用更為人性化的語言來取代行為改變技術上所使用的術語（Wilson & Evans, 1978）。

　　行為改變技術的印象為何如此糟糕呢？第一，行為改變技術的術語受到大量的誤用。其次是，行為改變技術的虐待事實長久存在，尤其是無法保護自己遠離這些虐待的個體。如前所述，行為改變技術首先運用到機構內的人們。這些個體大多數是各種心智的、情緒的、和身體障礙的兒童。此外，許多未受過適當訓練的專業人士和半專業人士充其量膚淺的瞭解各種可運用的技術，也在實施行為改變技術。因而，我們實有必要做一些釐清，以避免負面效應的蔓延。表1-3乃是一些行為改變技術常見的迷思與

正思（Kazdin, 2012; Melloy, 1990）：

✐表1-3 行為改變技術的迷思與正思

迷思一	改變他人的行為是強迫性的
	對某些人來說，企圖改變另一個人的行為是違反他人的自由和權利
正思	問題並不在於改變他人行為是否為強迫性的，而是我們每天在家和學校都在改變他人的行為。重要的是，誰決定兒童的行為應該改變？應改變何種行為？應使用那種技術？（Gelfand & Hartman, 1984）。

迷思二	行為改變技術是種賄賂的形式
	有些人相信增強兒童適當行為是種賄賂的形式，來讓兒童舉止表現適當。有些較差的個案情境，兒童可能轉向桌子企圖賄賂實施行為改變者（例如，你給我糖果，我就會表現良好）。
正思	賄賂和增強是不同的。賄賂是指不當使用酬賞或恩惠來腐敗某人的行為；至於增強，行為之後所傳遞的事件通常是對個案、社會或兩者都有利的。事實上，賄賂和注意兒童適當行為之間有明顯不同。尤其，若兒童在適當行為之後不給予增強，他們可能就會表現不適當行為來引起注意（Kazdin, 2012）。

迷思三	兒童將會僅因增強而學習適當的表現
	有些人害怕運用增強會造成受到兒童操弄。
正思	實施者如果提供增強來消除兒童的發脾氣行為，則兒童的操弄性行為可能會提高：(1)兒童未來仍會發生這種行為；(2)在消除發脾氣行為前，兒童可能會要求增強物。如果實施者在兒童未發脾氣時給予增強物，兒童就較不可能在未來產生發脾氣行為。

迷思四	兒童應該致力於內在增強物
正思	有多少大人在沒有發現增強情況的活動下會努力工作呢?事實上，外在增強物是日常生活的一部份。行為改變技術教導實施者運用這些行為原理來教導新技巧和提高適當行為的方法。當兒童較為成熟時，希望他們能夠學習到內在的增強價值。

迷思五	我們應該運用相同方法來處理兒童的行為
正思	事實上，每位兒童都有個別需求，有些兒童需要比其他兒童更多的注意。就最佳教育實務來看，公平對待每個人的觀念是不符實際的。例如，教師有責任確定小明的需求和使用最佳的方法。如果增強可以增進小明就座的行為，那麼小明有權接受最有效的介入。雖然其他兒童已表現適當就座的行為，並不需要增強，不過良好的教育實務告訴我們，他們也應受到注意以維持其行為。由於兒童對有特殊需求的兒童會非常敏感。研究顯示兒童比成人更能接受這種差異（Melloy, 1990）。

迷思六	行為改變是忽視學生的不適當行為，只酬賞適當的行為
正思	事實上，行為改變技術強調只有在行為是受到實施者的注意所維持時，實施者才應該忽視學生的不適當行為。

迷思七	行為改變技術是運用厭惡性控制（如藥物、電擊等）來改變行為
正思	在控制某些行為上，行為改變技術的形式之一就是實施厭惡性控制，不過只有在當事人同意使用才能派上用場。至於學校所使用的行為改變技術，是不被允許運用這些會造成身體痛苦的厭惡性控制。

迷思八	行為改變技術是針對動物，如老鼠、鴿子、猴子或機構中的身心障礙者
正思	行為改變技術在修正不同對象的不適當行為已顯現其成效。我們只要檢試相關文獻，即可暸解行為改變技術的應用範圍及成功事實（林正文，2005；Kazdin, 2012）。

迷思九	行為改變技術是一種哲學、宗教信仰或生活方式
正思	行為改變技術的理論可用來解釋多數行為，但是卻無法解釋所有人類的行為。簡言之，行為改變技術只是多種能夠協助人類學習的工具之一，它並不是一種宗教信仰，運用它也不會使你成為行為主義者（behaviorist）。

本章重點

1. 行為是心理學中最重要的名詞，也是最難以界說的名詞。

2. 行為一詞大致有四個不同的涵義：(1)傳統行為論者與斯肯納（B. F. Skinner）將行為界定為可觀察測量的外顯反應或活動，內隱性的心理結構、意識歷程及記憶、心像等，均不被視為心理學研究的行為；(2)新行為論者與托爾曼（E. C. Tolman）將行為定義為除可觀察測量的外顯行為外，也包括內隱性的意識歷程；(3)認知論者則將行為視為心理表徵的歷程，對於外顯而可觀察測量的行為反而不太重視；(4)行為一詞在心理學上的廣義用法，已包括內在、外顯、意識與潛意識的一切活動。就行為改變技術目前實務來看，行為主要是涉及內在意識活動和外顯的活動，較不觸及內隱的潛意識活動。

3. 支配或影響行為改變的因素很多，但概括言之不外以下四大因素：遺傳、環境、成熟、學習。遺傳與環境可說是決定個體行為改變的客觀因素，而成熟與學習可說是影響個體行為改變的主觀因素。

4. 雖然遺傳、環境、成熟及學習均會支配或影響到行為的改變，不過環境及學習因素似乎較具教育意義。

5. 行為改變技術係指凡是應用行為學習論與認知論來改變個體已有行為或矯治不適當行為之各種技術的統稱。

6. 多數專家所接受的行為改變技術特性，包括著重行為而非特質、強調學習和環境的重要性、改變行為的實用方法，以及運用科學方法來研

究行為等。

7. 行為改變技術者均強調下列三點：(1)依照行為來界定個體目前的情形，而不是根據特質或其他較廣泛的特性；(2)能夠以某種方式來測量行為；(3)可能的話，依照外顯的行為表現來間接評估內隱行為或心理歷程。

8. 多數的人類行為是學習來的。因此，運用行為改變技術者都會假設行為是容易犯錯的，且可由提供適當新經驗來修正或改變，主要是透過改變行為的「前提事件」和「行為後果」。

9. 實施行為改變技術者大都強調發現和使用能產生作用的方法來改變個體行為。目前行為改變技術所採取的實用方法，主要包括「行為學習論的方法」和「認知論的方法」。其中，行為學習論的方法乃是運用古典制約作用、操作制約作用及社會學習論的原理，來處理外顯行為；至於認知論的方法則是藉由修正個體的思考歷程，來改變外顯和內隱的行為。

10. 行為改變技術是強調科學本位的。其核心在於經由科學方法來發現知識，有些學者將其稱為「客觀而系統的處理行為的有效方法」。基本上，科學方法包括藉由下列方式來進行個體行為研究：(1)實徵性的蒐集資料，即直接的觀察和測量；(2)分析和解譯資料；(3)設定精確的方法來蒐集資料，使其他研究人員瞭解及複製這些程序，後來逐漸發展為「運用行為分析法」或「單一受試實驗設計」來評估個案行為的實務分析。

11. 在1900年代初期開始，誕生了與「心理分析論」不同的觀點，稱為「行為主義」（behaviorism），John B. Watson和B. F. Skinner為這個理論兩大主要代表人物。行為主義是一種理論取向，強調研究可觀察和可測量的行為，同時主張幾乎所有行為是經驗的產物，並不關心不適當行為發生的內在原因，反而認為是環境中的事件維持著行為的出現。

12. 現今行為改變技術的原理已經被廣泛地運用在各個領域，如心理治療者、教師、父母、工商業主管等。有越來越多的應用是要預防維持及

促進行為，而不只是要消除現有的行為問題。行為改變技術的遠景似乎是無限寬廣的。

13.行為改變技術是高度有效的，且可產生明顯改進，但仍存在限制。

14.行為改變技術的應用多元，包括在親子關係、學校教育、青少年和成人行為治療、身心障礙兒童的訓練、運動心理學、職業情境、身體健康和醫藥、老人醫學、自我管理、更生重建及政府行政機構等。

15.行為改變技術的基本假定，包含多數的行為是學習到的、行為是刺激特定的、行為是可以教導和改正的、行為改變方案必須是個別化的、行為介入的重點在此時和此地、病因的重點在個體的環境上、行為改變的目標是特定的和界定清晰的、行為會受到認知的影響，以及認知改變會導致行為產生改變。

16.行為改變技術充滿著迷思和錯誤概念，導致社會大眾及專業人士對於行為改變技術的敵意。行為改變技術的印象為何如此糟糕？原因包括：⑴行為改變技術的術語受到大量誤用；⑵行為改變技術的虐待事實長久存在；⑶許多未受過適當訓練的專業人士和半專業人士膚淺的瞭解各種技術，也在實施行為改變技術。

回顧與知新專欄 ....

※選擇題

(　) 1. 某生遇到困難時就出現尖叫的干擾行為，教師採取在新的學習教材出現時先給予示範，這是哪一種處理問題行為的策略？　(A)改變學習環境條件　(B)操作行為前事事件（antecedent events）　(C)改變學生個體條件　(D)操作行為後果事件（consequence events）

【#96教檢，第3題】

(　) 2. 小虎一遇到困難的學習單時就出現大聲尖叫並咬手的行為，於是教師每次在新的學習單出現時先給予示範，並且將困難的內容拆解成簡單小步驟等方式解決此問題。這是哪一種行為處理的策略？
(A)改變學習環境條件　(B)操作行為前事事件　(C)改變學生個體條件　(D)操作行為後果事件

【108新北市國小暨幼兒園教甄，第41題】

參考答案

1.(B)　　2.(B)

#表示「特殊教育學生評量與輔導」應試科目

第二章

行爲改變技術的理論基礎

　　行為改變技術乃是一種主動介入的方法，由實施行為改變者⑴觀察、測量與評估目前可以觀察的行為形式；⑵確認環境中的前提事件與行為後果；⑶建立新的行為目標；⑷提高新行為的學習或藉由操弄已經獲得確認的前提事件與行為後果來修正目前的行為；⑸或者是由個體以認知歷程去自我調適，進而達到改變某種不適當的行為。

　　如前所述，行為改變技術並非單一用來改變行為的技術，而是可以用來描述各種特定技巧的術語。這些技巧都有文獻上堅實的理論基礎，並且已成功地運用在學習新行為、增進已有適當行為、維持行為及降低不適當行為上（林正文，2005；Kazdin, 2012）。

　　由前述涵義與歷史淵源的分析可知，行為改變技術的理論基礎主要包括「**行為學習論**」（behavior learning theory, BLT）、「**認知學習**」（cognitive learning）與「**認知行為改變論**」（cognitive behavior modification, CBM），分別描述如後。

第一節

行為學習論

　　行為學習論，簡稱「**行為論**」（behavior theory）。這個理論的主要觀點有二：⑴學習是個體處於某種制約限制（指引起反應的刺激情境）之下所產生的反應。因而，行為學習論又可稱為「**刺激—反應學習論**」（stimulus-response learning theory），或簡稱為「**S-R論**」。⑵將個體學習到的行為解釋為刺激與反應之間關係的聯結，認為某一刺激原本不能引起個體某種固定反應，但是經過制約作用之後，他就會在該刺激出現時做出該固定反應【如行人走到十字路口見到綠燈（刺激）就會通過馬路（固定反應）】。

　　行為學習論的主張是根據本世紀初興起於美國的「行為主義」（behaviorism）。不過，行為主義所提出的行為學習論，只是一個總稱而已，在此一總稱之下尚有很多不同論點的理論，包括「極端行為主義」、

「形式行為主義」及「非形式行為主義」等（張春興，2001）。學習有不同的型式。當個人或動物在不同刺激和／或反應之間形成簡單的關聯時，關聯學習（associative learning）就發生了；人類也會進行「認知學習」（cognitive learning）。認知學習係指瞭解、知道、預期或善用資訊豐富的高層心理歷程。更多複雜的認知學習形式乃是人類所獨有的，例如透過書寫語言來進行學習。不管怎樣，有些動物會從事較為簡單的認知學習形式（Coon, Mitterer, & Martini, 2018）。

　　本節所要探討的是行為學習論中三種目前最為重要且對行為改變影響最大的理論，分別是：⑴「**古典制約作用**」（classical conditioning）；⑵「**操作制約作用**」（operant conditioning）；⑶「**社會學習論**」（social learning theory）。前兩者雖然都是運用人以外的動物來進行實驗，不過其目的卻在於解釋人類的行為現象，而非接受實驗的動物行為。就像藥物一樣，會先進行動物臨床實驗，確定效果與作用後，再進行人體臨床實驗，評估通過後才能生產用以治療人類特定的症狀。

一、古典制約作用——學習取決於關聯

㈠巴夫洛夫的實驗

　　「古典制約作用」最初是由俄國生理學家巴夫洛夫（Ivan P. Pavlov, 1849-1936）所提出。巴夫洛夫在研究狗的消化腺分泌變化時，意外地發現，消化腺分泌量的變化與外在刺激出現的時間有密切關係。他以食物引發狗產生唾液的分泌實驗為例，若讓飢餓的狗吃到食物或者是把食物放在牠前面，狗的唾液分泌就會增加，這種現象並不足為奇。但是巴氏在實驗中卻發現，如有其他原本與唾液分泌毫無關係的中性刺激（如送食物者的腳步聲或咳嗽聲）與食物相隨或者是稍前出現多次，以後這些原本中性的刺激單獨出現時，也會引起狗的唾液分泌（如圖2-1）。

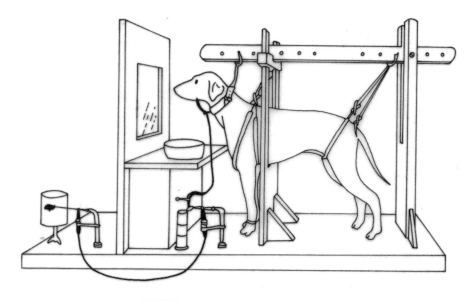

圖2-1　古典制約作用實驗情境

顯然，原本與唾液分泌無關的中性刺激，之所以同樣會引起唾液反應，乃是由於該刺激與食物（能單獨引起狗產生唾液反應）相伴或者是稍前出現多次的緣故。爾後，巴氏繼續採用食物以外的可操縱的中性刺激（如鈴聲與燈光等）來進行探究，嚴密的實驗控制，並且詳細地記錄狗唾液分泌量的變化，終於建立他的制約作用的理論。

按照巴氏的實驗設計，古典制約作用的形成，取決於下列幾個變項間的關係：(1)「**非制約刺激**」（unconditioned stimulus, UCS），是指本來就能夠引起個體某一固定反應的刺激（如實驗中引起狗產生唾液分泌的食物）。(2)「**非制約反應**」（unconditioned response, UCR），是指由非制約刺激引起的固定反應（如由食物所引起的唾液分泌）。(3)「**制約刺激**」（conditioned stimulus, CS），是指原有的中性刺激，亦即與食物相隨或者是稍前出現的鈴聲或燈光。(4)「**制約反應**」（conditioned response, CR），是指由制約刺激所引起的反應，也就是鈴聲或燈光所引起的唾液分泌。表2-1乃是巴夫洛夫古典制約作用之實驗程序。

⚲表2-1　古典制約作用的實驗程序

制約作用之前	
非制約刺激(UCS)　───────────▶	非制約反應(UCR)
（食物）　───────────▶	（唾液分泌）
制約刺激(CS)	制約反應(CR)
（鈴聲）	（無唾液分泌）
制約作用中	
制約刺激(CS)	
（鈴聲）	
＋　　───────────▶	非制約反應(UCR)
非制約刺激(UCS)	（唾液分泌）
（食物）	
制約作用之後	
制約刺激(CS)　───────────▶	制約反應(CR)
（鈴聲）	（唾液分泌）

（採自Coon, Mitterer, & Martini, 2018）

　　這種作用可以用來解釋教育上很多基本的學習現象。例如，「學校恐慌症」或「教室恐慌症」大都是因為學生在校學習失敗或懲罰不當（UCS），而引發恐慌（UCR），進而對於整個學校情境（CS）也產生了恐慌（CR）。

㈡古典制約作用中的一般現象

　　根據巴夫洛夫的古典制約作用實驗研究，以及後續學者的反覆實驗印證，以下幾種現象是最常見到的，如圖2-2。此種現象亦已成為日後解釋有關制約反應的一般法則：

1.習得

　　在大多數的例子中，古典制約作用是一種漸近的過程，亦即制約刺激是漸進地獲得引發制約反應的能力，此種過程稱為「**習**

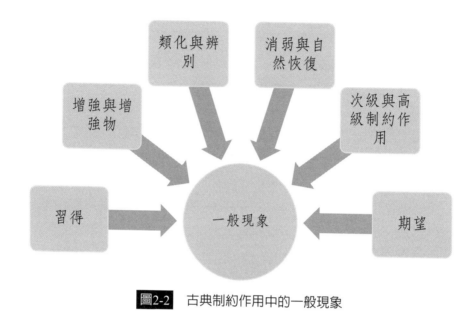

圖2-2 古典制約作用中的一般現象

得」（acquisition）。例如，透過聯結反射性反應到令人痛苦的拔牙（UCR），你學習到害怕牙醫診所（CR）。雖然心理學家起先認為制約是繫於制約和非制約刺激配對的次數，不過目前則指出此一過程是受到其他因素的影響。因素之一乃是制約和非制約刺激配對的時間上安排（temporal arrangement），也就是兩種刺激分別出現的時間先後。

　　依照兩種刺激出現的時間先後，有下列四種不同的制約類型（如圖2-3所示）：⑴**「延宕制約」**（delayed conditioning），制約刺激出現在非制約刺激之前，惟兩者停止時間相同；⑵**「同時制約」**（simultaneous conditioning），制約刺激和非制約刺激同時出現，也同時停止；⑶**「逆向制約」**（backward conditioning），制約刺激出現在非制約刺激之後；⑷**「遺跡制約」**（trace conditioning），制約刺激出現後，旋即停止，稍後再出現非制約刺激；其被制約者是它留下的遺跡。

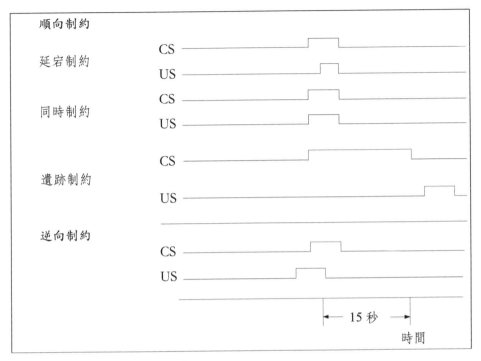

（採自Crider et al., 1992, p. 193）

圖2-3　四種不同的制約類型

　　根據結果顯示，採取「延宕制約」的時間安排者，譬如延宕的時間在半秒鐘左右，其制約作用效果最佳；其次是「同時制約」，至於其他兩種制約作用則很難形成（Coon, Mitterer, & Martini, 2018）。

　2.增強與增強物

　　「**增強**」（reinforcement）一詞是指在制約作用中，影響刺激－反應聯結強度，或者是增強條件反應出現頻率的一切程序。在前述古典制約作用中，安排與制約刺激（鈴聲）相伴或稍前出現多次，從而強化了爾後反應（唾液分泌）的出現頻率，即是「增強」。在此種情況下，增強作用是因食物而產生，因而將食物稱為「**增強物**」（reinforcer）。

3.類化與辨別

　　「**類化**」（generalization）一詞是指在制約作用的實驗程序中，與實驗中所採取之制約刺激相類似的其他刺激（如類似鈴聲的其他聲音），也會引發相似的制約反應（唾液分泌）。由於此種現象是由類似刺激所引發的，故稱為「刺激類化」（stimulus generalization）。例如，你學習到害怕多數的牙醫診所和聞起來像它們一樣的地方。至於「**辨別**」（discrimination）正好是與類化相反的一種現象，亦即個體只對制約作用中受到增強過的制約刺激（如鈴聲）產生反應，而對其他類似卻未受過增強的刺激（如鼓聲）不產生反應。例如，你學習到你的牙醫診所是和令人痛苦的拔牙沒有關聯的。顯然，唯有類化與辨別兩者交互運用，才能構成精準的學習。

4.消弱與自然恢復

　　「**消弱**」（extinction）一詞是指在制約作用中，制約反應（唾液分泌）形成之後，如果單獨重複出現制約刺激（如鈴聲或燈光），而不呈現增強刺激（如食物），那麼原來已形成的制約反應（唾液分泌），將會逐漸減弱，最後終於消失。例如，你回到你的牙醫診所進行例行檢查，沒有拔牙，你的害怕逐漸地消失。

　　至於已形成之制約反應如產生了消弱現象，日後若再行提供增強刺激（食物），則制約反應（唾液分泌）將會因增強而恢復。惟若不經再增強程序亦可能自動恢復，此一現象稱為「**自然恢復**」（spontaneous recovery）。例如，當觀看電影描述口腔外科時，你先前的害怕突然且短暫地恢復。不過，經由自然恢復後的制約反應強度較先前者為弱，如果長期不再增強，所形成的制約反應將會全部消失。

5.次級制約與高級制約作用

　　「**次級制約作用**」（secondary conditioning）是指經由制約作用之實

驗過程形成制約反應後，所採用的制約刺激（如鈴聲）即可作爲非制約刺激之用，與另一制約刺激（如咳嗽聲），形成另一個刺激－反應的新聯結。

在次級制約作用中，作爲非制約刺激的原制約刺激，因爲經過學習而具有了增強的性質，因而稱爲「**次級增強物**」（secondary reinforcer）。依此類推，次級制約作用之後，亦可形成更高一級的制約作用，則稱爲「**高級制約作用**」（higher-order conditioning）。

學習良好的制約刺激（CS）是用來增強進一步學習。也就是說，制約刺激（CS）已強壯到足以像非制約刺激一樣使用（Lefrancois, 2006）。例如，由於先前的學習，哨音現在就能造成小明流口水（不需要酸梅汁）。繼而，你可以拍手然後出現哨音。（再次，沒有使用酸梅汁）透過高級制約，小明不久將學習到你拍手時，就會流口水。

制約前 US 酸梅汁	⟶	UR 流口水
制約時 CS ―― US 哨音　　酸梅汁	⟶	UR 流口水
制約測試 　　　CS 　　哨音	⟶	CR 流口水
高級制約 CS_2 ―― CS_1 拍手　　哨音	⟶	CR 流口水
制約測試 　　　CS_2 　　拍手	⟶	CR 流口水

圖2-4　高級制約作用

6.期望

現今，許多心理學家認為古典制約作用有心理的根源，因為它可能與求生資訊有關。根據這項資訊觀點，我們尋找事件之間的關聯。創造有關事件相關聯之新的心理期望（expectancy）或思考。

古典制約如何改變期望？制約刺激若可靠地在非制約刺激之前。因為非制約刺激發生作用，所以制約刺激預測了非制約反應（Huffman & Dowdell, 2015）。在制約時，大腦會學習到預期非制約刺激將會跟隨著制約刺激而來。因此，大腦使得身體準備去因應非制約刺激。例如，當你準備打針時，你的肌肉會緊縮，呼吸也會跟上去，為什麼呢？因為你的身體準備接受痛苦，你已經學習到預期針注射下去將會產生疼痛。這種在古典制約時習得的預期，將會改變你的行為。

(三)古典制約作用的延伸運用

1.系統減敏感與洪水法

基本上，「系統減敏感法」（systematic desensitization）是用來降低特定情境上的焦慮，因而最常被用來處理悲痛的異常（panic disorders）與消除恐懼害怕（phobic fears）。恐懼經常是經由配對中性刺激——如高度——引起焦慮的反應。系統減敏感法背後的原理就在於這些相同的恐懼症也可以經由配對鬆弛與產生害怕的刺激，來降低這些症狀。此一過程所以稱為系統性的，乃是由於它是按照一系列步驟進行的。

至於「洪水法」（flooding）則是重複放置個體在真正產生最大焦慮的情境中，直至制約的害怕被消失為止。例如，有位害怕高度的婦人可能被安排訪問高樓大廈的頂樓（Goldstein, 1994）。

2.厭感原理（古典制約取向）

古典制約取向的厭感原理主要在於聯結厭惡性刺激——害怕或不舒

服——與想要消除的目標行為在一起，諸如抽菸或酗酒等（如圖2-5所示）。此種方法乃是運用基本的古典制約程序來進行的；例如，酒精中毒與電擊配對或者是作嘔的藥物與酒精中毒組合以達到降低酗酒的行為，惟常會有再發的情形產生。

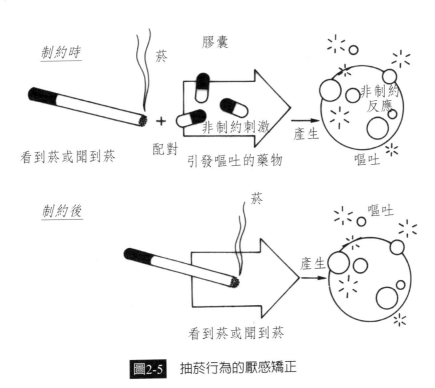

圖2-5　抽菸行為的厭感矯正

3.廣告

　　許多雜誌廣告或電視商業行為通常配對某家公司的產品或圖騰與令人愉悅形象，如迷人的明星模特兒和藝人（制約刺激，CS）。透過高級制約，這些受人歡迎的明星就會促進令人極為滿意或愉悅的反應，如購買某家公司產品（制約反應，CR）（Fennis & Stroebe, 2010; Lefrancois, 2012）。

4.偏見

兒童為何會發展出偏見或歧視呢？當兒童看到他們的父母是苦惱且害怕時（非制約刺激，UCS），兒童自然地苦惱且變得害怕。隨著時間，他們可能學習到聯結其父母的反應至所有不喜愛團體的成員，而使他們自己變得歧視或偏見。

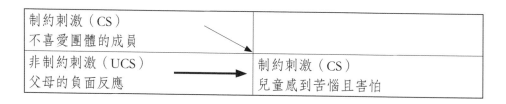

制約刺激（CS） 不喜愛團體的成員	
非制約刺激（UCS） 父母的負面反應	制約刺激（CS） 兒童感到苦惱且害怕

二、操作制約作用——學習取決於行為後果

(一)斯肯納的實驗

斯肯納（Burrhus Frederick Skinner, 1904-1990）是行為主義後期對學習心理學影響最大的心理學家。他承繼了華生（J. B. Watson）所強調的科學取向的行為主義心理學傳統，也採取其根據動物實驗以建立刺激－反應聯結的研究取向。另外，斯肯納更參照了桑代克的「嘗試錯誤」學習原理，進而建立起他獨具特色且影響深遠的「操作制約作用」學習理論。

斯肯納曾從事動物實驗（如白鼠和鴿子），來建構與驗證其操作制約學習理論，並設計一個自動控制的「斯肯納箱」（Skinner box），如圖2-6所示。Skinner箱內之一邊有壓桿（刺激），壓桿下有食物盤，按動壓桿（反應）時，可在食盤中出現食物（行為後果）。實驗對象以飢餓的白鼠為主。經過多次實驗，每當白鼠按下壓桿，即可獲得食物，久之，這種壓桿反應而獲得食物（增強物），會對白鼠的反應產生「**後效強化**」（contingent reinforcement）的結果。

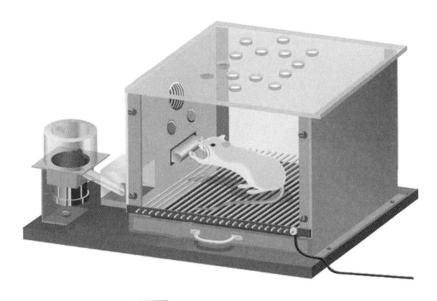

圖2-6　操作制約作用實驗情境

（資料來源：http://www.simplypsychology.pwp.blueyonder.co.uk）

(二)操作制約作用中的一般現象

按照斯肯納的「操作制約作用」實驗研究，看似簡單，實則涵義相當複雜。這個實驗說明了個體一切行為改變（指學習），乃是由本身對環境適應的結果所決定的。此種現象已成為日後解釋人類行為的一般法則，如圖2-7。

1.增強與增強物

凡是能使個體操作性反應的頻率增加的一切安排，均可稱為「增強」；至於能夠產生增強作用的刺激（如實驗中的食物），則稱為「增強物」。其中增強物的類型有二：(1)「**正增強物**」（positive reinforcer）是指當個體反應後在情境中出現的任何刺激（如食物），有助於該反應頻率增加者。由正增強物所形成的增強作用稱為「**正增強**」（positive reinforcement）。(2)當個體反應後在情境中已有刺激的消失（如停止

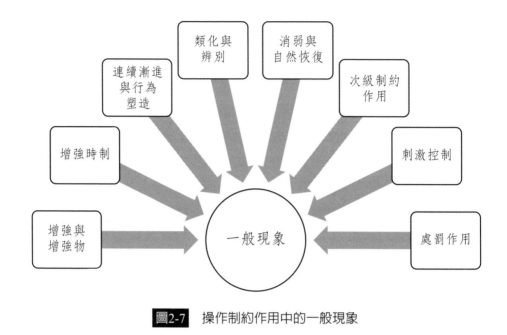

圖2-7操作制約作用中的一般現象

嘮叨），而有助於該反應頻率增加者，稱為「**負增強物**」（negative reinforcer）。由負增強物所形成的增強作用稱為「**負增強**」（negative reinforcement）。至於經由安排正或負增強物而使個體行為產生改變的過程，稱為「**增強原理**」（principle of reinforcement）。

　2.增強時制

　　「**增強時制**」（schedule of reinforcement）是指採用後效強化原理從事操作制約作用學習實驗時，在提供增強物的時間或次數上，做各種不同的安排，進而觀察個體正確反應的頻率與各種增強方式的關係。

　　增強時制有多種不同的增強實施方式，其中最主要者有兩類方式：(1)「立即增強」與「延宕增強」；前者是指個體表現正確反應後，立即給予增強物，後者則是延宕一段時間之後才提供增強物。(2)「連續增強」與「間歇增強」（又稱部分增強）；前者是指每次個體出現正確反應之後，均給予增強物，後者則僅在部分正確反應之後，給予增強物。至於間歇增

強又可分為四種類型：「固定比率」、「變動比率」、「固定時距」、「變動時距」，此部分請詳見第三章。

3.連續漸進與行為塑造

斯肯納曾進一步採用「**連續漸進法**」，來實驗研究包括一連串反應的學習，以解釋由多種反應組合而成的行為。此種方法使用的程序是學習到第一個反應，再學習第二個反應，依序進行，直到最後反應完成為止，例如洗頭行為的學習可以包括：⑴打開洗髮精；⑵壓出洗髮精；⑶用手把洗髮精抹在頭上；⑷抓洗頭髮；⑸用水清洗；⑹用毛巾擦乾。像此種逐步養成，最後將多個反應連貫在一起而形成複雜行為的方法，就稱為「**行為塑造**」。

4.類化與辨別

與古典制約作用相比較，操作制約作用之後所學習到的反應行為，也會產生類化和辨別的現象。以鴿子啄亮片獲得食物的實驗為例，若鴿子先學習到的是啄紅色的金屬片而獲得食物，爾後見到綠色的金屬片，也會表現出啄金屬片的反應行為，即是「刺激類化」現象。如果僅有啄擊紅色的金屬片，始能獲得食物；而啄擊綠色的金屬片，無法獲得食物，經過數次實驗之後，鴿子就會只啄擊紅色金屬片，而放棄綠色金屬片。此種現象稱為「**刺激辨別**」。人類許多行為的學習都是經過此一歷程，而達到精熟和類似遷移的結果。

5.消弱與自然恢復

操作制約作用與古典制約作用一樣，均有消弱現象。在操作制約作用建立之後，如果個體在反應之後不再獲得增強物，該操作性反應就會逐漸減弱，最後終於消失，即是所謂「消弱現象」。惟經過一段時間之後，即使上次反應行為之後未曾獲得增強物，習得的反應行為也會再度出現，稱為「自然恢復」。當然，如果自發恢復的反應一直不能獲得增強物，消弱

現象將會再度發生。

6.次級制約作用

在操作制約作用中，也可以產生類似於古典制約作用之次級制約的現象。當斯肯納箱內的小白鼠學習到壓桿取得食物的反應行爲之後，如在食物出現之前，先發出一種聲響（制約刺激），並持續與食物（非制約刺激）相隨出現多次。聲響就會成爲引發小白鼠壓桿反應行爲的增強物；不過，在本質上它是屬於「次級制約作用」。

7.刺激控制

「**刺激控制**」（stimulus control）就是指行爲在呈現區別性刺激下一致性發生的現象（可參見後面的失眠自療刺激控制法例子）。在操作制約作用中，想像你是斯肯納箱中的小白鼠，過去幾天中，你已學習到壓桿而能獲得食物。有一天你注意到箱中出現了燈光。事實上，燈光是一種訊號：如果在燈光亮起時壓桿，你將可以獲得食物的酬賞，但是燈光滅了時，則無法獲得食物。經過多次出現後，你學習到在燈光呈現時（區別性刺激）壓桿，燈光滅了時不壓桿。簡言之，你的壓桿行爲已在燈光的刺激控制之下（Skinner, 1938）。

8.處罰作用

不管是好或壞，「**處罰**」（punishment）乃是控制個體行爲最爲常用的方法之一。斥責、剝奪權利、罰金、監禁等作法，均顯現處罰使用的普遍性（Coon, Mitterer, & Martini, 2018）。在操作制約作用中，凡是能使個體操作性反應的頻率降低或消失的一切安排，均可稱爲「處罰」；至於能夠產生處罰作用的刺激（如口頭斥責、剝奪權利和罰金），則稱爲「懲罰物」（Punisher）。

㈢操作制約作用中的延伸運用

1.厭感原理（操作制約取向）

厭感原理除了運用基本的古典制約程序來進行之外，亦可以採用操作制約取向的程序來處理。例如在抽菸或酗酒之後給予作嘔的藥物。

2.內隱制約原理（操作制約取向）

這種原理主要是要求個案去想像目標行為和效果。運用操作制約取向的主要內隱制約技巧，包括「內隱消弱」（即由個案想像要減少的目標行為，然後想像增強行為沒有出現）、「內隱反應代價」（即由個案想像要減少的目標行為，然後想像失去增強行為沒有出現）、「內隱正增強」（即由個案想像目標行為，然後想像假定為增強的愉快景象），及「內隱負增強」（即由個案想像一種嫌惡刺激，然後終止嫌惡景象，並想像要增加的反應）等，詳細請見第六章第一節。

3.生理回饋

「生理回饋訓練」（Biofeedback training）主要在提供人們控制其本身生理功能的方法，諸如肌肉鬆弛或腦波。因此，它已被獲得證實在處理人們的頭痛壓力或過度的焦慮是有用的（Blanchard et al., 1982）。「**生理回饋**」法在於藉由監督生理功能及提供個體功能的回饋，而這正是操作制約作用的運用。例如，患有嚴重頭痛的個案可能會在前額有肌肉緊張的狀態，由通電的吸力杯狀物監督（類似EEG或EKG）。當肌肉緊張降低時，「回饋」是一種會發出聲音的音調；個案的任務在於穩定地保持發出聲音。在實驗室或辦公室學習控制他們的緊張之後，個案就能夠在日常生活所發生的壓力情境中或之後，實施他們所學習的。

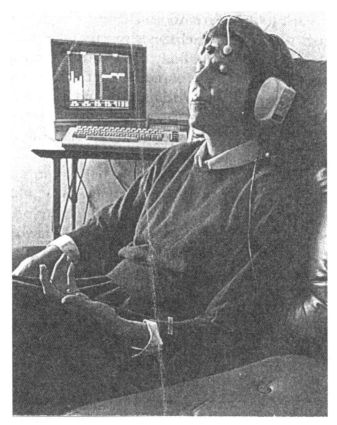

這位婦人正在接受EEG的生理回饋治療，聲音會經由耳機
傳遞，以呈現其前額肌肉緊張的情形。

圖2-8　生理回饋儀的運用

　　臺北醫院精神科就啟用了「**生理回饋儀**」，是由心理師與壓力疾患
在一間放有音樂的小室中使用，患者以舒適的姿勢躺在軟椅上，配合大自
然音樂讓身心逐漸進入狀況，儀器則接在患者身上的線路可以測得六項生
理指標（肌電、心臟血管收縮、指溫、皮膚導電反應、血壓、腦波），並
在牆上以幻燈方式立即播放出來。肌電代表骨骼肌肉的緊張度，而指溫越
高，表示身體越放鬆，從腦波的形狀也可以看出身體是處於緊張的波形或
是放鬆的波形。當病患處於緊張時，儀器就會發出聲響提醒，此時心理師

會指導患者學習如何使用技巧來讓身心放鬆，並由儀器顯示的數字來加以回饋。這種儀器適用於緊張、焦慮、偏頭痛、緊張性頭痛、消化性系統的疾患、高血壓或低血壓及心律不整等。

　　桃園某醫院的眼科醫師亦曾提出運用「**生理回饋法**」來改善患者的近視。他認為每日監控與防止才是治療近視的最佳方法，因而提出可讓所有人在家每天注意改善自己的視力。這種方法就是「在家裡設定一個標的物（如牆上時鐘或月曆，距離3至5公尺），每日在固定的距離觀看這個標的物。距離與標的物的搭配原則是讓你剛好約略可以辨別出目標物的細節。度數深的人應該配戴稍淺一點的眼鏡；而度數淺的人可以不配戴鏡。然後每天不定時在固定的距離辨認目標物，如果比前一日模糊，就代表著『**負向的生理回饋**』，則必須立刻檢討今日的用眼方式是否不對？是不是看了太多電視或閱讀太多書？或是睡眠不足等」，而隨時調整用眼方式及生活型態，如圖2-9。

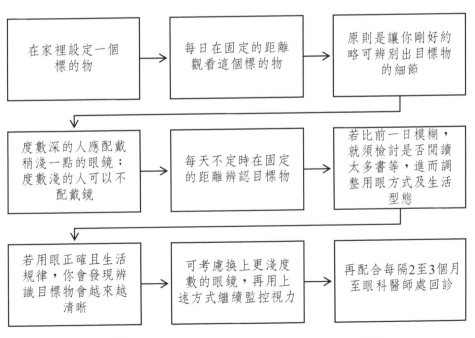

圖2-9 運用「生理回饋法」來改善患者的近視程序

　　反過來講，如果用眼方式正確且生活規律，身心調養得宜，這時候你將會發現辨識目標物會越來越清晰，這就代表著「**正向的生理回饋**」。這時甚至可以考慮換上更淺度數的眼鏡，然後再用上方式繼續監控自己的視力，同時再配合每隔2至3個月至眼科醫師處回診。

　　「**考試焦慮症**」常損壞了許多莘莘學子的大好前程和夢想，臺北市立婦幼醫院兒童心智科醫師指出，我們可以用自助的方式來治療考試焦慮症，只要平常多練習「**生理回饋治療**」就可以輕鬆過關。這位醫生建議當事人預錄一捲錄音帶（約20-30分鐘即可），用平緩語調「**對自己講話**」，傳達給身體各個重要器官，告訴自己「放鬆、放鬆、再放鬆」，來紓緩繃緊的心情。然後，再以手掌輕按肚皮，體驗自己呼吸的情形，試著慢慢讓呼吸平緩下來，幫助自己靜下來，如此可以放鬆心情。

　　如果遇到考試時，自己心跳會飆到每分鐘100次以上，就是「考試焦慮症」的典型反應。這位醫師建議當事人，試著用上述方式測量脈搏，當心跳降到每分鐘80次左右時，就表示這項治療有成效了，如圖2-10。

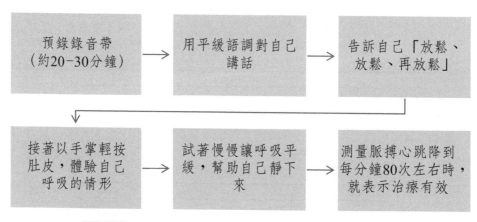

圖2-10　運用「生理回饋法」來治療考試焦慮症的程序

4.失眠自療刺激控制法

在臨床睡眠醫學中有多種方法可以逐步改變不良的睡眠衛生習慣，其中較常用的「**刺激控制法**」（stimulus control therapy），就是根據學習理論（操作制約取向）來建立睡眠環境和睡眠發生的正向關係。簡言之，就是給自己一個睡眠的場所。因爲睡眠就像吃飯一樣，要有適當的地方。

對失眠者而言，很多時候床已不再是床了，怨天尤人的人，看到床就好像毒蛇猛獸一樣；有些逆來順受的人，乾脆充分運用失眠的時光，在床上看書、看電視或影集、吃東西，這樣怎麼可能培養睡意？所以「**刺激控制法的首部曲**」在於只有想要睡眠時才可以上床，並且除了睡覺外，不要在床上做任何事情。把勞心的事歸給清醒的時候，把睡覺還給床鋪，努力營造一個睡眠的場所。一旦床的意義變得單純，穩穩入睡就不會是一件困難的事。

有些人抱怨，明明就已經愛睏得要死，怎麼一上床，就是無法進入夢鄉，怎麼也睡不著，既氣餒又無奈。失眠自療「**刺激控制法的二部曲**」就是：如果無法入睡，就離開床鋪，直到想睡再上床。若是活動空間不允許，也要下床動一下，發發呆，倒杯溫開水⋯⋯等它慢慢變涼，做什麼都可以，總比在床上累積失敗經驗、不斷增強自己「睡不著」的念頭來得好，如圖2-11。運用上述方法，如果可以持續施行「**失眠自療刺激控制法**」兩個星期以上，往往對失眠狀況有相當大的助益。

5.偏見和歧視

雖然偏見和歧視會在早年出現，不過兒童並非天生相信他人是卑微的。這群男生正在嘲弄這個女生可能得到什麼增強呢？你可以看到操作制約如何在早年出現，而且能夠提高偏見和歧視（Carpenter & Huffman, 2013）。

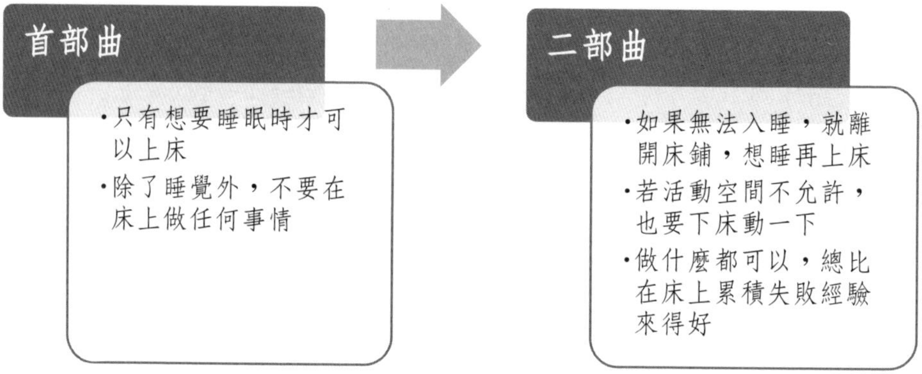

圖2-11 運用失眠自療刺激控制法的程序

6.迷信

　　我們並非天生具有迷信的信念，它們是習得的一部分，是透過操作制約的。就像某些棒球選手在擊出全壘打後在其頭盔上放置口香糖，很多迷信可能是從偶然的增強而發展出來的（Huffman, & Dowdell, 2015）。

　　另外，古典制約作用是基於非自願的行為；而操作制約作用則是基於自願的行為。在古典制約作用上，個體是被動的某些事發生在其身上，以及由於配對CS和UCS，你學習一種新的行為。在操作制約作用上，個體是主動的。你做某些事，你在環境上操作，然後由於行為後果（增強或懲罰），你的行為傾向於增加或減少（Coon, Mitlerer, & Martini, 2018; Carpenter & Huffman, 2013）。

古典制約作用

刺激

CS	反應
UCS ⟶	制約情緒性反應（CER）
	UR

操作制約作用

行為	行為後果	行為的效果
行為	增強　　➡	行為傾向 增加
	懲罰　　➡	行為傾向 減少

㈣古典制約作用與操作制約作用之比較

　　「古典制約」作用主要強調學習是取決於關聯，而「操作制約作用」則認為學習取決行為後果。Baron（2001）亦曾對這兩種制約作用做出比較（如表2-2），可幫助我們對於這兩種制約作用的瞭解。

◇表2-2　古典和操作制約作用之評論

項目	古典制約作用	操作制約作用
其他名稱	反應性制約 巴夫洛夫式的制約	操作性制約 斯肯納式的制約 效果律（桑代克）
創始者	巴夫洛夫（I. V. Pavlov） 華生（J. B. Watson）	桑代克 斯肯納（B. F. Skinner）
實例	鈴聲開始產生唾液反應	嬰兒哭泣，母親抱起嬰兒
主要術語	非制約刺激（UCS） 制約刺激（CS） 非制約反應（UCR） 制約反應（CR） 制約情緒反應（CER）	增強物類（初級和次級） 增強（正和負） 懲罰 行為塑造 增強時制（連續和部分）
共通術語	消弱 自然恢復 類化 辨別	消弱 自然恢復 類化 辨別

（續下表）

主要差異		
行為	非志願的	志願的
	（個體是被動的）	（個體是主動的）
順序	制約刺激必須在非制約刺激	增強在行為之後出現
	之前伴隨而來	

（修改自Baron, 2001）

三、社會學習論──學習取決於觀察

　　如果就實驗設計的方法來看，斯肯納的操作制約學習理論是無懈可擊的。不過，若是將斯肯納根據動物實驗（老鼠或鴿子）研究結果所建構的學習理論，用來推論解釋人類的複雜行為，可能就會出現以下缺失（主要參考張春興，2001）：

1. 斯肯納的行為學習論觀點過於狹隘，無法充分解釋人類複雜行為的學習（如知識、技能、態度、競爭及合作等）

　　對人類來說，這些複雜行為的學習，比外顯行為來得更為重要。

2. 學習如果只靠直接經驗，其效果將會受到限制

　　根據斯肯納的操作制約理論，個體必須在情境中對刺激表現反應，然後經由後效強化，才能產生持久性的學習（直接經驗或親身體驗）。就人類實際情境而言，並不是非常實際。

3. 學習不全然是在控制的情境下自動產生的

　　依照斯肯納（B. F. Skinner）的學習理論觀點，行為改變（學習）的產生是由環境（控制情境下）決定的。若此，那麼同樣的情境之下，應可產生同樣的學習。對於人類來說，事實並非全然如此，財貨當前（同樣的情境），起盜心者有之，臨財毋苟取者有之；其主要原因並不在於客觀外

在財貨的引誘，而在於個人主觀的看法。

正由於斯肯納行為學習論觀點的缺失與限制，才會在20世紀60年代初期產生了「**社會學習論**」（social learning theory）。

(一)班都拉的實驗

班都拉與其同事羅斯（Bandura, Ross, & Ross, 1961）曾經進行一項實驗，來證明特殊攻擊性行為的觀察學習（模仿）歷程（如圖2-12）。**他們讓兒童觀察一位大人在玩樂高玩具及一個大型的充氣塑膠玩偶。在其中一組的實驗情境中，這位大人先組合樂高玩具，然後開始將注意力轉移到充氣塑膠玩偶身上，這位大人走向充氣塑膠玩偶，攻擊它、坐在它身上、用木棒敲打它、將它拋向空中、在房裡踢來踢去，同時不斷喊著：「正中鼻**

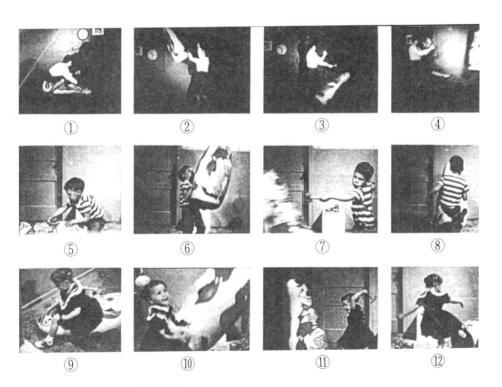

①　　　　　　②　　　　　　③　　　　　　④

⑤　　　　　　⑥　　　　　　⑦　　　　　　⑧

⑨　　　　　　⑩　　　　　　⑪　　　　　　⑫

圖2-12　特殊攻擊行為的觀察學習歷程

樑」、「打倒你」、「砰！」等話語，如此持續一段時間，並由受試者一直在旁邊觀看；另一組實驗情境則無上述攻擊性行為，該位大人只是安靜地玩著樂高玩具。

間隔一段時間之後，讓每位兒童受到挫折，並且單獨留在一間房間20多分鐘，房間中放有許多玩具，其中包括一個大型的充氣塑膠玩偶，並評估這些兒童的行為表現。結果顯示觀察到大人對充氣玩偶做出攻擊性行為的兒童，要比觀察到大人安靜地組合樂高玩具的兒童表現出更多的攻擊性行為。

此一實驗充分地說明兒童會經由觀察他人所表現的攻擊性行為，而學習到該特殊的反應行為（黃安邦譯，1989）。

(二)社會學習論的要義

在心理學的屬性上，雖然一般將班都拉（A. Bandura）視為行為論者，但是就其理論的觀點來看，他既不像華生（J. B. Watson）的古典行為主義，亦不像斯肯納（B. F. Skinner）的極端行為主義。因為班都拉的社會學習論中，組合了制約學習和認知學習理論的成分，它說明了人類如何經由觀察學習楷模的行為而學習到某一行為。有關班都拉所提的社會學習論的內涵相當的豐富，以下僅介紹幾點與行為改變（學習）有關的要義：

1.學習三元論

基本上，班都拉的「社會學習論」是斯肯納環境決定論的反思。他強調除了環境因素之外，個人對環境中人、事、物的認識和看法，更是學習（行為改變）的關鍵。也就是說，在社會環境中，環境因素、個人對環境的認知及個人行為三者，會彼此產生交互影響，最後才能確定學習到的行為（圖2-13）。由於班都拉的「社會學習論」中包括「環境」、「個人」與「行為」等三項因素，因而可稱為**學習三元論**（triadic theory of learning）。

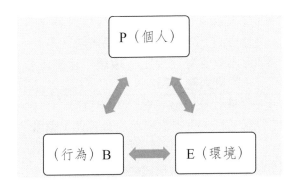

圖2-13　班都拉的學習三元論

（參考自廖克玲，1982，p.45）

　　這些因素的相對影響力往往視情境和行為的性質而有所不同。有時，環境的影響力足以箝制行為，有時則環境會深受人為因素的影響（如表2-3、2-4、2-5、2-6）。而且許多有關認知方面的研究顯示，人類利用認知方法來學習和保持習得的行為，其效果比反覆增強某一行為來得好。在實證結果日益增加的情況下，反對認知會影響行為的論調，也就逐漸消滅了（廖克玲，1982）。

　　根據「社會學習論」的觀點，人類的心理歷程是透過個人與環境中的決定因素不斷相互作用而形成的，因此符號性的、替代性的和自我調適的歷程，在心理歷程中都扮演著非常重要的角色。

表2-3　環境、外顯行為和內隱行為可能彼此交互影響的寫報告實例

項　　　目	內　　　涵
環境影響外顯行為	大心在安靜的地方（**環境**）寫報告，他會寫得更多（**影響外顯行為**）。
外顯行為影響環境	小明因為在宿舍無法專心寫更多的報告（**外顯行為**）；下次，他就改到圖書館（**影響環境**）寫報告。
內隱行為影響外顯行為	當小櫻認為某一特定主題是很有趣的時候（**內隱行為**），她會花費更多的時間去寫它（**影響外顯行為**）。

（續下表）

外顯行為影響內隱行為	當坎威成功地完成一篇困難的報告時（**外顯行為**），他內心充滿著自信（**影響內隱行為**）。
環境影響內隱行為	大年一直等到晚上（**環境**）才寫報告，他感到很焦慮（**影響內隱行為**）。
內隱行為影響環境	如果仁德在寫報告時有困難發生（**內隱行為**），他會到可以獲得助教協助的寫作廳（**環境**）寫報告。

℃ 表2-4　破窗效應的現象

　　心理學上有種現象稱為「破窗效應」。就是說，一個房子如果窗戶玻璃破了，沒有人去修補。隔不久，其他的窗戶也會莫名其妙的被人打破。一個很整潔的地方，人們會不好意思亂丟垃圾，但是一旦地上開始有垃圾出現之後，人們就會毫不猶疑的丟，一點都不會覺得羞愧，這是一個很奇特的現象。洪蘭教授曾指出美國紐約市在80年代，真是無處不搶，無日不殺，大白天走在馬路上也會擔心受怕。地下捷運系統更是車廂髒亂，到處塗滿了穢句，坐在捷運車廂裡，人人自危。不過最近美國紐約的市容和市譽提升了不少，原來紐約市就是採取心理上的破窗效應理論，先改善犯罪的「環境」，讓人們不容易犯罪，再慢慢緝兇捕盜，回復良好的秩序。也就是說，他們從維護捷運車廂的乾淨著手（**環境**），並將白搭車的人用手銬銬住排成一列站在月臺上（**不適當行為的後果**），公開向民眾宣示政府整頓的決心，結果發現非常有效。

　　這個大都市就是這樣從最小、最容易的地方著手，來打破犯罪的環結，讓這個惡性循環無法繼續下去。

℃ 表2-5　人為制度所形成的環境誘因現象

　　10幾年前，有誰想到皮膚科會成為各醫院裡的熱門科？成為醫學院學生選科的首選？當時，外科和婦產科曾經最熱門，但現在則是「風水輪流轉」，醫院招考醫師，皮膚科是擠破了頭，婦產科和外科的情況都很不理想。

　　到底是什麼因素讓這些分科的醫療行情變化得如此之快？無疑地，全民健保給付制度是主因。在健保給付採齊頭式按件給付的制度下，醫院各科門診成本不同，健保給付卻相差不多，其間的「利差現象」就成了制度性增強作用，使得醫院資源和醫療人力都往這些「獲利較高」的科別流動。這也就是何以外科和婦產科逐漸不受青睞，而皮膚科卻越來越紅的原因所在。

（續下表）

　　當然，病患的權利意識高漲，消費者保護措施不斷提升，相較沒有醫療糾紛的科別，自然占了有利的位置。另外像是不斷下降的生育率，也直接影響到婦產科。這些是「**外在社會環境**」所造成，未必和制度設計有直接關係。在這些變遷中，我們可以看出其中潛藏的價值信念，譬如醫學院學生傾向於選擇既能賺錢又不辛苦的科別，顯示醫學界的服務價值觀，以及醫學生從醫的理想。

　　對於政府來說，在這方面能做的其實並不少。想想看，健保的制度設計既然能深刻影響醫療資源和人力的分配，那政府同樣能夠透過制度設計，扭轉此一趨勢。並且，也可以用同樣的手段介入「**環境因素**」造成新效果。否則10幾年後，當臺灣的醫療人力供需嚴重失衡時，就來不及了！

↝ 表2-6　蓋新店慈濟醫院的工人變不一樣了

　　慈濟新店醫院是一所大醫院，自動工以來，把工地經營成一個充滿人情味的大家庭。

　　有位工人說，以前到工地時，一定抽菸、喝酒、嚼檳榔、賭博，動不動講三字經（**不適當的行為**），在這裡待了一段時間，大家都變得斯文起來。

　　慈濟志工供應親自料理的午餐只收30元，以歐式自助餐方式供應8到10道菜，另有水果、湯與甜點，吃到飽為止。一開始若干工人難以適應，自行到外面用餐，但沒多久，都自動回來用餐。用餐時，志工都會念一段慈濟的靜思語，有時演奏音樂、說故事等，每月並為壽星舉辦慶生會。

　　這個工地與外面一般的工地不同，有廚房、公園、休閒茶室、飯廳、佛堂等，都有專人負責管理，整齊清潔有條不紊，而且事事要求環保。工地把一間準備待拆的舊房子改成觀音殿，若干工人受志工影響，也來行禮念佛，舊房子旁原有豬舍，目前改為奉茶亭，讓大家來喝茶聊天。

　　工地主任說，慈濟工地除了找回傳統的人文精神之外，另有日本工地整潔的文化（**環境**）；影響所及，工人在收工之前，都會把自己的工作環境清掃乾淨。

2.學習的產生並非決定於增強

　　班都拉的「社會學習論」並不像斯肯納的操作制約作用學習理論，把增強視為構成學習（行為改變）的關鍵，而只是將增強視為個體對環境認知的一種訊息。至於班氏所謂的「訊息」是指增強物的出現，等於告訴個

體，他的行為後果將會帶給他的是懲罰或獎賞。顯然，這是認知的看法。由此可見，班氏的社會學習論相當重視學習時個體本身的自主性。亦即個體即使未曾親身體驗行為後果的獎賞或懲罰，單憑觀察別人行為表現所帶來的獎賞或懲罰後果，或是聽到別人對某種行為對錯的批評，他也會學到在何時何地該表現何種行為。

3.觀察學習與模仿

社會學習究竟是如何產生的呢？班都拉採用觀察學習與模仿的概念來加以詮釋。所謂「**觀察學習**」是指個體只以旁觀者的身分，觀察別人的行為表現（如打球方式），就可學習到別人同樣的行為。此外，只憑見到別人直接經驗的行為後果，也可以在間接中學習到某種行為。例如，學生見到同學因打針感到恐懼而哭泣（**直接經驗**），於是他只靠觀察就會學到對打針一事表現出恐懼和哭泣（**間接經驗**）；法國一名17歲高中生日前看完電影「驚聲尖叫」錄影帶後（**間接經驗**），模仿片中情節（一把刀子，一個裝有面具、手套及電影中殺人魔的全套設備），持刀殺死15歲的女同學（直接經驗），此種現象稱為「**替代性學習**」（vicarious learning）。由於此種學習是不需要親身經歷刺激－反應聯結的學習方式，班氏就將其稱為「勿練習的學習」（Bandura, 1986）。

根據「社會學習論」的觀點，示範行為之所以能夠影響學習，主要是因為它具有傳遞訊息的功能。在觀察學習的過程中，示範行為會轉化為符號性的表徵，引導觀察學習者在爾後做出適當的行為。班都拉曾提出下列觀察學習四個階段的歷程（Bandura, 1977）：「**注意歷程**」（attentional processes）、「**保留歷程**」（retention processes）、「**再製歷程**」（reproduction processes）、「**動機歷程**」（motivational processes），如圖2-14。

注意歷程	保留歷程	再製歷程	動機歷程
• 是指在觀察學習時，個體學習必須注意楷模所表現的行為特性，並瞭解該行為的涵義，否則就無法經由觀察學習而成為自己的行為。	• 是指個體在觀察學習到楷模的行為之後，必須將觀察所得轉換為心像表徵或者是語文表徵，才能長久保留在記憶中。	• 是指個體將保留在記憶中的符號性表徵或心像表徵，轉變為適當行為。	• 是指個體雖然經由觀察學習到楷模的行為，但是行為的表現出來則會受到其動機因素的影響。

圖2-14　觀察學習四個階段的歷程

　　模仿是指個體在觀察學習時，向社會情境中某個人或團體行為學習的歷程。按照班氏的社會學習論，學習者經由觀察學習對楷模人物的行為進行模仿時，有四種不同的方式，如表2-7。

表2-7　不同的模仿方式

模仿方式	涵　　　　　　　　　　義
直接模仿	即經由直接參與模仿的學習方式，如兒童學習用筆寫字。
綜合模仿	即學習者未必直接得自楷模一個人，而是綜合多次所見而形成自己的行為。
象徵模仿	是指學習者對楷模人物所模仿的，不是他的具體行為，而是其性格或其行為所代表的意義。
抽象模仿	是指學習者觀察學習所學到的是抽象的原則，而不是具體行為。

　　由表2-7可知，在同樣的社會情境下，不同的學習者未必會經由觀察學習到同樣的社會行為，而這也就是電視色情或暴力情節對於兒童是否有害的問題無法獲得一致答案的原因。例如，有部國片：「艋舺」（2010，3）造成熱賣，劇中情節描述萬華地區黑幫逞凶鬥狠的狀況，引發熱烈的

討論與憂心。教育團體「品格教育推展行動聯盟」甚至指出該片可能有下列負面作用：⑴演員不停說髒話，引發模仿；⑵強調幫派文化；⑶過度殘暴；⑷狎妓或蹺課等不良示範；⑸詮釋錯誤的價值觀，如為義氣可殺人，犯法；⑹錯誤的詮釋感恩；⑺黑社會吸引在校或中輟生入幫，可能促進校園染黑。

　　雖然這部充斥暴力和錯誤詮釋某些價值觀的國片可能會形成示範，進而產生模仿，但並非必然如此。不過卻也造成許多萬華地區的國高中採取一些因應措施來防範，例如讓學生以「艋舺」為寫作題目，從中觀察學生的觀念是否有偏差以利教導，或是請轄區警察、檢察官到校演講。

第二節

認知學習

　　自1930年代後，有些認知心理學家認為過度強調刺激與反應之間的聯結，只能瞭解人類學習行為的片段，無法一窺全貌。以下是幾個知名的認知學習的實驗：

一、領悟學習實驗

　　領悟學習採用完形心理學的觀點來解釋，強調個體學習的過程，不必經由練習或觀察，而是頓悟情境中各個刺激之間的關係，就可以學到解決問題的方法。德國心理學家Wolfgan Kohler（1887-1967）對於行為學習論主張刺激與反應聯結的學習歷程，持反對意見。他做了許多有關領悟的實驗，其中最著名的就是在1927年研究黑猩猩如何解決各種問題。例如，他將黑猩猩關在籠內，黑猩猩伸手到籠外拿不到香蕉。沒多久，牠領悟到拿取地面上的木棒去鉤取香蕉；如果一根棒子不夠長，黑猩猩會將兩根木棒銜接起來，再去鉤取香蕉。

後來，美國動物心理學家Harry Harlow（1950）採用印度恆河猴為實驗對象，他對每隻猴子呈現兩個不同顏色與形狀的盒子，第一次將食物放在其中一個盒子下方，只讓猴子打開其中一個盒子。第2次將盒子位置調換，食物仍然放置在第一次有食物的盒子下方。每隻猴子接受6次實驗，每次將盒子的位置隨機出現，結果發現前幾次猴子選錯盒子。不久，猴子終於領悟到，食物只放在同樣顏色與形狀的盒子下方，而與位置無關。

由此可見，黑猩猩和印度恆河猴的領悟學習過程，與古典及操作制約學習都不相同。

二、方位學習實驗

美國心理學家Tolman（1886-1959）亦認為學習是認知，而非經由刺激與反應的聯結歷程，他和同事進行老鼠跑「迷津」（maze）尋找食物的學習實驗（見圖2-15）。該實驗分兩階段進行：第一個階段，將老鼠置於左圖迷津，老鼠由出發點A往前跑，H處有一盞燈照亮F至G的路徑。第二階段，將跑過左圖迷津的老鼠移到右圖，讓牠自出發點A跑迷津，惟該迷津共計有18條路線。按理老鼠應選擇與左圖最接近的路徑，由第9、10路徑去找尋食物，但是實驗結果卻發現：老鼠選擇第6條路徑。換言之，老鼠在歷經左圖的經驗後，在心理上已產生「**認知圖**」（cognitive map），所以在右圖所選擇的路徑，其終點的物理方位與左圖相同。

在日常生活中，他們也會學到認知圖。例如，我們騎腳踏車要到捷運站（metro Taipei），到半途發現道路施工必須改道行駛，此時立即會改選到捷運站次遠的道路。又如：統一宅急便（TAKKYUBIN）司機全天在都市的大街小巷中穿梭，但是司機總是曉得如何將車子開回家，顯然這些司機已學到了整個城市的認知圖。

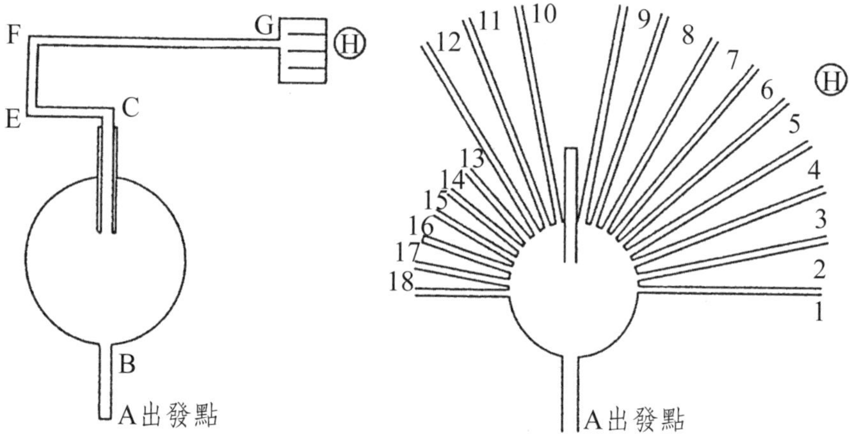

圖2-15 方位學習的實驗情境

第三節

認知行為改變論

一、認知行為改變論的發展與涵義

　　行為主義始於20世紀的初期，卻支配了大半個世紀的心理學研究和思考，其所強調的嚴謹實驗及操作性定義，確實對於心理學的多數領域產生深遠的影響（張春興，1993）。然而，不管是古典制約取向論者，或者是操作制約取向論者，對於行為形成的歷程或是學習歷程的解釋，均是採取S-R聯結論的觀點，強調經由練習而形成習慣，由簡單的動作反應到較為複雜的行為表現。這些主張到了最後卻遭到許多的批評與質疑，也因而逐漸產生蛻變。正如Kazdin（1994）所分析的，行為主義已由初期強調刺激－反應間的關係，進展到對於思想、知覺與複雜的動機歷程等主題產生濃厚的興趣。這些學者認為自動物實驗所獲得的學習型態似乎無法全盤用來說明人類的學習和思想歷程。

　　隨著上述行為主義基本論點的變革及應用方面的擴展，一些熱衷於行為改變技術或行為治療學者，也積極注意到內隱思想歷程對於行為的影響力。至於何謂認知行為改變論？簡單的說，就是結合行為理論和認知學習理論，也就是說，藉由影響個體的內在認知去改變外在的不適當行為。認知行為改變論者認為經由自己內在想法的改變，主動去修正外在的不適當行為，往往可使行為改變持續，不因外在增強物的消失或移除而中斷。因此，認知行為改變論者著重在個體的外顯行為及內在的認知部分，以便新的（適當的）行為能夠持續和內化。Kendall（1993）就指出認知行為改變論者是運用以行為表現為基礎的流程和認知介入方式去改變一個人的思考、感受和行為。

　　在行為改變技術的發展歷程中，不論是古典制約取向論者，或者是操作制約取向論者，都有學者或多或少曾借重認知因素，例如，透過「想像」或自我對話（internal dialogue）等策略，進行異常行為，諸如焦慮症、同性戀、肥胖症及酒精中毒等的矯治工作。例如，俄貝（J. Wolpe）藉著想像來實施系統感敏感訓練及肌肉鬆弛訓練；何們（L. E. Homme）的想像操作控制法；卡提拉（J. R. Cautela）的想像減敏法等。近來有更多的學者指出認知因素對於行為改變確有不可輕視的影響力。因而正式使用**認知行為改變術**（cognitive behavior modification, CBM）或者是**認知學習治療法**（cognitive learning therapy）等名詞，並且進一步著書立說【例如，艾里斯（A. Ellis）的理情治療法、麥晨保（D. Meichenbaum）的自我教導訓練及貝克（A. T. Beck）的認知治療法等】。

　　縱然，認知行為改變論仍有許多的問題尚待克服，但是根據研究的結果而言，認為認知行為改變術仍是值得發展的。例如，Stein和Young（1992）的研究就顯示，認知歷程與幾項臨床異常（如沮喪和焦慮）的發展有所關聯。基本上，臨床上沮喪的人會感受到對於未來的無助和悲觀、自尊低，以及譴責他們所體驗到負面事件（Rosenhan & Seligman, 1984），這些包括思想和信念的認知歷程，也會導致個體自殺的企圖和想法。因此，探究認知歷程在問題行為上所扮演的角色，並由認知角度著手來改正

人們的行為仍是值得嘗試的。此外，透過人類大腦認知運作的研究，人類是該有能力操控自己而非全靠外在的刺激來改變行為。因此，有越來越多的人選擇認知行為改變論的觀點來發展與運用。以下茲簡要的描述學者運用認知行為改變論，來改變個體態度、觀念與思想等複雜的心理認知歷程，以求達到改變某種不適當行為的方法或技術。

二、認知行為改變術

　　認知行為改變術是行為改變技術的一種另類的新技術。早期的行為改變技術主要是根據前述行為學習論的原理，以外控方式來改變原有不適當的行為或增進適當的行為。**認知行為改變術則是藉著轉換認知過程來改變個體的行為**，此種認知過程在矯正上包括：

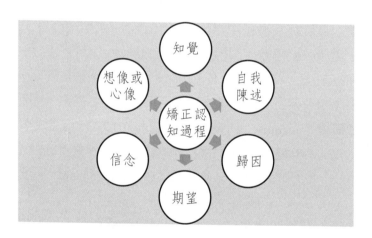

圖2-16　認知過程矯正的焦點

　　以下茲簡要地描述學者運用認知行為改變論而發展出的各種方法或技術，詳細部分則請參見第六章認知本位的行為改變技巧：

(一)想像本位暴露法（imagery-based exposure treatments）

「想像本位暴露法」是指讓個體暴露在引起焦慮的刺激情境中，以達到矯治的效果。其中最為常見的是「想像式系統減敏感法」和「洪水法」。所謂「想像式的系統減敏感法」是指訓練個體能夠完全放鬆且在引起最少至最大的焦慮情境中放鬆，直至消除這些情境所引起的焦慮。至於「洪水法」乃是訓練個體能夠完全放鬆且在最後引起焦慮的情境中放鬆，直至消除這些情境所引起的焦慮。

(二)自我教導法（self-instruction）

個體對自己說話已經被視為是一種控制自己行為的重要方式。雖然自我教導通常是私人的或隱密的，但是在不自覺的自言自語時，其作用便顯而易見。因此，所謂自我教導訓練法主要是將重點放在個體的內在語言上。它教導個體改變其內言，來直接改善其情緒困擾與不適應行為。其中以麥晨保（Meichenbaum, 1974）的「自我教導訓練」最為著名。

(三)認知重組法（cognitive reconstructuring approaches）

有些認知行為改變技術著重於降低過度的內隱行為（covert behavior），即不適應的思考形式（maladaptive or dysfunctional thought patterns）。這些技術企圖藉由認知重組的歷程來改正個體對於日常生活中事件的感受和思考，進而達到修正其問題行為與情緒。例如，認知重組法可能用來協助沮喪患者，以更為有希望及正面的方法來思考其生活環境。目前有兩個廣泛地強調運用認知重組的方法是艾里斯的「理情治療法」（rational emotional therapy）和貝克的「認知治療」（cognitive therapy）（Dobson & Block, 1988）。

(四)認知能力訓練法（cognitive skills training approaches）

「認知能力訓練法」乃是採取不同於認知重組法的一種認知行為改變

技術。它主要是藉著訓練個體未曾擁有或使用過的認知能力，來企圖矯正個體適當內隱行為的不足，使其能夠運用這些新的技巧來降低外顯和內隱的情緒困難。目前也有兩項廣泛地運用認知取向的方式，來訓練個體適當的認知能力。這些方法是「壓力免疫訓練」（stress inoculation training）與「問題解決訓練」（problem-solving training）（Dobson & Block, 1988）。

　　總括而言，上述行為學習論和認知行為改變論乃是目前行為改變技術的主要理論基礎。前者著重藉由外控方式來改變個體行為，後者則主張從內在認知層面著手，企圖來修正外在不適當的行為。在探究後面幾章改變行為的實用技巧之前，實有必要瞭解這些技巧的根源，以求理論與實用技巧相互輝映。

本章重點

1. 行為學習論，又稱「行為論」。這個理論的主要觀點有二：⑴學習是個體處於某種制約限制下所產生的反應；⑵將個體學習到的行為解釋為刺激與反應之間關係的聯結。

2. 行為學習論中，三種最重要且對行為改變影響最大的理論，包含：⑴古典制約作用；⑵操作制約作用；⑶社會學習論。

3. 古典制約作用：學習取決於訊號和關聯。最初是由俄國生理學家巴夫洛夫（Ivan P. Pavlov, 1849-1936）所提出。

4. 古典制約作用的形成，取決於幾個變項間的關係：⑴非制約刺激（UCS），是指本來就能夠引起個體某一固定反應的刺激；⑵非制約反應（UCR），指由非制約刺激引起的固定反應；⑶制約刺激（CS），指原有的中性刺激，亦即與食物相隨或者是稍前出現的鈴聲或燈光；⑷制約反應（CR），指由制約刺激所引起的反應。

5. 古典制約作用可用來解釋教育上很多基本的學習現象。例如，學校或教室恐慌症大都是因為學生在校學習失敗或懲罰不當（UCS），

而引發恐慌（UCR），進而對於整個學校情境（CS）也產生了恐慌
（CR）。

6. 古典制約作用中的一般現象：⑴古典制約作用是一種漸進過程，即制
約刺激漸進地獲得引發制約反應的能力，稱爲習得；⑵增強與增強
物；⑶類化與辨別；⑷消弱與自然恢復；⑸次級制約與高級制約作
用。

7. 系統減敏感法是用來降低特定情境上的焦慮，其原理就在於這些相同
的恐懼症也可經由配對放鬆與產生害怕的刺激來降低。至於洪水法則
是重複放置個體在眞正產生最大焦慮的情境中，直至制約的害怕被消
失爲止。

8. 厭感原理（古典制約取向）：古典制約取向的厭感原理主要在於聯結
厭惡性刺激（如害怕或不舒服）與想要消除的目標行爲在一起，如抽
菸或酗酒等。此種方法是運用基本的古典制約程序來進行的。

9. 主要的古典制約取向的內隱制約技巧則是內隱厭感法，即讓個案想像
要減少的目標行爲，然後想像令人厭惡的後果。

10. 操作制約作用：學習取決於行爲後果。最初是由斯肯納（Burrhus
Frederick Skinner, 1904-1990）所提出。

11. 斯肯納的「操作制約作用」實驗研究，看似簡單，實則涵義相當複
雜。這個實驗說明了個體一切行爲改變，乃是由本身對環境適應的結
果所決定的。此種現象已成爲日後解釋人類行爲的一般法則。

12. 凡是能使個體操作性反應的頻率增加的一切安排，均可稱爲「增
強」；至於能夠產生增強作用的刺激則稱爲「增強物」。

13. 增強時制是指採用後效強化原理從事操作制約作用學習實驗時，在提
供增強物的時間或次數上，做各種不同的安排，進而觀察個體正確反
應的頻率與各種增強方式的關係。增強時制有多種不同的增強實施方
式，最主要有兩類：⑴立即增強與延宕增強；⑵連續增強與間歇增
強。間歇增強又分爲固定比率（FR）、變動比率（VR）、固定時距
（FI）、變動時距（VI）。

14. 連續漸進與行為塑造的程序是學習到第一個反應，再學習第二個反應，依序進行，直到最後反應完成為止。

15. 與古典制約作用相較，操作制約作用之後所學習到的反應行為，也會產生類化和辨別的現象。人類許多行為的學習都是經過此一歷程，而達到精熟和類似遷移的結果。

16. 操作制約作用建立後，如果個體在反應之後不再獲得增強物，該操作性反應就會逐漸減弱，最終消失，即是「消弱現象」。惟經過一段時間後，即使上次反應行為之後未曾獲得增強物，習得的反應行為也會再度出現，稱為「自然恢復」。

17. 刺激控制是指行為在呈現區別性刺激下，一致性發生的現象。

18. 不管是好或壞，處罰是控制個體行為最為常用的一種方法。在操作制約作用中，凡是能使個體操作性反應的頻率降低或消失的一切安排，均可稱為處罰；能產生處罰作用的刺激稱為懲罰物。

19. 生理回饋訓練主要在提供人們控制其本身生理功能的方法，如肌肉鬆弛或腦波。生理回饋法在於藉由監督生理功能及提供個體功能的回饋，這正是操作制約作用的運用。

20. 社會學習論：學習取決於觀察。最初是由班都拉（Bandura）所提出。他的實驗充分地說明兒童會經由觀察他人所表現的攻擊性行為，而學習到該特殊的反應行為。

21. 班都拉的「社會學習論」中，包括「環境」、「個人」與「行為」等三項因素，稱為「學習三元論」。他強調除了環境因素外，個人對環境中的人、事、物的認識和看法，更是學習（行為改變）的關鍵。也就是說，在社會環境中，環境因素、個人對環境的認知及個人行為三者，會產生交互影響，最後才能確定學習到的行為。

22. 班都拉的的社會學習論相當重視學習時個體本身的自主性。亦即個體即使未曾親身體驗行為後果的獎賞或懲罰，單憑觀察別人行為表現所帶來的獎賞或懲罰後果，或聽到別人對某種行為對錯的批評，他也會學到在何時何地該表現何種行為。

23.觀察學習是指個體只以旁觀者的身分，觀察別人的行為表現，就可學習到別人同樣的行為。此外，只憑見到別人直接經驗的行為後果，也可間接學習到某種行為。

24.觀察學習四個階段的歷程，包含：⑴注意歷程是指在觀察學習時，個體學習須注意楷模所表現的行為特性，並瞭解該行為的涵義，否則就無法經由觀察學習而成為自己的行為；⑵保留歷程是指個體在觀察學習到楷模的行為後，須將觀察所得轉換為心像或語文表徵，才能長久保留在記憶中；⑶再製歷程是指個體將保留在記憶中的符號或心像表徵，轉變為適當行為；⑷動機歷程是指個體雖然經由觀察學習到楷模的行為，但行為的表現出來則會受到其動機因素的影響。

25.模仿是指個體在觀察學習時，向社會情境中某個人或團體行為學習的歷程。

26.自1930年代後，有些認知心理學家認為過度強調刺激與反應之間的聯結，只能瞭解人類學習行為的片段，無法一窺全貌。例如，以下是幾個知名的認知學習的實驗：領悟學習實驗，強調個體學習的過程，不必經由練習或觀察，而是頓悟情境中，各個刺激之間的關係，就可以學到解決問題的方法；以及方位學習實驗，認為學習是認知，而非經由刺激與反應的聯結歷程。

27.行為主義已由初期強調刺激－反應間的關係，進展到對於思想、知覺與複雜的動機歷程等主題產生濃厚的興趣。這些學者認為自動物實驗所獲得的學習型態，似乎無法全盤用來說明人類的學習和思想歷程。

28.認知行為改變論就是結合行為理論和認知學習理論，也就是說，藉由影響個體的內在認知去改變外在的不適當行為。

29.認知行為改變術則是藉著轉換認知過程來改變個體的行為，此種認知過程在矯正上包括：知覺、自我陳述、歸因、期望、信念及想像或心像等。

回顧與知新專欄 ....

※選擇題

(　) 1. 「給我一個孩子，我可以訓練成任何你想要的樣子」，此話比較接近何種學派之理念？　(A)認知學派　(B)人本學派　(C)行為學派　(D)功能學派　　　　　　　　　　　　　　　　　【◆94教檢，第12題】

(　) 2. 小強看了電視上的暴力行為，便學起來對同學暴力相向。這種現象可以用下列哪一種學習理論來解釋？　(A)社會學習論　(B)人本學習論　(C)試誤學習論　(D)認知學習論　　　　　【◆99教檢，第2題】

(　) 3. 班度拉（A. Bandura）在解釋道德行為如何建立時，主張在哪一個階段應特別強調操作制約中的增強作用？　(A)賞罰控制　(B)歸因情境　(C)抗拒誘惑　(D)觀察學習　　　　　　　【◆99教檢，第6題】

(　) 4. 對古典制約（classical conditioning）的敘述，下列何者為真？　(A)古典制約只能產生二級反應　(B)古典制約被稱為反應性反應　(C)在制約學習中，非制約刺激（UCS）與制約刺激（CS）指的是同一個刺激　(D)在制約學習中，非制約反應（UCR）與制約反應（CR）的生理現象截然不同　　　　　　　【◆99教檢，第7題】

(　) 5. 表揚拾金不昧的行為，可以收見賢思齊的功效，這是應用下列何種理論？　(A)古典制約　(B)工具制約　(C)成就動機　(D)社會學習　　　　　　　　　　　　　　　　　　　　　【#99教檢，第7題】

(　) 6. 學校常公開表揚學業或品行方面有良好表現的同學，希望作為其他同學的楷模。這主要是依據下列哪一個學者的觀點？　(A)史金納（B. Skinner）的操作制約　(B)桑代克（E. Thorndike）的準備律　(C)巴夫洛夫（I. Pavlov）的古典制約　(D)班度拉（A. Bandura）的社會學習論　　　　　　　　　　　　　　　　　【◆100教檢，第1題】

(　) 7. 王老師教數學時要求嚴格，經常斥責學生，導致學生變得不喜歡數學課。這種現象可用下列何種原理解釋？　(A)漣漪效應（ripple effect）　(B)替代學習（vicarious learning）　(C)操作制約（operant conditioning）　(D)古典制約（classical conditioning）　　　　　　　　　　　　　　　　　　　　　　　【◆101教檢，第3題】

(　　) 8. 「學生之所以會不斷出現校園霸凌的行為，最主要是因為媒體不斷的報導，讓學生有樣學樣的結果。」這樣的說法較偏向於下列哪一學派的觀點？　(A)行為主義論　(B)社會文化論　(C)社會學習論　(D)認知發展論　　　　　　　　　　　　　　　　【◆104教檢，第2題】

(　　) 9. 下列何者屬於操作制約學習？　(A)小華害怕蟑螂，因為每次蟑螂出現，他的媽媽就會大聲尖叫　(B)阿宏知道走哪一條路可以最快到達學校，因為他熟悉附近環境　(C)莉莉不在課堂上講話，因為她看到班上同學講話被老師責罵　(D)小銘會以哭來引起父母的注意，因為他一哭就會得到父母的關注　　【◆104教檢，第9題】

(　　) 10. 根據社會學習（或社會認知）論的觀點，認為一個人可能由於經歷行為的環境制約、增強、處罰和錯誤的認知，往往導致？　(A)自閉行為　(B)干擾行為　(C)攻擊行為　(D)焦慮行為
【107臺北市國小身障類教甄，第31題】

(　　) 11. 蔡老師發現小天原班的座位堆滿垃圾，詢問後得知除了小天有隨地亂丟垃圾的惡習外；久而久之，同學也會把垃圾丟棄在小天的座位旁。請問這現象符合哪一種心理學理論？　(A)畢馬龍效應（Pygmalion effect）　(B)旁觀者效應（Bystander effect）　(C)霍桑效應（Hawthorne effect）　(D)破窗效應（broken windows theory）
【108新北市國中特教教甄，第73題】

(　　) 12. 小方在上課時經常喝水，因此常在課中需要上廁所。若教師想運用「刺激控制」策略來處理該生此行為問題，請問下列哪種措施符合刺激控制？　(A)在約定時間內，小方未出現喝水行為，可以得到一張獎勵卡　(B)當小方打開水壺時，立即給予口頭提示，讓其中斷喝水的行為　(C)與小方約定，想喝水時，先舉手告訴教師後再喝水，可以得到一張獎勵卡　(D)與小方約定，上課時間中老師在黑板貼喝水的圖片才能喝水，其他時間不可喝水
【☆112教資考，第20題】

參考答案

1.(C)　　2.(A)　　3.(A)　　4.(B)　　5.(D)　　6.(D)　　7.(D)　　8.(C)　　9.(D)　10.(C)
11.(D)　12.(D)

※問答題

1.簡述行為主義心理學派、認知心理學派與人本心理學派的主要論點及其差異。　　　　　　　　　　　　　　　　　　　　【◆95教檢，第3題】

2.請分別從行為主義心理學、人本主義心理學的理論觀點，簡述教師宜如何引起並維持學生的學習動機。　　　　　　　　　　【◆97教檢，第1題】

3.王老師覺得學生很調皮，上課時常搗蛋。例如，今天上課時，他轉身寫黑板，小雄投擲紙飛機，讓全班哄堂大笑。如果你是王老師，列舉兩種可能的處理策略，並說明其理論依據。　　　　　　　　【◆104教檢，第1題】

4.某國小張貼了如下的一則公告：

> 恭喜10月份閱讀小博士、小碩士、小學士！
> 10月份閱讀小博士、小碩士、小學士得獎小朋友名單如下表。得獎小朋友將於11月7日（週二）學生晨會公開頒獎，並與校長合影。閱讀小博士另致贈優良兒童圖書乙本，以資鼓勵。
> 一、閱讀小博士合計10位小朋友（名單略）
> 二、閱讀小碩士合計15位小朋友（名單略）
> 三、閱讀小學士合計31位小朋友（名單略）

試說明社會學習論的基本觀點，並用此理論舉出三項論點，說明學校公告閱讀小學士、小碩士、小博士的作法，對該校學生的教育意義。

【◆105教檢，第2題】

◆表示「教育原理與制度」應試科目；#表示「特殊教育學生評量與輔導」應試科目；☆表示「學習者發展與適性輔導」應試科目

行為原理篇

第三章

增進適當行爲的技巧

第一節
運用增強促進適當行為

一、增強的意義

根據行為學習論的觀點，所謂「**增強**」（reinforcement）是指：「凡能使個體反應的頻率增加的一切安排。」簡言之，個體行為傾向於因獲得增強物而增加其強度的過程。增強可分為兩類：「**正增強**」（positive reinforcement）和「**負增強**」（negative reinforcement），這兩種增強作用均可以強化行為，如表3-1。

「正增強」是指個體行為的反應頻率會因正增強物的出現而強化。因此，在特定的情境下，決定是否為正增強物時，完全要看此種刺激對於個體行為反應的效果而定，如果此種刺激有助於行為反應頻率的增加，那麼這項刺激就是「正增強物」（Evans, Evans, Schmid, 1989）。

表3-1 增強如何強化和增進行為

	正增強 增加（＋）和強化行為	負增強 拿掉（－）和強化行為
原級增強物： 滿足生物性的需求	你抱著幼兒，他對著你微笑。這種微笑的加入強化了你再次抱他的可能性。	你的嬰兒正在哭，所以你抱他，哭泣就停了。拿掉哭泣強化了當他哭泣時，你再度抱他的可能性。
	你給了同學一個恩惠，他買了一份點心回報你，強化了你在未來為這位同學做更多善意的行為。	你因牙痛而吃抗生素，藥到痛除，將激勵你在未來再度服用更多的抗生素。

（續下表）

次級增強物：滿足學習到的需求	你增加收益並收到1萬元的分紅，將會激發你做更多事情來增加收益。	高工作效率之後，老闆說你可以特休假幾天，將會激勵你做出更高的工作效率。
	你很用功且在行為改變技術的考試上得到好成績，將會強化你傾向於在未來努力用功。	老師說因為你隨堂考試表現優異，不用考期末考了，將激勵你在未來做好隨堂考試。

　　「增強」通常與酬賞或者是受歡迎的事物同義，諸如老師讚美班上學生安靜學習，或者是孩子感謝父母為其做出一道豐盛的晚餐。「負增強」是指因表現出某種行為而促使「厭惡性事物」（something aversive）消失，例如嬰兒因父母抱起而停止哭泣或老師對著班上大叫直至安靜為止。負增強有時會和懲罰相混淆，因為兩者均包含「厭惡性事件」（aversive events）。不過，懲罰會導致行為的降低或消失；負增強則會造成行為強度的增加。

　　使用負增強有一項最主要的限制，就是我們必須冒著產生副作用的危險，而副作用中最顯著的就是逃離或避開一切相關的人事物。如果父母或老師是執行厭惡性刺激者，他們也會成為厭惡的對象，因而離家出走、蹺課等行為，就會因為要逃離這些厭惡的對象而被負增強了。如果使用正增強，就不會產生如此的副作用。因此，工商業大都採用正增強來促進消費行為，而很少運用負增強作用的手法。

二、增強物的類型

　　不同的學者對於增強物有著不盡相同的分類。例如，Martin & Pear（2019）將增強物分為「消費性增強物」、「活動性增強物」、「操作性增強物」、「擁有性增強物」及「社會性增強物」等五種；Kazdin（2012）則將增強物分為「食物及其他消費品」、「社會性增強物」、「高頻率發生的行為」、「回饋」及「代幣」等；至於Coon, Mitterer, &

Martini（2018）、Evans, Evans & Schmid（1989）等學者則認為增強物有兩種一般形式：「原級增強物」和「次級增強物」。因此，本文擬採取大多數心理學家對於增強物分類法，將增強物分為：「原級增強物」和「次級增強物」，並列述如下：

(一)原級增強物（primary reinforcers）

所謂「**原級增強物**」是指直接滿足個體需求的刺激物（如食物、水、性）。它們自然的、非學習來的，又稱為**非制約增強物**（unconditioned reinforcers），因為這些刺激有生物上的重要性（Cooper et al., 2007）。因此，原級增強物對於特定的物種幾乎是普遍有效的。每次我們打開冰箱、走到飲水臺的行為均是反映了原級增強物的效果。

(二)次級增強物（secondary reinforcers）

所謂「**次級增強物**」是指經學習而間接使個體滿足的刺激物（如獎品、金錢、注意、贊同、成功、成績、權利、喜愛的活動、讚美和類似的酬賞等）。次級增強物之所以具有強化的價值，乃是經由制約學習過程學來的，又稱為「**制約增強物**」（conditioned reinforcers）。由此可見，上述之活動性增強物、操作性增強物、擁有性增強物、社會性增強物、高頻率發生的行為、回饋及代幣等都是屬於這類型的增強物。若制約增強物配對其他各種增強物，就可稱為**類化的制約增強物**（generalized conditioned reinforcer）。例如，金錢就是一種類化的制約增強物，這種增強物的價值較不易減少，較不可能產生飽足的現象。

三、增強原則

增強原理乃是一組可用於行為改變歷程上的原則。在實施和計畫行為改變方案時，大都是依賴這些原理。在運用增強原理時，我們應牢記下列有關原則（Evans, Evans, Schmid, 1989; Kazdin, 2012）：

㈠增強作用是相對的，而非絕對的

增強某人的特定事件對於其他人並不一定有效，例如，小學生會因教師的讚賞而獲得增強，但是14歲以上的學生則可能會因教師的讚賞而感到困窘或者是產生負面的反應。因此用來當做增強物的活動、項目或事件必須是某人所想要的事物。此外，變化增強物也是相當重要的。我們應該挑選新奇的增強物來維持高頻率的行為，這樣可以經由更多的環境因素來增強行為出現的可能性及降低增強物飽足的可能性。

㈡增強取決於目標行為的出現

如果我們企圖要改變個體的特定行為，就必須僅增強想要改變的行為。因此，在計畫和實施行為介入時，就應注意確保非目標行為（nontarget behavior）不會受到無意的增強。

㈢實施行為改變的初期，只要一出現受歡迎的行為就應立即給予增強，其效果最大

也就是說，父母立即讚賞孩子整理書桌的行為要比等待一段時間再來增強受歡迎的行為（整理書桌）要來得有效。若增強延宕的越長，受歡迎的行為越不可能受到增強，反而可能會強化了其他的行為。

㈣一旦建立了行為與酬賞間的聯結，就應改為間歇性增強，以使行為更能夠持續地出現

由於間歇性增強更為類似真實生活的活動，在教室中教師想要持續且立即酬賞學生所完成的每道問題或步驟往往是有困難的。因此，教師逐漸地延緩增強直到整個作業完成為止。

㈤由外在增強轉為自然增強物

由圖3-1可知，增強的連續體制乃是由一端的外在或設計的增強物到另一端內在的與自然的增強物。雖然學生可能需要外在的增強物，例如玩

具、糖果等，不過外在增強物總是搭配著社會性增強物。最後，外在增強的需求會減小，行為會受到自然發生的增強物或者是任務本身所直接提供的內在增強所強化。運用自然增強物的優點在於其費用低，易於安排，因為它早就存在環境中，行為建立之後更易於實施。

外在的增強--內在的增強

　　　　　　　　　　　　　社會性增強物--

　　　　　　　　代幣增強---

　　　　活動性增強物---
具體增強物---

圖3-1　增強的連續體制

（參考自 Evans, Evans, & Schmid, 1989, p.206）

㈥運用高頻率行為來增進低頻率行為

　　Premark（1959）曾觀察到可以運用高可能性行為（高頻率行為），來增進低可能性行為（低頻率行為），又稱為「**普默克原理**」（Premark Principles）。這個原理主要是基於此項原則：「你做了X，然後就可以做Y」，正如同我們小時候，每天放學後一定會聽到一句話：「做完功課才準出去玩」或「做完功課才可以看卡通影片」。一般而言，玩和看卡通影片是高頻率行為，而做功課則為低頻率行為，用高頻率（玩或看卡通影片）行為來增強低頻率（做功課）行為。又如若凱傑正確地完成30道數學問題（低頻率行為），就可以擁有10分鐘的自由閱讀時間（高頻率行為）。為了有效的運用這項原則，首先就必須確認那些是高頻率行為或低頻率行為。Retting和Paulson（1975）曾建議採用劃分法的方式，如表3-2。

表3-2　高低頻率行為的劃分表

低頻率行為	高頻率行為
如果你做了X	然後就可以做Y
*數學問題	玩棒球
*家庭作業	看電視
*吃蔬菜	吃點心
*開口說話	吃餅乾
*乖乖寫注音符號	玩黏土

　　運用此一原則並不需要外在增強，自然增強物就已經存在兒童的環境中（玩棒球、看電視、吃點心等）。兒童若能從有限的活動名單中選擇自己所喜愛的行為後果，就可以有效地運作普默克原理。

　　另外，Rhode、Jenson和Reavis（1992）亦曾建立了提供增強的IFEED-AV模式，提供下列幾項增強的原則（如表3-3）：

表3-3　IFEED-AV 增強原則

原　　　則	內　　　　　　　涵
1.立即性（Immediately）	I 代表立即增強學生。老師延宕越久才增強學生，增強的效果越小。這種情形對於年幼兒童或重度障礙學生特別是如此。
2.經常性（Frequently）	F 代表經常增強學生。學生在學習新行為或能力時，經常增強學生是很重要的。
3.熱忱（Enthusiasm）	E 代表傳遞增強物時的熱誠。傳遞給學生具體的增強物是相當容易的，不過若要搭配熱誠的評論則較為費力。對於大多數的老師來說，剛開始是有點人工化的，不過經過練習之後，熱誠就會產生不同的效果。
4.眼神注視（Eye Contact）	對老師來說，給予學生增強物時，即使學生並沒有注視老師，用眼睛注視學生亦是很重要的。就像熱誠一樣，眼神注視意味著學生是特別的，獲得老師無可分割的注意。多次之後，眼神注視本身可能就具有增強作用。

（續下表）

5.描述行為（**D**escribe the Behavior）	D 代表描述被增強的行為。學生越年幼或越重度，描述被增強的適當行為就越重要。即使學生瞭解被增強的行為是什麼，描述它是很重要的。
6.預期（**A**nticipation）	建立獲得增強物的預期和興奮感，可以激發學生做更好的動機。老師使用越有生氣，學生獲得增強物就會越興奮。此外，用神秘的方式呈現潛在的增強物也可以建立預期性。
7.變化性（**V**ariety）	就像大人一樣，學生（尤其是頑皮的學生）往往會對同一事情感到厭倦。某些增強物可能高度受到歡迎，但是重複使用之後，它的效果可能就會消失。不管怎樣，變化性是障礙和非障礙者的生活調味品。因此，經常改變增強物使得增強更具有效果是有必要的。

四、運用次級增強物來增進行為

有關次級增強物的分類有多種，本文將著重於探究「具體增強物」（tangible reinforcers）、「活動性增強物」（activity reinforcers）、「社會性增強物」（social reinforcers）及「代幣增強」（token reinforcement）等四種次級增強物。

(一)具體增強物

要求某人提出增強物的實例時，人們首先會聯想到許多具體的事物——也就是，我們能夠感受到的東西。這些具體增強物，包括糖果、玩具、衣服等。在家裡可能採用的是飲料、新衣服、玩電動玩具、看卡通影片、看漫畫書或寵物等；而在學校中可能使用的具體增強物是喜愛的食物、糖果和玩具，或特殊的物體，如橡皮擦和鉛筆。具體增強物對我們日常生活的行為會產生強烈的影響，當我們到商店購買新衣服時，新衣服就是購買行為的具體增強物。由於具體增強物是處於連續體制的一端（外在

的），需要時才使用它。通常，在自然的環境上其他的增強物要比具體增強物更可行且更具有強化作用。因為這種增強物較易於達到飽足，只適用於較為短期的訓練與工作次數較少的作業上。

(二)活動性增強物

「活動性增強物」包括權利或喜愛的活動。有些父母可能會對孩子承諾：「完成回家作業之後，就可以看電視或打電動玩具。」看電視或打電動玩具可能是兒童自由選擇時，喜愛且經常出現的活動。先前我們將這類活動稱為「高頻率行為」。David Premark（1965）曾提出運用高頻率行為來作為低頻率行為的增強物，並將其稱為「普默克原理」（Premark principle）。

許多研究已經證實普默克原理的效果——有機會從事高頻率行為可以增進個人表現出低頻率行為。例如，Allen和Iwata（1980）曾提供智障成人參與遊戲的機會時，可增進他們身體運動反覆練習的次數。雖然活動增強物有其效用，不過Kazdin（2012）也曾提出了幾項活動性增強物的限制：⑴有些活動無法在受歡迎行為之後立即給予，例如學生或兒童可能無法在完成作業，立即贏得額外的休息；⑵活動可能是全有或全無的情境，學生不是獲得就是失去權利；⑶許多活動是學生或兒童自行可以獲得的，例如額外休息、午餐等；⑷在某些案例中，活動性增強物會造成受歡迎行為的中斷。

(三)社會性增強物

「社會性增強物」乃是包含人際動作或行為的正面行為後果，例如口語表達或回饋、非口語表達、接近或身體接觸等。如果提供社會性增強物者對於接受者來說是重要的，那麼所有的社會性增強物就會具有特殊的價值。通常，注意或贊成的行為反應就可以促使他人產生更多的積極反應。表3-4列舉了一些社會性增強物的實例。

✍ 表3-4　社會性增強物的實例

類　型	實　際　例　子
口語表達	是的、非常好、好孩子、很好、太美了、很聰明、很有想像力、好棒喔、對、你是最好的、多具有創造力。
非口語表達	微笑、點頭、拍手、一瞥、手勢、張大眼睛、豎起大拇指。
接近	靠近某人坐下、站著或走近、加入學生的活動。
身體接觸	擁抱、觸摸、揮動手臂、拍頭、背部或肩膀。

　　運用社會性增強時，我們應該牢記下列幾項原則：(1)社會性增強物總是因適當行為的表現而發生；(2)口頭讚美、表達、語調變化及熱情程度應該有所變化；(3)讚美的形式也應該有所改變，教師的適時、語調、真誠、韻律及臉部表情都會影響到社會性增強的效果；(4)事實上，社會性增強總是搭配著其他的增強物使用。

　　此外，運用社會性增強物來增進人們行為的優點主要有四：(1)社會性增強物快速且容易實施；(2)目標行為出現之後，可以立即地給予，而提高其成效；(3)社會性增強物，如讚美或輕拍背部，通常很少會干擾到進行中的行為；(4)對大多數行為來說，此類酬賞在人們每日生活中就已自然地發生。以下乃是一位媽媽指出指責不如誇獎（社會性增強）的例子。

指責不如誇獎的實例

　　國內有位媽媽和幾個姊妹淘在一起話家常時，她們都很羨慕她是如何把三個孩子教育得很不錯。她指出和孩子相處，只秉持一個六字箴言的原則：「多說正面的話」。起初，她和一般父母一樣，都有「望子女成龍成鳳」的心態，渴望把第一個孩子塑造成優雅又有氣質的人，作為弟妹的楷模。於是就對第一個孩子提出許多要求和規矩，只要孩子稍微沒有達到標準，便加以指責，一些難聽的、負面的話都出籠了：「你真笨，這麼簡單的問題也不會！」「你不乖，就不給妳飯吃！」誰知效果適得其反，孩子竟然變得怯弱，凡事都顯得畏首畏尾。

　　因此，她就立即調整這種教養孩子的方式，不再口出惡言，改以讚美、鼓勵的話語（**社會性增強**）來激勵孩子，孩子居然有了很大的轉變，

不再退縮，反而充滿自信，勇敢的接受挑戰。即使孩子們偶爾犯錯，也不會給予責備，反而對他們說：「媽媽永遠愛妳，支持妳」「沒關係，人非聖賢，只要盡力就好，加油！」在她這樣的激勵下，孩子很快就建立自信心，做起事來也就更加得心應手了。

(四)代幣增強

「代幣增強」，又稱「代幣增強系統」或「代幣制」。它乃是一種使用「籌碼」（tokens）來縮短受歡迎行為和酬賞之間的動機系統（Ayllon & McKittrick, 1982）。代幣增強系統在許多情境中是有效的，諸如特殊教育、商業（如統一超商、全家、家樂福）、普通教育、醫院、住宿機構和家裡。如果讚美和注意無效時，我們常會建議改用代幣增強。此外，許多學生或兒童常因必須等待酬賞延宕時間而無法適當的完成工作，此時籌碼就可以用來作為橋梁。Stainback和Payne（1973）亦指出由於個別化教學需要協助每位兒童發揮其最大的潛能，代幣制提供了每位兒童多樣化的溝通方法。尤其是，兒童較不會感到厭煩，因為代幣制採用各式各樣的「**後援增強物**」（back-up reinforcers）。而人類日常生活中所使用的交易貨幣（紙鈔或硬幣）也是一種代幣的形式，其後援增強物更為豐富且多元，對於人類行為的影響則相當的深遠。

「代幣制」是增進正面行為的另外一種方法。在代幣系統上，學生賺取籌碼，如積分（點）、瓶蓋、郵票、貼紙、笑臉、星號或票卷等，這些代幣的功能就像我們社會生活中所使用的金錢一樣，代幣本身並不具有增強的作用，後援增強物就是代幣可以用來交換的酬賞（Kazdin, 2012）。這些後援增強物通常是權利、活動或是具體物。此外，後援增強物可以是有趣且多變化的，而且代幣制可以縮短學生良好行為和酬賞之間的差距。另外，老師也可以使用代幣制來針對幾項不同的目標行為，並依循下列程序來建立代幣系統（Evans, Evans, & Schmid, 1989）：

♂表3-5　建立代幣系統的程序

程序1	‧確定1至4項你想要改變的目標行為。
程序2	‧選擇使用的代幣種類。年幼兒童通常喜愛具體的代幣如郵票，彩色卡片，年齡較大的兒童則可使用積分制。
程序3	‧建立每天給予學生贏得代幣數目的回饋。一天中通常可以有幾次，對高發生率的問題或年幼兒童，老師可以每隔半小時就提供回饋。
程序4	‧決定後援增強物。在酬賞單上列出權利或活動範圍，以確保其變化性和新奇性。要記住每位兒童對增強物的喜好是不同的。
程序5	‧設定每一目標行為的代幣值及酬賞的購買價值。
程序6	‧提供學生根據每日和每週的積分數，來賺取每日（如額外的電腦時間）和較長期的酬賞（如與同學自由相處的時間）。
程序7	‧利用圖表追蹤每日所賺取的籌碼。

　　雖然代幣制的使用相當的普遍，不過代幣制仍是一種優缺點互見的技巧，如表3-6。

♂表3-6　代幣制的評析

項目	代　幣　制
優點	1.籌碼易於攜帶，且能立即地傳遞。 2.代幣制比其他的增強系統更為多樣化。 3.代幣制能教導學生或兒童瞭解延宕的喜悅。 4.代幣制可以跨越情境使用，並同時針對不同行為，且可以多人同時執行。 5.代幣制並不需要在全有或全無的基礎下傳遞增強。

（續下表）

	6.增強物的種類可以變化，以配合當事人的需要。
	7.籌碼可因當事人行為改變的情形加以調整。
	8.增強物的延宕出現可以培養當事人的自制能力。
	9.後援增強物的呈現可以設定在適當時間與地點，而不影響到教室內的常規。
缺點	1.記錄的程序相當的複雜與耗時。
	2.老師可能必須花費一筆錢來購買後援增強物。
	3.轉移代幣增強為更多自然發生的事件可能不容易達成。

在介紹過代幣制涵義、建立的步驟及其優缺點之後，以下作者要特別舉出一些適用於個別和團體使用的代幣增強實例，供作參考：

1.個別和全班性的代幣增強

代幣制的酬賞計畫可以針對個別或全班學生來加以建立。許多老師喜歡做全班性的酬賞計畫，因為他們發現酬賞可以增進所有兒童的成就，而且容易實施；有些老師則喜歡針對個別的兒童。下列是一些個別和全班性的酬賞活動實際例子（主要參考張世彗，1999，pp.46-49）：

活動實例一：塑膠木棒遊戲

有位李老師曾在某些學校教導幼兒園一年級的ADHD學生，當學生有問題行為時，李老師就會使用塑膠木棒遊戲。她在2至5分鐘之間設定一計時器（依照問題發生的頻率來設定長度，經常發生的問題行為，時間應該要簡短；不常發生的問題行為，設定的時間應較長）。如果學生遵照所有的班級常規直至計時器停止時，學生就可以在杯子中贏得一根塑膠木棒。一旦學生中斷此一規定，老師就從另一杯中給予自己一根木樁，然後重新設定計時器。活動結束後，計算一下塑膠木棒的數目。如果學生的塑膠木棒數超過老師，學生就可以賺取活動或權利。如果老師的塑膠木棒數超過ADHD學生，老師就可以選擇班上的活動，而不讓ADHD學生參加。

活動實例二：選擇學習角

某個學校的學生每天可因正確地完成學習任務，安靜的離開座位，遵守班級常規，適當的午餐行為而賺取積點等。老師可以在卡片上寫下每位學生所賺取的積點，而學生則可以每週有兩次運用積點交換其選擇學習角的時間，例如圖書角、遊戲角、音樂角等。每個學習角至多容納3至4位學生以確保活動在控制之下而且充滿樂趣。

活動實例三：罐子中的票卷

有位老師使用「良好行為」的票卷來作為所有幼兒園學生的誘因（通常是一班超過20位學生）。學生通常可以因這類行為而賺取票卷，例如專心聽講或顏色塗得很乾淨等。學生可以在其賺取的票卷上寫下他們的名字，並將其放在班級的罐子中。老師則在一天中隨機由罐子中抽出票卷，被抽出票卷的學生就可以賺取酬賞，例如排隊排第一、幫老師做事、從獎品箱中抽出獎品（如橡皮擦、鉛筆等）。此外，老師可以增加一項驚奇的要素，即跟隨在學生之後，當他們在學習時私下給他們票卷。也就是說，老師可以根據班級的需求，變化其所使用的票卷方式。不過，重要的是老師要每天抽取票卷（有時一天幾次），尤其是在開始時以保持學生的動機。

活動實例四：每週和每月的票卷酬賞

有位老師運用票卷來酬賞所有學生的良好行為。他每天為其班上學生設定每日的目標，通常是針對需要大多數學習任務的規定。所有學生可因遵守每日的規定或者是其他的事情，像做家庭作業、安靜學習、立即遵照指示、協助他人、排隊守規矩而賺取票卷。至於針對特殊需要的個別兒童，他們也有個別的行為目標。這些規定可能是撰寫生字新詞的作業，說實話或者遵照指示。需要的話，老師也可以調整對ADHD學生的期望，藉由酬賞試著努力但是尚未表現良好的學生。老師在一天之中要經常給予票卷，也喜愛立即給予票卷，她總是穿著有口袋的衣服，使得她能夠隨時攜

帶票卷，並立即給予學生票卷，然後每個星期五，老師可以讓學生進行票卷的交換。

活動實例五：全班性的代幣增強系統

如果我能夠做到下列事項，我就可以得到一個Kitty貓印章：⑴準時上學；⑵立即遵照指示；⑶按時完成作業；⑷協助同學；⑸專心上課；⑹預習課程內容；⑺能主動回答問題；⑻複習昨日課程；⑼保持整潔；⑽吃完營養午餐；⑾排隊守規矩。集滿50個印章，我可以當小組長一個星期；集滿40個印章，我就可以得到自由活動一節課；集滿30個印章，我就可以得到皮卡丘文具一組；集滿20個印章，我就可以得到3個笑臉；集滿10個印章，我就可以得到鉛筆一枝。每天放學結算該日的積點，並於一星期後總結算所有積點，並換取禮物。

2.團體本位的代幣增強

我們已經討論了許多有關學生能夠因其本身的表現而贏得酬賞。另外，我們也可以使用團體本位的酬賞方式來達到想要的目標。

下列是一些團體本位的代幣酬賞方式：

活動實例一：桌上積點

老師可以讓5-6位學生同為一組。每桌都有一個名稱，學生可以因相處融洽、保持桌面清潔、及安靜坐著而賺取桌上積點。一旦有一桌賺取了某些積點，全桌就可以賺取10分鐘自由時間或食物等。每桌通常需要花費2週的時間來賺取足夠的桌上積點。老師可能也需要使用更多立即性的、低成本的酬賞，例如最先收拾乾淨的那一桌可以獲得優先休息的機會。

活動實例二：每行積點

全班學生行行坐著，並且可以因專心學習、快速做完作業、遵照指示和安靜工作而賺取每行積點。老師可將每行積點定期地呈現在黑板上。賺

取最多積點的行可以贏得免寫家庭作業、額外休息和自由時間等。老師每隔六週就改變每位學生的位置使得每位學生都有機會同坐在一起。此外，老師每週也可以指定一位特殊人物來分派積點、執行學生的休息、及做特殊的工作。

活動實例三：循規蹈矩獎勵計畫

　　國外有所高中曾實施一個獎勵學生的妙點子方案：「只要學生品學兼優，最高可以獲得在家多睡一個半鐘頭早覺的獎勵。」換言之，這些學生可以不必上第一堂課。學校所實施的獎勵辦法是這樣的：學生只要上課守規矩，例如上課不遲到、穿制服、按時繳交作業等即可獲得分數。學校每天有四堂課，學生如果表現良好，每上一堂課就可以獲得一分，加上額外獎勵的分數，每學期積分約在400分左右。學生可以拿積分交換獎品單上的獎品，小件獎品包括文具、玩具或光碟片等，最大獎也是學生最渴望獲得的獎勵，則是晚到校一個半小時，但是須有390分的積分。

活動實例四：閱讀存款簿，積點換學位

　　臺北市某所國小發行了一本該校學生專用的「悅」讀護照，師生們將這本護照暱稱為「閱讀存款簿」，學生只要讀完一本書就可以在教師認證下，在護照上登錄存下一筆「知識存款」，每集滿150點（約30本書）就可以提升一個「學位」等級。

　　這本「悅」讀護照形式和一般銀行或郵局的「存款簿」一樣，只是存款的金額、名稱，調整為閱讀書名、詩名及文章題目，而存款一樣項目就是學生的讀書心得感受，金額小計則是「悅」讀點數累積。

　　這本悅讀護照中不但列有低、中、高年級好書的書單，還列出各年級各20首詩詞表單，有數十個優良網站，只要學生讀一本好書、背一首詩詞、學會一首閩南語童謠或是寫一篇好文章，就可以登錄一次、得到點數，而閱讀書籍超過250頁並完成學習單者甚至可以一次得到幾點的認證。

　　這樣的積點換學位的方式讓學生們充滿興致，因為每達到150點就可以升一級，每2個月累積一次，分別頒發小學士、小碩士、小博士、超博士等不同等級的「學位證書」，每個年段要重新開始累計。該校採取此種悅讀護照明顯的提升了校內閱讀的風氣。

> 活動實例五：老師特殊的「100分評分機制」，讓學生提升自信

　　依據日本媒體（withnews）報導，日本有位媽媽發現升上2年級後，由於更換了評分較嚴格的導師，即使孩子只是數字、漢字寫得醜一點也會被老師扣分，所以已經很久沒看到滿分考卷了。那時兒子甚至還會把滿江紅的考卷，偷偷藏在書包裡，彷彿不希望她看到一樣。但是升上3年級的兒子突然成績猛進，不論是國語還是數學，一直都拿滿分回家，導致她自己對兒子常拿「滿分」這件事感到有些疑惑。

　　她細看了考卷發現有些地方老師有用紅筆批改過。原來考卷第一次發回來時沒有打分數，而是「**將退回來的錯誤全部修改完後，老師才會給100分。**」一開始就100分的人，則會被畫上花型圖案（表示成績優異）。

　　這位媽媽也強調，她並不覺得評分嚴格就是不好，孩子也因為受到2年級嚴師的洗禮，現在才能寫出一手好字。雖然新的「100分評分機制」有點暗藏玄機，不過孩子在新老師的帶領下，有了明顯改變，特別是寫回家作業的時候，變得能更輕鬆地完成，且過往的緊張感也不見了，而且能看到孩子拿到100分，心裡還是比較開心！（修改自https://tw.news.yahoo.com/2022.05.13）

㈤增強版的運用

　　很多實務工作者，尤其是中小學及學前階段的教育人員，常會運用各種材料（如書面、紙、絨布等）設計增強版來協助班級經營和教學。以下乃是一些增強版的示例，借作參考：

> 小猴子大冒險

想法：以小猴子很會爬樹又愛吃香蕉為發想。讓小朋友們扮演小猴子，努力向上爬獲得好吃的香蕉。

適用對象：普通班、特教班。

使用目的：為了讓學生某種行為可以得到增強，藉由往上爬樹（格

子）的方式，讓學生有向上爬的動力，並專注於課堂上。小猴子很會爬樹又愛吃香蕉的習性，小朋友們應該都很瞭解。可以針對每個學生，也可以針對組別（分組競賽）的方式來使用。

使用方式：首先學生可以自行選擇要當那一隻小猴子，並且在小猴子的下方貼上自己的姓名貼，不同隻小猴子最後所得到香蕉裡面的獎勵也會有所不同。

每當學生有出現應予以增強的行為之時，他的小猴子即可上升一格，可邀請小朋友自行上來操作，也可以由老師操作，等到集滿到第十格，也就是小猴子爬到香蕉那一格的時候，小朋友就可以剝開香蕉看看裡面的獎勵是什麼。

香蕉裡面的獎勵可以更換，貼上不同的獎勵圖示卡。

照片：

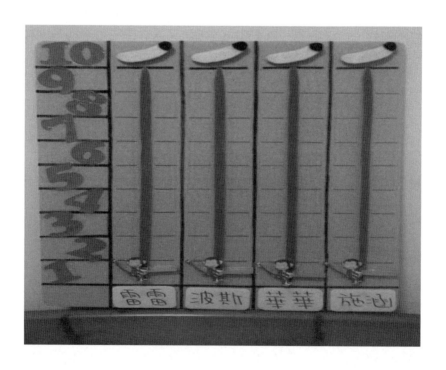

〔可愛卡通猴子爬樹圖貼在木頭夾子上方（有護貝）〕

〔木頭夾子：讓小朋友們自行操作〕

〔小朋友名字的版版可更換並且可自己選擇要在那個位置貼上去〕

〔小朋友可以選擇一個香蕉貼在自己的格子最上方〕

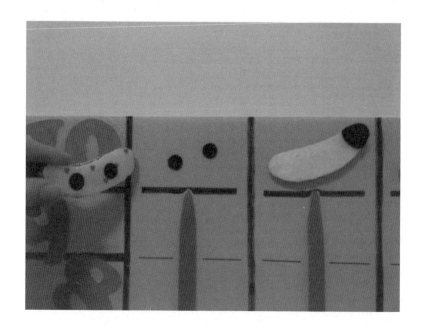

〔集滿到第10個即可獲得把香蕉剝開的權利，裡面有獎勵，每個香蕉不一樣〕

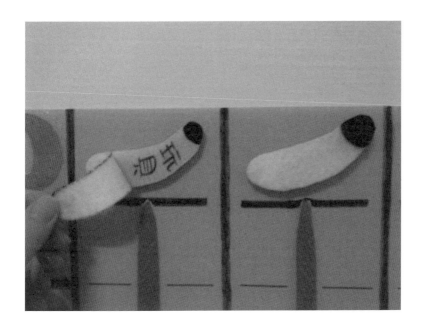

〔模擬小朋友之間比數〕

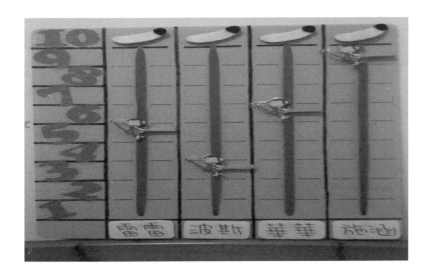

:·······:
: 衝吧！憤怒鳥 :
:·······:

目的：利用在小朋友間最受歡迎的憤怒鳥吸引孩子的注意力，激發小朋友蒐集喜歡的憤怒鳥圖卡的動機，蒐集到3張圖卡後可玩小遊戲，玩小遊戲本身的樂趣就是吸引小朋友的增強物，且玩小遊戲的過程中也可訓練小朋友的能力。

設計理念：選擇小朋友喜歡的憤怒鳥為主題，提高小朋友的興趣，並且設計了一個小遊戲，增加小朋友使用此增強版的趣味，此遊戲也可訓練小朋友的小肌肉及手眼協調能力。小朋友喜愛的各種憤怒鳥圖卡及趣味遊戲就是增強物之一，可增加小朋友使用此增強版的意願，且遊戲如獲勝，可再獲得額外獎勵，增加獲得獎勵的挑戰度。

適用對象：幼兒園、小學低年級、特教班製作材料：塑膠瓦楞板、護貝膠膜、白紙、魔鬼氈、圓柱體木頭、蝴蝶片。

使用方法：每當小朋友出現應給予增強的行為時，小朋友可以任選一張憤怒鳥的圖卡。

> 五、運用行為契約來增進行為

　　有時針對一大群學生使用特別的增強系統是很困難的或不甚適當的。為了個別地或有系統地處理學生各種的興趣、需求或能力，我們可以採用「**行為契約**」（behavior contract）。Murphy（1988）就曾指出「行為契約」乃是增進自我管理、學業及社會發展的好方法。至於運用「行為契約」作為行為改變技術乃是基於Premark（1965）所發展出來的原理。Premark的原理指出：「高發生率的行為可以用來增進低發生率的行為。」這項原則常常被稱為「**祖母法則**」。實施增強也常常採用行為契約的形式，也就是希望改變行為的人和要改變行為的學生之間所訂立的契約。在契約中必須明白地描述行為與結果之間的關係，使得學生與老師或父母對於完成某特定的行為可以得到特定的增強物，有共同的認知

（Kazdin, 2001）。

　　理想上，「行為契約」通常有五項要素：

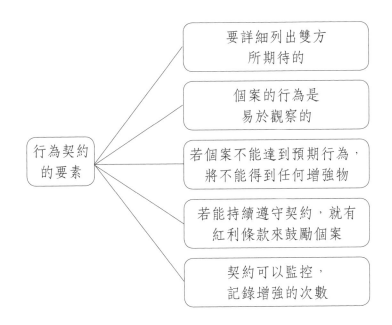

要詳細列出雙方
所期待的

個案的行為是
易於觀察的

行為契約
的要素

若個案不能達到預期行為，
將不能得到任何增強物

若能持續遵守契約，就有
紅利條款來鼓勵個案

契約可以監控，
記錄增強的次數

圖3-2　行為契約的五要素

　　因此，老師可以藉由寫下師生間的行為契約來形成任何行為的處理方案，尤其是針對中高年級的學生。契約上老師應該清楚自己和學生的責任。然而，如果父母也包括在內，也應包含其責任。老師可能會發現以契約的形式寫下要求，學生會比較認真，特別是學生亦簽名同意的行為契約。行為契約可以是具有視覺吸引力的，使其變得更為有趣。

　　「行為契約」具有幾項優點（Kazdin, 2012; Patterson, Reid, & Dishion, 1992）：

優點1 ── • 個案對行為契約的擬定有參與感，表現會較好

優點2 ── • 個案對契約的實施較不具有厭惡感

優點3 ── • 擬定契約的雙方可以協調契約的內容

優點4 ── • 遊戲規則明確，個案可以明瞭自己應完成的行為，而執行者則可掌握給增強物的時機和數量

優點5 ── • 契約對於整頓人際關係之間不良的互動特別有用

圖3-3 行為契約的優點

以下乃是一些行為契約實例：

表3-7 行為契約的實例（一）

甲：學生方面

◎我要學習成為一位守規矩的學生，我知道這對我很重要，我能遵守下列的條規，以成為一位守規矩的好學生，而且能夠獲得點數。當我達到200點時，我能夠得到老師提供的獎勵禮品一份，我將盡力去達到下列的規定：

1. 上課準時---可獲得3點
2. 保持座位的清潔整齊---可獲得5點
3. 上課發言前先舉手--可獲得2點
4. 按時繳交作業--可獲得3點
5. 每天都做完打掃工作---可獲得3點

乙：教師方面

1. 我會依照契約給你點數。
2. 我將公正的去評斷你是否有達成以上的條規，如果已違反契約，且惡意破壞我們之間的約定，我將會扣除你的點數，甚至剝奪你參與的權利。

教師簽名：＿＿＿＿＿＿ 學生簽名：＿＿＿＿＿＿ 日期：＿＿＿＿＿＿

☙表3-8 行為契約的實例（二）

甲：學生方面

◎我要學習如何降低寫錯字，我知道努力學習可以得到更多的點數，我知道下列作業可獲得點數：

1.課堂練習--可獲得0-3點

在學校的課程中，若出現需要書寫國字的情形，假如完全沒有錯字，可得到5點，每錯5個扣1點，扣玩為止。

2.課後作業（錯題越多，得分越少）

在每天回家作業中，書寫國字的部分：

　　0-5個錯誤--5點

　　6-10個錯誤--3點

　　11-15個錯誤--1點

　　16個錯誤以上--0點

3.個別學習單（錯題越多，得分越少）

老師針對我的需求及能力，除了課後作業外，另外給予一張學習單。

　　0-3個錯誤--5點

　　4-6個錯誤--3點

　　7-9個錯誤--1點

　　10個錯誤以上--0點

我知道我每日所得的點數，可以累積成每個星期等第。

　　120點得---A等

　　100點得---B等

　　　90點得---C等

乙：教師方面

1.我會依照契約給你點數。

2.我將公正的去評斷你是否有達成以上的條規，如果已違反契約，且惡意破壞我們之間的約定，我將會扣除你的點數，甚至剝奪你參與的權利。

教師簽名：_____　學生簽名：_____　日期：_____

第二節
增強效果的影響因素

為何有些增強物（如代幣）要比其他增強物（如糖果）有效呢？增強效果的發揮有賴於許多的因素，其中需注意的是如何有效地運用這些增強物。以下乃是一些影響增強效果的因素（Baron, 2001; Coon, Mitterer, & Martini 2018; Kazdin, 2012）：

一、行為後效的運用——適時或不適時

要使增強物產生效果，最基本的是使增強物對行為後效作用。也就是說，只有在受歡迎的行為出現時，才提供增強物。若不能適時地提供增強物，那麼行為就不會獲得改變。此外，增強物若不能隨著行為反應而來，就會無法發揮增強的作用。行為反應後附隨著增強物的出現，不盡然是「完全成功」或者是「完全不成功」的情況，例如，父母和老師通常表示他們已使用了增強的方法，但是卻只獲得很少的效果。事實上，他們通常在每天情境中只偶爾地應用增強，也就是有時隨著行為反應附加增強效果，有時則沒有。

「行為後效增強」與「非行為後效增強」之間有著很大的區別，「行為後效增強」往往可以造成顯著地行為改變，而「非行為後效增強」則只會造成些微或者是未能產生行為改變。如果有時提供增強，有時未能提供增強，往往會導致平平的行為改變。至於為何「非行為後效增強」也能使得行為產生改變，原因在於「非行為後效增強」有時會碰巧隨著受歡迎的行為而出現，因而對此行為產生斷斷續續的增強。不過，若我們的目標是真正要使行為發生改變，就應避免「非行為後效增強」。

二、增強的延宕——快或慢

增強的效果繫於行為和提供增強物間的時間。個體表現出受歡迎行為後立即提供增強物比延宕提供增強物的效果要好。因此，想要使增強效果最大，就應在目標行為之後立即提供增強物。否則，非目標行為可能會隨著目標行為之後出現，而延宕提供增強物，反而可能會增強到非目標行為。

目標行為出現時，立即提供增強是非常重要的。惟若是此一行為已能持續地產生時，行為與增強之間的時間就可以漸增而不至於減少反應的產生。

三、增強物的數量或強度——多或少、大或小

增強物的數量（如金錢、分數或食物的數量）也可以決定反應行為是否能夠達到什麼程度。如果增強越多，那麼反應就會越常發生。雖然增強的強弱直接與行為表現有關，但是此種關係是有限制的。無限量的增強並無法保證高頻率的正確行為表現。一旦增強物提供過量則會喪失其效果，尤其是原級或具體的增強物（如食物、水、性），這種現象即所謂的飽足。當然這種飽足感是暫時的，一旦減少時，這種增強物又會變得很有效果。至於次級（制約）增強物（如讚美、關注、代幣等）也會有飽足現象，但是程度並不如原級或具體的增強物。

四、增強物的品質或形式——喜好或不喜好

增強物的品質並不像數量是可以計算的，而是取決於個體的偏好程度。這可以經由詢問個體，讓其在兩種或多種增強物中選擇何種為其所喜好者，然後測定增強物對其行為表現的影響價值（Neef, Mace, Shea, & Shade, 1992）。一般來說，越是個體喜好的增強物越能導致其行為產生改變。

> 五、增強時制──連續或間歇

　　「**增強時制**」（schedule of reinforcement）是指訂定特定反應（如上網行為）及反應次數（如上網行為次數）之增強規則。最簡單的時制乃是每當某反應發生時就給予增強，稱為「**連續增強**」。反之，若是在出現幾次正確反應之後再給予增強，就稱為「**間歇增強**」或「**部分增強**」。

　　若以增強階段來說，連續增強要比部分增強更能夠提高目標行為的出現率。因此，當我們想要發展目標行為時，應當使用連續增強。連續增強的優點是使目標行為的出現率較高，而部分增強的優點則是使目標行為的減低率較緩慢。也就是說，在建立目標行為時宜用連續增強，俟行為建立之後的維持階段，就應使用部分增強。

　　此外，部分增強尚有下列兩項優點：⑴是能夠提高使用增強物的有效性。它允許行為反應在出現多次之後再給予增強。尤其是我們使用的增強次數不多，如此足以避免飽足（satiation）現象的發生。⑵是部分增強給予增強物所花費的時間較連續增強為少。

　　部分增強時制有四種基本的形式：「固定比率」（Fixed Ratio, FR）、「變動比率」（Variable Ratio, VR）、「固定時距」（Fixed Interval, FI）、「變動時距」（Variable Interval, VI）、以及「增強不同的行為層面」和「同時發生的增強時制」等兩種現象，茲分別描述如下：

　　㈠固定比率增強時制

　　「**固定比率增強時制**」（Fixed Ratio, FR）是指達到設定的正確反應數目，方能獲得增強，亦即增強的給予繫於特定次數的反應行為（Baron, 2001; Coon, 1997）。例如，每當出現10次正確的反應行為時，就可以獲得增強（如圖3-4）。不過，固定比率的大小會影響到其反應行為的程度。尤其是，增強之後的出現的反應行為會有暫時停止的現象，然後再漸漸快速地增加直到獲得下一次的增強為止。如果固定比率較大時（即出現很多次的反應行為之後，方能獲得增強），那麼就會發生較長的停止現象。惟

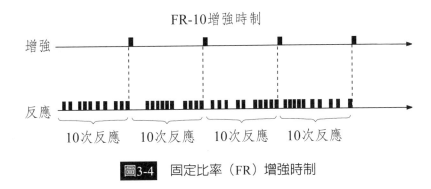

圖3-4　固定比率（FR）增強時制

若在出現反應行為時，就會儘快地完成固定比率所要求的反應行為次數，藉以獲得下一次的增強。

固定比率（FR）增強時制實例㈠

1.每買10杯珍珠奶茶，就贈送一杯。
2.一個月有存100元零用錢，爸爸就給50元作為鼓勵。
3.休閒小站飲料店，每集滿10點（買一杯蓋一個章），買10杯（10點），就送 500CC飲料一杯。
4.集滿5張統一麵包的貼紙，就可以參加抽獎。
5.打保齡球時，連續3格全倒，出現「火雞」。連續4、5、6格以上全倒，另有優惠。
6.上數學課時發問學生問題，如果答對了就給他一張皮卡丘的小貼紙作為鼓勵。
7.美髮店推出的集點卡，集滿5點就可護髮一次。
8.小熊每算對10題數學，媽媽就允許他看一本課外書。
9.市面上各種集點數換商品的銷售策略。比如說，每次消費滿多少錢可蓋一個章，集滿幾個可換一張貴賓卡。
10.新光三越週年慶時，只要購物滿5,000元，即可評當日發票兌換小叮噹用品。以此類推，集滿10,000元、15,000元、20,000元等累積發票，可兌換價值更高的小叮噹產品。
11.工作滿120個小時，時薪調漲15元。

固定比率（FR）增強時制實例㈡

在美國加州里爾托聯合學區的多拉翰小學，在89年5月24日曾舉行第五屆年度讀書社砸派比賽。該校學生每讀5本書（FR），就可以把一個紙盤盛裝的泡沫奶油派砸到校長<u>拉克</u>的臉上（學生的增強物）。右圖中，8歲的保羅讀了25本書，他向校長砸了5個派。校長<u>拉克</u>的臉上被砸超過250個派。

㈡變動比率增強時制

「**變動比率增強時制**」（Variable Ratio, VR）是指達到變動的正確反應數目，方能獲得增強，亦即增強的給予繫於變動次數的反應行為（如圖3-5）。例如，每當出現3至7次正確反應之後（即有時出現3次或有時出現5次），就可以獲得增強；真正的行為反應數目是隨機變化的。變動比率增強時制也可以產生高的反應速率。由於提供增強的時機是較難預測的，因而變動比率增強時制所維持的反應行為要比固定比率增強時制所維持的反應行為的消弱速率來得慢。例如，玩吃角子老虎、賭博或釣漁等行為均是變動比率增強時制的實例。

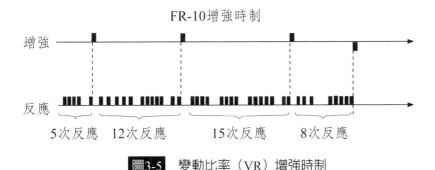

FR-10增強時制

增強

反應

5次反應　12次反應　　15次反應　　8次反應

圖3-5　變動比率（VR）增強時制

變動比率（VR）增強時制實例

1.拜拜時，擲筊出現一正一反的情形。
2.政府財庫嚴重虧空，為了彌補財政空洞，因此發行公益彩券，中獎率約為10%，民眾瘋狂購買。
3.每天上BBS站看看有沒有新消息或網友上站與否。
4.統一發票偶爾會中個幾次，有時又沒有中，但總會繼續蒐集統一發票，讓人期待下一次中獎。
5.老師在班上設立一個抽獎桶，如果小朋友表現好，就可以在抽獎桶抽一張獎券。
6.香港、澳門最流行的賭馬，由於下注者永遠都無法確定下次下注會不會得獎，因此業者很容易就能吸引買家繼續下注。
7.打靶時，會射中紅心的次數不一定，可以每次都射中，也可能好幾次才會射中。

(三)固定時距增強時制

　　「**固定時距增強時制**」（Fixed Interval, FI）是指在達到固定的時間數量之後，其反應行為方能獲得增強，亦即增強的給予繫於特定時間的反應行為（如圖3-6）。例如，每隔5分鐘之後出現正確的反應行為時，就可以獲得增強。就反應速率言，固定時距增強時制在增強之後，通常會類似固定比率增強時制，而有明顯的停止現象，然而其中仍會出現反應行為，但

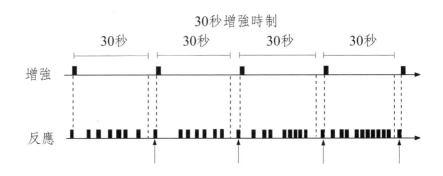

延宕30秒後第一次反應獲得增強

圖3-6 固定時距（FI）增強時制

是與增強作用無關，因為只有在特定時距之後的反應行為才會被增強。由圖3-7可知，固定時距增強時制比固定比率增強時制產生了較不一致的反應速率，因為在固定時距增強時制中，增強之後馬上的停止反應狀態並不會延緩增強的獲得，而在固定比率增強時制中則會。

在日常生活中也有許多固定時距增強時制的鮮活例子。例如，察看郵件是否收到。對大多數人而言，郵差都是一天投遞信件一次，而且幾乎是固定的時間。反應行為（即察看信箱中的郵件）每天都會被增強（發現郵件），增強之後不再有反應行為，直到隔天同一時間才會再出現反應行為（即察看信箱中的郵件），其間隔時距幾乎是完整的24小時。又如在站牌等候公車，公車通常每隔5或15分鐘發出一班車，所以客人如果趕不上一班公車，就要等5或15分鐘。

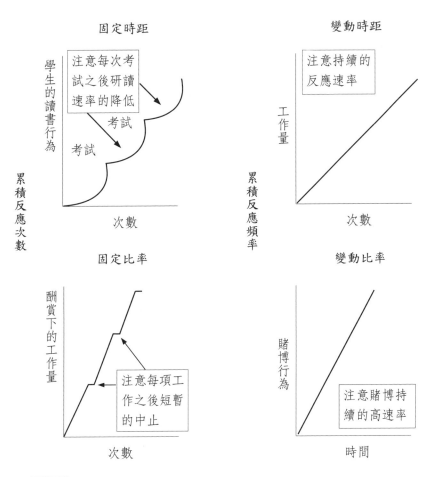

圖3-7 固定比率（FR）、變動比率（VR）、固定時距（FI）、
變動時距（VI）等四種增強時制的效果

固定時距（FI）增強時制實例

1.每天早上7點鐘，送報生會把當天報紙送到家門口，於是自然而然每天7點一到，我就會等送報生的到來，等著看報紙。
2.每個星期跟女朋友固定的約會。
3.學校定期的抽查作業。
4.每10分鐘看一次，如果乖乖的坐在座位上，就給一枚代幣。

5.每個月固定在5號（領薪日）晚上，父母都會帶小孩出去外面的餐廳吃一頓高級一點的晚餐，打打牙祭，慰勞全家，熱絡感情。

6.小慧的隔壁班男友每三天會在她的座位抽屜中放一封情書，她會高興地仔細閱讀。

7.每到年終，百貨公司會舉行週年慶，而有打折促使買氣的增加。

8.每天固定上課50分鐘後就有10分鐘的休息時間。

9.每個週末播出的影集，每到播放的時間，喜歡看影集的人就會坐在電視機前等待劇情新的發展。

10.上國中時，訓導主任於早自修時間巡視各班的秩序，通常訓導主任總於7點20分開始巡堂，約於7點30分時會巡視過我們的教室，於是接近7點30分時，班上的秩序狀況良好，沒有人說話或隨便走動，不過只要訓導主任一走過，嘿嘿！就是我們的自由時間了。

11.每天提早10分鐘出門就不會遇到塞車。

12.就像每年資訊展為了刺激買氣都會競相削價，所以資訊展時，買氣就會逐漸旺盛，但一過了，買氣又會削弱下去。

13.每晚9點收垃圾，今天沒倒，就要等明天了。

(四)變動時距增強時制

　　「**變動時距增強時制**」（Variable Interval, VI）是指達到變動的時間數量之後，方能獲得增強，亦即增強的給予繫於不固定時間的反應行為（如圖3-8）。

　　例如，每隔5至15分鐘之後出現正確反應行為（即有時5分鐘或有時10分鐘），始能獲得增強；真正的時間數量是隨機變化的。在學校中，老師給學生的各種小考就具有變動時距增強時制的特色，老師並不預先告訴學生小考的時間及其間隔的時間。也就是說，小考是隨機的、不定時的。學生在這樣的增強時制中通常會有比較經常性的研讀行為表現。一般而言，在變動時距增強時制下之反應行為要比在固定時距增強時制下之反應行為的出現率來得高。

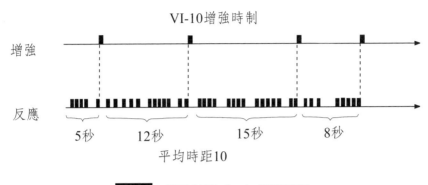

圖3-8　變動時距（VI）增強時制

變動時距（VI）增強時制實例

1.老師不定期的抽查筆記。
2.老師要求學生養成每天寫日記的習慣，並不先預告學生檢查日記本的時間，每隔一段日子或一個禮拜或兩、三天等，隨機抽檢，每天都有寫日記的學生。
3.私人公司薪水之調整，會因業務一段時間的表現良好給予不定時加薪。
4.男女朋友之間，男生不固定時間送花和巧克力，讓女生每天都有期待的心理，於是每天都很開心，而且也常常跟男朋友撒嬌，很順從男朋友。
5.晚上9點之後到關店時間，麵包打85折。
6.放學之後到晚餐之前，如果沒有吃零食，飯後就可以吃甜點。
7.為了培養學生的衛生習慣，教師不定時抽查學生抽屜，抽屜整齊清潔的學生可少當一天的值日生。

㈤增強不同的行為層面

　　雖然增強常用來增強行為的比率，不過增強也可能影響其它的行為層面，諸如持久性、強度或延宕時間。如果一種增強物偶然發生於一種特定行為的持久性上，那麼這項特定行為的持久性就更可能發生。例如，若要求兒童只有在放學完成半小時的家庭作業（**特定行為的持久性**）後，才能外出遊玩（增強物），他將更可能寫家庭作業30分鐘（**行為的持久性**）。同樣的，如果增強物偶然發生於特定行為的強度，那麼行為更可能發生於

那種強度。例如，假如一扇門受制於冷風，你須更用力來推開它，那麼更用力推（行為的強度）會受到強化，你更可能用力推開門（**增進強度**）。同樣地，如果增強物偶然發生於降低反應的延宕時間，那麼降低延宕時間（**增進速度**）會受到強化。例如，一位兒童在父母給予指示後，立即順從指示，那麼立即反應（**短的延宕時間**）會受到強化，兒童更可能在父母要求時立即予以回應。

㈥同時發生的增強時制

在多數情境上，個人可能從事一種以上的行為。針對個人在特定時間上能夠從事的每種可能的行為，有特定的增強時制。所有對個人行為在某時有作用的增強時制，稱為「**同時的增強時制**」（concurrent schedules of reinforcement）。換言之，許多不同的行為或反應選項是個人可以同時運用的。這些可稱為同時發生的操作。針對不同反應選項在某一特定時刻同時發生的增強時制，會影響到特定行為在那個時刻將發生的可能性。

針對不同的反應項目，個人基本上會依靠增強時制、增強數量、增強的立即性及反應努力來從事某一反應項目。例如，小英有機會為其朋友作工每小時120元，或在沖印店每小時90元協助表弟。她可能協助其朋友，因為增強數量較大。如果兩種工作每小時都要付100元，但是某一種工作較為容易，小英可能選擇較為容易的工作。

同時的增強時制研究顯示人們常從事能夠導致更多經常性增強、較大增強數量、更多立即增強或較少的努力（Neef et al., 1994; Piazza et al., 2002）。在行為改變技術的運用上，有關同時發生的資訊是重要的，因為不受歡迎和受歡迎的行為可能同時發生增強時制。而運用增強強化受歡迎行為時，你也須考量不受歡迎行為的增強時制（Mace & Roberts, 1993）。

綜上所述，我們可以運用增強原理來增進適當行為的出現，這些包括運用次級增強物（具體增強物、活動增強物、社會性增強物及代幣增強等）與行為契約的運用。此外，使用者尚須瞭解和遵照增強原則與影響增

強效果的因素，方能使得增強作用發揮到最大的效用。否則就會產生像「猴王與胡蘿蔔的故事」一樣的結果（表3-9），最後則是提供一些幼兒園教師和國小教師經常用來增進適當行為的方法，事實上也是上述增強原理的運用。

猴王與胡蘿蔔的故事──獎勵操弄不好，可能帶來的是毒藥，而不是快樂

> 　　山中住著一群猴子。在猴王的細心管理下，猴子們過得快樂滿足。可是最近，外出尋找食物的猴子帶回來的食物越來越少。猴王發現原因在於部分猴子太懶散。
>
> 　　猴王發現，那些猴子不僅自己偷懶，對其他猴子也造成負面的影響，也一個一個跟著偷起懶來。於是，猴王決心要進行整頓，宣布表現好的就可以得到獎勵的胡蘿蔔（**獎勵的必要性**）。
>
> 　　不久，有隻猴子得到了猴王鼓勵的第一根胡蘿蔔，這件事在整個猴子群中引起軒然大波。猴王沒想到反應如此激烈，而且是負面的反應。有幾隻老猴子來見猴王，數落小猴子的種種不是，質問猴王為什麼要獎勵小猴子？猴王說：「我認為這隻小猴子表現不錯。」你們若是如此，也同樣會得到的獎勵。（**隨意增強引發不滿**）
>
> 　　於是，猴子們發現了獎勵的要訣，只要善於在猴王面前表現自己，就能得到獎勵的胡蘿蔔。長久下來在猴群中都想盡辦法去討猴王歡心，甚至不惜弄虛作假。猴子們勤勞樸實的優良傳統遭到了嚴重打擊（**猴子們學會了討猴王的歡心**）。
>
> 　　為了改革這些弊端，猴王在老猴子們的協助下，制定了一套獎勵辦法。規定猴子們帶回的食物必須經過檢驗，然後依照完成的數量得到獎勵。一時之間，猴子們的工作效率大為提升（**訂定增強辦法**）。
>
> 　　猴子們的工作效率達到巔峰之後，很快就陷入每況愈下的困境。猴王感到奇怪，詳查後發現原來附近的食物源早已被過度開採，卻沒有誰願意主動去尋找新的食物源。有隻老猴子指責他唯數量論，助長了短期功利主義的行為，不利於培養真正有益於猴群長期發展的行為動機。（**改革獎勵制度**）
>
> 　　猴王覺得有道理，就開始陷入苦思。有一天，小猴子文文沒能完成當天的任務，他的好朋友汪汪主動把自己採集的食物送給他。猴王聽說了這件事，對汪汪助人為樂非常讚賞。過了兩天，猴王在門口遇到了文文，一高興就給了文文加倍的獎勵。

此例一開，大家都費盡心思去取悅猴王，不曾討好的就找猴王吵鬧，弄得猴王心神不寧、煩躁不安。（**獎勵制度被破壞之後**）

時間一久，情況越演越烈，如果沒有高額的獎勵，誰也不願意去工作。猴王萬般無奈，宣布凡是願意去工作的志願者，可以立即得到一大籃胡蘿蔔。公告一出，報名應徵者好不踴躍。猴王心想，重賞之下，果然有勇夫。（**頒布新獎勵制度**）

誰也沒料到，那些報名的猴子之中居然沒有一個如期完成任務。猴王氣急敗壞的去責備他們。他們異口同聲說：「這不能怪我呀，猴王。既然好處已經到手，誰還有心思去工作呢？」

猴王的胡蘿蔔不僅沒發揮激勵作用，反而使得猴子們一個個變得好逸惡勞。由上述故事可知，作為主管人物應先弄懂胡蘿蔔的涵義。否則，不僅無法達到激勵員工的效果，反而惹出許多麻煩。

表3-9　小學和幼兒園教師常用以增進適當行為出現的方法

幼 兒 園 教 師	
1.口頭獎勵或擁抱	多半以隨機方式進行，當孩子有好的行為時，馬上給與口頭讚許獎勵；若有其他幼兒在場，更要聯合同學一起給予鼓勵（如拍手），效果會更為加倍。
2.分組競賽	將班上幼兒分成幾組，並以階梯式的圖示表示。當有好行為出現時則可上升一階，達到頂端的小組全組都有獎品，以鼓勵其適當行為的表現。
3.好寶寶選拔	每週五由老師或小朋友選出當週班上表現優良的好寶寶，在週六晨會時上臺表揚其優良行為讓全校師生掌聲鼓勵，同時可以戴上好寶寶彩帶回家，隔週一再將彩帶交還給老師。
4.好幫手、小老師（班長）	藉由擔任小老師（班長）可以協助老師處理班上事務的榮譽心，來增進適當行為的出現。例如，幫忙分發工作材料、管理秩序等。
5.心想事成法	若幼兒行為表現良好者，就可以得到想要的禮物。
6.優先選擇法	例如吃點心時間，誰先吃完，就可以先選擇自己想玩的東西或想看的書。

（續下表）

7.好寶寶貼紙卡	每位幼兒有一張30格的好寶寶貼紙卡，當老師鎖定須增強的目標行為或隨機發現好行為，都馬上給予貼紙鼓勵。一旦幼兒集滿整張卡片，就會接受表揚及換取禮物，並得到2張貼紙卡，繼續集卡。

小　　　　學　　　　教　　　　師
1.運用榮譽卡——班級級任獎狀
2.表現良好，上課中當示範生
3.蘋果樹——掛滿換獎勵品
4.口頭讚美
5.去麥當勞
6.蓋章——集到一定數量可抽洞板
7.獎勵箱——獎勵內容學生自訂
8.抽座位——以週為單位
9.考試明顯進步可以自由選擇與同學相鄰
10.貼紙簿集滿可抽神祕禮物
11.掛彩帶
12.良好表現——打電腦遊戲
13.觀功念思——觀察同學行善事蹟，反省自我日行三善
14.靜思語——寫心得感想
15.聯絡簿——幫媽媽作家事
16.故事譬喻法
17.反省單
18.昨日表現良好，今日可撕昨日日曆，上臺畫天氣圖
19.全班表現良好可玩遊戲
20.增加體育課——以週為單位
21.校外教學——以學期為單位
22.到老師家玩
23.擔任班級幹部
24.訂定行為契約
25.神祕袋
26.洞洞板

第三節
增強原理的其他運用

一、增強原理的負面示例

雖然本節的標題為「運用增強促進適當行為」，文中主要述及行為操弄者運用各種增強原理來增進被改變者（如學生、兒童等）表現出適當的行為。不過，在現實社會環境中，增強原理也可能被有意或無意地制約、誘發或強化了人們主動或被動表現出的不適當行為。筆者深覺唯有增添此一部分方能全盤的瞭解增強原理在人類行為上所扮演的角色。以下所舉的都是在現實社會中實際發生的例子，題材之多，可謂不勝枚舉。

(一)利用職務強迫或暗示採購的行為

2002年9月○○護校一名董事向法務部檢舉有教育部官員和學校特定人士掛勾，涉及不正當的利益交換，經臺北市調查處根據各項事證，懷疑這名科長級官員和督學利用查弊及督導私校相關業務的職權，以強迫推銷或暗示的方式，要求學校採購他們的編著（**官員和督學得到增強**），以換取職務上所查出的私校弊端，不予舉發或暗中護航（**不適當的行為**）。

(二)各種詐財行為

國外有位住在華盛頓郊區的中年企業家收到一件由奈及利亞石油公司發出的傳真（**引人入彀的行為**），具名者是一名陌生人，此人在傳真上說，如果這名企業家願意讓奈及利亞的投資人將政府基金的盈餘存在他的銀行帳戶裡，他可獲得一筆美元巨款的25%回扣（**企業家可得到的增強**）。後來這名企業家依對方指示付了律師費、手續費和稅款（陌生人得到增強），結果一毛錢也沒拿到。

「電子商務詐欺，虛擬世界充滿陷阱」。隨著網路科技日益發達，利用電子商務詐財的手法也推陳出新，有的詐騙集團虛設公司網站（**不適當的行為**）販售廉價物品，騙取網友線上購物詐財（**騙取者得到增強**）；也有騙子利用網路匿名的特性，在聊天室假稱自己是某大公司總經理或某大專院校高材生（**不適當的行為**），對網友騙財騙色（**騙取者得到增強**）。又如詐騙集團以國際企業財團名義印發傳單，宣傳刮刮樂贈獎（**不適當的行為**），一旦民眾有了領獎的念頭，就很容易陷入詐騙集團所設計的連環套（**不適當的行為**），讓民眾感覺如不趕快匯出中獎金額15%的稅金，就會被取消資格成為傻瓜，於是第一筆錢匯出，越陷越深（**騙取者得到增強**）。

近幾年出現了許多詐財類型及手法（**不適當行為**），結果使詐者卻得到增強。這些詐財手法包括：⑴刮刮樂詐財：郵寄中獎彩券，讓收信者以為中大獎，匯給中獎稅金；⑵手機簡訊詐財：傳簡訊向收訊者稱中大獎，並要與收訊者帳戶連線匯入獎金，實際是操作匯款手續；⑶電話及存證信函詐財：佯稱退稅或退健保費，實則利用ATM提款機騙被害人將錢轉入歹徒帳戶；或廣寄存證信函及法院行政執行通知，指被害人欠債未還，限期匯款到指定保管帳戶；⑷購物詐財：在拍賣網站或報紙刊登廣告，聲稱可超低價購物，騙被害人匯款；⑸網路遊戲寶物詐財：在網路聊天室誘騙被害人寶物的帳號和密碼，取得寶物出售或佯稱販賣寶物詐財；⑹求職型詐財：在報紙上登廣告佯稱徵才，騙取應徵者報名費；或刊登徵家庭代工，要被害人匯款工具或建立帳戶連線工資，卻是匯款歹徒帳戶；⑺信用貸款詐財：冒充銀行辦理信用貸款，騙取被害人匯代辦費。

國內有位專科學生涉嫌利用「網路釣魚」的手法，冒用知名的網站客服中心名義寄發「會員帳號確認信」電子郵件、騙取網友的帳號（**不適當行為**）和密碼，再入侵他人電腦（**竊取者獲得增強**）。

㈢講負面行為而獲益

有位國內紙業董事長在宣布合併其他家公司失敗後，忍不住說出：

「我們的文化很奇怪，都是以講別人不好（**不適當的行為**），來達成目的
（**講別人不好者得到增強**）。」這種情形在選舉時亦常出現。每到選舉出
現的非常光碟亦是一例。如果有人為獲得某種利益而滋養這種仇恨，那臺
灣恐怕永無寧日了。

㈣醫界浮濫開刀和檢查來提高健保給付

國內有位醫界資深前輩爆料，談到近年來一些醫界浮濫開刀和檢查
的情形（**不適當行為**），強調如果再這樣下去，難怪全民健保會倒。例如
有位老太太膽囊長息肉，其實可以不用開刀，但是醫師卻幫她開刀，還弄
破十二指腸、拿掉膽囊、切掉盲腸。經歷如此的折騰，老太太不但病沒治
好，最後還不幸死亡；有位皮膚科醫師，不論病人是否是皮膚癌，都要
求做切片，做一次切片檢查健保給付1,000多元（**得到較多增強**），而一
般皮膚病診察費則只有200多元；此外，有位外科醫師特別偏愛開人工關
節，因為全民健保對這種手術的給付相當高，所以這位醫師對多數前來看
診的病人，不論年紀，都勸他們換人工關節，甚至連躺在床上中風不能走
路的老人家，也勸他換人工關節，還說服其家屬同意開刀。

㈤先誘惑再要求盜賣

國內有家財金資訊公司職員盜賣金融卡密碼案，經檢調人員深入追
查，發現偽卡集團與財金公司職員等人搭上線後，就經常招待他們到酒店
喝花酒（**增強**），讓些電腦工程師備受禮遇，幾次下來，工程師都沉迷其
中。但這些酒店都是高消費，若加上帶女侍出場，甚至高達10多萬元。電
腦工程師沒經濟能力消費，最後均落入偽卡集團的圈套，在收受偽卡集團
賄賂的情況下（**增強**），遂利用在財金資訊公司職務之便盜賣金融卡密碼
（**不適當行為**），讓偽卡集團製造假卡（**偽卡者得到增強**）。

㈥混摻原物料來獲利

北海、協慶二公司呂姓負責人夫婦，遭臺南地檢署查獲自2014年1月

1日起購入不可食用的進口動植物混合油，除銷售至下游公司外，更將不可食用油及飼料油混摻進自製的食用油中，再透過精製程序製成「古早味豬油」、「新萬香豬油」等食用豬油產品共1,511噸317公斤（**不適當行為**）。這些產品不僅在國內販售給逾110家不知情廠商，「新萬香精煉豬油」、「味周精煉豬油」等產品還出口到香港。截至2014年10月14日止，呂姓夫婦不法利益達新臺幣7,722萬3,409元（**公司負責人得到增強**）。

二、增強與其他行為原理的組合運用

　　雖然本書依據「增強適當行為的技巧」、「降低或消除的適當行為和技巧」、「教導新行為的技巧」、「維持新的技巧」與「認知本位的行為改變技巧」等五項標題，將基本行為原理歸類，然後各自分別加以描述，例如正負增加、消弱、隔離等。惟在行為改變的實務上，甚多是採用不同的基本行為原理，來進行處理。以下就是一項實際的例子。

> 　　家住新北市的小安（化名），媽媽在他五個月大時就離家出走了。爸爸只好辭掉工作改開計程車，以便照顧小安。由於近年景氣不佳，為了多載客賺錢，入夜後小安的爸爸總至酒店載客。年幼的小安在家沒人照顧，只好坐在車上駕駛座旁，每天跟著爸爸到處走車直到深夜，由於常常搭載到酒店女郎和酒客，學會滿口江湖話、三字經。例如，「董仔」、「大耶」、「真爽啦、摸起來好舒服」等。和同學間爭吵時，小安會用大人挑釁的口氣說，「幹××，不然你要怎樣，大家來拼輸贏」。
>
> 　　為了有效改善小安的行為，老師及社工員目前採取多管齊下（**增強與其他行為原理的組合運用**）的作法。老師最常採取的是正增強，當小安沒有和同學打架，說「江湖話」時，老師就當著全班同學，送給小安「好寶寶」貼紙，並稱讚他今天的表現。當「好寶寶」貼紙累積到一定程度後，老師還會送小安喜歡的東西作為獎勵。
>
> 　　如果經過老師提醒，小安仍然犯錯時，老師就會禁止小安下課時到教室外和同學們遊玩，這種懲罰方式對活潑好動的小安算是很有效的。老師、社工員還積極和小安的爸爸溝通，希望他能為孩子著想改變作息，利用孩子白天在托兒所的時間努力多載客，晚上可以早點回家陪小安。目前已初見成效。

本章重點

1. 增強（reinforcement）是指：「凡能使個體反應的頻率增加的一切安排。可分為正增強和負增強，這兩種增強作用均可以強化行為。

2. 負增強有時會和懲罰相混淆，因為兩者均包含厭惡性事件。不過，懲罰會導致行為的降低或消失；負增強則會造成行為強度的增加。

3. 使用負增強有項最主要的限制，就是我們須冒著產生副作用的危險，而副作用中最顯著的是逃離或避開一切相關的人事物。

4. 不同學者對增強物有不盡相同的分類。多數心理學家將增強物分為原級和次級增強物。前者是指直接滿足個體需求的刺激物，如食物、水、性。它們是自然的、非學習來的；後者是指經學習而間接使個體滿足的刺激物（如獎品、金錢、成功等）。次級增強物之所以具有強化價值，是經由制約學習過程學來的。

5. 運用增強原理時，應牢記有關原則：⑴增強作用是相對的，而非絕對的；⑵增強取決於目標行為的出現；⑶實施行為改變的初期，只要出現受歡迎行為就應立即增強，其效果最大；⑷一旦建立了行為與酬賞間的聯結，就應改為間歇增強，以使行為更能夠持續地出現；⑸由外在增強轉為自然增強物；⑹運用高頻率行為來增進低頻率行為，又稱為普默克原理（Premark Principles）。

6. 增強的IFEED-AV模式，提供了幾項增強的原則：⑴立即性；⑵經常性；⑶熱忱；⑷眼神注視；⑸描述行為；⑹預期；⑺變化性。

7. 次級增強物的分類有多種，具體增強物是我們能夠感受到的東西，包括糖果、玩具、衣服等；活動性增強物包括權利或喜愛的活動；社會性增強物乃是包含人際動作或行為的正面行為後果，例如，口語表達或回饋、非口語表達、接近或身體接觸等；代幣增強又稱代幣增強系統或代幣制。它是一種使用籌碼來縮短受歡迎行為和酬賞之間的動機系統，其後援增強物更為豐富且多元，對人類行為的影響相當深遠。

8. 行為契約是增進自我管理、學業及社會發展的好方法。運用行為契約

作為行為改變技術乃是基於Premark所發展出來的原理：「高發生率的行為可以用來增進低發生率的行為。」常被稱為「祖母法則」。

9. 行為契約有五項要素：⑴要詳細列出雙方所期待的；⑵個案的行為是易於觀察的；⑶若個案不能達到預期行為，將不能得到任何增強物；⑷若能持續地遵守契約，就有紅利條款來鼓勵個案；⑸契約可以監控，記錄增強的次數。

10. 只有在受歡迎的行為出現時，才提供增強物。若不能適時提供增強物，行為就不會獲得改變。

11. 增強效果繫於行為和提供增強物間的時間。個體表現出受歡迎行為後，立即提供增強物比延宕提供增強物的效果要好。

12. 增強物的數量也可以決定反應行為是否能達到什麼程度。增強越多，反應就會越常發生。雖然增強的強弱直接與行為表現有關，但此種關係是有限制的。無限量的增強並無法保證高頻率的正確行為表現。

13. 一般來說，越是個體喜好的增強物，越能導致其行為產生改變。

14. 增強時制是指訂定特定反應及反應次數之增強規則。最簡單的時制是每當某反應發生時就給予增強，稱為連續增強。反之，若是在出現幾次正確反應之後再給予增強，稱為間歇或部分增強。

15. 以增強階段來說，連續增強比部分增強更能提高目標行為的出現。當我們想發展目標行為時，應使用連續增強。建立目標行為時，宜用連續增強，俟行為建立後的維持，就應使用部分增強。

16. 部分增強有兩項優點：⑴能提高使用增強物的有效性，尤其是我們使用的增強次數不多，以避免飽足發生；⑵部分增強給予增強物所花費的時間較連續增強少。

17. 固定比率增強時制（FR）指達到設定的正確反應數目，方能獲得增強。變動比率增強時制（VR）指達到變動的正確反應數目，方能獲得增強。固定時距增強時制（FI）指在達到固定的時間數量之後，其反應行為方能獲得增強。變動時距增強時制（VI）指達到變動的時間數量之後，方能獲得增強。

18.在現實社會環境中，增強原理亦可能被有意或無意制約、誘發或強化
人們主動或被動表現出不適當行為。

回顧與知新專欄 ....

※選擇題

(　) 1. 大偉不喜歡做功課，但喜愛玩電腦遊戲，媽媽要他先做完功課後才能玩電腦，他運用了哪一種原理？　(A)行為塑造（behavior shaping）　(B)負增強（negative reinforcement）　(C)普墨克原則（Premack principle）　(D)正增強（positive reinforcement）
【◆95教檢，第13題】

(　) 2. 下列哪一項教師對學生的話語，屬於行為主義的「普力馬原則」（Premack Principle）之應用？　(A)喜歡吵鬧的同學，老師會給他應得的處罰　(B)如果大家可以安靜上課，老師就講故事給你們聽　(C)老師喜歡你們安靜的樣子，不喜歡你們大聲吵鬧　(D)老師不在的時候，班長要到講臺上登記講話的同學　【◆96教檢，第10題】

(　) 3. 小麗喜歡電腦遊戲，而金錢可以買遊戲軟體。如果媽媽以發獎金作為鼓勵小麗用功的誘因，此時獎金的性質為何？　(A)負增強物　(B)原級增強物　(C)活動增強物　(D)次級增強物
【◆101教檢，第7題】

(　) 4. 小志常在考試前肚子痛，被送到保健室去，他就可以避開考試。小志肚子痛的行為之所以經常出現，可能是受到哪種作用影響？　(A)懲罰　(B)消弱　(C)正增強　(D)負增強　【◆102教檢，第7題】

(　) 5. 數學老師發現，當他要求學生做練習時，同學們都提不勁來寫，於是他告訴全班同學說：「如果你們能在下課前10分鐘寫完練習題，我就讓你們提早下課，無論是去打球或是看小說都可以。」下列哪一個概念較能說明老師使用的策略？　(A)延宕滿足（delay of gratification）　(B)替代增強（vicarious reinforcement）　(C)內在增強物（intrinsic reinforcer）　(D)普墨克原則（Premack principle）
【◆105教檢，第2題】

(　) 6. 陳老師為提高班上學生完成學習單的動機，學生只要能完成學習單就可以進行喜歡的活動5分鐘。陳老師用的是下列哪一種策略？　(A)負增強（negative reinforcement）　(B)反應代價（response cost）　(C)博麥克原則（Premack principle）　(D)區別性增強（differential reinforcement）　【☆110教資考，第9題】

（　）7. 教師想要避免身心障礙學生對原級增強物出現飽足現象，下列哪一選項的方法較為適當？甲、使用多種增強物　乙、使用教師選擇的增強物　丙、逐漸減短增強間隔的時間　丁、逐漸增加次級增強物的配對　(A)甲丙　(B)甲丁　(C)乙丙　(D)乙丁
【☆111教資考，第5題】

（　）8. 小明是國小身心障礙學生，不喜歡寫字但喜歡畫畫，因此張老師告訴他若寫完3行字就可以畫畫 5 分鐘。張老師運用的是下列哪一種原理？ (A)正增強原理（positive reinforcement）　(B)負增強原理（negative reinforcement）　(C)普麥克原理（Premack principle）(D)反應代價原理（response cost）　【☆111教資考，第7題】

（　）9. 某生在課堂表現出正確的行為反應，有時1次正確反應，有時連續3次正確反應，老師才給予榮譽積分1分，這是下列哪一種增強方式？ (A)固定時距增強　(B)固定比率增強　(C)不固定比率增強(D)不固定時距增強　【☆111教資考，第20題】

參考答案

1.(C)　2.(B)　3.(D)　4.(D)　5.(B)　6.(C)　7.(B)　8.(C)　9.(C)

※問答題

1. 小志在上課時，常會出現無法專心、離開座位、跑來跑去的情形，以致造成教師的困擾。試列舉五項教師可運用於改善小志的行為之策略，並說明之。
【#97教檢，第2題】

2. 某國小普通班老師上課時，發現班上學生喜歡講話，他決定採取新的作法。上課時，對於安靜聽課的學生，每持續10分鐘給1點；隨意講話的學生，每次扣1點。舉手並經老師同意才發言回答問題的學生，每次獲得1點；若沒有舉手並經老師同意就發言回答問題，每次扣1點。累積滿10點，可以兌換鉛筆一支。老師使用的行為改變技術包括哪些？試列舉之。根據上述資料，老師的作法可能會有哪些問題？試列舉並說明之。針對這些問題，老師的作法可作哪些調整？試列舉並說明之。
【#101教檢，第4題】

◆表示「教育原理與制度」應試科目；#表示「特殊教育學生評量與輔導」應試科目；☆表示「學習者發展與適性輔導」應試科目

第四章

降低或消除不適當行為的技巧

第一節

較受歡迎的降低行為技巧

　　前一章主要是針對增進適當行為和教導新行為的正面步驟。不過，我們有時則會面對想要降低或消除的不適當行為。例如，老師會常常將不遵守班級常規的學生指示到教室的角落、要求家長到學校或使用懲罰。大人會更常使用負面的行為後果來處理兒童的不適當行為，且由於他們不熟悉較佳的各種選擇，而經常採用這些負面的技巧。懲罰如何降低行為，如表4-1。

表4-1　懲罰如何弱化和降低行為

積極懲罰 增加刺激（＋）和弱化行為	消極懲罰 拿掉刺激（－）和弱化行為
你因為不守秩序，必須額外跑操場2圈，而抑制你未來的不守秩序行為。	你因遲到而被音樂班所排除，使得你未來的遲到受到抑制。
父母因兒童在校表現不佳而增加勞務工作，將會抑制兒童未來免於在校表現不佳。	父母因孩子的成績不佳而拿走的手機，孩子停止得到不佳的成績。
主管抱怨你的表現，使得你不佳的表現降低。	主管因你表現不佳而減少你的權利，使得你的不佳表現降低。

　　Alberto和Troutman（2013）曾指出：「運用懲罰會變成一種反射動作，因為它能夠立即地停止行為的發生。對大人或老師來說，使用懲罰乃是一種負面的增強作用。」此外，Evans、Evans和Schmid（1989）亦指出許多學生的行為問題是由老師和同儕行為所引發的，而不是學生自然發生的。Kerr和Nelson（1983）則認為許多兒童或青少年擅於操弄不適當的行為情境，來獲取同儕或老師的正面增強。

　　除懲罰外，仍有許多選擇可用來降低或消除不適當行為的發生。替代立即地懲罰學生，分析和改變環境中的其他變項也是有所助益的。不過，在採用更多結構性策略無效時，懲罰可能就會成為行為管理的工具。本章

作者將要介紹幾種可用來降低和消除不適當行為的技巧，而這些技巧在連續體制上的範圍是由最不受歡迎的至最受歡迎的，以及從最少侵入性的（least intrusive）到最大侵入性的（most intrusive）（如圖4-1）。無論我們選擇哪一種降低或消除行為的技巧，均應該系統地組合增強適當行為或不相容的行為。

最不受歡迎的---最受歡迎的 最大侵入性的--- 最少侵入性的
區分性增強 　　　　　消弱--- 　　　　　撤除受歡迎的刺激---
1.反應代價 　　　　　2.隔離
附加厭惡性刺激--- 　1.斥責 　2.過度矯正 　3.體罰

圖4-1　降低和消除不適當行為技巧的連續體制

一、區分性增強

　　由於增強是一種用來增加行為的技巧，所以我們經常會認為用它來降低行為是不適當的（Kazdin, 2012）。不過，不適當行為的確可以經由增強技巧加以降低或消除（LaVigna & Donnellan, 1986）。在降低和消除不適當行為方面，「**區分性增強**」（differential reinforcement, DR）是最為受歡迎的介入技巧，其重點是針對個體所表現的行為而非不適當的目標行為。它是一種正面的方法，採取此種策略兒童或青少年仍能獲得增強。以下我們要介紹四種用來降低不適當行為的增強技巧，這些技巧統稱為「區別增強」或「區分性增強」（Nelson & Rutherford, 1988），如圖4-2。

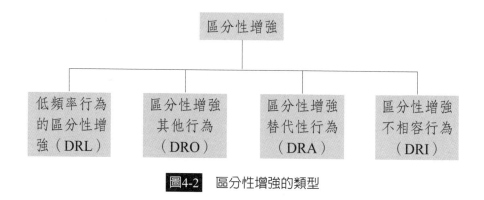

圖4-2　區分性增強的類型

(一)低頻率行為的區分性增強

「低頻率行為的區分性增強」（differential reinforcement of low rates of behavior, DRL）就是當不適當目標行為的次數減少，或未發生該行為的時間增加時，就提供增強的行為後果。「低頻率行為的區分性增強」被適當地使用於可以容忍或受歡迎，但是卻經常發生或發生太快的行為。例如，讓學生投入於班級討論或者是回答問題乃是受歡迎的行為，但是不能讓其支配討論與剝奪其他學生的權利在50分鐘內超過10次。

這種技巧可用來漸進地降低或消除行為的頻率。實施時，我們應該記錄基準線，以決定每一觀察活動的平均反應數目，作為設定可以接受的行為範圍。例如，有位學生經常會對智障青少年有不適當言論，因此老師應該記錄基準線（不適當言論），以決定每一觀察活動的平均反應數目（如50分鐘內發生6次），然後告訴這位學生若能在50分鐘內僅發生3次或更少的不適當言論，他就可以獲得20分鐘自由閱讀時間。

(二)區分性增強其他行為

「區分性增強其他行為」（differential reinforcement of other behavior, DRO）是指除不受歡迎的目標行為（例如大叫、在教室走動）外，對於學生所表現出來的其他行為均給予增強，有時又稱為區分性增強零反應行

為（因為一種特定的反應行為未發生而獲得增強）。例如，大年在10分鐘內不吸吮其拇指，老師就會提供增強。一旦行為有所改進後，「區分性增強其他行為」的時間長度就可以增加，每次只要不受歡迎的行為一發生，一個新的時間環節就會重新開始運作。例如，老師要求一位重度智障者在一分鐘內如果沒出現自傷行為，就可喝一口可樂作為增強物，然後再逐漸增長時距為3、8、10分鐘，直至個案的自傷行為獲得良好的控制為止。

Axelrod（1983）曾指出DRL和DRO時制都是結構性且無爭議性的降低行為程序。惟由於學生表現出任何其他行為（非目標行為）而受到增強，不受歡迎的行為仍然可能會受到增強。例如，學生因為低或零頻率的大聲說話而受到增強，但是可能會表現出比大聲說話來得嚴重的行為，例如打人。

(三)區分性增強替代性行為

「區分性增強替代性行為」（differential reinforcement of alternative behavior, DRA）就是增強一群正向行為，不管這些正向行為是否與不適當行為相容或不相容，來作為不受歡迎行為的另一種選擇，進而達到降低或消除不受歡迎的行為。這種方法已在許多方案中有效地使用。例如，ADHD學生在教室或家中的行為，就可由這項增強技巧來加以改變。這些過動行為包括一直打擾別人、滔滔不絕的陳述、離開座位、連珠砲似地說話、走來走去、不聽從老師或父母的指示、以及總是在做不適當的活動。針對上述這些不適當行為，大都會提供代幣、讚美、其他物品的獎賞、做功課、在位置上做自己的事、以及從事較為節制和安靜的活動等這類正向行為。而這類行為改變方案往往可以減少過動行為，並增進ADHD學生做事和做功課的表現。

(四)區分性增強不相容行為

「區分性增強不相容行為」（differential reinforcement of incompatible behavior, DRI）乃是一種確認與目標行為不兩立行為的程序，然後增強學

生表現出不相容或不兩立的行為。譬如，學生不坐在座位上，而在教室閒逛。如果目標行為是未經允許而離開座位，那麼老師應增強學生某一時間內坐在座位上的行為。起先，老師可以每隔5分鐘增強學生坐在座位上的行為，然後再逐漸的延長時間或者是變化增強間的時距，以消除學生預測增強時制的情形；又如增強睡午覺或趴著，就不會講話或趕出去；增強坐好，把手放在適當位置，就無法去摳鼻子。

㈤優點及注意要點

「區分性增強」是一種正面降低行為的程序。根據Webber和Scheuermann（1991）指出這種技巧的優點有四：⑴它要求實施行為改變者針對且酬賞適當的行為；⑵它要求避開懲罰及其可能的副作用；⑶它可由不同個人在多重情境中使用，有助於產生類化作用；⑷由於老師所傳遞的是正面行為後果，因此可提高正面的師生互動。

值得注意的是，如果學生因過去表現目標行為（不適當行為）而獲得增強，則區分性增強不相容行為和替代性行為可能會無效。也就是說，如果學生表現出目標行為且被強化一段較長的時間，這些區分性增強的型式可能無法達到改變行為的目的（Polsgrove & Reith, 1983）。在此種情形下，或可採用其他降低行為的策略抑或是使用區分性增強結合其他策略。

二、消　弱

「**消弱**」（extinction）包括排除或中斷不適當行為之後果的增強效果，又稱為「**系統化的忽視**」（systematic ignoring）。如果排除增強，那隨行為而來的增強比率將會降低。消弱這種已經被用在各種行為上的技巧，由於它避免了使用懲罰及其效果的持久性，而被視為是一種無爭議性且正面的程序。

就像正增強一樣，我們很少瞭解每天我們多常受到消弱的影響（Martin & Pear, 2019）。父母可能會忽視兒童希望引起注意的大叫和妻子

可能會忽視丈夫對其工作上過於投入的抱怨等。此外，消弱也經常在班級上使用來消除不適當的行為。又如老師亦可能會藉由撤除老師的注意而忽視學生咬指甲的行為。有許多不適當的行為會受到增強後果而獲得維持。老師和父母經常會因給予注意而不是忽視而強化或維持不受歡迎的行為。例如，父母接近正在哭泣的兒童，可能就會正面地強化哭泣的行為。如果撤除父母的注意力，最後兒童哭泣的行為就應該會降低。

當然，如果用法錯誤，消弱也可能會降低受歡迎的行為。例如，老師經常增強小明坐在椅子上進行學習的行為，如果這種良好的行為受到另外一位老師的忽視，小明可能就會開始出現離開座位的行為。當所強化或維持的行為是適當的，那麼預防消弱的發生就是重要的目標了。以下乃是應用消弱這項技巧應該考量的幾項課題：

(一)如果不適當的行為受到多重增強物的維持，那麼就必須決定哪一個事件受到正確地增強

不過，想要確定增強物可能是一件耗時和嘗試錯誤的過程。例如，老師的大叫和同儕的大笑均可能會單獨或同時維持學生的不適當行為。也就是說，老師必須能確定和消除正在維持不適當行為的增強性行為後果。

(二)老師想要忽視的不適當行為可能會受到其他班上同學的模仿

而這往往會增強不適當的行為，使得這項行為很難獲得消弱。因此，老師應該防止他人增強不受歡迎的行為。為了有效地控制班上學生所傳達的增強性行為後果，老師可以制止來自特定學生的注意。

(三)消弱的效果並非立竿見影的

經由消弱的行為，其降低比率非常的慢，往往需要持續一段不確定的時間（Skinner, 1953），這種現象稱為「**抗拒消弱**」（resistance to extinction）。如果所消弱的行為是受到間歇性增強時制所維持的，那麼這

項特性應該獲得特別的注意。反之，如果行為是受到連續性增強所強化的，那麼行為就可以很快地獲得消弱。在行為開始降低之前，不受歡迎的行為可能就會變得更壞或更為激烈。換句話說，在行為變好之前，可能會變得更壞。因此，父母和老師在心理上應有所準備，而能夠持續地忽視不適當的行為。

㈣**雖然行為已經受到了消弱，這項行為仍然可能會再度發生**

這種現象，就是前述行為改變技術的基礎章節中所謂的自然恢復，而經常發生在行為受到增強的類似情境中。

另外，在運用消弱技巧時，可注意幾項原則，如表4-2。

表4-2　運用消弱技巧的原則

原則一	首先必須確定維持行為的特定增強物。
原則二	任何與表現出不適當行為之個案接觸的人，都必須一致地使用消弱技巧。
原則三	若能結合增強來增強其他更為適當或不相容的行為時，消弱最為有效。

雖然「消弱」是降低各種不受歡迎行為的有效方法。不過，也有學者Morris（1985）認為其用途是有限制的。對於某些行為來說，「消弱」效果太慢以至於效果不彰。其他如自傷行為可能又太過於危險而無法採取「消弱」的方法。也就是說，成功的「消弱」似乎是有限制的（Alberto & Troutman, 2013）。因此，如果採用的「消弱」技巧未能發生作用時，則可以改採其他的步驟，諸如「隔離」、「行為契約」、「系統化的增強」、「過度矯正」及「代幣制」。

第二節
排除受歡迎刺激的技巧

　　降低或消除不適當行為最為受到歡迎的方法就是實施區分性增強。不過，區分性增強的選擇並非萬靈丹。以下所要提出的步驟包括更為負面或更具有懲罰性質的介入技巧。Hall（1975）認為降低或消除行為強度最為快速的方法就是施以強而有力的懲罰物。在此我們想要探討的介入技巧包括排除受歡迎的刺激和積極增強，包括「反應代價」（response cost）和「隔離」（time-out）。這些技巧被認為要比附加厭惡性刺激來得不具有傷害性。

一、反應代價

　　許多實施行為改變者依賴反應代價來降低或消除不適當行為。所謂「**反應代價**」是指拿掉權利、籌碼或活動作為不適當行為之行為後果，或指個體因表現出特定的不適當行為而排除增強刺激。在撤除增強之前，執行者必須確定學生有積極增強的維持，而排除增強物就有點像懲罰的形式。

　　在日常生活中，存在著許多運用「反應代價」的實例，包括交通違規的罰鍰、權利或所允許的活動被撤除等。「反應代價」就是運用人們想保有增強物，不喜歡有虧損的心理，藉著若表現不適當行為，則扣除他所擁有的某些增強物（如籌碼、零用錢、延後下課、記過扣操行成績等）來改變行為。

　　在使用上，「**反應代價**」若與「**代幣制**」結合，其效果更佳（Alberto & Troutman, 2013）。也就是說，一方面每當學生表現出適當行為時，就依約給予代幣，可讓學生應付表現不適當行為時的虧損；每當學生表現出不適當行為時，就扣他所擁有的代幣。Axelord（1983）指出反應代價有幾項優點，包括很容易實施、精確且立即、花費時間少及不需要身體的介入。

建立「反應代價」的方法有幾種（張世彗，1999），例如老師可以建立一個系統，只要學生每次出現攻擊行為將會喪失5分鐘的自由活動時間。沒有攻擊行為的學生則可賺取5分鐘的自由活動時間。每次攻擊行為可能會導致5分鐘自由時間的喪失，以致學生有攻擊行為兩次就會喪失10分鐘的自由時間。Murphy和Bailey（1982）就曾運用類似技巧來改變2位二年級的ADHD學生在教室內的行為。這兩位學生在教室裡無法集中注意力，具有高發生率的擾亂行為及不寫功課。他們被告知有20分鐘的自由時間可以做自己的事而不會被干擾，但是他們每不專心一次，就會失去一分鐘的自由時間。課堂結束後所剩下的時間總數，就是自由時間的分鐘數。

另外一種「反應代價」法則是在每日開始時給予學生酬賞，只要出現某一不適當行為就會喪失籌碼，然後在每日結束時，計算學生所損失的籌碼數量。例如，學生每損失一個籌碼，就可能損失一分鐘的休息時間。另外一種方法是讓學生依據所持有的籌碼數目賺取權利。有位三年級老師給他的學生5個積點，學生每次大叫就會損失一個積點。在結束時，學生若仍然持有每一積點，她就可以賺取2分鐘的電腦時間。

以下是運用「反應代價」應注意的要點（Evans, Evans, & Schmid, 1989; Kazdin, 2012）：

✍ 表4-3 運用反應代價的注意要點

・不要任意地使用此一程序。老師應事先計劃何種行為會導致損失和一致性的運用行為後果，並確定學生瞭解何種行為會導致付出代價。
・拿走權利之前，老師要給予學生警告一次。這將會有助於學生學習此一系統。
・學生很生氣時，老師要使用同情的陳述來安撫生氣：我知道在遊戲中要停止是很困難的，但現在是靜下來的時候了。
・老師的警告不要超過一次。
・老師要確定所損失的權利或活動對於學生來說是有意義的。例如，雖然大多數學生會介意失去休息時間，不過有些學生卻喜愛停留在裡面。對於這類學生來說，可以選擇另外一項活動。

（續下表）

- 老師要保持冷靜，不要使用煽動性語言，不要爭論或演講，不要過於情緒化或花費太多時間來解釋自己。
- 可能的話，老師要試著忽視對立性的口頭陳述，僅僅提供真正不順從的行為後果。
- 老師使用反應代價最常見的錯誤之一就是開始時不要給予充足的代幣。老師要設定公正的、真實的目標，學生成功之後，就可以增加目標。有時可能損失所有的代幣，但是如果一直是如此，那麼目標就是太高了。
- 老師要確定注意到正面的行為。有時使用反應代價可能會導致更加注意負面的行為，千萬不要讓這種事情發生。

「反應代價」已經被運用來管理個別和團體的行為（Salend & Lamb, 1986）。這種技巧的使用成效會受到下列幾項因素的影響而提高：

- 罰鍰的數量應配合不適當行為的嚴重性，及行為越嚴重要罰越多；
- 最好不要使用吃的增強物，因為學生可能會在撤除前吃掉它；
- 學生能夠清楚地瞭解賺取與撤除增強物的條件；
- 學生應有機會再獲得被撤除的增強物；
- 針對適當行為，只要它一發生就給予增強。

二、運用隔離

個體表現出不適當行為時，我們可以終止或停止他現在正在進行的喜愛活動，來降低或消除這種不適當的行為，即是所謂的「**隔離**」。隔離包括排除學生賺取正增強的機會，像有趣的活動、同儕注意、及教師注意等。「隔離」是一種經常使用的行為改變介入技巧，Zebal（1986）曾經問卷調查行為異常學生之老師發現，70%的老師在教室內運用某種形式的隔離。使用隔離的方法很多，諸如撤除學生正在做的學習或材料，或者是撤除學生離開喜愛的位置至隔離位置。

另外一種方法是包括撤除一段賺取代幣機會的時間。後者實例是採用

所謂的「良好行爲之鐘」（Kubany, Weiss, & Sloggert, 1971）。只要學生專心於學習或作業上，時鐘就會轉動，一旦學生離開學習任務或者是出現干擾性行爲，轉動的時鐘就會停止一段時間。時鐘在轉動時，學生就能夠賺取代幣或其他的酬賞；若是停止時，就不能夠賺取酬賞。這種技巧對於攻擊性或擾亂性的行爲是很有用的，尤其是那些反覆出現的問題行爲是來自於他人的社會性增強，就必須排除外界的增強，並做短暫的隔離。

採取隔離時，只要個體一出現特定的不受歡迎行爲，就將個體從吸引人的情境或者能接受到注意或立即酬賞的機會中排除。同時必須確保教室或增強區具有多種積極的刺激，而隔離區具有較少積極的事物，這是實施隔離策略的關鍵因素。如果教室內僅有少許的增強效果，那麼隔離的成效就會受到限制。此外，隔離有時很容易與消弱發生混淆。採取消弱時，環境是相同的，但是排除伴隨行爲而來的增強物；至於實施隔離，則是排除學生環境中已經存在且能夠獲得增強的機會一段時間，這個時候所處的環境會產生改變。以下是由最小厭惡性至最大厭惡性的隔離步驟：

(一)非隱蔽性的隔離（nonseclusionary timeout）

在運用其他的隔離形式之前，我們應該先採用非隱蔽性的隔離。它是指學生或兒童並沒有被排除於現有的增強環境。相反地，我們透過環境的操縱，拒絕學生或兒童接近增強物。非隱蔽性的隔離的實際例子，包括排除學生或兒童正在使用的藝術材料、剝奪學生或兒童10分鐘獲得籌碼的機會、以及要求學生或兒童把頭放在桌子上或關掉錄音機和電視。

(二)排除性的隔離（exclusionary timeout）

將學生或兒童由增強性的情境或活動中排除，安置在一個較爲低增強價值的區域，使得他無法觀察到同學的活動。這種方法通常並未排除學生或兒童於現有的環境中，而是將學生或兒童移動到面對角落的椅子上。

(三)隱蔽性的隔離 （seclusionary timeout）

最具有限制性、厭惡性和經常使用的隔離形式稱為「隱蔽性的隔離」或「隔離室」。這種技巧包括由增強的情境中移動學生或兒童，並將學生安放在受到監督的隔離區，隔絕所有潛在的增強物，包括同學、老師、兄弟姊妹、父母、教室及活動等。表4-4乃是建立隔離的步驟與注意事項。

表4-4　建立隔離的步驟與注意事項

1. 選擇隔離的步驟	這些選擇包括撤除工作材料，賺取代幣或酬賞的機會，或者是撤除學生至班上遠離增強活動的位置。
2. 選擇時間的長度	通常2-3分鐘是很好的開始。對於拒絕立即前往隔離的學生可以增加到10分鐘。另外一種方法是由10分鐘開始，然後若學生立即前往隔離就降低時間。
3. 選擇採取隔離或不遵守隔離規定失敗的後援行為後果	提供工作任務或拿走權利可能是有效的。如果學生去隔離1分鐘，他可能在放學後留下1分鐘或晚1分鐘休息或給予任務。
4. 決定導致隔離的行為	常見的隔離行為包括攻擊性，一再的不順從，破壞財物及失控的行為。
5. 對學生描述過程	你已經做了許多的攻擊，我們要開始針對攻擊使用隔離。這意味著只要你攻擊或假裝攻擊某人，你就必須到班上後面的隔離椅。
6. 立即的，安靜的及一致的實施的程序	當你在接受隔離時，限制你和同學交談。如果學生在隔離時表現出不順從或阻斷性行為，安靜且簡短地告訴學生他正在賺取工作任務或額外的時間，或者是失去權利。
7. 鼓勵同儕忽視正在隔離的學生	凡是與隔離的同學產生互動的，就要得到負面的行為後果。
8. 隔離結束時，不要與學生討論	老師應簡單的給予學生方向並增強下一個適當行為。隔離後交談太多可能會增強問題行為。

（參考自Evans, Evans, & Schmid, 1989）

欲使隔離產生效果，除應注意表4-4的要點之外，仍應關注下列幾個因素：

(一)兒童的特性

在實施隔離介入技巧時，執行者必須瞭解個別兒童的特性。對於攻擊性和團體取向的兒童，隔離可能是非常有效的。此類兒童想要參與團體，因此隔離並不是酬賞。至於針對退縮、被動、孤獨（傾向於白日夢）的兒童，隔離可能就是一種酬賞。當他們在隔離區時，這些兒童可能會進入他們自己的世界。

(二)一致性地使用

如果運用隔離在個別兒童的身上，它就必須一致性地使用一段時間（Brantner & Doherty, 1983）。通常，老師或其他執行者並不能一致地運用隔離技巧。因此，兒童變得很混亂，而且可能會增強錯誤的行為。

(三)兒童對於規則的瞭解

兒童或學生應該瞭解那些規則在家裡或教室內是不能接受的。此外，他們必須瞭解表現受禁止行為的行為後果。如果隔離被用來作為一種介入，那麼隔離規則就應該與兒童溝通；同時這些規則應該被張貼起來與一再地重複。

(四)隔離區的特性

選擇隔離區也應該加以考量。老師或家長應該避免選擇一個似乎不具有增強，但是實際上對於兒童具有增強效果的區域。有就是說，隔離區應該盡可能不具有增強作用，避開無關的視覺刺激。例如，把兒童放到走廊上隔離，可能就具有增強作用的。因為在走廊上兒童會有機會與通過的人溝通。此外，亦提供了兒童離開教室和作業的機會。

㈤隔離的持久性

　　如果兒童或學生被放在隔離區時間太長或太短，隔離可能就會喪失他的介入效果（Harris, 1985; Brantner & Doherty, 1983）。

第三節
附加厭惡性刺激

　　降低或消除不適當行為的策略，包括重新安排環境與教學的變項、區分性增強、消弱及排除受歡迎的刺激等。唯有這些較為受到歡迎的策略無法良好運作時，我們才特別需要考慮運用厭惡性的刺激來處理行為問題，並且從最少厭惡性（或侵入性）的技巧至最大厭惡性（或侵入性）的技巧。

一、斥責（指責、口頭懲罰）

　　「**斥責**」（口頭懲罰）是一種降低或消除不適當行為最少厭惡性且最常使用的懲罰技巧。在師生間、親子間、兄弟姊妹、配偶、朋友及敵人之間的日常生活互動中，均常使用斥責（口頭懲罰）來表示譴責、警告、不同意、否定及威脅等。VanHouten（1980）就曾將斥責（口頭懲罰）界定為是一種不贊同的表示——姿勢、臉部表情和口語。雖然每個人都會使用斥責（口頭懲罰），不過他們經常運用不正確以至於負面效果多於正面效果。此外，由於斥責（口頭懲罰）代表著某種形式的老師或父母的注意，他們可能無意間提供了正增強的效果。Kerr和Nelson（1983）就建議以私語替代大聲的評論。如果我們謹慎且合理地使用斥責（口頭懲罰），這種技巧也能有效地降低或消除不適當的行為。

　　VanHouten（1980）曾提出幾項有效運用斥責（口頭懲罰）的原則，可作為參考，如表4-5。

父母教育孩子要當心，責罵時亦然

　　孩子有時就是會言行不檢，他們會說髒話、不聽話、忘記該做的家事，還會跟兄弟姊妹爭吵。即使耐心十足的父母都會被迫對孩子發怒、大呼小叫。事實上，責罵孩子在國人的日常生活中相當普遍，幾乎是許多家長教養子女不可避免的一部分。

　　但研究人員說，在某些案例中，大聲斥責會變成一種情緒虐待；父母如果經常羞辱、批評或剝奪孩子的自尊，孩子可能出現消沉、自尊心低落及攻擊行為。多項研究亦指出，情緒虐待跟體罰一樣會造成傷害。美國小兒科學會曾在2002年指出，「慢性心理虐待會損害兒童的自我感受及個人安全感。」

　　如果讓孩子為父母的感受及行為負責，斥責就會有負面作用。如果父母只是表達感受而未歸咎於孩子，例如「我真的很生氣，再也無法忍受你這樣。」就不會有負面效果。

　　情緒虐待乃是精神疾病的最重要預測指標，而且是許多心理攻擊的源頭。讓孩子在家裡瞭解人有時行事會逾越規矩，遠比讓孩子到別處才瞭解要好。

✍ 表4-5　有效運用斥責（口頭懲罰）的原則

原則一	特定的指出所要斥責的行為。不受歡迎的理由及應該取代被斥責的行為。此外，一次只斥責一項行為。例如，良好的斥責——小潔，不要觸摸花瓶！這個花瓶很貴，如果你讓它掉到地上，它就會破掉。你可以玩填充凱蒂貓。不好的斥責——小美，你認為你應該拉狗的尾巴嗎？或凱棋，你怎麼了？
原則二	使用堅定的語氣。
原則三	可能的話，使用非口語的不贊同表達。面部表情和手勢是有效的。
原則四	靠近學生或兒童傳達你的斥責。因為若能面對面斥責，其效果更佳。
原則五	要一致，不可忽視任一不適當的行為。若是不能立即且一致地跟隨不適當行為之後而來，那麼斥責將會無效。
原則六	運用身體阻止對於兒童或他人具有危險性的行為，例如衝進街道或打其他兒童，同時給予斥責。

（續下表）

原則七	運用斥責搭配讚美和非口語的贊同訊號，來教導新行為或替代問題行為。若能結合積極增強，斥責通常能夠更為快速地降低不適當行為。
原則八	使用斥責未能產生所欲的結果時，就應搭配其他的策略或技巧來降低或消除行為。
原則九	傳遞斥責時要維持控制。

（參考自Evans, Evans, & Schmid, 1989, p.254）

二、過度矯正

「**過度矯正**」（overcorrection）是一種相當新的降低或消除行為的技巧，這種技巧可以避免使用批判與訓練適當的行為。過度矯正包括讓學生透過練習正確的行為與學習適當的行為，來負責其不適當的行為。Azrin和Besalel（1980）曾指出過度矯正已經被有效地運用於障礙者的嚴重行為問題、班級行為、親子關係及自理能力（如上廁所）等方面。他們同時進一步指出當問題行為是經常發生的、嚴重的或者是令人感到困擾的，就應該使用此項技巧。如果行為尚未達到此一標準，簡單的矯正可能就足夠了。

通常視所想要降低或消除的不適當行為是否為破壞性行動，過度矯正可以分為下列兩種處理方式：「**恢復性過度矯正**」（restitutional overcorrection）和「**練習性過度矯正**」（practical overcorrection）（黃正鵠，1989；Azrin & Besalel, 1980；Kadzin, 1994）。前者是指在不適當行為發生之後，要求個體過度地產生適當行為，而使適當行為恢復。例如，學生或兒童把房間內的所有傢俱推倒，他不僅必須恢復所有傢俱，而且要整理所有的房間；又如學生或兒童在教室或家裡隨地亂丟紙屑，他不但要撿起剛才丟的紙屑至垃圾桶，而且要撿教室或房間內的所有的紙屑。Arison和Foxx（1971）曾經使用恢復性過度矯正作為廁所訓練方案的一部分。一旦兒童出現把衣服弄濕的意外事件，他或她就必須脫掉衣服、清洗潮濕的

衣服、把它掛起來晾乾、去淋浴、找到乾淨的衣服、穿上衣服和清洗浴室等。

「**練習性過度矯正**」，又稱「**積極練習**」。在不適當行為發生之後，要求個體重複地練習適當行為。例如，傑明經常不舉手就講話，老師可以要求他在大聲說出之後，舉手5至10次；有位學生在朝會升旗喜歡亂動，老師立即制止後，並要求他反覆操練立正和稍息等動作；又如有一群在教室裡不守班規的男生，不但被減少在下課休息時講話與離座的機會外，還要反覆練習6分鐘適當的班級常規：「坐在座位上」→「舉手發言」→「經過教師同意」→「起立」。在軍隊的訓練中，班長亦經常採取練習性過度矯正的技巧，來要求見到班長未敬禮的新兵，反覆練習敬禮20次。

另外有一種類似練習性過度矯正的作法稱為「**勞動式的懲罰**」（體能活動）。也就是在不適當行為發生之後，要求個體做出與不適當行為沒有關聯的體能活動，來消除或降低不適當的行為。Luce, Delquadri和Hall（1980）就曾以此種方式消除一位情障小孩的攻擊行為。當他攻擊別人時，就罰他在30秒內做「站立、坐下」的動作10次，因而大大地降低這位孩子攻擊他人的行為。過度矯正在行為改變上會有效果，Foxx（1982）認為其理由有四點：

・過度矯正有助於適當行為的產生。
・過度矯正直接與不適當行為有關。
・過度矯正使當事人瞭解到對不適當行為要付出代價去補償。
・過度矯正是要使當事人負起行為的責任。

在運用過度矯正上，我們應注意下列幾項特點（Kazdin, 2012）：
㈠錯誤本質應決定過度矯正的本質，以避免讓矯正只是懲罰。
㈡過度矯正的程序應該強調積極的、負責任的及合理的行為。
㈢學生和老師應該事先探討過度矯正的用途和合理性。
㈣進行中的活動和不適當行為應該立即地中斷，同時採取過度矯正，
　包括老師或父母系統化的口頭指示。

㈤針對正確的行為反應給予讚美和贊同。

㈥過度矯正完成之後，應讓學生回歸到所進行的活動中。

㈦類似所有懲罰的程序一樣，「過度矯正」應在不適當行為出現後立即實施。

　　Kerr和Nelson（1983）曾指出「過度矯正」並不見得要比其他技巧（如斥責和隔離）來得有效。Alberto和Troutman（2013）亦指出過度矯正過於耗時，而且對於某些學生或兒童可能會導致攻擊、逃脫或躲避的行為。雖然過度矯正具有厭惡性刺激的性質，不過卻可以提供厭惡性行為後果的變通性作法。此外，就像「隔離」一樣，過度矯正練習含有修正的味道。學生或兒童花費在過度矯正的時間應該受到密切監督以防過度的練習（Morgan & Jenson, 1988）。針對此點，實施者應該不要要求學生或兒童將過度矯正用於無法影響其生活品質的行為上。

　　此外，「過度矯正」可能會與「**負面實務**」或「**刺激飽足**」相互混淆（Alberto & Troutman, 2013）。「負面實務」則需要學生重複地表現不適當行為（如說髒話），此種程序是基於假定重複性的表現會導致飽足。「刺激飽足」則是繫於學生會對於行為的前提事件感到滿足。藉由增進行為的增強物至厭惡的水準（太多好的事物），飽足可以降低行為。

三、體　罰

　　降低和消除不適當行為技巧之連續體制最左的一端就是針對不適當行為實施身體的行為後果，也就是所謂的「**體罰**」。厭惡性刺激包括會對學生或兒童產生身體上痛苦或不舒服的那些行為後果，諸如用巴掌打、打耳光、捏擠或挾等。至於較為輕微的體罰則包括朝著學生臉上噴灑水霧或拿著阿摩尼亞（氨水）給學生聞，以降低或消除其嚴重的不適當行為（如咬指甲或拉拔頭髮等自傷行為）。

　　根據人本基金會的調查，學生所認定的體罰方式則不盡相同，包括身體疼痛（打手心、耳光、頭、屁股、大腿）；羞辱性懲罰（掛牌子、脫衣

服、剃光頭）；課業負擔（罰寫功課、抄書、背書等等）；罰錢（愛講話罰10元、講粗話罰20元）；限制行為（不准吃飯、不准睡午覺）；言語羞辱（你很爛、賤、不要臉、畜生、壞痞子、去死、豬都比你聰明）。運用體罰控制行為的程序往往需要直接的身體介入，以求能夠立即的壓制目標行為。目前許多先進國家對於在學校中使用體罰技巧大都有一定規範或禁制的規定（美國、日本、英國及我國）。實施行為改變者應瞭解體罰的副作用及其可能衍生的後遺症，不可恣意而為。

不過這種技巧除了有後述的副作用外，也可能會對特定的使用者（如教師）產生一些困擾的後遺症，例如被主管教育行政機關記過或被法院判刑（如下列實例）。

老師罰幼兒園學生，站著吃飯、自打耳光，教師調離，並懲處

> 基隆市○○國小附設幼兒園有位呂老師，不僅會處罰學生罰站吃飯，甚至要求他們在其他同學面前自打耳光，許多家長無法忍受，憤而將孩子轉到其他幼兒園。目前該班已有超過一半以上的家長連署，「若調去教其他班，無法解決根本問題」，要求呂姓教師不得再任教。
> 對此，市府教育處強調，目前已將該名教師調離，並懲處記申誡處分。未來也會再加強幼保人員正向管教之教育訓練，以維護幼童的權益，預防未來再發生類似的事件。

罵童「你這個故障東西」，惡劣女教師判刑4個月

> 新北市三重區一間私立幼兒園的小班○姓女老師，不滿4歲小班男生會尿褲子、還不會自己上廁所，女老師認為家長在家要負起責任，要把小孩教會，不是把責任都丟給她，雙方不歡而散。隨後女老師在上課時，竟在課堂上公然大罵「笨蛋、你太爛了、你真的爛到爆、真的很丟臉耶、你這個故障的東西來笑他、小朋友笑他、丟臉、拎老師咧、你也要看看你兒子是什麼料、什麼都不會、而且這個傢伙留下來很麻煩耶、丟臉」等。女老師另外又對該名小朋友恫嚇「你給我滾出去喝、來給我出去、我現在看到你就一肚子火、你敢給我吐掉、我扁你喔、吞下去、不然看你要把他拖去哪裡、把他拖去、拖去打一打、不然你就不要來了」等言語。由於小男生的母親早已懷疑女老師會羞辱她的兒子，小男生的母親在兒子書包裝設開啟

的錄音筆，將女老師在班級課堂上說的話全部錄了下來，等兒子返家後仔細聆聽，心痛向人本教育文教基金會投訴，教育局立即對幼兒園開罰，並憤怒提告，新北地院昨天將女老師依成年人故意對兒童恐嚇危害安全及公然侮辱罪，判刑4個月。

體罰學生被法院依公務員傷害罪判緩刑的實例

有位任教於臺北市○○國小的男老師，在某日下午第一節時因課程已告一段落，即讓學生自習，自己則到教室後方批改作文，因認為班上曾姓女學生不服管教且態度惡劣（口中念念有詞，狀似辱罵）（不適當行為），憤而毆打曾姓女學生並拉扯肩膀，曾姓女學生不慎倒地，這名男老師又順勢踢了一腳（體罰），造成曾姓女學生尺骨骨折、關節脫臼等傷害，而遭到告訴；事後雙方為達成和解（賠償35萬元），學生家長也願撤回告訴，但因這名男老師是臺北市公立學校教師，具有廣義公務人員身分，使得這個案件為非告訴乃論罪，而被法院依「公務員假借職務上機會傷害罪」初判處拘役30天，緩刑2年。

民主體罰有夠狠：上課鐘響完才跑進教室，罰青蛙跳300下

有位家長指出在其女兒剛升上國小三年級時，某天放學後一臉蒼白，跨入車內後，沒多久就在車子後座睡著了。同時在其家庭聯絡簿上看到老師寫著「上課，沒精神，打瞌睡」。私下瞭解原因後發現原來她的女兒因為上課鐘響完未即時進入教室，被罰青蛙跳300下。又因為下課10分鐘，從教室四樓跑去操場排隊等溜滑梯，輪到她時已經快打鐘上課了，匆匆溜完快跑上四樓時，鐘聲已停止，因跑得好累，所以上課就沒精神打瞌睡了。

這位媽媽事後找機會向老師請教如何想出這些管教的方法？老師說她都是採用民主方式讓孩子們自己投票出來的，她先要學生想出很多「夠嚴格」的處罰方法再進行表決後就實施，絕對民主。結果從那次之後一直到現在，這位媽媽的女兒已經讀國中了，她沒有再在下課時去操場玩。

資源回收沒有做好，老師罰學生吃鋁箔片

○○國小五年級某班的導師在教室後方的資源回收筒中，發現到一個未被壓平的果汁鋁箔包，經再三詢問全班卻無人承認，因此大發脾氣，要求值日生先把鋁箔包清洗乾淨後，自己再將鋁箔包剪成幾10個約2公分平方的碎片，要求全班學生吃下作為懲罰，她自己也以身作則放進口中。

當時，大多數的學生都被老師的發怒與舉措嚇到，不過沒有人敢反抗，只得各出妙招因應。消息曝光後，引起教育局、校方及家長的關切，使得導師親自向家長道歉，並被處以兩次申誡，調離導師的職務。

告學生案有違校園倫理另涉體罰學生，老師記過

新北市○○國小楊老師班上幾名學生因為在校園分配的打掃區清掃之後，未按時回教室，楊老師就處罰這幾名學生在打掃區罰站。據家長指出，排在前面學生還遭到楊老師打耳光。施姓學生因擔任組長排在第一個，共被打了三個耳光。稍後，所有學生還被罰跪在地上。返回班上後，部分學生感到委屈，就在紙條上寫下髒話等情緒性的字眼。後來這張紙條傳到老師面前，引起楊老師不滿，向法院提出告訴。針對老師告學生這個事件，學校將移請教評會審議聘約問題；至於不當體罰學生部分則受到記一次小過的處分。

老師管教學童，用塑膠片刮

臺北市某國小三年級導師看到學生在教室以塑膠片模擬自殘玩割手腕的遊戲，立即制止並表示，自殘是很痛的，要不要試試看？於是拿起塑膠物在學生手臂上刻出烏龜圖形，作為處罰，導致學生受傷而流血，事後校方雖然得到家長的諒解，教師也俯首認錯，不過在教育局及議員的關心下，學校教評會已決定記申誡一次。

教訓打電腦的兒子，判拘役40天

新北市有位沈姓少年某日下午在房間內灌電腦軟體，不是遊戲軟體，但是他的父親以為他在玩電腦遊戲，要他將電腦關掉。由於電腦程式還在運作中，他要父親等一下。經過幾分鐘後，他的父親見電腦還沒有關機，於是毆打兒子背部和臀部數拳，甚至要拿椅子打他，後來要兒子跪下並問兒子為何每天打電動，兒子回答說：「你沒看我的成績？」他的父親憤而以腳踢兒子，還說第一名又怎樣，第一名是應該的，同時拿鐵鏈將電腦敲壞，被太太和兒子一狀告到警察局，法官認為他的管教行為已經超乎必要範圍，判處拘役40天，得易科罰金。

管教過當，老師綁學生，裁罰6萬元

臺中市有位國小陳老師認為班上一位有過動傾向的學生，在教室到處走動影響班上秩序和教學，而以塑膠繩一端套上這名學生，另端綁在桌腳，下課也不鬆開。學生要到別的教室或上廁所，都由同學帶去。第二天，學生再違規，陳老師又用相同的方式對待。這位陳老師懲罰學生的行為受到臺中縣政府裁罰6萬元，並移送法辦。雖然刑事部分獲不起訴處分，但這種管教方式侵害到學生的人格權，申訴仍遭到駁回。

同校2位特教老師體罰學生，各記2小過

花蓮縣中區某國中設有一班特教班，共聘有3名特教老師，去年11月接連發生兩起女老師體罰特教學生事件，包括一位老師鞭打學生腳部，另一位老師因學生沒寫作業，將二年級輕度弱智女學生留置學校寫功過，並處罰她兩隻手輪流舉1公斤重的啞鈴共達500次。單親的媽媽到校找孩子時親眼目睹這幕體罰情景，內心非常傷痛，但媽媽選擇隱忍不說，直到今年9月轉學後，議員上門探訪才揭露這起體罰事件。該校校長表示已調查體罰事件屬實，召開考績委員會，對2位教師各記2小過，並啟動不適任教師輔導機制，同時縣府教育局特教專業團隊並將進駐校方，聘請教授改進特教老師教學職能。

第四節
處罰效果、要點及其副作用

一、處罰效果的影響因素

　　爲何懲罰物有時有效，有時無效呢？處罰效果的發揮繫於多重的因素，其中最需要留意的是有效運用這些懲罰物的方法。以下乃是一些影響處罰效果的因素（Baron, 2001; Coon et al., 2018; Kazdin, 2012）：

(一)處罰的延宕──快或慢

處罰的效果取決於行為和提供懲罰物間的時間。個體表現出不適當行為之後立即提供懲罰物要比延宕提供懲罰物的效果為佳。因此，我們如果想要使懲罰效果最大，就應該在目標行為（不適當行為）之後立即提供懲罰物。否則，非目標行為可能就會隨著目標行為之後出現，而延宕提供懲罰物，反而可能會降低或消除到適當行為。例如，家長對於做錯事的小孩說：「等你老爸（或老媽）回來，再給你一頓好好的教訓。」延宕處罰對於排除不適當行為的效果不大，因為如果適當行為（如幫忙做家事）與處罰非常接近的話，會使得適當行為無意中受到抑制，而且不適當行為和處罰二者之間，就不容易產生刺激──反應的聯結關係。

(二)處罰的時制──連續或間歇

最簡單的處罰時制乃是每當某反應發生時就給予懲罰物，稱為「連續性處罰」。反之，若是在出現幾次不適當反應之後再給予懲罰物，就稱為「間歇性處罰」或「部分處罰」。

若以處罰階段來說，「連續性處罰」要比「間歇性處罰」更能夠降低目標行為的出現率。因此，當我們想要降低或消除目標行為時，就應當使用「連續性處罰」。也就是說，在剛開始降低或消除目標行為時宜用「連續性處罰」，俟行為已有效降低之後，才可以實施「間歇性處罰」。因為「連續性處罰」中斷時，出現故態復萌的機會比用「間歇性處罰」來得大。例如，隔離技巧常用的方式是每當兒童表現不適當行為時，排除其正在享用的增強物，只有當該行為已經有效地壓制後，間歇性處罰才得以實施，效果才會好。

(三)處罰的時機──早或晚

行為發展之初就給予處罰，其效果越佳。例如，小孩偷吃糖果的連續性行為，從進房間、爬到椅子上、拿糖果罐、開罐子、取出糖果吃掉。如

果從小孩進房間或爬上椅子偷竊時就給予處罰，其效果可能要比取出糖果或吃掉時再處罰的效果大。

(四)處罰的方式──單一或變化

變化處罰的方式會有助於提升處罰的效果。例如，在某種情境下使用隔離技巧，在其他情境下採用過度矯正技巧。不過，變化處罰的方式與數種處罰同時交替使用並不相同，因為從人道的觀點看，一次處罰中同時使用多種方式可能過於殘忍。

二、運用處罰的要點

如上所述，影響處罰介入的成效有多重因素。因此，除了區分性增強和消弱之外，無論是排除增強刺激（如隔離和反應代價）或者是呈現厭惡性刺激（如斥責、過度矯正及體罰）等處罰技巧均須考量影響處罰成效的因素。表4-6是運用處罰時應該考慮的要點。

表4-6　運用處罰的要點

・建立不適當且可處罰的行為原則，最好在行為一系列發展之初就給予處罰。
・解釋和討論可以接受的行為。
・選擇有效的懲罰物，並非所有厭惡性的行為後果均是懲罰物，如不准睡午覺。
・立即運用。
・每次行為發生之後一致地運用。
・正確地使用，一開始就應該傳遞足夠強度的懲罰物以壓制目標行為。
・公平地運用。
・平穩且非情緒化的實施處罰。
・只有在行為需要快速地降低時使用。

（續下表）

- 防止躲避、逃脫或攻擊行為的機會，避免教導學生對懲罰物產生恨意的態度。
- 降低日後處罰的需求。
- 可能的話，再次提供獲取增強物的方法。
- 提供可接受行為的楷模。
- 提供受歡迎行為的激勵。
- 增強適當的行為。

三、運用處罰的副作用

　　實施處罰後所產生的副作用，往往是處罰受到爭議的地方。雖然，處罰最能夠降低或消除不適當的目標行為，但是也可能會製造出更糟的行為後果或引發出其他的問題。表4-7是運用處罰可能會產生的副作用。

✑ 表4-7　運用處罰可能產生的副作用

種　類	副　作　用
1.情緒反應	處罰易引起不適當的情緒反應。例如，父母打小孩手心作為處罰時，小孩可能會產生哭鬧、喊叫及生氣等情緒反應。
2.逃避和避免	處罰可能會導致被處罰者逃避或避免處罰的情境。因為被處罰者若成功地逃避了處罰情境，就表示他終止了厭惡刺激，而這項行為也自然地被負增強了。例如，在家裡施行處罰，可能會造成逃家；在學校施行處罰，可能會造成逃學。
3.攻擊行為	處罰可能會導致攻擊其他動物或處罰的來源，此種情形也會發生在人類的身上。也就是說，被處罰者也可能會攻擊處罰者。因為若攻擊能夠有效地終止厭惡刺激（即使是暫時的），此種攻擊行為會被負增強了，以後若再遇到此種情形，可能就會再度採取攻擊行為。

（續下表）

4.處罰的示範作用	兒童可能會使用與其父母或老師類似的行為控制技巧，來控制其他兒童。亦即如果父母體罰小孩，尤其是嚴厲的體罰，那麼小孩有身體攻擊行為的可能性就會大大地提高。
5.處罰的持續性	處罰通常會快速地降低或消除目標反應。例如，父母大聲地喝斥小孩，小孩的行為通常會立刻改變，那麼父母此項喝斥的行為就會被負增強了。即使處罰無法長久改變小孩的行為，然而此種短期效果是立即的，所以父母可能會更加依賴處罰，而忽略了上述副作用的存在。
6.習得無助	為何某些人停留在辱罵的關聯中？研究顯示如果你企圖控制環境一再失敗，你會習得無助或習得無力感，而且你可能不再企圖逃脫。為何有些人留在虐待的家庭或婚姻的情境中？研究顯示如果你重複地無法控制你的環境，你會習得一般的無力感或習得無助，而且你可能不再進一步的逃脫（Kim, 2008；Shea, 2008）。

　　綜上所述，我們可以運用「區分性增強」、「消弱」、「反應代價」、「隔離」、「斥責」、「過度矯正」及「體罰」等技巧，來降低或消除不適當行為的出現。不過，執行者必須充分瞭解各項技巧的運用原則及影響懲罰效果的因素，才能發揮懲罰作用的效果。不過在使用附加厭惡性刺激的技巧時，應注意社會的接受程度，以避免產生不必要的負面結果。

　　由於處罰常會產生副作用或後遺症，因此教育部乃頒布「**學校訂定教師輔導與管教學生辦法注意事項及其須知**」，提供各級學校運用，其中教師得採取之措施如下：

■一般管教措施

1. 適當之正向管教措施（參照教師輔導與管教學生辦法）。
2. 口頭糾正。
3. 在教室內適當調整座位。

4. 要求口頭道歉或書面自省。

5. 列入日常生活表現紀錄。

6. 通知監護權人，協請處理。

7. 要求完成未完成之作業或工作。

8. 適當增加作業或工作。

9. 要求課餘從事可達成管教目的之措施（如學生破壞環境清潔，要求其打掃環境）。

10. 限制參加正式課程以外之學校活動。

11. 經監護權人同意後，留置學生於課後輔導或參加輔導課程。

12. 要求靜坐反省。

13. 要求站立反省。但每次不得超過一堂課，每日累計不得超過兩小時。

14. 在教學場所一隅，暫時讓學生與其他同學保持適當距離，並以兩堂課為限。

15. 經其他教師同意，於行為當日，暫時轉送其他班級學習。

16. 依該校學生獎懲規定及法定程序，予以書面懲處。教師得視情況，於學生下課時間實施前項管教措施，並應給予學生合理之休息時間。學生反映經教師判斷，或教師主動發現，有下列各款情形之一者，應調整管教方式或停止管教：⑴學生身體確有不適；⑵學生確有上廁所或生理日等生理需求；⑶管教措施有違反第一項規定之虞。教師對學生實施第一項之管教措施後，審酌對學生發展應負之責任，得通知監護權人，並說明採取管教措施及原因。

■強制措施

學生有下列行為，非立即對學生身體施加強制力，不能制止、排除或預防危害者，教師得採取必要之強制措施：

1. 攻擊教師或他人，毀損公物或他人物品，或有攻擊、毀損行為之

虞時。

2. 自殺、自傷，或有自殺、自傷之虞時。

3. 有其他現行危害校園安全或個人生命、身體、自由或財產之行為或事實狀況。

（**資料來源取自教育部主管法規查詢系統**）

本章重點

1. 區分性增強（differential reinforcement, DR）是針對個體所表現的行為而非不適當的目標行為。它是一種正面的方法，採取此種策略仍能獲得增強。

2. 低頻率行為的區分性增強（DRL）就是當不適當目標行為的次數減少，或未發生該行為的時間增加時，就提供增強的行為後果。這種技巧可用來漸進地降低或消除行為的頻率。

3. 區分性增強其他行為（DRO）是指除不受歡迎的目標行為外，對學生所表現出來的其他行為均給予增強，又稱為區分性增強零反應行為。

4. 區分性增強替代性行為（DRA）就是增強一群正向行為，不管這些正向行為是否與不適當行為相容或不相容，來作為不受歡迎行為的另一種選擇，進而達到降低或消除不受歡迎的行為。

5. 區分性增強不相容行為（DRI）是一種確認與目標行為不兩立行為的程序，然後增強學生表現出不相容或不兩立的行為。

6. 區分性增強的優點有：⑴它要求實施行為改變者針對且酬賞適當的行為；⑵它要求避開懲罰及其可能的副作用；⑶它可由不同個人在多重情境中使用，有助於產生類化作用；⑷由於老師所傳遞的是正面行為後果，因此可提高正面的師生互動。

7. 如果學生因過去表現目標行為（不適當行為）而獲得增強，則區分性增強不相容行為和替代性行為可能會無效。在此種情形下，或可採用

其他降低行為的策略或使用區分性增強結合其他策略。

8. 消弱（extinction）包括排除或中斷不適當行為之後果的增強效果，又稱為系統化的忽視。如果用法錯誤，消弱也可能會降低受歡迎的行為。

9. 應用消弱這項技巧應考量幾項課題：(1)如果不適當行為受到多重增強物維持，就須決定哪個事件受到增強；(2)老師想要忽視的不適當行為可能會受到其他班上同學的模仿；(3)消弱的效果並非立竿見影的；(4)雖然行為已經受到了消弱，這項行為仍然可能會再度發生。

10. 成功的消弱是有限制的。如果採用消弱技巧未能發生作用時，可改採隔離、行為契約、系統化增強、過度矯正及代幣制。

11. 反應代價是指拿掉權利、籌碼或活動作為不適當行為之行為後果，或是指個體因表現出特定的不適當行為而排除增強刺激。使用上，反應代價若與代幣制結合，效果更佳。

12. 個體表現不適當行為時，我們可終止或停止他現在正在進行的喜愛活動，來降低這種不適當的行為，即是隔離。隔離包括排除學生賺取正增強的機會，像有趣的活動、同儕注意及教師注意等。

13. 非隱蔽性隔離（nonseclusionary timeout）是指學生或兒童並沒有被排除於現有的增強環境；排除性隔離（exclusionary timeout）是將學生或兒童由增強性的情境或活動中排除，安置在一個較為低增強價值的區域，使得他無法觀察到同學的活動；隱蔽性隔離（seclusionary timeout）最具限制性、厭惡性。這種技巧包括由增強的情境中移動學生或兒童，並將學生安放在受到監督的隔離區，隔絕所有潛在的增強物。

14. 欲使隔離產生效果，應注意幾個因素：(1)兒童的特性。對攻擊性和團體取向的兒童，隔離可能非常有效。針對退縮、被動、孤獨的兒童，隔離可能是一種酬賞；(2)一致性地使用。運用隔離在個別兒童上，就須一致性地使用一段時間；(3)兒童對於規則的瞭解。隔離規則應與兒童溝通；並應被張貼起來與一再重複；(4)隔離區的特性。隔離區應不

具有增強作用，避開無關的視覺刺激；⑸隔離的持久性。放在隔離區時間太長或太短，可能會喪失介入效果。

15.斥責（口頭懲罰）是一種降低或消除不適當行為最少厭惡性且最常使用的懲罰技巧。如果謹慎且合理使用斥責，也能有效降低或消除不適當的行為。

16.過度矯正包括讓學生透過練習正確的行為與學習適當的行為來負責其不適當的行為。可分為兩種處理方式：恢復性和練習性過度矯正。前者是指在不適當行為發生後，要求個體過度產生適當行為，使適當行為恢復；後者又稱積極練習，在不適當行為發生後，要求個體重複地練習適當行為。

17.另一種類似練習性過度矯正的作法稱為勞動式的懲罰（體能活動）。也就是在不適當行為發生之後，要求個體做出與不適當行為沒有關聯的體能活動，來消除或降低不適當的行為。

18.運用過度矯正，應注意幾項特點：⑴錯誤本質應決定過度矯正的本質，以避免讓矯正只是懲罰；⑵過度矯正的程序應該強調積極的、負責任的及合理的行為；⑶學生和老師應該事先探討過度矯正的用途和合理性；⑷進行中的活動和不適當行為應該立即地中斷，同時採取過度矯正，包括老師或父母系統化的口頭指示；⑸針對正確的行為反應給予讚美和贊同；⑹過度矯正完成後，應讓學生回歸到所進行的活動中；⑺類似所有懲罰的程序一樣，「過度矯正」應在不適當行為出現後立即實施。

19.過度矯正可能會與「負面實務」或「刺激飽足」相混淆。「負面實務」需要學生重複地表現不適當行為，此種程序是基於假定重複性的表現會導致飽足。「刺激飽足」則繫於學生會對行為的前提事件感到滿足。藉由增進行為的增強物至厭惡的水準，飽足可降低行為。

20.體罰是針對不適當行為實施身體的行為後果。厭惡性刺激包括會對學生或兒童產生身體上痛苦或不舒服的那些行為後果，諸如用巴掌打、打耳光、捏擠或挾等。

21. 許多先進國家對於在學校使用體罰技巧都有規範或禁制規定。實施行為改變者應瞭解體罰的副作用，不可恣意而為。

22. 處罰效果取決於行為和提供懲罰物間的時間。個體表現出不適當行為後，立即提供懲罰物比延宕提供懲罰物的效果為佳。

23. 最簡單的處罰時制是每當某反應發生時就給予懲罰物，稱為「連續性處罰」。若在出現幾次正確反應後再給予懲罰物，稱為「間歇性或部分處罰」。以處罰階段來說，「連續性處罰」比「間歇性處罰」更能夠降低目標行為的出現率。

24. 行為發展之初就給予處罰，效果越佳。

25. 變化處罰的方式會有助於提升處罰的效果。

26. 除區分性增強和消弱外，無論是排除增強刺激或呈現厭惡性刺激等處罰技巧，均須考量影響處罰成效的因素。

27. 實施處罰後所產生的副作用，處罰受到爭議的地方。雖然，處罰最能降低或消除不適當的目標行為，但也可能會製造更糟的行為後果或引發出其他問題。處罰後所產生的副作用，包含逃避和避免、攻擊行為、處罰的示範作用、處罰的持續性、習得無助等。

回顧與知新專欄 ....

※選擇題

（　　）1. 下列關於負增強與懲罰的比較之敘述，何者正確？　(A)兩者皆不能塑造合乎社會規範的行為　(B)負增強乃是取消正增強，懲罰則是移開嫌惡刺激　(C)負增強用來減少反應次數，懲罰則是增加反應次數　(D)負增強是在合宜的行為後施予，懲罰則是在不合宜的行為後施予　　　　　　　　　　　　　　　　【◆96教檢，第9題】

（　　）2. 小華有每20分鐘咬手指4至6次的行為，其矯治方法為：在20分鐘內，如果咬手指的次數少於2次，她就可以得到一枚代幣。這是使用何種策略？　(A)區別性增強替代行為（DRA）　(B)區別性增強其他行為（DRO）　(C)區別性增強不能相容行為（DRI）　(D)區別性增強低頻率行為（DRL）　　　　　　　　【#96教檢，第20題】

（　　）3. 技安上課的時候，一直拉扯一旁的大雄，於是老師就請技安到教室後面的角落站幾分鐘，老師採用的是行為改變技術的何種原則？(A)增強（reinforcement）　(B)消弱（extinction）　(C)暫停（time out）　(D)塑造（shaping）　　　　　　　　　　　　【◆97教檢，第8題】

（　　）4. 無口語能力的小美常以頭撞桌椅方式引起他人注視。進行桌面活動時，只要小美一出現此自傷行為，教師即採取以下步驟：甲、將教材教具收到教師身邊並轉身背向小美；乙、默數10下再轉回頭面向小美；丙、給小美教材；丁、小美一開始工作即口頭誇讚。教師採用的行為改變策略為何？　(A)正增強　(B)負增強　(C)行為塑造(D)區分性增強　　　　　　　　　　　　　　　　【#98教檢，第18題】

（　　）5. 阿茂故意把小強的水杯打翻，老師要求阿茂向小強道歉，幫小強倒水、把地板擦乾，甚至要求阿茂把全班的地板拖過一次。這是運用哪一種行為改變策略？　(A)過度矯正　(B)過度練習　(C)逐步養成(D)隨機懲罰　　　　　　　　　　　　　　　　　　【#98教檢，第26題】

（　　）6. 某特殊學生覺得緊張焦慮時會用右手用力打頭，教師教導並增強他以手捏喇叭球以發出求助訊息的行為，此種增強屬於下列何者？(A)區分性增強相容行為　(B)區分性增強高頻率行為　(C)區分性增強不相容行為　(D)區分性增強低頻率行為　【#100教檢，第21題】

（　）7. 阿寧故意把紙屑在教室亂丟，老師要求他不只要把紙屑丟到垃圾桶，並且還要把整間教室的紙屑都撿去丟掉，老師使用何種過度矯正策略？　(A)隔離的　(B)消弱的　(C)回歸原狀的　(D)正面練習的　　　　　　　　　　　　　　　　　　【◆101教檢，第40題】

（　）8. 老師為了改善10歲的某生在上課時經常隨意離開座位的行為，於是與學生約定，只要其一節課隨意離開座位的次數少於二次，老師就給予該生喜愛的貼紙。此為下列何種行為改變策略？　(A)負增強　(B)反應代價　(C)延宕增強　(D)區分性增強　【#101教檢，第18題】

（　）9. 小明上課時喜歡交頭接耳，老師對他生氣地大聲責罵，暫時鎮壓他上課愛講話的行為。老師所採取的是下列何者？　(A)消弱（extinction）　(B)負增強（negative reinforcement）　(C)剝奪式懲罰（removal punishment）　(D)施予式懲罰（presentation punishment）　　　　　　　　　　　　　　　　　　【◆102教檢，第5題】

（　）10. 某位注意力缺陷過動症學生上課時經常任意離開座位，當他安靜坐好時，老師立即給予增強。這是何種行為介入策略的運用？　(A)區別性增強替代行為　(B)區別性增強低頻率行為　(C)區別性增強不兩立行為　(D)區別性增強其他行為　　　　　　　　　　　　　　　　　【106臺北市國中教甄，第56題】

（　）11. 下列有關管教與體罰的差異，何者錯誤？　(A)管教係鼓勵正向行為，體罰係制止不當行為　(B)管教係針對行為，體罰係針對孩子個人　(C)管教係採用引導方式，體罰係採用控制方式　(D)管教係要求孩子自我反省，體罰係要求孩子對他人賠罪或補償　　　　　　　　　　　　　　　　　【107臺北市國小教甄，第14題】

（　）12. 老師說：「小彥如果在這節課40分鐘內找同學講話，下節體育課就可以當隊長」，此屬於下面哪一類增強？　(A)區別性增強替代行為　(B)區別性增強其他行為　(C)區別性增強相容行為　(D)區別性增強不相容行為　【107臺北市國小身障類教甄，第35題】

（　）13. 對於「暫時隔離」（time-out）策略的運用原則，下列敘述何者正確？　(A)隔離的環境應該符合學生興趣　(B)應在行為問題發生前即施以隔離　(C)隔離過程不宜有社會刺激　(D)應隨機調整隔離規

則且不宜事先告知學生

【107桃園國小及學前特教教甄-C，第17題】

(　) 14. 關於反應代價（response cost）的敘述，下列何者為真？　(A)屬於正懲罰（positive punishment）　(B)屬於負增強（negative reinforcement）　(C)配合代幣方案（token economy）進行　(D)以上皆非

【108桃園國小及學前特教教甄-B，第13題】

(　) 15. 老師對資源班上課的學生說：「要努力完成學習單，未完成者不能下課，須留下來繼續完成。」老師採行何種策略？　(A)區別性增強　(B)代幣制　(C)負增強　(D)過度矯正

【108桃園國小及學前特教教甄-B，第42題】

(　) 16. 特教班沒有口語能力的美環總是用哭來表達負面情緒（如：感到挫折、被干擾）或生理需求（如：想上廁所、口渴），林老師逐教她使用圖卡表達意圖，且與美環約法三章，只要拿出能正確表達意圖的圖卡，不但可以立即獲得老師的回應，更可獲得代幣一枚，加入聖誕夢幻禮物兌換之用……林老師前述的行為處理策略，最貼近下列何者？　(A)區辨性增強其他行為（DRO）　(B)區辨性增強替代行為（DRA）　(C)區辨性增強低頻率行為（DRL）　(D)區辨性增強不相容行為（DRI）

【108新北市國中特教教甄，第11題】

(　) 17. 蔡老師先帶著小天整理座位，之後再透過口語提示給予回饋；等小天精熟後，再透過抽檢的方式，只要座位乾淨，即給予集點與讚許，反之則扣除點數一點。請問蔡老師未採用何種行為改變技術？　(A)區別性增強不相容行為（DRI）　(B)反應代價（response cost）　(C)消弱（extinction）　(D)撤除（fading）

【108新北市國中特教教甄，第74題】

(　) 18. 老師說：「小玉，如果這節課你沒有踢前座同學的椅子，下課可以獲得一張兌換遊戲卡的貼紙。」老師的方法為何種區分性增強？　(A)區別性增強不兩立行為（DRI）　(B)區別性增強替代行為（DRA）　(C)區別性增強其他行為（DRO）　(D)區別性增強低頻率行為（DRL）　【109桃園國小及學前特教教甄-C，第34題】

（　　）19. 當某生表現良好時，老師即給予代幣，累積一定代幣後，該生可換取禮物；如果他表現不好，老師則取回一個或幾個代幣，使不良行為受到抑制。老師所採用方法最符合下列哪一種行為改變策略？
(A)逐步養成　(B)延宕增強　(C)反應代價　(D)反應類化
【#109教檢，第30題】

（　　）20. 下列哪一項措施運用了反應代價原理？　(A)某便利商店標示「XX果汁一次購買兩瓶，第二瓶半價；買三送一」　(B)某市立圖書館規定，超過借閱期限將予以罰款，借書超過五本得延長一週
(C)妹妹數學成績不佳又不想補習。爸爸說：「這次段考如果及格，就不用補習」　(D)媽媽說：「段考成績一科不及格，扣50元零用錢；兩科扣100元；以此類推」　【☆110教資考，第9題】

（　　）21. 小花在上課期間經常出現玩弄自己頭髮的行為，張老師在評估後訂定的行為處理方式是：「小花如果能持續5分鐘雙手都在進行勞作任務，就能得到一枚代幣。」張老師所運用的是下列哪一種行為處理策略？　(A)區別性增強其他行為（differential reinforcement of other behavior, DRO）　(B)區別性增強替代行為（differential reinforcement of alternative behavior, DRA）　(C)區別性增強高頻率行為（differential reinforcement of high rates behavior, DRH）　(D)區別性增強不相容行為（differential reinforcement of incompatible behavior, DRI）　【☆111教資考，第8題】

（　　）22. 老師對某生說：「上課時如果你未經老師允許離開座位一次，就要扣你一張笑臉貼紙。」老師應用的是下列哪一種行為輔導策略？
(A)反應代價　(B)暫時隔離　(C)過度矯正　(D)口頭懲罰
【☆111教資考，第22題】

（　　）23. 某位注意力缺陷過動症的學生在課堂上，答非所問，發出怪聲，要吸引其他人注意。下列何者是老師較適宜的處理方式？　(A)將其帶到輔導室自習　(B)跟著同學笑，融入學生團體　(C)採取忽略，增加教學結構性　(D)嚴厲地制止，教導他是非概念
【☆112教資考，第8題】

（　　）24. 小祥在課堂中表現不當行為，違反「教室公約」，於是任課教師限

制小祥可以賺取他喜愛的「積點換獎」機會。該教師採用的是下列哪一項策略？　(A)暫時隔離（time-out）　(B)反應代價（response cost）　(C)過度矯正（over-correction）　(D)消極增強（negative reinforcement）　　　　　　　　　　　　　　　【☆112教資考，第19題】

參考答案

1.(D)　2.(D)　3.(C)　4.(D)　5.(A)　6.(C)　7.(C)　8.(D)　9.(D)　10.(C)
11.(D)　12.(B)　13.(C)　14.(C)　15.(A)　16.(B)　17.(B)　18.(C)　19.(C)　20.(D)
21.(D)　22.(A)　23.(C)　24.(A)

※問答題

1. 小華突然在上課中打嗝，引起全班哄堂大笑，王老師給他一個溫柔的眼神與和善的笑容回應。小華之後便頻頻發出打嗝聲。王老師每次都立即提醒小華要注意禮儀，下課也關心他是否不舒服。然而，小華未能體會到老師的用意。王老師決定停止回應小華的搗亂行為，但兩週過了，仍徒勞無功。試依此例回答下列問題：

　(1)試舉兩項行為學習理論的原理，分析王老師與小華的互動歷程。

　(2)提出兩個具體建議，幫助王老師改善小華的現況。　【◆108教檢，第1題】

2. 依據現行《學校訂定教師輔導與管教學生辦法注意事項》，教師基於導引學生發展之考量，衡酌學生身心狀況後，得採取哪些一般管教措施？除正向管教措施外，試列舉五項。　　　　　　　　　　　　　　　【Ψ112教資考，第1題】

◆表示「教育原理與制度」應試科目；♯表示「特殊教育學生評量與輔導」應試科目；☆表示「學習者發展與適性輔導」應試科目；Ψ表示「教育理念與實務」應試科目

第五章

建立新行為的技巧

第一節
單一行為技巧訓練法

老師和父母大都想要增進或降低學生已經具有的行為能力。有時候，適當行為可能尚未發生或者發生的頻率很低。對於此種情形，採用其他的介入技巧將會是一種適當的做法。此一部分包括下列幾項技巧：「逐步養成」或「行為塑造」、「促進」、「褪除或淡化」、「連鎖」、「模仿」。表5-1乃是這些技巧的簡要介紹。

表5-1　單一教導新行為的技巧

技　　巧	描　　述
1.逐步養成或行為塑造	系統性的、立即性的增強漸近的目標行為，直到行為達到為止。
2.促進（提示）	在逐步養成期間和發生適當行為之前提供口頭、身體或視覺化的線索。
3.褪除或淡化	逐漸的排除提示。
4.連鎖	依序的增強個別反應以形成複雜的行為。
5.模仿（示範）	個體透過觀察和模仿其他個體行為的學習過程。

一、逐步養成或行為塑造

教學者經常採用逐步養成或行為塑造的技巧，來教導學生新的行為。「**逐步養成**」或「行為塑造」（behavior shaping）是指區分性的增強微小的改變或漸次地接近最終的目標行為（Panyan, 1980; Shea & Bauer, 1987）。首先是學生目前的行為，然後漸進且有系統地讓學生逐步養成和學習到新的行為。基本上，它被用來建立個體行為目錄中先前尚未具有的行為（Cooper, Heron, & Heward, 1987）。

「逐步養成」或「行為塑造」的適用範圍很廣泛，除了一般兒童或成人之外，亦適用於身心障礙兒童的身上。此外，這種技巧可以用來教導許多新的行為，包括學習各種技能（如騎腳踏車、駕駛汽車、游泳及彈鋼琴等）、學業性的學習任務、適當的工作習慣，以及建立同儕間的互動關係等。

「逐步養成」或「行為塑造」並不是很難的。爲求成功，我們應該依循著達成目標行爲的某些步驟（如圖5-1）、運用增強物和保持紀錄等。在行爲塑造期間，老師或父母僅增強這些最爲接近目標行爲的行爲。

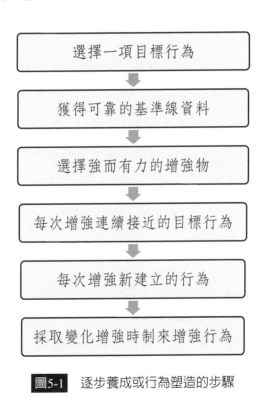

選擇一項目標行為

獲得可靠的基準線資料

選擇強而有力的增強物

每次增強連續接近的目標行為

每次增強新建立的行為

採取變化增強時制來增強行為

圖5-1 逐步養成或行為塑造的步驟

逐步養成或行為塑造的例子

導師出招激勵，王同學國文不再繳白卷
有位國文成績爛到爆的高中轉學生王同學，從來就不背書，覺得很浪費時間。教授國文的導師就耍了一些花招，引君入甕。在考試前一天，她會先告訴他要默寫哪一段，並且強調只要背哪一段就好了。如此，默寫成績不再掛零，王同學獲得激勵（**正增強**）後，導師再從預告會默寫哪一段，發展到可能會默三段中的一段，到可能會默哪一課中的一段……，一步步、慢慢地（**逐步養成或行為塑造**）培養出王同學對於國文背誦的興致，不再視為畏途。而家長也完全配合國文導師的演出，只要孩子的國文、英文沒背好、沒寫好，就要求孩子放學後留校完成，這樣連續長達兩年時間，讓曾被學校勒令轉學的王同學，如今卻是臺北市一所知名大學的高材生。

醫師為愛情減重，兩年減40公斤
有所大型醫院的醫師原本體重高達150公斤，後來在網路上認識一位心儀的女孩，女孩說如果他減重5公斤，就送他一張照片，減重10公斤（**逐步養成或行為塑造**），就和他見面。這位醫師發憤圖強，很快達到目標。兩人的交往從此穩定進展。當然，這位醫師為愛減重的計畫，也在女友的鼓勵下持續進展。

二、促　進

　　「**促進**」（prompting）又稱「**提示**」，是另外一種經常用來教導新行為的技巧。「促進」乃是提醒我們表現已知行為或協助我們表現不常從事行為的一種刺激。在日常生活中，有關促進的例子很多。例如，汽車會發生聲響來提醒駕駛員繫上安全帶或關上大燈。Alberto和Troutman（2013）的研究也發現採用促進可以增進教學效率及快速地協助學生學習，而不會產生過度的錯誤。在行為塑造和適當行為產生之前，促進就是提供語文、身體引導或視覺的線索。

　　「**語文促進**」（verbal prompting）是指運用口頭或書寫的文字來引發特定的行為，這種技巧很適合於瞭解文字的人，以及教導新的說話能

力和教材。例如在教室或家裡運用文字建立適當的行為規則；又如舞臺劇演員忘詞時，導演可能會反覆地提供前面幾個詞句，來喚起記憶。而O'Reilly、Green和Braunling-McMorrow（1990）的研究則發現運用描述潛在危險的檢核表（如靠近桌邊的茶杯與呈現消除每項危險的步驟），可使四位腦傷成人改正其行為避免危險的發生。

　　「**身體引導促進**」（physical guidance prompting）是指透過想要的動作或順序來移動個人的身體部分。這種技巧特別適用於教導動作技能和運動能力（如騎腳踏車和韻律活動等）。例如，我們可以身體引導幼兒搖響板發出聲音，然後學習自己表現此種行為，來產生具有強化作用的聲音。至於年齡較大的障礙兒童（如智能障礙、自閉症、學習障礙）也可以由身體引導促進中獲得好處，如上廁所或彼此滾球（Kazdin & Erickson, 1975; Lovaas, 1977）。

　　身體引導促進對於兒童與成人學習或增進複雜能力也是很有幫助的，如游泳、拉小提琴或舞蹈等。此外，老年人也可以由身體引導促進中獲益。例如，將休閒的設備放在老人的手中，就可以協助他們使用這些設備而增進其參與活動（McClannahan & Risley, 1975）。

　　「**視覺促進**」（visual prompting）則包括書本上的圖解說明、正確完成問題的實例、電腦鍵盤上的英文字母或注音符號、以及汽車儀表板上每一按鈕的圖畫等。雖然視覺促進通常包括運用單一圖畫來引發個人表現出特定反應，惟這種技巧也可以呈現一系列圖畫來促進複雜行為連鎖上的每項聯結。例如，教導「心肺復甦」（cardiopulmonary resuscitation, CPR）的求生技巧，通常會提供視覺促進來協助個人按部就班地學習複雜的步驟（如圖5-2）。

　　「**姿勢促進**」（gestural prompting）是指透過使用手勢或任何類型的動作，學習者可以觀察教師的行為，例如，指向、伸手或點頭，以給出有關正確反應的訊息。例如，教師問學習者：「你喝什麼？」教師透過指向杯子來促進學習者。

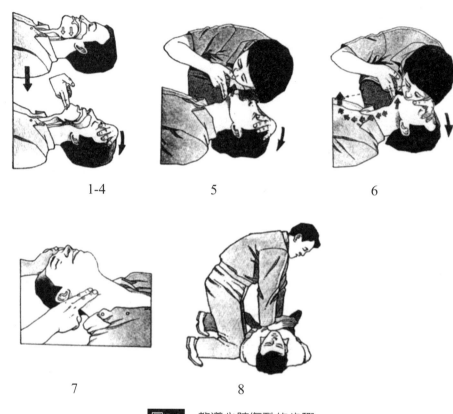

1-4　　　　　　5　　　　　　6

7　　　　　　　　8

圖5-2　教導心肺復甦的步驟

一人CPR施救法

A.呼吸道

1.檢查患者有無知覺：輕拍肩部，呼叫他「張開眼睛」。

2.患者無反應立即高聲求援。

3.將患者置於仰臥姿勢。

4.維持呼吸道暢通。

5.檢查呼吸。

B.呼吸

6.施行人工呼吸。

C.循環

7.檢查脈搏。

8.若無脈搏，立即電119救援並施行胸外按摩。

　⑴急救員跪在患者肩旁。

　⑵以每分鐘80～100次的速率，施行15次的胸外按摩（15次的壓縮約9～11
　　秒鐘），每次下壓胸廓約4～5公分。

「**聽覺促進**」（Auditory prompting）這可以包括學習者可以聽到的任何類型的聲音，例如警報或計時器。例如，老師要求學習者：「10分鐘內清理玩具。」老師透過設定計時器在10分鐘內觸發來促進學習者。

「**位置促進**」（Positional Prompting）這種類型或促進涉及老師將正確的答案放在最靠近學習者的地方。例如，教師向學習者展示了三個對象……一個球、一雙鞋子和一個蘋果，並問學習者：「指向您吃的那個。」教師將蘋果放在最靠近學習者的地方。

當教學習者新技能時，治療師和教師會提供指導和促進以完成這項技能。很多時候，不同的提示會一起使用，以幫助學習者學習新技能或完成有針對性的反應。

值得注意的是，促進應該要盡可能地微弱，不可以過度地強調，同時要儘快地褪除或淡化，讓學生能夠不依賴他們。

三、褪除或淡化

學生或兒童學會了一種行為之後，就應該褪除促進或提示。「**褪除或淡化**」（fading）就是逐漸地徹除促進或提示。惟褪除或淡化應該要漸漸的，使得錯誤的發生盡可能的降低（Martin & Pear, 2019）。

Alberto和Troutman（2013）就曾指出在決定褪除或淡化時，包含許多的技巧。如果促進或提示被褪除或淡化的太慢，學生可能就會依賴促進或提示。褪除或淡化的方法有下列幾種：改變促進或提示的數量或品質。Alberto和Troutman（2013）認為我們可以藉由組合兩種指示或者是降低所提供訊息的數量來褪除或淡化促進或提示。至於促進或提示則可以經由漸進地撤除身體引導來褪除或淡化身體促進或提示。圖5-2、5-3乃是視覺褪除或淡化的例子。

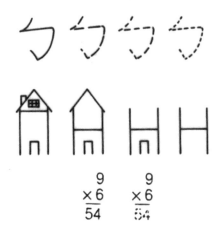

圖5-3 視覺褪除或淡化的例子

四、連 鎖

　　學生經由模仿、行為塑造、促進和褪除或淡化等方式學習到行為的各個步驟之後，他必須依照合理的順序學習組合這些步驟。連鎖是一種依序的增強個別反應以形成複雜的行為。一旦建立連鎖反應，唯有表現最後的要素才會獲得增強。連鎖依序聯結了特定的步驟，使得某一特定反應增進新反應產生的可能性，繼而增加第三項反應的可能性，依次類推，直到最後一個步驟。人類許多複雜的行為都包含此種連鎖，例如，游泳、穿衣服、彈奏鋼琴等。

　　在教導複雜的一連串反應時，我們通常需要藉由工作分析來確定其聯結（Link）。假設我們想要智障學生學習穿脫衣服，而教導他們坐著穿上襪子。這項連鎖包括四個聯結，每項聯結均包含一個前提線索（Sd）和反應。至於四項行為反應是：(1)用單手握住襪子，同時讓後腳跟向下；(2)運用雙手的手指弄開襪子的開口處；(3)把腳放在襪子開口處的適當位置上；(4)把腳伸入襪子內。由圖5-4我們可以看到每項完成的反應，作為下一項

聯結之前提線索的情形。

$Sd_1 \rightarrow R(1) \rightarrow$	$Sd_2 \rightarrow$	$R(2) \rightarrow$	$Sd_3 \rightarrow$	$R(3) \rightarrow$	$Sd_4 \rightarrow R(4) \rightarrow$ 增強物
看 握住	**看**	弄開	**看**	放適當位置	**看** 伸入
襪子	握住		弄開		放適當位置

圖5-4 連鎖反應行為聯結的情形

　　一旦我們瞭解行為聯結的情形，就可以分別運用下列五種主要的方法（Ash & Holding, 1990）：

(一)前向連鎖

　　前向連鎖（forward chaining）即一次教導順序上的一個聯結，由第一項開始。以前述為例，兒童將先學習正確地握住襪子，並因此項正確反應而獲得增強。然後，增加學習第二項聯結（運用雙手的手指弄開襪子的開口處）以獲得增強物。依此類推，直到所有聯結被表現，完成連鎖性行為為止。

(二)後向連鎖

　　後向連鎖（backward chaining）這種方法包括以逆向的方式一次教導一個聯結。以圖5-4為例來說，兒童首先將學習正確地把腳伸入襪子內R(4)，並因此項正確反應而獲得增強。然後，增加正確學習接近R(4)的次一項聯結R(4)──把腳放在襪子開口處的適當位置上，以獲得增強。持續進行這種逆向順序的學習，直到完成連鎖性行為為止。

(三)完全任務呈現法

　　完全任務呈現法（total-task presentation）是用完整順序的方式教導所有的聯結。也就是說，兒童需要從頭到尾做出整個一連串穿襪子的聯結，

方能獲得增強物。

(四)書寫的工作分析

對有閱讀能力的人來看，書寫的工作分析可用來引導連鎖行爲的適當成就表現。在此項策略上，訓練者對學習者呈現合理順序要素行爲清單，而學習者使用這項清單正確地演示任務。清單的指示是一種書寫的工作分析。書寫的工作分析有效，唯有學習者能夠閱讀指示，瞭解指示和執行指示上所別的行爲。爲求更有效，書寫的工作分析必須清晰且特定的列出連鎖上每一要素行爲。

Cuvo及其同事（Cuvo et al., 1992）使用**書寫的工作分析**（又稱**脈絡促進提示**，textual prompts）來教導輕度智障和學習障礙的年輕大人，清理家用電器，如烤爐和冰箱。他們給予學習者在任務上所涉及的詳細所有步驟的清單（書寫的工作分析），學習者使用這份詳細的清單引導他們清理電器的行爲。一旦他們完成時，他們會因正確表現或正確的回饋而得到讚美。研究人員發現所有使用書寫的工作分析正確地演示任務且因正確回饋而得到增強。

(五)圖片促進

另外一種用來引導連鎖行爲適當表現的是，使用「**圖片促進**」。就圖片促進而言，你可以拍照每項行爲的結果或某人在任務上所從事的每項行爲。然後運用圖片來促進學習者在合理的順序上從事行爲。爲求有效，學習者必須注視順序合理的圖片，以及每張圖片須有刺激控制所描述的行爲。考慮一下下列步驟。

小晉是位智能障礙工作者，在公司從事促銷郵寄的工作。他的工作在於將小冊子放入信封中郵寄。公司要郵寄15種不同的小冊子，而且小晉必須根據當天的工作，將3-5種小冊子放入大型的信封內。工作訓練者擁有所有15種小冊子的圖片。每個工作日開始時，訓練者拿著小晉當天須放入信封的小冊子圖片，然後將這些圖片黏貼在小晉工作站的板子上；這些圖

片促進刺激控制了選擇正確小冊子的行為。工作完成後，訓練者將圖片促進收起來，訓練者無須花費任何額外的時間使用促進和淡化，來教導小晉任務，就可以順利達成目標。

　　在這些訓練方法上，教師可以運用所有激勵的形式。至於這些方法中，哪一種最好呢？針對身心障礙者的研究發現採用「**完全任務呈現法**」來教導連鎖性行為，要比「**前向連鎖**」或「**後向連鎖**」法來得快速（Kayser, Billingsley, & Neel, 1986; Spooner, 1984）。不過，這些研究仍有下列兩點是值得注意的（Weld & Evans, 1990）：⑴有些事實指出**重度障礙者**（severely retarded）採用「**完全任務呈現法**」訓練時，要比「**前向連鎖**」或「**後向連鎖**」法，表現出更多的**干擾行為**（**例如攻擊行為**）；⑵就連鎖性行為來說，最後的聯結特別困難，而「**後向連鎖**」法可提供最佳的方法（Ash & Holding, 1990）。

　　不管採用哪一種方法來教導行為的連鎖，我們都可以遵循下列幾項提高訓練成效的原則：

原則1	• 確定應用工作分析法所認定的全部聯結對於學習者不至於太難
原則2	• 設計方法以確保學習者必須依正確的順序，演示學習過的所有聯結，才能獲得增強
原則3	• 應用和撤除簡捷的刺激控制法——提示、模仿和教學——協助個體學習每一項聯結
原則4	• 當我們教導每項聯結時，應該運用行為塑造和充足地給予增強

圖5-5　提高教導行為連鎖訓練成效的原則

五、模仿（示範）

　　模仿（示範）是一種最有力且經常被用來教導新行為的技巧。「**模仿**」乃是一種學生透過觀察與模仿他人行為的學習過程。此種學習形式已被稱為模仿、觀察學習、複製、替代性學習及角色扮演等（Bandura, 1969; Striefel, 1981）。由於模仿幾乎是人類與生俱有的本能，因此學生經常會在教室內外模仿同儕適當和不適當的行為。Martin和Pear（2019）亦曾指出模仿（示範）是一件非常普通的事情，很少有人會認為它是一種有系統的行為改變步驟或程序。例如，父母常使用模仿來教導其孩子語言和許多行為；兒童則經常模仿在電視上所看到的行為；體育老師常示範各種技巧，如舞蹈、游泳、武術、體操及網球等，讓學生模仿。

　　由上可知，大多數的模仿行為並不需要特別的計畫。Martin和Pear（2019）曾提出了下列幾項運用模仿的原則：

・讓個體的行為水準和模仿行為相配對。
・在教學中融入模仿。
・增強正確的模仿行為。
・先模仿容易的行為，然後是困難的行為。
・讓模仿的情境盡可能的真實。

　　另外，我們也可以運用下列方法來提高模仿技巧的成效：

・酬賞楷模的行為表現。
・酬賞注意楷模動作的觀察者。
・運用具有能力示範反應的楷模，但需牢記楷模若表現得太有能力，觀察者可能會認為學習行為過於困難。
・採用與觀察者性質相類似的楷模（例如，性別、年齡、以及觀察者所羨慕的）。
・運用一位以上的楷模，並確定他們都能一致地示範目標行為，而且對於行為有正向態度。

第二節
四段式行為技巧訓練法

前面我們已經學習到促進和褪除（淡化）的方法，可以使一個人在適當的時間表現出正確的行為，也學習到連鎖方法也是運用促進和淡化方法來幫助個人處理複雜的工作。在這一部分中，我們將會學到其他的教學技巧。這「**四段式行為技巧訓練法**」（Behavioral Skills Training, BTS）——**模仿（示範）／指導／演練／回饋**，通常一起運用來幫助個人獲得實用技巧（如社交技巧或與工作相關的技巧）。基本上，BTS法通常是使用角色扮演的方式來進行的。

模仿（示範）　　指導　　演練　　回饋

圖5-6　四段式行為技巧訓練法

許多研究已經證明了BTS法在兒童及成人的訓練各種技巧上都很有效（Miltenberger, 2024）。這些技巧包括：⑴**教導兒童綁架防禦技巧及性虐待防範技巧**（Carrolol-Rowan & Miltenberger, 1994）；⑵**教導兒童火災現場的緊急逃生技巧**（Jones & Kazdin, 1980）；他們訂出九個不同的家中火警，然後教導在每個情況中正確的逃生技能。訓練者教導兒童正確的行為然後示範給兒童看，當兒童表現正確的行為時，訓練者則會提供回饋或其他的增強。如果兒童有些行為表現的不正確時，訓練者則會給予矯正性回饋告訴兒童那裡他可以做的更好，然後再讓兒童演練一次，直到行為表現正確為止。不論兒童那些行為表現不正確，研究人員總是先讚美兒童所表

現正確部分的逃生技能，然後才給予矯正性的回饋；⑶**教導社會技巧不足**（Warzak & Page, 1990）；⑷**教導父母管理不順從兒童的技巧**（Forehand et al., 1979）等。

一、四段式行為技巧訓練法的成功範例

・教導李小姐對學校教職員說不

李小姐是一所北部教育大學的助教，她相信她系所上的教職員對她提出不合理的要求，但是她卻無法拒絕這些不合理的要求（像是在她吃午餐的時候卻指派她去做些私人差事）。於是，她拜訪了學生輔導中心的諮詢委員，諮詢委員使用BTS方法來幫她發展自信的本領。在諮詢室中，他們試著用角色扮演的方式來假設一項李小姐在工作中會遇到的困難情境。諮詢委員運用角色扮演來評估李小姐的自信本領，然後再教導李小姐表現更有自信的方法。

首先，諮詢委員設計一個情境，讓李小姐扮演她自己，而諮詢委員則扮演她的同事，在這個角色中，諮詢委員提出一項不合理要求（像是這個下午我有一個會議要開，請在你的午餐時間幫我拿乾洗衣物）。這時，諮詢委員評估她對這個要求所做的回答與說法（包括聲音及肢體語言）。接著，諮詢委員提供一些指導及模仿，告訴李小姐在這種況下應該更有自信及肯定回答的方法，然後演示另一種肯定的行為角色。這時，請李小姐表演同事，並提出不合理要求，而諮詢委員所表現的肯定角色，則回答：很抱歉，我不能替你做私人差事。李小姐經由觀察行為，學習到並且再練習一次。他們再次轉換角色，然後由李小姐扮演出肯定的角色。

最後，在李小姐的表現上給予回饋。諮詢委員讚美她表現出的正確行為，並且給李小姐建議使其表現的更好。在回饋後，李小姐再次練習其行為。而諮詢委員再次讚美其表現並且再為李小姐做些需要的建議。經由這樣一次的角色扮演，李小姐已經把肯定自信的行為學得很好。接著諮詢委員和李小姐會在不同情境場合中進行角色扮演。而李小姐經由指導—模仿

一演練和回饋的這一串過程中，將會學習到許多不同的肯定本領。

二、四段式行為技巧訓練法的內涵

從上述例子，我們知道這四個主要的方法通常都一起運用，來教導新行為。以下我們將更詳細的說明這些方法：

(一)模仿（示範）

經由示範，將正確行為示範給學習者。學習者觀察模仿者的行為，然後模仿其行為。為了產生更有效的模仿，學習者必須要有示範的指令。換句話說，學習者必須能夠注意其示範者，並表現出示範者所示範的正確行為。

示範的行為有時是現場的，有時是象徵性的。在現場的模仿中，示範者在適合的情境中當場示範適當的行為。在象徵性的模仿中，將會在錄影帶、錄音帶或是在一部卡通中及電影中，看到正確的示範行為。至於影響模仿（示範）成效的因素如下表：

使模仿（示範）更為有效的相關因素
・當示範者表現正確行為時，應該產生一個成功的結果。
・示範者必須把自己和學習者提升相同地位或是比學習者再高一點的身分，例如，在電視廣告中，通常會請運動明星或是名人來推銷產品，這樣就是希望人們也會模仿而購買產品。
・示範者的行為複雜度應該要適合其學習者的能力水平，如果示範者的行為太複雜，學習者可能就不願去學習。反之，如果示範者的行為太簡單，則學習者可能不太注意。
・學習者必須注意其示範者來學習正確的行為。通常，當示範者示範到重點時，示範者會吸引學習者注意去看，就像示範肯定技巧時，集中的焦點說，現在注意我如何使用眼神的接觸及肯定的聲音。在防禦技巧的錄影帶中，當一個示範的行為即將出現時，解說員在一旁提醒學生注意。

（續下表）

> ・示範的行為應該在適合的情境中發生，行為應該在一個真正的情境或是角色扮演的真正情境中被模仿。例如，經由角色扮演所示範肯定的行為，是在李小姐工作中所真正面臨到的困難。
>
> ・示範的行為最好能經常的被重複示範，這樣學習者更能正確的表現行為。
>
> ・為了提高一般化及普遍化，行為應該要能在不同的場合情境中被模仿示範。
>
> ・學習者應該在觀察模仿後，立即實地演練一番，這樣才能有效的增強正確的行為。

(二)指導

　　「指導」是為學習者說明正確的行為。為求效果，「指導」應該要具體的、特定的。「指導」應該要描述希望學習者表現出的行為。在一連串行為中，指導應該要能配合適當行為順序做解說，同時應該要能詳細指明學習者在適當的情況所被期望的行為。例如，教導兒童防綁架技巧時，老師應該給予此項指導，「無論任何成年人要求你和他一起走或是陪他走去那裡，你都應該說『不行，我必須問我的老師』，然後跑回學校，並且立刻向老師報告這件事情。那麼，老師將會以你為榮。」這項指導語明確說明這個假定情況及正確的行為，也同樣說明了結果（老師的讚美）。下表乃是幾項會影響指導成效的因素：

使指導更為有效的相關因素
・要在學習者能瞭解的層次內使用指導語，如果太複雜，學習者可能無法瞭解；如果太簡單，學習者也可能會不平。
・指導者應該由能讓學習者所信任的人來演練傳達（像是父母親、老師、老闆或是心理學家）。
・學習者在接受指導後，要能有機會儘快的演練其行為。
・指導語要在學習者觀察模仿行為後進行，將能提高學習此行為的潛力。
・在學習者專心注意時，才給予指導語。
・學習者應該要覆述指導語，如此指導者才能知道學習者是否瞭解其意思。訓練時，重複指導語也可以增加學習者表現正確行為的可能性。

(三)演練

「演練」乃是要讓學習者在接受指導及看完示範後，練習正確的行為。「演練」是BTS方法的一項重要部分，因為指導者只有在看到學習者表現正確的行為，才能確定學習者是否真正學習到。它提供學習者增強的機會，也提供評估及矯正錯誤的機會。下表乃是幾點會影響演練成效的因素：

使演練更為有效的相關因素
‧行為的演練應該在適合的情境及角色扮演中進行，當技巧的訓練完全時，演練的行為在適當場合，將能使組織化更加容易。
‧演練要能循序漸進。首先，學習者練習容易的行為。成功後，再進行較困難或複雜的行為演練。如此，可增強演練的行為，而且學習者將持續參與。
‧出現正確的行為演練，就應該立刻給予增強。
‧演練時，若有部分行為不正確時應該馬上做矯正的回饋。
‧先示範幾次正確的行為，再進行行為演練。

(四)回饋

在BTS方法中，「回饋」明確的定義為：(1)讚賞正確的行為；(2)出現不正確行為後給予更進一步的指導。學習者演練行為後，訓練者應該立刻提供回饋。「回饋」包括讚美或是其他正確行為的增強。有需要時，「回饋」也包含矯正錯誤或是更進一步的指導。此外，「回饋」通常包含對相同的行為或是矯正的行為，提供不同的增強。下表乃是幾項會影響指導成效的因素：

使回饋更為有效的相關因素
‧在行為出現後應該給予立即的回饋。
‧回饋應該總是包括對某些行為的讚賞（增強）。即使行為不正確，也要肯定學習者嘗試的勇氣，重點是讓演練行為成為學習者的增強經驗。

（續下表）

- 讚賞應該要有說明性，描述出學習者所表現的正確行為，著重所有的行為、語言及非語言的。
- 不要提供負面的矯正性回饋，不要指出學習者錯誤的行為，反之，提供指導讓學習者瞭解那方面可以做得更好或如何增進行為的表現。
- 當提供矯正性回饋時，總是先讚美學習者某些方面的表現。
- 一次只提供某一方面的矯正性回饋。如果學習者在許多方面表現錯誤，只著重某一方面提出，以免學習者感到不安或洩氣。一步一步的建立其正確的行為，這樣學習者將能在其後的演練中越來越成功。

三、在行為技巧訓練法後提高類化

　　「四段式行為技巧訓練法」的目標是要讓學習者獲得新的技巧，而且能在訓練之外的適當場合中使用這些技巧。許多策略都可以用來促進在適當場合使用這些技巧的普遍性或類化。

　　首先，訓練應該包括做許多不同的角色扮演。在學習者現實生活中可能會遇到的真實情境，演練說明越接近真實情境，則這些技巧越能產生類化。

　　第二，把真實生活融入訓練中，學習者就可以在角色扮演中和真實的情況或人物演練技巧。例如，有些研究人員在教導兒童綁架防禦技巧時，會利用操場和遊樂場這種可能發生綁架的學校地點，做角色扮演的模仿。

　　第三，提供學習者一些任務，讓其在訓練場所外的真實情境中做些技巧的訓練。在練習過這些訓練後，學習者將在下次的BST訓練課程中討論這次的經驗，並且獲得回饋。在其他情境訓練技巧的有些例子中時，也可經由父母或老師指導並給予立即回饋。

　　第四，訓練者也可以在訓練場所外的情境中計畫提供一些增強。例如，告訴學習者的老師或家長，當學習者在學校或在家表現出正確的行為技巧時，給予增強回饋。

四、四段式行為技巧訓練法和三階段事件（前提事件、行為事件及行為後果）

經由結合「模仿」、「指導」、「演練」及「回饋」，BTS法使用行為功能分析中的所有方面。這些方面包含前提事件、行為事件及行為後果，應該被運用於任何教學情境中，如圖5-7。「**模仿和指導**」是屬於前提事件的策略，是用來引起正確的行為。因為許多聽從指導或是模仿的人都很成功，所以指導和模仿對於正確的行為是很有效的辨別力與鼓舞。「**演練**」則包含執行經由模仿或指導說明的行為。當行為演練正確時，「**回饋**」包含強化行為的增強結果。當行為有部分正確時，矯正的回饋功能就像是前提事件一樣，增強在下次演練時表現正確的行為。

教導技巧的最好方法是先提供指導，然後要求學習者演練正確的行為來增強它。雖然指導和模仿在適合的情況中可以產生正確的行為，但是除非有後來的增強，否則正確行為不太容易再繼續表現。例如，我的同學告訴我經過菜市場時，往左邊的路開，因為往右邊開的話，會很慢。這是一個指導，我照著這個指導執行。然後，我的行為由於避免開到擁擠路上而

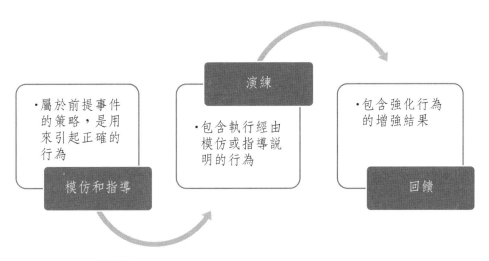

圖5-7 四段式行為技巧訓練法和三階段事件之關係

被增強。由於這個結果，所以我每次在經過菜市場時，都選擇開往左邊的路。反之，如果我照著同學的話去做，而速度還是一樣慢，那麼我的行為將不會被增強。因此，即使在一開始引起正確行為，如果在後來發生相同情境時沒有被增強，那麼這個正確行為就不會再發生。

教導一項新技巧時，我們可以容易的經由模仿或是指導學習者，而引起正確行為。然而，為了確定是否學習到行為，我們讓學習者在刺激訓練情境中演練行為，然後增強它。如果學習者在訓練情境中成功的表現行為，這樣學習者將更有可能在真實情境中表現出正確的行為。

五、四段式行為技巧訓練法在團體中的運用

有時，BTS法會用於需要相同技巧的團體（如父母團體）中。運用團體的「四段式行為技巧訓練法」在小團體中將會更為有效，可讓每個人都有機會參與。在團體的BTS法中，模仿和指導是提供給整個團體，然後每個小團體的成員，在角色扮演中演練技巧，接著從訓練者或其他團體中的成員獲得回饋。在團體訓練中，就像在個別訓練中一樣，每個人都要在多樣的情境中演練，直到行為表現完全正確為止。

惟團體的BTS法也有以下的優缺點（見表5-2）：

表5-2　團體BTS法的優缺點

項目	內　　　　涵
優點	1.它比個人訓練來的有效率，因為指導和模仿是呈現給所有的成員。
	2.每個小團體的成員經由觀看其他成員演練行為並獲得回饋。
	3.團體成員學習到經由評估其他團體成員的表現然後提供回饋。
	4.由於不同的團體成員參與角色扮演，可提高類化。
	5.由其他成員或是訓練者所得到的讚美，則經由演練成功而增強的重要性將會增加。
缺點	1.每個成員，較沒辦法得到訓練者個別注意。
	2.有些成員可能沒辦法積極參與或可能支配、限制其他成員的參與。

六、四段式行為技巧訓練法的實施步驟

下面這十項建議可以確保有效運用BTS法的步驟（見表5-3）：

☆表5-3　有效運用四段式行為技巧訓練法步驟的建議

內　　涵	解　　說
1. 清楚確認及解釋所要教導的技能	我們應該要解釋在不同場合，會需要的各種技能，然後對複雜行為（連續的行為）做工作分析的處理。
2. 確認技能會運用到的所有相關刺激情境	例如，在教導綁架防禦技巧時，我們必須確認所有綁架犯可能使用的誘拐技巧，這樣兒童才能成功的學到在不同誘拐情境中所應有的回應。
3. 評估學習者在刺激情境中所表現的行為來設立一個基準	為了評估學習者的技能，我們必須演出或描述每一個刺激情境，然後再把學習者的表現及回應錄製下來。
4. 先從最簡單的技能或最容易的刺激情境開始訓諫	在這些環境中，學習者較容易成功也更能繼續配合BTS。如果一開始就用很難的技能或情境，學習者可能一開始就失敗而變得沮喪。
5. 透過示範行為及描述其重要範圍來作為活動的開始	要確定從適當的情境中示範行為。我們可以經由角色扮演來創造合適的情境，這個情境越逼真越好。
6. 學習者接受指導及觀看模仿後，提供演練機會	模擬適當的情境讓學習者演練其行為。有時，模擬或角色扮演也會發生在自然的情境中。
7. 演練後，立即提供回饋	總是先讚美及描述學習者的良好表現，然後再提供一些改進性的指導語。
8. 不斷重複演練和回饋的過程，直到學習者在數次練習時都表現出正確的行為	

（續下表）

9. 在一個訓練情境成功後，移至另外一個情境，然後反覆進行模仿、指導、演練、回饋等過程，直到學習者在不同的情境中都能精通不同的技巧	增加新情境時，讓學習者繼續在訓練情境中練習，來保持他們已經熟悉的技能。
10. 學習者在訓練課程中，已經精通所有刺激情境中的所有技能時，則計畫在真實情境中所需技能的類化	若訓練場合越接近真實情境，或在真實情境中訓練，則類化就容易形成。另外一個提高類化方法，是讓學習者在更困難的情境中練習技能。

本章重點

1. 教導新行為的技巧，包括：行為塑造、促進、褪除或淡化、連鎖、模仿、四段式行為訓練法（BTS）等。

2. 逐步養成指區分性的增強微小的改變或漸次地接近最終的目標行為。

3. 促進是提醒我們表現已知行為或是協助我們表現不常從事行為的一種刺激。在行為塑造和適當行為產生前，促進是提供語文、身體引導或視覺的線索。

4. 語文促進指運用口頭或書寫的文字來引發特定的行為；視覺促進則包括書本上的圖解說明、汽車儀表板上每一按鈕圖畫等。身體引導促進指透過想要的動作或順序來移動個人的身體部分。

5. 促進要盡可能微弱，不過度強調，同時要儘快褪除或淡化，讓學生不依賴他們。

6. 褪除或淡化是逐漸撤除促進或提示，但應該要漸漸的，使錯誤的發生降低。方法有幾種：改變促進或提示的數量或品質。

7. 經由模仿、行為塑造、促進和褪除或淡化等方式學習到行為的各個步驟後，須依照合理順序學習組合這些步驟。一旦建立連鎖反應，唯有

表現最後的要素才會獲得增強。教導一連串反應時，通常需藉由工作分析來確定其聯結。

8. 前向連鎖即一次教導順序上的一個聯結，由第一項開始。依此類推，直到所有聯結被表現，完成連鎖性行為為止。後向連鎖包括以逆向方式一次教導一個聯結。完全任務呈現法是用完整順序的方式教導所有聯結。

9. 教導行為的連鎖可遵循幾項提高訓練成效的原則：(1)確定應用工作分析法所認定的全部聯結對學習者不會太難；(2)設計方法以確保學習者必須依正確的順序，演示學習過的所有聯結，才能獲得增強；(3)應用和撤除簡捷的刺激控制法（提示、模仿和教學），協助個體學習每項聯結；(4)教導每項聯結時，應運用行為塑造和充足地給予增強。

10. 模仿是一種學生透過觀察與模仿他人行為的學習過程。此種學習形式已被稱為模仿、觀察學習、複製、替代性學習及角色扮演等。

11. 模仿（示範）／指導／演練／回饋等BTS法，通常一起運用來幫助個人獲得實用技巧。

12. BTS法的目標是讓學習者獲得新技巧，且能在訓練外的適當場合中使用。許多策略可用來促進在適當場合使用這些技巧：(1)訓練應包括做不同的角色扮演。演練說明越接近真實情境，這些技巧越能產生類化；(2)把真實生活融入訓練中，學習者就可在角色扮演中和真實的情況或人物演練技巧；(3)提供學習者一些任務，讓其在訓練場所外的真實情境中做技巧訓練；(4)訓練者也可在訓練場所外的情境中計畫提供一些增強。

13. BTS法使用行為功能分析中的所有方面，包含前提事件、行為事件及行為後果，應該被運用於任何教學情境中。模仿和指導屬於前提事件的策略，是用來引起正確的行為。演練則包含執行經由模仿或指導說明的行為。當行為演練正確時，「回饋」包含強化行為的增強結果。當行為有部分正確時，矯正的回饋功能就像是前提事件一樣，增強在下次演練時表現正確的行為。

14. 運用團體的BTS法在小團體中會更有效，可讓每個人都有機會參與。

回顧與知新專欄 ....

※選擇題

( ) 1. 下列何者最適合應用連鎖原理來進行教學？ (A)教「脫褲子」
(B)教「揮手打招呼」 (C)教無功能性語言的學生說「幫幫我」
(D)教對上廁所有恐懼感的學生「接近廁所馬桶」
【#101教檢，第16題】

( ) 2. 教師訓練同儕運用手勢或眼神促進自閉症兒童使用社會互動技巧。
這是下列何種同儕介入策略？ (A)提示 (B)接近 (C)引發
(D)增強 【#103教檢，第12題】

( ) 3. 小薇是二年級集中式特教班的智能障礙學生，能聽懂簡單的口語指
令，肢體動作發展正常，但還不會自己刷牙。王老師在教導小薇刷
牙時，先教小薇漱口的動作，等小薇學會漱口的動作後，再教她移
動牙刷刷牙。王老師使用的是下列哪一項教學策略？ (A)褪除
(B)完全連鎖 (C)正向連鎖 (D)反向連鎖
【▲110教資考，第21題】

( ) 4. 小光是國小集中式特教班的智能障礙學生，下列是徐老師教導他安
全過馬路的教學策略，下列哪一項較符合使用由多到少的提示順序
進行教學？甲、牽著小光過斑馬線 乙、示範走斑馬線過馬路
丙、指著紅綠燈，等候小光反應 丁、指著紅綠燈問「綠燈亮，要
怎麼做？」 (A)甲乙丁丙 (B)乙甲丙丁 (C)丙丁乙甲 (D)丁丙
乙甲 【▲111教資考，第23題】

( ) 5. 某重度智能障礙學生，家人表示他不會自行如廁，下列何種策略最
適合用來幫助該生學習正確的如廁行為？ (A)行為塑造 (B)隔離
策略 (C)相互抑制策略 (D)忽視法的運用
【☆111教資考，第24題】

( ) 6. 小安是國小集中式特教班的學生，個性較內向害羞，口語表達能力
弱，不會主動與人互動或打招呼，下課時喜歡獨自玩拼圖。張老師
為增加他主動和人互動行為，下列哪一項是採用自然環境教學法
（milieuteaching）中的提示─示範法（mand-modelprocedure）？

(A)下課時，張老師拿著拼圖站在小安面前，並提示他要說：「張老師，我要玩拼圖。」　(B)下課時，張老師拿著拼圖站在小安面前，當他未有任何表示時就提示說：「告訴我，你要什麼？」(C)下課時，當小安看張老師在玩拼圖時，張老師說：「告訴我，你要什麼？」當小安指著拼圖時，就拿拼圖給小安並說：「我要玩拼圖。」　(D)下課時，當小安看張老師在玩拼圖時，張老師說：「說說看，你要什麼？」當小安說：「我要玩拼圖」，就給他拼圖並說：「你說要拼圖，我就給你拼圖。」

【▲111教資考，第24題】

(　　) 7. 下列哪一項提示策略的線索最少？　(A)小莉在教師的口語提示下清洗5個碗盤　(B)教師示範洗碗的動作，小莉邊看邊清洗5個碗盤　(C)小莉照著清洗碗盤步驟圖，每完成一個步驟打勾，最後能清洗5個碗盤　(D)小莉自行清洗5個碗盤，教師問他：「你確定洗乾淨了嗎？」小莉檢查並確認每一個碗盤皆清洗乾淨

【▲112教資考，第2題】

參考答案

1.(A)　2.(A)　3.(D)　4.(A)　5.(A)　6.(C)　7.(D)

◆表示「教育原理與制度」應試科目；#表示「特殊教育學生評量與輔導」應試科目；▲表示「課程教學與評量（身心障礙組）」應試科目；☆表示「學習者發展與適性輔導」應試科目

第六章

維持行為的技巧

　　前面幾章我們探討了許多有效增進或降低行爲的技巧。不管怎樣，行爲改變方案的最後成功，繫於技巧不再發揮效果時，已有的行爲改變是否獲得維持，以及行爲是否能夠類化到其他的情境。**除非行爲改變能夠持續下去，以及行爲能夠在不同的情境中出現，否則行爲改變是毫無意義的。**不過撤除行爲後果之後，行爲並不會總是退回基準線或接近基準線。相反地，行爲通常會維持下來。因此，行爲維持並非不可能的。例如，Peniston（1988）曾運用代幣增強和反應代價法來改正精神病患使用污穢語言的行爲，這個行爲改變方案或計畫持續12週後進行評估時，發現病患的行爲竟然持續了6-12個月之久。顯然，精神病患的目標行爲在結束後仍然持續下去。

　　在撤除增強或其他的行爲後果之後，行爲仍然獲得維持的解釋有二：⑴經由增強方案而發展出來的行爲，有可能被該情境中的其他增強所控制。例如，在教室裡，當撤除代幣增強後，並不會導致學生適當行爲的消失，因爲老師過去就經常性地給予代幣增強，久而久之，老師本身就可能成爲適當行爲產生的刺激，而成爲有力的增強來源。⑵增強來自行爲的本身也會使得行爲**繼續維持**。有些行爲本身就會帶來增強作用，例如，閱讀、社會互動或進食技巧等，一旦這些技巧發展出來就很有可能會繼續維持下去。

　　儘管上述關於行爲維持的例子和解釋，撤除行爲後果通常會造成行爲發生的頻率下降，甚至回到基準線的階段。因此，我們的行爲改變目標若是在維持行爲，那麼行爲維持就必須有計畫地安排在行爲後果中，而不是只期望它是個能夠令人滿意的副作用。

第一節
維持行爲改變的程序

　　當行爲改變達到可以接受的穩定水準之後，就應該建立行爲維持的步驟。Evans、Evans和Schmid（1989）及Kazdin和Esveldt-Dawson（1981）

等學者曾經提出五種可以個別或混合使用的技術，用來擴大行為在新情境中維持的機會。這五種維持行為的技巧，包括「**延宕增強**」、「**間歇性增強**」、「**逐漸褪除或淡化行為後果**」、「**轉換為自然發生的增強物**」及「**發展同儕支持**」等。

一、延宕增強

建立行為時，採取立即性增強是非常重要的。俟行為一致地表現之後，我們就可以延宕增強物的出現，因為延宕增強可維持行為的建立，藉著逐漸地增加所欲行為和增強之間的延宕，亦可以用來維持行為。例如，如果學生因完成任務而獲取積點（分），首先應立即地給予積點（在學生完成每項任務之後），當行為有所改進後，增進任務完成與等待幾項任務完成後，再分配積分之間的延宕，爾後再進一步延宕增強物。

「延宕增強物」的變通性作法則包括每項或幾項任務完成之後，但是增進獲取積點與交換其他酬賞或活動之間的延宕。積點仍然可以因任務完成而獲得分配，但是交換其他酬賞的機會則越來越減少。一般而言，在行為初期，「延宕增強」並不是非常有效的方法，但是卻有助於維持行為的長久。從立即到延宕增強中的轉銜是很重要的，因為大部分社交或自然情境中可以獲得的增強均是屬於延宕性的。

採用「延宕增強」之後，執行改變者需更密集的觀察個體的表現，以確定行為有無繼續朝向所欲的方向；最後，增強可以完全撤除或是只在個體行為完全正確，而延宕較長時間下始能給予增強。

二、間歇性增強

如前所述，我們可以採用「間歇性增強」來強化抗拒行為的消失。連續增強行為建立之後，間歇性增強就可以有效地用來維持行為。運用此一程序，會使得越來越少受歡迎行為獲得增強。關鍵就在於循序漸進，以至

於由連續增強至不規則增強不會中斷。

　　不同於完全排除增強，有些學者持續地使用「間歇性增強」，來維持行為高度的表現。當然，「間歇性增強」是非常有效的，因為增強仍在作用中。例如，在青少年觀護所內，依照青少年犯清理房間的程度來給予或扣除積點。一旦建立了行為，我們就可以將增強或處罰的實施變為間歇性。也就是說，每天一樣檢查房間，但是偶爾實施增強或處罰。雖然「間歇性增強」只在8%的檢查日子內實施，行為卻被高度維持（Kazdin, 2012）。

三、逐漸褪除或淡化行為後果

　　逐漸撤除或淡化要比突然的完全撤除或淡化，個體會較不易察覺。最後此項行為後果就可以完全地撤除而不會使得行為回到原有的情況。Kazdin和Esveldt-Dawson（1981）曾將「褪除或淡化」界定為逐漸地撤除高度結構性的行為方案。此種逐漸地撤除高度結構性的行為方案，讓個體在日常生活中運作時，不會立即獲得特殊的酬賞。如果行為改變方案使用多重的增強物，每次排除一項增強物，就可以逐漸地褪除原有的行為改變方案。

　　另外一種褪除技巧就是將褪除或淡化方案分成幾個層次，如圖6-1。

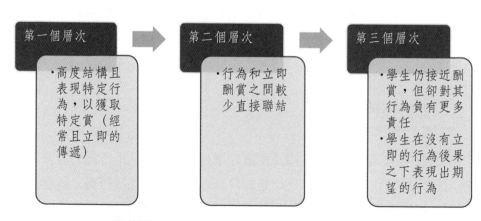

圖6-1　將褪除或淡化方案分成幾個層次的技巧

　　除了分層代幣制可以撤除或淡化行為後果之外，另一個方法是評量行為及隨著時間遞減提供增強的結果。例如，Rosen和Rosen（1983）為了降低男孩在教室中的偷竊行為。只要他不拿別人的東西，就給予積點；若是他拿，則罰錢。然後，每隔15分鐘檢核一次而得到或損失積點；結果此一程序有效地降低這位男孩的偷竊行為。然後，此一計畫撤除或淡化成每2個小時檢核一次，結果消除了這位男孩的偷竊行為；最後完全撤除或淡化，結果此一方案維持了31天。

　　為維持由酬賞計畫所建立的行為中漸進地褪除，唯有在行為目標已經穩定至少幾週之後才來進行。在褪除酬賞方面，老師可以採取表6-1中的方法（張世彗，1999）。

表6-1　褪除酬賞的方法

・如果老師正在使用代幣制降低籌碼檢核的次數（由每日3次至每日一次），一旦學生成功，此一數目就可以進一步降低（每週1次）。
・改變後援增強物的形式和次數。例如，可在一週結束或每隔兩週給予酬賞，替代每日給予酬賞。
・使用少數的具體性酬賞如玩具，而使用更多活動和權利來加以替代。
・告訴學生如果他們在某一段時間達到其目標（至少幾週），酬賞就會被停止。對於較大的兒童來說，當酬賞褪除時，老師可能也需要學生繼續表現出正確的自我監督。

　　此外，老師要注意的是：褪除酬賞時，如果行為變壞了，就可能需要重新介紹原先的方法。對於某些注意力不足過動症（ADHD）學生來說，代幣制可能需要進行幾個月，甚至幾年，方能擴大學生在學業和行為上的成功。

四、轉換為自然增強物

如前所述，增強目標在於由外在增強物轉換為內在增強物。外在增強應該總是與社會性增強和讚美搭配運用。最後，外在增強的需求性降低了，而行為藉由讚美、他人的注意及教室內或家庭裡已有的權利和活動自然地來加以增強。

通常，行為發展需要特殊的行為後果，以達到高持續性的表現水準。一旦行為發展完成時，此種特殊的行為後果即可被取代。自然發生的行為後果或許無法自動地支持適當行為，但若是自然發生的行為後果可以用來支持行為，則其在自然環境中就能夠提供有用的轉銜。Walker、Hop和Johnson（1975）曾經運用代幣制來發展高度破壞性學生的適當行為，俟學生行為有所改善之後，就讓學生回到普通班。有部分的班級仍然運用行為改變方案來維持學生的適當行為，結果顯示行為維持的效果相當良好。

五、發展同儕支持

同儕的注意和贊同亦可以作為強烈的增強物，用來建立、維持及類化目標行為。在目標學生行為改變方案上，如果同儕採取主動，那麼此一支持就可以提供改變和維持行為的選擇。一方面，因為他們的表現可以提供個體跨情境下，持續目標行為的線索、提示、社會性增強或監控（贊同或忽視）；另一方面，在撤除不同的增強物之後，同儕仍然可以影響到個體的行為。同儕支持能夠以各種方法來維持行為，同儕可以分享學生行為的酬賞後果：如果學生在班上表現良好，那麼全班就可以獲得10分鐘額外的休息時間。

另外一種「同儕支持」的方法，包括**同儕真正地監督行為和分配酬賞**。提供酬賞或積點的學生亦可從同儕特定的受歡迎行為，因工作表現良好而獲得酬賞。老師離開教室時，因為在同儕的影響下，行為應該會獲得

維持。Pigott、Fantuzzo和Clement（1986）等人的研究就發現以班上同學作為小老師，可以增進低成就五年級學生的數學能力。在這項研究中，小老師的工作包括記錄每位學生正確完成數學問題的分數，同時與目前的目標分數相比較，然後決定受監督者是否可以獲得任何後援增強物。在基準線階段，接受監督的學生平均僅正確做對一半的數學問題。但是三週的介入結束及十二週的後續追蹤評估，發現受監督者的表現進步相當神速，與其他同學相當。其他的研究也顯示，相同年齡的小老師執行增強方案，可以增進九年級學生的閱讀能力和障礙學生的社交技巧（Lancioni, 1982）。

　　第三種方法在於**組合同儕支持到方案中，作為轉換為自然增強物的一部分**。此一方案首先可能是繫於具體增強物，如食物和具體的項目。當行為有所增進時，表現良好的學生就可以獲得鼓勵或擔任當天的領導者。

　　使用同儕作為小老師並執行增強的優點有二：⑴相較於採用標準教學程序，個體可以接受更經常且個別化的協助；⑵擔任小老師的同儕也會因經驗而受益。例如，他們想要協助同儕增進社交能力，同樣也可以增進自己的社交能力（Fowler et al., 1986）。此外，小老師和受監督者間的一般社交關係也可以因介入經驗而獲得增進（Fantuzzo & Clement, 1981）。

第二節
行為的類化

　　前面我們已經探究了五種可以用來維持行為的程序。雖然，有研究指出，未事先安排特殊過程的方案或計畫，仍會有目標行為轉移到新情境的狀況出現。例如，McNeil等人（1991）曾訓練父母運用增強與處罰的技巧，來控制小孩的擾亂行為（包括不順從、過動、身體的侵略等令人頭痛的問題）。為了維持行為在新情境中出現，有必要將增強方案延伸到新的情境中。研究人員持續處理14週之後，結果顯示有接受處理的孩子要比未接受處理的孩子有明顯的進步。有趣的是，不僅在家中如此，甚至類化至

學校中。惟事實上，這個方案並未事先安排學校情境在內。即使如此，行為的類化若要在跨情境中出現，那麼事先的特殊計畫絕對是不可或缺的。

一、類　化

「**類化**」是指行為改變發生在非訓練的情境中。類化包括兩種刺激和反應的歷程。「**刺激類化**」是指已被特定刺激（人或情境）強化的反應，在呈現不同但類似的刺激中發生的現象。例如，學生在特教班已被強化的良好行為也發生在他所參與的其他班級。

「**反應類化**」是指行為的改變和發展類似於所訓練的行為。例如，學生因完成乘法問題（行為或反應）而獲得增強物，可能會增進其完成除法問題（類似所訓練的行為或反應）。不過，Alberto和Troutman（2013）則指出此種類化現象並不常發生，通常僅有特定的行為會獲得改變的強化。他們曾進一步指出運用系統介入所改變的行為是持久的或行為會在不同的情境中出現。至於行為類化現象所以無法產生，可能是增強時制類型的問題或是在自然情境中缺乏支持的緣故（Evans, Evans, & Schmid, 1989）。教導輕度和中度障礙學生的行為要比教導重度障礙學生更可能產生類化。

不管怎樣，大多數的行為並不會自動地的產生類化，而且行為改變若缺乏類化現象，那麼其功能性價值就不高。因此，發展和系統化的實施有效的類化技巧就顯得相當重要了。

二、類化技巧

在大多數的情境中，最為實際的是針對組合類化計畫的重要行為改變。Baer（1981）、Stokes和Baer（1977）等人均曾提出下列幾項類化技巧和建議，如圖6-2：

自然增強	實例增強	刺激增強	延宕增強
• 日常環境中充滿了穩定、可依賴及自然的增強來源	• 教導學生充分足夠的實例，以確保學生能表現某種行為	• 要求類化的情境至少包括在行為塑造時呈現某些刺激，讓這些相同的刺激都能激勵類化	• 可使用延宕性增強來類化已建立的行為

圖6-2　類化技巧

(一)自然增強

　　Baer（1981）就曾指出對所有行為來說，日常環境中充滿了穩定、可依賴的及自然的增強來源。因此，進行任何的行為改變應符合自然的增強。例如，學生努力學習以獲得良好成績，教導學生舉手發言，以及老師針對學生所做的給予有利的回應。很遺憾地，自然環境常忽視適當行為，而注意不適當的行為。例如，在校內就要比在校外更難於維持學生的適當行為。依照Kerr和Nelson（1983）的看法，我們應該等到在校內有穩定進步之後，再推展至校外。

　　事實上，我們根本就很難精確知道將會受到自然環境增強的行為（Kazdin, 2012）。不過，Alberto和Troutman（2013）則指出詳細地觀察學生的環境，以決定何者獲得真正的增強。然後再教導學生藉由要求大人注意適當行為和接受讚美，來從環境中補充和恢復增強物。例如，明潔就經常學習要求其父親，「你認為我做得多好？你知道我已經完成我的工作嗎？」我們可以教導自然環境中的人——老師、親戚及朋友——針對特定的行為來傳遞社會性的行為後果。同時也應該教導學生瞭解一些更為絕妙的社會增強形式，諸如非語文的溝通。

(二)實例增强

我們應該教導學生充分足夠的實例，以確保學生能夠表現某種行為，乃是應用最為普遍的類化技巧。老師常會舉一個好例子來介紹一個新的概念，然後期望學生由實例產生類化（舉一反三）。

(三)刺激增强

在環境中我們經常會發現刺激的使用。Baer（1981）曾指出避免刺激對於行為改變的控制往往是很困難的。也就是說，如果任何刺激一致地（經常）在行為改變期間出現，那麼這些刺激就可能會控制行為的改變。若缺乏這些刺激的存在，行為改變可能就看不到。不管怎樣，若在行為改變期間呈現許多的刺激，那麼沒有一個刺激應該獲得專用的控制。因此，要求類化的情境至少包括在行為塑造期間呈現某些刺激，使得這些相同的刺激都能夠激勵類化。亦即在教學和類化情境上，某些重要的刺激應該是共通的。

Sulzer-Azaroff和Mayer（1986）指出如果每一情境享有訓練情境的特性，那麼跨越情境的類化就更可能會出現。這種情形我們可以藉由在自然環境中增進訓練情境的類似性，或是在自然環境中介紹進訓練情境的要素來達成（Alberto & Troutman, 2013）。例如，在資源班上課時，由於老師所提供的作業形式及所給予的立即回饋，使得勝偉能夠很有效率地完成作業。那麼所有這些元素都應介紹到普通班級中，以激勵良好學習習慣的類化。

(四)延宕增强

如同前述，間歇性增強時制可以導致行為改變的維持。因此，我們也可以使用延宕性增強來類化已建立的行為。如果已建立的行為無法由訓練情境類化至其他的情境，就應該延宕增強直到行為在其他情境一致出現為止。

第三節

自我管理

　　自我管理行為是確保與維持行為改變最具有潛力的技巧。現在專業人員均瞭解到我們應該付出更多心力來發展正面技巧，以預防學習和行為問題。學者甚至強烈建議教導學生或兒童自我管理（Long et al., 1980; Fagan & Long, 1979）。

　　基本上，行為改變方案的最終目標是**自我訓練、自我控制或自我管理**。自我管理包括在各種情境達到管理制約某人的行為。在此歷程中，個體改變自己的行為來維持特定的目標。自我管理目標可能已成為系統化行為改變方案的一部分。

　　先前探討的多數行為改變技巧大都包括老師監督和評估學生的行為。無論如何，我們也可以教導學生監督其本身的行為。自我管理包括將行為置於自我選擇目標、自我執行程序、自我監督及自我增強等。學者指出獲得自我管理是需要努力的，並非瞬間的過程（Walker & Shea, 1984）。

　　自我管理是個人試圖以一個現在的行為，去控制另一個之後發生的行為出現（目標行為）。依據Skinner（1953）所言，自我管理包含行為控制及被控制的行為。行為控制包括在前提事件及行為結果出現時，運用自我管理策略，例如提醒、社會性增強、自我監控及撰寫行為契約等。以下是兩個例子：

行為控制	目標行為
小明設定目標、自我監控、在工作中吃點心、安排跟其他人一起跑步	更有意願、更頻繁的跑步
小英張貼提醒單、用紙盤紙杯、社會增強、自我監控、和室友擬訂契約	自己收拾善後

一、自我管理策略的種類

以下有幾項達成自我管理策略的種類，可當作是控制行為，進而影響目標行為的發生。包括：⑴設定目標和自我監控；⑵蒐集基準線資料與觀察記錄行為；⑶重新建構控制行為的前提事件；⑷行為契約；⑸安排增強和處罰；⑹社會支持；⑺使用自我教導和讚美；⑻替代反應訓練。茲分述如下：

㈠設定目標和自我監控

設定目標包含寫下明確的目標行為層級及擬訂行為發生的時間計畫。設定目標配合自我監控及其他自我管理策略會更有效。個人應該設定可以達到的目標較能成功。達成目標在初期的自我管理上特別重要，通常要看後效增強作用的標準。而初期的增強能夠增加個人計畫持續的可能性。另外，對許多人來說，達成目標是制約增強或當個人達成目標而使其他增強兌現，達成目標就可能變成制約增強。

目標設定通常結合自我監控，目標行為發生時，可記下每個實例，讓你能夠評估達成目標的進展。自我監控動作可能導致在目標行為上有利的改變，且記錄下來的。目標設定與自我監控都是執行自我管理策略的步驟。

Sulzer-Azaroff和Mayer（1986）指出可提供學生依其先前表現與未來挑戰，來選擇目標。Kerr和Nelson（1983）亦曾建議使用學生本身的語言來重新界定目標行為。學生若能夠主動參與設計自我管理方案或計畫，其結果將會更為正面。

㈡蒐集基準線資料與觀察記錄行為

實施行為改變介入之前，通常要蒐集與記錄基準線資料，此項資料可作為發展行為改變方案的基礎。基準線描述了現有學生的成就水準，也用來評估介入的成效。採用自我管理方案或計畫，可以教導學生系統地觀察

和記錄自己的行爲。運用一些自我記錄的表格，就可以教導學生記錄目標行爲。Rhode、Morgan和Young（1983）曾教導資源班學生每隔15分鐘在六點量表上評定其行爲。如果學生的評估與老師相同，學生就可以獲得代幣或積點，以便日後交換增強物之用。自我評定的時距可以逐漸延伸，以及老師檢核學生的次數則可降低。至少當學生在資源班達到80%的適當行爲時，然後學生才在普通班評定其行爲。在普通班方面，首先每隔30分鐘評定一次，然後逐漸減少，最後再完全撤除。

(三)重新建構控制行爲的前提事件

行爲經常會受到特定的人、環境條件及事件的影響。例如，學生可能在同學面前要比在其父母、老師或其他大人面前，會有不同的表現。主因在於情境線索會影響到行爲，最後個人就會學到在特定情境下表現出特定行爲，稱爲「**刺激控制**」。

爲了在自我管理計畫上使用刺激控制，就須重新建構引發特定行爲的情境線索。首先，個人須決定行爲發生或不發生的情境；其次，個人要決定適當行爲發生的情境；然後個人應該在重建的情境中表現出期望的行爲。如果無法重新建構前提事件，在呈現激勵不適當行爲的先前刺激上，個人可能就會自我增強表現新的期望行爲。例如，節食時，小美會輕拍自己的背，以避免誘人的點心。

自我管理計畫常會運用前提控制事件來影響行爲。在目標行爲發生之前，運用一些方法調整環境，影響未來目標行爲的發生。以下分別就前提事件控制程序的涵義與類型一一敘述。

前提事件控制程序涉及到操作某些物理或社會環境的層面，以促進期望行爲或是減少競爭性、不受歡迎行爲的出現（Miltenberger, 2024）。前提事件控制程序有六種不同的形式，在這些形式中又可畫分成建立期望行爲和降低不受歡迎行爲等兩大類，如表6-2：

✎ 表6-2　不同的前提事件控制程序

類　型		內　涵
建立期望行為	呈現期望行為之可區別性刺激或暗示	期望行為沒有出現的原因之一，可能是這個行為之可區別刺激沒有出現在個人的環境中。例如，吃健康食物之可區別性刺激是冰箱中有健康食物。
	安排建立期望行為的操作	建立操作是種環境事件或生理狀態，改變刺激物的價值來作為增強物。一旦建立操作發生時，就可以引發導致增強的行為。例如，連續跳有氧舞蹈1小時和流很多汗，就是一種建立操作，可使喝水行為受到強化。
	降低期望行為的反應難度	另一種增加期望行為發生可能性的方法，就是安排一種前提事件，來降低從事這種行為所需的努力；如果兩種行為有同等效果，那麼反應難度較小的行為就會比反應難度較大的行為容易發生。
降低不受歡迎行為	排除不受歡迎行為之可區別性刺激或暗示	降低不受歡迎行為發生的方法之一，是消除對不受歡迎行為有刺激作用的前提事件，如果不受歡迎行為之可區分性刺激或提示線索不存在，從事該行為的可能性就會變小。
	消除不受歡迎行為所建立的操作	如果能降低不受歡迎行為結果的強化效果，你就不會從事不受歡迎行為，而更願意從事期望行為。可藉由消除不受歡迎行為已形成的條件，使不受歡迎行為的結果受到較少的強化，雖然不見得每次都能實現，但在一些情況下是有用的策略。
	增加不受歡迎行為的反應難度	另一種降低不受歡迎行為的競爭方法，就是增加該行為的反應難度。如果競爭性行為的發生需要付出很多的努力，它就不太可能干擾期望行為。

前提事件控制程序類型	
建立期望行為	呈現期望的行為之可區別性刺激或暗示
	對於期望行為安排建立操作
	對於期望的行為降低其反應難度
降低不受歡迎行為	排除不受歡迎行為之可區別性刺激或暗示
	針對不受歡迎行為移除建立的操作
	對於不受歡迎行為增加其反應難度

前提控制程序減少了與目標行為對立之人事物發生的可能性，進而增加目標行為發生的可能性。這種程序是自我管理所必要的，因為人們會致力於在目標行為被控制之前，控制某些行為。因此人們計畫自我管理策略並安排現存的事物，影響目標行為的發生。即使在自我管理策略中必要的是控制行為後果，但行為後果的實施是在目標行為之前安排的。因此自我管理策略在技巧上是屬於前提控制程序。以下是若干示例：

1.前提控制程序示例(A)：讓小安建立良好的運動習慣

小安是學校的學生，每天放學之後就搭公車直接回家，最近她發現自己體重上升，讀書、做報告時體力也不佳，所以希望能夠建立運動習慣。她想嘗試讓自己多運動促進健康及增強體力，但目前她並沒有運動的習慣，因此她決定要採取下列**九項建立運動習慣的前提事件**，幫助自己多運動、少偷懶，以降低體重，增強體力，增進健康：

建立運動習慣的前提控制事件		促進行為
1. 選擇1~2個自己喜歡的運動。 2. 買一雙自己喜歡的運動鞋。 3. 每天固定一段時間到運動場／健身房運動，當天氣不佳的時候，可以到室內運動。 4. 每天記錄自己的運動時間，並把紀錄表貼在書桌前，鼓勵、提醒自己。 5. 找一位喜歡運動的人，每週跟他約固定幾天一起運動。 6. 訂定自我管理計畫，並設定自我增強物及懲罰物。 7. 告訴朋友和家人自己每天都要運動，並請他們提醒自己不要偷懶。 8. 晚餐儘量提早到7點前吃完，避免因為太晚用餐而有藉口偷懶。 9. 搭有經過運動場／健身房的公車，運動完再回家。		幫助小安建立良好的運動習慣，培養對運動的興趣

建立期望行為的前提事件控制策略	
安排可區辨的刺激或提示來引發期望行為	1. 去運動場／健身房運動、找一位朋友一起運動。 2. 把運動紀錄貼在書桌前去運動場。 3. 健身房運動，那裡有很多同樣在運動的人，能製造運動的氛圍，形成刺激效果。 4. 找位朋友一起運動，除可提高運動的動力之外，也是種刺激的作用，讓小安更願意去運動。
安排建立期望行為的操作	買自己喜歡的運動鞋，可讓小安有動力去運動，穿著自己喜歡的運動鞋，也可讓小安在運動中感到更愉快。
降低期望行為的反應難度	搭乘有到達運動場／健身房的公車回家，可直接在運動場或健身房附近下車，不用再特別換車或到很遠的地方運動，可降低期望行為（運動）的反應難度。

降低不受歡迎行為的前提事件控制策略	
消除不受歡迎行為所建立的操作（偷懶）	1. 7點前吃完晚餐。這樣可避免小安因太晚吃晚餐而有藉口偷懶不去運動。 2. 運動完才回家，運動完才回家也可以避免小安回家後懶得再出門運動。

2. 前提控制程序示例(B)：改變賴床習慣

　　小英無論是早上或是中午午休過後，都會有起不來的情況，也因此浪費許多時間。觀察其習慣發覺他常把鬧鐘放在伸手就可拿到的地方，然後按掉鬧鐘後又繼續睡。期望能夠改善的目標行為就是幫助小英能夠在鬧鐘響了之後就起床，並且不會馬上再回到棉被中睡覺。

改變賴床習慣的前提事件	促進行為
1. 鬧鐘設定一次就好，避免自己覺得還有下一次起床的機會而繼續睡。 2. 把鬧鐘放在要離開床才可以拿到的地方。 3. 天天記錄下自己起床的時間。 4. 起床後去叫別人起床，避免自己再回去睡。 5. 起床後先穿外套，避免怕冷又回到棉被裡。 6. 關完鬧鐘後馬上離開房間，喝一杯溫開水，做體操伸展身體。	關掉鬧鐘之後就要起床，並且不再回到床上繼續睡。

建立期望行為的前提事件控制策略	
呈現期望行為之可區別性刺激或暗示	1. 鬧鐘設定一次就好，避免自己覺得還有下一次起床的機會而繼續睡。 2. 把鬧鐘放在要離開床才可以拿到的地方。
安排建立期望行為的操作	1. 天天記錄下自己起床的時間。 2. 起床後去叫別人起床，提醒自己不再回去睡。
降低期望行為的反應難度	1. 起床後先穿外套，避免怕冷又回到棉被裡。 2. 關完鬧鐘後馬上離開房間，喝一杯溫開水，做做體操伸展身體。

3.前提控制程序示例(C)：去除吃宵夜的習慣

　　由於現在上課是通勤，從學校回到家裡的公車大約40分鐘，一個星期有兩天是上到晚上的課，再加上坐公車的時間，回家大約已經9點到9點半之間，一回到家就會嘴饞地想吃東西，尤其是零食類。就算是在家裡吃晚餐，到晚上約9點到10點之間又會嘴饞想吃東西，若家裡剛好有零食，就會被我啃食光，造就了這個吃宵夜的習慣，也增加了體重。

改變吃宵夜習慣的前提事件		促進行為
1. 記錄每天的宵夜都吃了什麼，並且計算熱量。 2. 晚上回家不經過買當勞（10點過後大薯買一送一），不經過就不會買。 3. 週末到家樂福購物的時候，不買零食餅乾回家。 4. 晚餐吃得飽一點，回家後就不會想吃了。		讓自己少吃宵夜，以降低體重。

建立期望行為的前提事件控制策略	
安排可區辨的刺激或提示來引發期望行為	朋友因為都不吃宵夜，所以身體健康，身材苗條，對我是個刺激。
安排建立期望行為的操作	身旁的人不吃宵夜，且都很瘦。
降低期望行為的反應難度	先從吃的健康一點的宵夜或吃少一點的宵夜開始，逐步養成以達到期望行為。

降低不受歡迎行為的前提事件控制策略	
排除不受歡迎行為之可區別性刺激或暗示	在家裡不存放零食。
消除不受歡迎行為所建立的操作	晚餐吃很多，宵夜就會不想吃了。
增強不受歡迎行為的反應難度	不再買零食回家存放，克制自己想吃東西的習慣。

㈣行為契約

　　行為契約是個以文字在書面文件上記載目標行為安排在某段期間內達到某種程度目標行為之附帶結果。雖然行為契約是由另一個人（契約管理者）來實施行為結果，因為行為契約是設計來影響目標行為未來的發生，也被視為是種自我管理策略。但是沒有契約管理者協助的自主管理行為契約可能比較沒有效用；問題可能在於自我管理者不會履行所寫下來的情況。例如，假設自我管理者寫下一個契約，宣示可在作完三小時回家作業後，欣賞一小時電視作為增強物。如果你沒有完成回家作業，晚上可能還是看了電視，而未履行契約所記載的情況。Martin和Pear（2019）曾將此

種情形稱爲「**短路（無效）**」（short-circuiting the contingency）。

這不會總是發生在自己訂下契約時，惟意識到短路（無效）的可能性是重要的。若有契約管理者，這樣短路（無效）比較不會發生。

(五)安排增強和處罰

「**自我增強**」是指個人表現出特定行爲時，學習提供自己酬賞。自我增強在於酬賞目標行爲的改變、增進與不適當行爲不相容的行爲或降低不適當行爲。研究發現讓學生因正確的自我評鑑正面行爲而賺取酬賞，可能要比讓老師酬賞正面行爲更有效（Hinshaw et al., 1984）。「**自我處罰**」是指個人表現出特定行爲時，提供自己厭惡性的行爲後果。由於個人並不喜歡執行自我處罰，因此自我處罰應該組合自我增強。

雖然短路（無效）可能是缺點，但是自己安排增強的目標行爲，優點就是不用依賴他人的幫助。當然，個人也可以借由他人來執行所安排的增強或處罰，減少短路（無效）的問題。

(六)社會支持

社會支持是個人生活中的某些人爲行爲目標的出現，提供一個自然的情境或線索，或很自然地爲目標行爲提供增強的情況。一旦具體的安排社會性支持去影響目標行爲，這樣社會性支持就屬於自我管理策略。例如，以下是大年安排社會性支持來增加其跑步的可能性：

安排在一週中幾天和健身俱樂部的人一起跑步	→	製造目標行爲發生的自然情境
預定跟朋友一起跑步	→	增加跑步的可能性

又如，小傑想要減少喝酒，他安排了較多與不喝酒的朋友一起的社交活動，且不安排任何與那些喝酒的朋友一起活動。因爲那些與他不喝酒的朋友在一起的自然情況，會促使他喝無酒精的飲料或果汁，結果他比較

沒有機會在社交活動中喝酒。可能的話，在自我管理計畫中包含社會支持因素是個很好的構想，可使短路（無效）的可能性降低，增加成功的可能性。

(七)使用自我教導和讚美

個人可以透過特定的方式跟自己說話，來影響自己的行為。在需要特定目標行為的情況時，透過自我教導告訴自己該做什麼、要如何去做。在適當行為發生後，立即表達自我讚美，提供自己行為確實的評價。也就是說，我們教導學生在表現一種特定的行為之後，輕聲地對自己陳述讚美或者是斥責自己。在行為發生之前，他們學習陳述作為提醒或提示。例如，在完成作業之前，教導學生提醒自己清晰的把名字寫在紙上。

自我教導和讚美本身就是行為，在情境中發生並影響其他目標行為之前，需要學習與演練，通常是藉由角色扮演，模擬真實問題的情形。McCullough等人（1977）就曾使用錄影帶的角色扮演，然後真正的角色扮演配合自我教導訓練及行為契約，來降低一位青少年的攻擊行為。另外，Esveldt-Dawson和Kazdin（1982）則認為自我教導訓練可以融入自我評鑑的要素。學生表現良好時，可以學習讚美自己（喔！我真的做得很好）或做錯時，給他們自己回饋（我想我做錯了！為求下次做得更好，我將……）。

(八)替代反應訓練

替代反應訓練包括訓練另一項反應來替代一項非期望的行為。人們經常會在日常生活中使用替代反應來控制許多行為。人們會遮蓋眼睛來避免看到令人困擾的事物，吃口香糖來避免抽菸，以及運動來避免吃。

先前我們所描述區分性增強不相容行為也可用在自我管理方案。學生可以學習確定與不適當行為不相容的行為。他們可以自我觀察和自我記錄這些適當和不適當的行為，然後分配增強。

替代反應訓練有助於控制焦慮。我們可以訓練兒童和成人從事與焦慮

不相容的反應。例如，專業人員就可運用系統減敏感來降低焦慮，這種方法通常包括三個步驟：⑴深度的肌肉放鬆訓練；⑵建構事件或情境的焦慮層次表；⑶同時呈現肌肉放鬆和引發焦慮的刺激。

二、自我管理計畫的步驟

基於一個或多個先前提到的策略，自我管理計畫可以包含下列步驟（Martin & Pear, 2019; Miltenberger, 2024）：

㈠決心執行自我管理

當你開始思考那些不夠好的行為且想像要如何改善它們時，你就變得有動力去採取行動。期望目標行為能夠有好的改變，讓自我管理過程開始進行。如果你期盼本身的努力能有收穫，就須下定決心去改變。

㈡界定目標行為和競爭性行為

首先須界定要改變的目標行為，才能正確記錄並執行自我管理策略。確認和界定與目標行為不相容的行為也是很重要的。一旦要增進目標行為時，相對地要減少不相容行為，反之亦然。

㈢設定目標與自我監控

設定目標時，要確認適合的目標行為層級，能夠反映出生活某方面將有所改善。可以寫下目標並讓重要他人注意到。目標設定與達成需按部就班：「基礎目標→中等目標→最終目標」。

每次目標行為發生後立即記錄，執行自我監控計畫。在執行自我管理程序之前，先記錄目標行為1-2週，並建立基礎目標。目標行為有可能因自我監控及目標設定改變想要的方向，在目標行為的層級穩定前，不應該執行自我管理策略。自我監控會在自我管理計畫中持續進行，判斷計畫的有效性及維持長時間的改變。

目標設定 自我監控 → **目標行為達成** → 延遲自我管理策略，繼續設定目標&自我監控

→ **目標行為未達成** → 進一步執行自我管理策略

(四)實行功能性評量

在計畫開始時，必須實行功能性評量，以決定目標行為和競爭性替代行為的前提事件及行為後果，並結合自我監控的執行。功能性評量的目的在於瞭解有助於目標行為及替代性行為發生和不發生的變項，然後依據功能性評量上所確認改變前提事件和行為後果的變項，選擇特定的自我管理策略。

(五)選擇適當的自我管理策略

個人必須選擇自我管理策略來修正自己的目標行為。首先，選擇操作目標行為或與目標行為競爭之替代性行為的前提事件。選擇所要操弄的前提事件係基於功能性評量資料。其次，選擇修正目標行為或替代性行為之行為後果的策略。如果個人想要降低不受歡迎的目標行為，就應採取下列一種或一種以上的做法：「消除目標行為的增強物、安排目標行為發生的處罰物或使用行為技巧訓練程序教導替代性行為」，如表6-3。

表6-3　用以降低或增進目標行為水準之自我管理策略目錄

類型	自我管理策略目錄
增強期望行為與降低不受歡迎行為之前提事件操作	＊呈現期望行為之可區別性刺激或暗示 ＊消除不受歡迎行為之可區別性刺激或暗示 ＊安排建立期望行為的操作 ＊呈現廢除不受歡迎行為的操作 ＊降低期望行為的反應努力 ＊增加不受歡迎行為的反應努力

（續下表）

增強期望行為與降低不受歡迎行為之行為後果操作	＊提供期望行為增強物 ＊消除不受歡迎行為的增強物 ＊消除期望行為的處罰物 ＊提供不受歡迎行為處罰物 ＊運用技巧訓練程序教導期望行為

在自我管理計畫上，個人應該選擇直接影響目標行為的前提事件和行為後果操作，或是影響替代性行為（間接性影響目標行為）的前提事件和行為後果操作。

(六)評估改變情形

一旦個人實施了自我管理策略，透過自我監控持續蒐集資料，並評估目標行為是否正朝向所要的方向改變。如果答案是肯定的，持續實施自我管理策略和自我監控程序，以確定是否達到所設定的目標。一旦達到目標，就到了實施維持策略的時刻。如果答案是否定的，就需要重新評估自我管理策略，做出任何必要的改變。

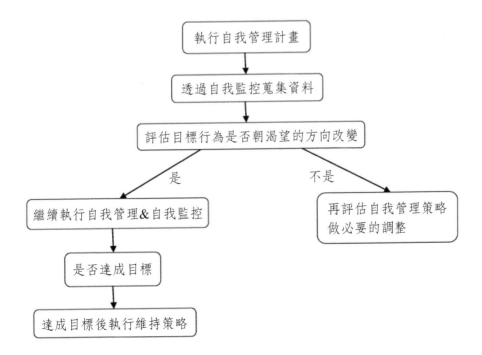

(七)必要時，重新評估自我管理策略

如果目標行為未朝向所要的方向改變，你應該考量兩種可能造成自我管理策略無效的問題型式：

1.自我管理程序可能未正確實施

由於實施不正確，自我管理程序不可能有效改變目標行為。如果發現沒有正確地實施自我管理程序；就須採取必要的步驟在未來正確地實施。若發現不可能正確實施這項程序，就須選擇有能力實施的其他自我管理程序。例如，如果個人為自己寫下行為契約，惟總是出現短路的現象，就可以考慮對另一個人寫下行為契約。

2.可能選擇了不適當的自我管理策略去實施

如果個人發現實施的程序是正確的，但並未造成期望的行為改變，就需重新評估程序。在自我管理計畫上，個人可能並沒有選擇到適切的前提事件或行為後果去操作，而需要再瞭解個人的功能性評量資訊，或實施另一項功能性評量以決定那些是適切的前提事件或行為後果。

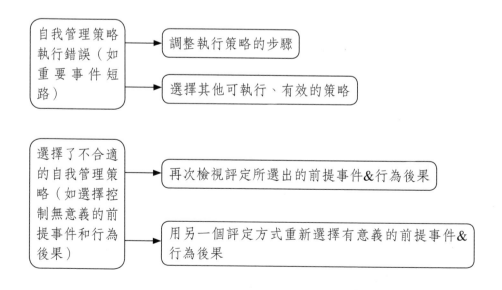

(八)實施維持策略

一旦達到了自我管理方案的目標，實施策略將目標行為維持在所期望的水準上。理想上，就可以停止使用自我管理策略，讓自然的偶發增強事件維持目標行為或替代性行為。例如，當小美規律地整理房間後，她的室友謝謝她並正面與她互動，這些就是整理房間行為的自然增強物。對小傑來說，自然的偶發增強事件與其跑步有關。他有朋友的社會性支持，引領其跑步並獲得社會性增強。另外，當他越勤於跑步，身形就變得更好，減少其反應努力的程度，而使得本身的跑步更具增強性。

對許多人來說，自然的偶發事件不可能長久維持其目標行為；在某些個案上，自然的偶發事件可能會是問題。例如某人試著維持減重，他經常自然的強化與朋友外出吃飯。因此，持續實施某些自我管理程序是必要的，至少是定期的。個人持續設定目標並進行自我監控是有用的。這些自我管理策略費時不多且易於實施。通常，持續設定目標與自我監控，就足以維持目標行為。自我監控特別重要，因為它提供了有關目標行為多次發生的資訊。此時，個人可能立即決定是否在維持目標行為上有問題存在，必要時進一步實施自我管理程序。

三、臨床上的問題

這個部分涉及到個人能夠用來改變本身行為的自我管理策略。這些策略適用於過度或不足的行為。惟有些問題可能較為嚴重（如酒精中毒、賭博、藥癮、虐待行為等），而需要專業協助。針對嚴重干擾到個人生活的臨床問題，個人應該尋求受過訓練的專家來處理此類問題，例如臨床或諮商心理師。

四、自我管理個案示例

小王最近對於體重、體能及球技一直充滿著苦惱。尤其是在接下系男

籃隊長後，體能條件一直與其他隊員有很大的差距，因此非常渴望有所改變，而進行此項自我管理程序。

㈠前提事件控制實務

➤ 促進行為：更頻繁的運動、更節制的飲食。
➤ 基準資料：體重：80.4 kg，體脂率：27.4%
　　◇ 仰臥起坐：可以連做15下左右。
　　◇ 伏地挺身：可以連做20下左右。
　　◇ 跑步（兩千五百公尺）：17分半。
➤ 每週記錄完成狀況一次。
➤ 使用增強板
　　◇ 如果沒有達成，就給自己一張豬貼紙。
　　◇ 如果達成，每一次可以加一張螞蟻貼紙。
　　◇ 螞蟻貼紙滿格的話，可以選擇買一個自己一直很想買的東西，不能是食物。
　　◇ 一週做滿三次，累計三隻螞蟻，就可以把豬貼紙拿掉。

建立期望行為	1. 每日進行仰臥起坐與伏地挺身，每週加十下。 2. 跑步（兩千五百公尺，學校操場十圈）每週三次。
呈現期望行為之可區別性刺激或暗示	1. 在電腦桌面貼上精神標語還有籃球貼紙。 2. 在房間內鋪上地墊方便運動。 3. 建立表單填寫完成進度。 4. 和球隊訓練時會一同跑步。
安排建立期望行為的操作	1. 和同社團內夥伴相互監督，每周固定時間在社團內回報進度。 2. 在月曆上標記達成與否。 3. 用豬貼紙自我增強與懲罰。
降低期望行為的反應難度	1. 控制時間把晚上的精力留下來給運動，提前把作業或雜物在白天做完。

降低不受歡迎行為	1. 不希望吃零食。 2. 不希望吃宵夜。 3. 不希望喝冰水、牛奶。 4. 不希望7點後還吃澱粉類食物。
排除不受歡迎行為之可區別性刺激或暗示	1. 房間裡不可以擺零食，也請家人儘量別買零食或泡麵擺在家中。不冰冰水在冰箱。 2. 儘量不要在練球後跟大家一起去吃晚餐。 3. 不買牛奶與冰水喝。
消除不受歡迎行為的操作	1. 每餐吃飽一點，尤其是晚餐，早點睡，儘量不熬夜，讓吃宵夜的慾望出現的機會減少，餓了就多喝水。 2. 用豬貼紙自我增強與懲罰。
增加不受歡迎行為的反應難度	1. 每天帶在身上可以花的餐費控制在100元。

(二)自我管理實務程序

1.界定目標行為

球技：每週自主練習籃球3次，每次1小時；運球：雙手運球、胯下運球；防守：螃蟹步100公尺；上籃：左和右三步放進20顆。

2.蒐集基準線資料

「螃蟹步」：在比賽中還是會被通過，螃蟹步不夠快，重心很容易起來被攻者突破。「雙手運球」：還無法將球控制在同一落點，不看球很容易失誤。「胯下運球」：練不起來。

3.觀察和記錄行為

每週使用Google表單填寫達成紀錄。（伏地挺身與仰臥起坐有每日檢核，週末再累計）

日期：　／

本週體重：＿＿＿＿＿＿

本週體脂率：＿＿＿＿＿＿

本週自主練球達成度：□ 1 □ 2 □ 3

本週每日體能訓練達成度（需要每週進步十下才算）：□ 1 □ 2 □ 3 □ 4 □ 5 □ 6 □ 7

本週跑步2,500公尺達成度：□ 1 □ 2 □ 3

本週拒吃零食及宵夜達成度：□ 達成 □ 未達成

本週要跟自己說的話：

□加油！很棒！你可以的！

□或許你太忙了！可是下週更自我要求！再接再厲！

4.社會支持與行為契約

　　和社團內的夥伴建立互相監督的責任，每週固定時間通報達成度。

《本社團宗旨》

　　以九宮格為主軸，實施減肥計畫，目的不在於減「多少」而是為了實踐自我管理與達成目標。藉由團體鼓勵與例行紀錄，達到「行為改變」課程的最高境界→改變自身運動及飲食習慣，並於期末時展現成果。

　　為此　成立本社

5.自我懲罰結合自我增強

・每週有3次自主練習的時間，完成後就可以獲得一張螞蟻貼紙，如果沒有達成，就給自己一張豬貼紙。

・增強板一排有五格，共二十格。集滿一排豬貼紙（5張）換訓練加倍的懲罰；集滿三張螞蟻貼紙，可吃掉一隻豬貼紙；集滿一排螞蟻（15張）可以買一個自己想要的物品（食物除外）。

6.使用自我教導訓練

做完時跟自己說：加油！很棒！你可以的！沒完成時跟自己說：或許你太忙了！可是下週要補做！再接再厲！

(三)自我管理成果報告

1.瘦身方面

體重：80.8 kg → 75.3 kg，共瘦5.5 kg；BMI：30.0 → 28.0，共減掉2個單位；體脂率：26.7% → 24.7%，共減掉2.0%（如圖6-3）。

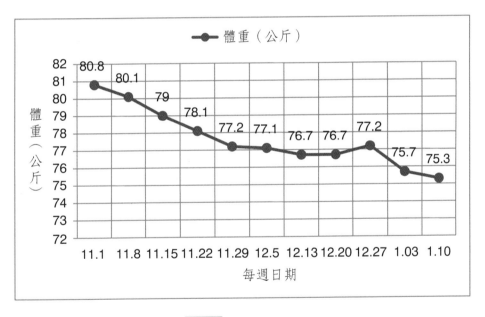

圖6-3 每週的體重

在整個計畫中，成效最彰的就是瘦身的部分，達成原定目標的3公斤，甚至在兩個月內瘦到5公斤這麼多。使用「行為改變技術」學習到的「前提事件控制程序」來操作，透過少吃多動的確實實踐，達成良好效果。

　　體重的變化在前半期快速下滑，在期中時趨緩，原因是期末同時要兼顧課業與劇團公演，數據並在12月27日往上攀升，但參照體脂率，當週反而下降的情況，可能是水分或鹽分攝取過多所致，脂肪應該並沒有增加。幸好在1月3日前那週跨年連假，我似乎得了腸胃型感冒而嚴重腹瀉，體重就硬生生掉下來。BMI值因為是跟體重變化連動的，最後也是減少了兩單位，來到了28.0，從BMI來看，依舊是肥胖的範圍。

　　體脂率的變化則從26.7%來到了24.7%，減了2%。體脂肪並不如其他數據穩定，每週都有高有低，但從趨勢線（迴歸線）可看出體脂率有往下的趨勢，且已低於25%以上，屬於肥胖的標準（如圖6-4）。

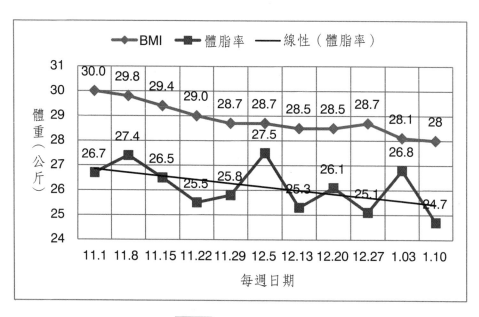

圖6-4　**每週的體脂率**

2.體能方面

　　體能部分（體能達成度與2,500達成度）在中期其實做得很認真，但到後來給自己太多藉口，所以漸漸達成度就掉了。而因為每週伏地挺身與

仰臥起坐都要多10下，最後一週要做到100下時變得困難（如圖6-5）。

體能因為很艱辛，中途放任自己不做太多次，甚至在最後一週我全然放棄達成原有目標，除了反省自己沒有確實透過行為改變技術來操作外，我也發現自己沒考量到越高難度的動作其實要確實達成會更加有挑戰性。也因為系男籃練球方針有所調整，體能不再是練球時間強調的項目，跟不上大家的我更應該自我加強，但我卻還是會放任自己不執行計畫，造成體能目標達成度不高。

接下來3月底的幼幼盃，如果我還是沒有把體能拉上來的話，就更會是隊上的累贅了，我打算增強自我懲罰的強度，來達成體能的訓練目標。

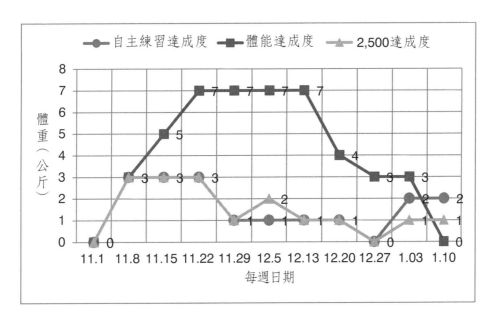

圖6-5　每週的體能狀況

本章重點

1. 維持行為的技巧，包括延宕增強、間歇性增強、逐漸褪除或淡化行為後果、轉換為自然發生的增強物及發展同儕支持等。

2. 建立行為時，採取立即性增強是非常重要的。俟行為一致地表現後，就可以延宕增強物的出現，藉著逐漸地增加所欲行為和增強之間的延宕，亦可用來維持行為。

3. 延宕增強物的變通性作法包括每項或幾項任務完成後，增進獲取積點與交換其他酬賞或活動之間的延宕。積點仍可因任務完成而獲得，但交換其他酬賞的機會則越來越減少。

4. 採用延宕增強後，需更密集的觀察個體表現，以確定行為有無繼續朝向所欲的方向；最後，增強可完全撤除或只在個體行為完全正確，而延宕較長時間下始能給予增強。

5. 連續增強行為建立後，間歇性增強就可有效用來維持行為。

6. 逐漸撤除或淡化比突然的完全撤除或淡化，個體會較不易察覺。最後此項行為後果就可完全撤除而不會使得行為回到原有的情況。

7. 將褪除或淡化方案分成幾個層次。「第一個層次」是高度結構且表現特定行為，以獲取特定的酬賞（經常且立即傳遞）；「第二個層次」是行為和立即酬賞之間較少直接聯結；「第三個層次」是學生仍接近酬賞，但卻對其行為負有更多的責任。

8. 行為發展需要特殊的行為後果，以達高持續性的表現水準。一旦行為發展完成時，此種特殊的行為後果即可被取代。自然發生的行為後果或許無法自動支持適當行為，但若是自然發生的行為後果可用來支持行為，則其在自然環境中就能提供有用的轉銜。

9. 同儕注意和贊同亦可作為強烈的增強物，用來建立、維持及類化目標行為。

10. 另一種「同儕支持」的方法，包括同儕真正地監督行為和分配酬賞。提供酬賞或積點的學生亦可從同儕特定的受歡迎行為，因工作表現良

好而獲得酬賞。

11.使用同儕作爲小老師並執行增強的優點有：⑴相較於採用標準教學程序，個體可接受更經常且個別化協助；⑵擔任小老師的同儕也會因經驗而受益。

12.類化是指行爲改變發生在非訓練的情境中。類化包括「刺激類化」是指已被特定刺激（人或情境）強化的反應，在呈現不同但類似的刺激中發生的現象；「反應類化」是指行爲的改變和發展類似於所訓練的行爲。

13.多數行爲並不會自動地產生類化，且行爲改變若缺乏類化現象，那麼其功能性價值就不高。因此，發展和系統化實施有效的類化技巧就顯得相當重要。

14.詳細觀察學生的環境，以決定何者獲得眞正的增強，然後再教導學生藉由要求大人注意適當行爲和接受讚美，從環境中補充和恢復增強物。就是一種自然增強的作法。

15.教導學生充分足夠的實例，以確保學生能夠表現某種行爲，是應用最爲普遍的類化技巧（實例增強）。

16.如果每一情境享有訓練情境的特性，那麼跨越情境的類化就更可能會出現。這種情形我們可藉由在自然環境中增進訓練情境的類似性，或在自然環境中介紹進訓練情境的要素來達到（刺激增強）。

17.間歇性增強時制可導致行爲改變的維持。我們亦可使用延宕性增強來類化已建立的行爲。如果已建立的行爲無法由訓練情境類化至其他情境，就應延宕增強直到行爲在其他情境一致出現爲止。

18.行爲改變方案的最終目標是自我訓練、自我管理或自我控制。

19.達成自我控制的策略與建議，包括：⑴界定目標行爲。界定我們想要增進、降低或維持的目標行爲；⑵蒐集基準線資料。實施行爲改變介入前，常要蒐集與記錄基準線資料，此資料可作爲發展行爲改變方案的基礎；⑶觀察和記錄行爲；⑷使用自我增強。自我增強是指學生表現出特定行爲時，學習提供自己酬賞；⑸自我處罰結合自我增強；

⑹重新建構控制行為的前提事件。為了在自我控制方案上使用刺激控制，就須重新建構引發特定行為的情境線索；⑺替代反應訓練。訓練另一項反應來替代一項非所欲的行為；⑻使用自我教導訓練。教導學生藉由對自己的建議和特殊評論，來控制自己的行為。

回顧與知新專欄 ·····························

※選擇題

(　　) 1. 教師在指導國小智能障礙學生學習一項新行為時，初期應採用何種
　　　　　增強方式？　(A)立即增強、部分增強　(B)連續增強、延宕增強
　　　　　(C)延宕增強、部分增強　(D)立即增強、連續增強
　　　　　　　　　　　　　　　　　　　　　　　　【#96教檢，第17題】

(　　) 2. 小華在學校洗手臺學會使用各種牙刷的刷牙技能之後，回到家中卻
　　　　　又無法正確刷牙，教師在小華的學習目標中應增加哪一個部分？
　　　　　(A)不同反應類化訓練　(B)不同對象類化訓練　(C)不同刺激類化訓
　　　　　練　(D)不同情境類化訓練　　　　　　　　【#99教檢，第27題】

(　　) 3. 相關研究發現，能夠等待獎賞的兒童，長大以後，比那些需要立即
　　　　　獎賞的兒童成就較高。這些研究指出下列何種能力會影響兒童未來
　　　　　的成就？　(A)觀察學習　(B)延宕滿足　(C)連續增強　(D)目標設
　　　　　定　　　　　　　　　　　　　　　　　　　【#102教檢，第4題】

(　　) 4. 有位心理師在行為矯治方案中，首先讓病患只需達到最低標準的行
　　　　　為表現，就可以獲得代幣；第二階段時，則可獲得較多代幣且能換
　　　　　取多元的後援增強物；到了第三階段，以點數卡取代代幣，只要病
　　　　　患持續表現良好，就可獲得所有的增強物。這是運用下列何種維持
　　　　　行為改變的技巧？　(A)延宕增強　(B)發展同儕支持　(C)轉換為自
　　　　　然增強物　(D)逐漸褪除或淡化行為後果　　【#102教檢，第27題】

(　　) 5. 王老師將小明在班上行為表現的情形錄影，播放給小明看，由小明
　　　　　透過檢核表檢核自己的行為。王老師想訓練小明的哪一種自我管理
　　　　　能力？　(A)自我覺察　(B)自我倡導　(C)自我監控　(D)自我增強
　　　　　　　　　　　　　　　　　　　　　　　　【☆112教資考，第18題】

參考答案

1.(D)　　2.(D)　　3.(B)　　4.(D)　　5.(C)

※問答題

1.試列舉四項提升身心障礙學生類化能力的教學策略，並各舉一例說明之。
　　　　　　　　　　　　　　　　　　　　　　　　【▲112教資考，第1題】

◆表示「教育原理與制度」應試科目；#表示「特殊教育學生評量與輔導」應試科目；▲表示「課程教學與評量（身心障礙組）」應試科目；☆表示「學習者發展與適性輔導」應試科目

第七章

認知本位的行為改變技巧

　　認知本位的行為改變技巧乃是假定不適應的認知過程會造成不適應行為，而改變這些過程就能導正不適應行為，考慮到認知過程是因為這些過程強調個體如何知覺環境，而個體如何知覺環境對於周遭事件的衝擊力大小有著很大的影響（Kazdin, 2012）。至於行為改變技巧中加入認知的方法，至少有兩項理由：⑴行為學習論所衍生的技巧在範圍上與影響上有所限制，僅對個體的某些問題範圍是有效的；⑵心理學的焦點亦已開始轉移至藉由認知取向，來瞭解和解釋人類的行為。在1980年代末期，運用認知方法在行為改變上已經是非常普遍了。

　　此外，有幾項事實顯示認知歷程在問題行為上所扮演的角色。Stein和Young（1992）的研究發現有幾項臨床上的異常與認知歷程有關。Beck et al.（1975）和Kazdin et al.（1983）亦指出，無望的感受（feelings of helpless）與個體是否想要自殺有著密切的關聯。這種情形在認知歷程上稱為歸因，個體會試著對自己或他人的行為、動機、情感（感受）或心向確定原因或作判斷。個體所做的歸因往往會影響其行為。Dodge（1993）亦曾舉出許多的事實顯示歸因形式與身體攻擊間的關聯。例如，研究顯示高度攻擊的男孩似乎有傾向於敵意歸因的偏差。

　　在行為改變技術上，並非所有的專家均相信認知觀的成長對於此一領域是有幫助的。有些研究人員則認為理論中融入認知因素會模糊了科學的價值（Lee, 1992）。有些研究人員則指出認知歷程的角色是有限制的，而且已經在行為問題（如恐懼和焦慮）的維持、發展及處理上過於陳述（Sweet & Loizeaux, 1991）。不過，亦有許多的事實顯示，有些認知行為改變技巧在處理某類問題行為（如沮喪和焦慮等）上是有用的（TFPDPP, 1993）。事實上，認知行為改變技巧的成效通常可以藉由測量外顯行為來加以評估，而這也正是認知行為改變技巧被接受的理由之一。

　　如前所述，認知本位的行為改變技巧是藉著轉換認知過程來改變個體的行為，而此種認知過程在矯正上包括：「**知覺**」（perception）、「**自我陳述**」（self-statement）、「**歸因**」（attributions）、「**期望**」（expectation）、「**信念**」（beliefs）、及「**想像或心像**」（images）等。

以下分別就想像本位暴露法、自我教導訓練、認知重組法及認知能力訓練等技巧描述如下。

第一節
想像本位暴露法

「**想像本位暴露法**」（imagery-based exposure treatments）是指讓個體暴露在引起焦慮的刺激情境中，以達到矯治的效果。其中除了最為常見的是「想像式系統減敏感法」和「洪水法」之外，尚包括各種內隱制約的技巧。

一、想像式系統減敏感法和洪水法

在行為改變技術發展的初期，已有幾種方法被發展來降低人們的害怕行為。有些方法如系統減敏感法乃是漸進地暴露個人至令人感到害怕的情境，來降低體驗害怕的程度。其他技巧則是暴露個人至高度的害怕情境，以預防逃脫行為的可能。其實施的方式可以是真實的或想像的。而想像式系統減敏感法和洪水法這兩種是矯正焦慮的程序，而程序的變化則需依賴心像法。所謂「**想像式的系統減敏感法**」（imaginal desensitization）是指訓練個體能夠完全放鬆且在引起最少至最大的焦慮情境中放鬆，直至消除這些情境所引起的焦慮，如圖7-1。例如，有懼高症的人想像自己在各種引發焦慮的情境中（看著摩天大廈、爬樓梯、坐電梯升高、從摩天大廈往下看等）。

至於「**想像式的洪水法**」（imaginal flooding）乃是訓練個體能夠完全放鬆且在最後引起焦慮的情境中放鬆，直至消除這類情境所引起的焦慮，如圖7-2。這種方法的用意主要是引起最大的焦慮並持續地想像所呈現的情境使個體產生習慣。例如，在懼高症的例子中，個體想像他從摩天大廈往下看（最大的焦慮）持續幾分鐘或幾小時，直到焦慮減弱。

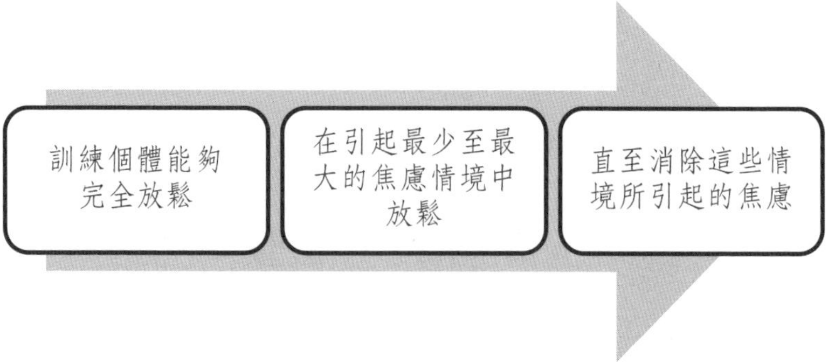

圖7-1 想像式系統減敏感法的程序

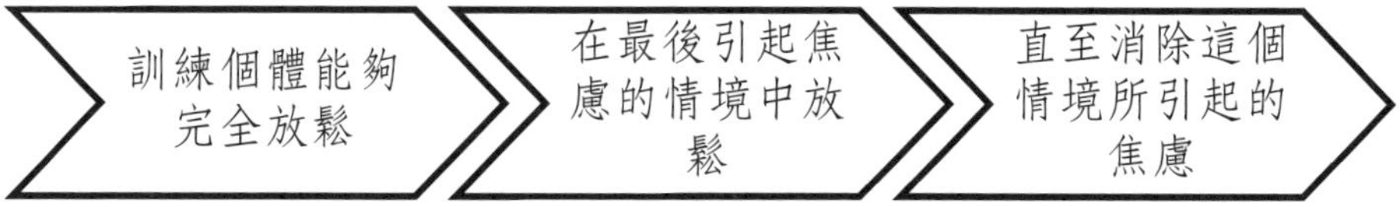

圖7-2 想像式洪水法的程序

　　Borden（1992）和James（1986）兩人曾比較眞實和想像的洪水法程序發現這兩種方法都可以成功地降低許多不同的焦慮和恐懼。想像式程序的好處是很容易呈現大範圍的情境且可控制這些情境的呈現，以及無法在眞實生活中呈現害怕情境時。例如，有項研究曾針對一位後天精神創傷憂慮疾病的6歲半男孩，他的症狀是高度壓力事件或經驗的結果。研究者安排五種引起焦慮的情境（如觀看受傷者及殘骸和接觸特定的購物區）來矯正這位男孩的症狀。研究者首先評估每個景象令他感到不舒服的程度。當個案學會放鬆，就延長景象呈現的時間（超過20分鐘）。在這期間，要求個案想像這些景象確實的細節。結果顯示，個案的後天精神創傷憂慮疾病已有顯著的改善（Kazdin, 2012）。

　　此外，研究已經顯示「洪水法」在降低各種焦慮和恐懼情境上是高度有效的技巧（TEPDPP, 1993; Nietzel & Main, 1988）。「洪水法」就像「系

統減敏感法」一樣有效，但是「想像式洪水法」似乎比「想像式系統減敏感法」來得更有效（Wilson, 1982）。

二、內隱制約技巧

　　內隱制約技巧之所以稱為「**內隱**」，乃是因為它要求個體去想像目標行為及其後果；而被稱做「**制約**」，乃是因為重點在學習，包括古典制約作用、操作制約作用及觀察學習。這項技巧是假設外顯和內隱行為會產生互動，而改變其中一個就會影響到另一個。表7-1是各種內隱制約技巧及其運作方法，包括內隱厭感制約、內隱消弱、內隱反應代價、內隱正增強、內隱負增強及內隱示範等。基本上，個體以明確的方式想像各種會導致行為改變的事件。就大多數的技巧而言，個體想像一種特定行為與會增進或抑制此項行為的正面或負面的行為後果。此種運用想像法預演各種行為，已被證實在多種情況下會影響到實際的行為（見下列實例）。

內隱厭感制約實例：運用恐怖熱量想像法控制食慾，3個月甩掉30幾公斤

家庭醫學科某醫師從小就是重量級人物。結婚後，太太食量很小，他就義不容辭把餘剩菜飯全數解決，加上又不常運動，體重因而直線上升，很快就破百。30歲後，他當上爸爸，自覺責任重大，加上經常在醫院門診看到患者被高血壓和糖尿病折磨得慘兮兮，於是下定決心，要減肥。
某醫師主要是採用「恐怖熱量想像法」來抑制食慾，加上持續的慢跑，成功使得體重從破百降到70公斤，而且維持了一年都沒變。他的「恐怖熱量想像法」就是隨身帶一張食物熱量換算表，養成吃東西計算食物熱量的習慣。例如，他每次想吃泡麵，想到（想像法）這碗下肚，就得多跑步一個小時，立刻食慾大消，胃口全無。一個雞腿或排骨便當的熱量約600到900大卡，想吃嗎？算了吧！

☘ 表7-1　各種內隱制約技巧及其運作方法

技　巧	運　作　方　法
內隱厭感制約	個案想像將要去除的目標行為（例如喝酒），然後想像令人厭惡的行為後果。
內隱消弱	個案想像將要降低或消除的目標行為（例如上課講話），然後想像增強行為（別人的注意）沒有出現。
內隱反應代價	個案想像將要降低或消除的目標行為，然後想像失去增強物（例如金錢或其他有價值的事物）。
內隱正增強	個案想像目標行為（例如上課舉手發表意見），然後想像假定為增強的愉快景象（例如獲得老師的讚美）。
內隱負增強	個案想像一種厭惡性刺激（例如同儕的嘮叨），然後想像一項積極的行為（例如果敢的回答同儕）而終止厭惡性刺激。
內隱示範	個案想像表現出楷模的行為（另一個人），然後在情景中加入增強效果。惟增強對過程並非絕對必要的。

　　就表7-1來看，內隱厭感制約是先讓個案想像自己在從事一項不愉快的行為（如暴飲暴食或酗酒），然後再想像與這項行為有關卻令人厭惡的後果（如感到嘔吐），其目的是要使先前吸引人的刺激變成為令人厭惡的刺激，如圖7-3。另外，有位研究者曾針對一位中度發展障礙且擁有長期暴力和侵略傾向的29歲男性，採用內隱正增強技巧來培養其非暴力行為（Kazdin, 2012）。他讓個案想像表現出適當行為之後令人愉悅的行為後果景象，結果顯示其暴力和侵略行為獲得明顯的改善。

　　內隱制約技巧已經被應用在各類問題上，包括焦慮、性偏差、不夠果決、情緒困擾及酒精濫用等。不過，此項認知行為改變技巧只對有限的臨床問題有效果，且其矯正的程序通常由專業的治療師進行。惟也可以採取自我控制的技巧，因為個體能在結束之後想像各種情景來處理問題。

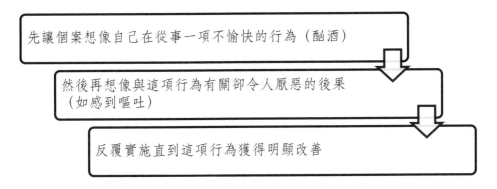

先讓個案想像自己在從事一項不愉快的行為（酗酒）

然後再想像與這項行為有關卻令人厭惡的後果
（如感到嘔吐）

反覆實施直到這項行為獲得明顯改善

圖7-3　內隱厭感制約的程序

第二節

自我教導訓練

「**自我教導訓練**」（self-instructional training）乃是加拿大臨床心理學家Meichenbaum（1974）所建立的一種著名的認知行為改變技術。他在臨床醫療與教導子女的經驗中發現，**個體對自己所說的內在語言（inner speech），不僅具有導引自己行為的功能，而且可能是個體行為改變的關鍵所在**。然後Meichenbaum（1974）就開始進行一系列認知因素在行為改變歷程中所扮演角色的專案研究。最後Meichenbaum逐漸獲得幾點結論（廖鳳池，1989）：⑴自我教導訓練對於個案的分心行為及歸因形式方面，具有特殊的效果；⑵個案透過自我控制的自我敘述達成行為改變後，常會將此成就歸因為自己努力的成果，而較少認為是運氣或工作簡易；⑶僅靠語言就想改變個體的行為是不夠的，個體的思想、能力及環境的配合都是必要的；⑷經常的誘因通常是必備的。因此，Meichenbaum特別將其技巧稱為「**認知行為改變技術**」，以表示其所建立的自我教導訓練是結合了認知治療與行為治療的理論（Meichenbaum & Genest, 1980; McMullin & Giles, 1981）。

爾後有許多學者專家紛紛以它為藍圖，稍加補充修正，編製整套的

「自我教導訓練教材」提供老師們使用，例如，Camp和Bash（1981）的「大聲想」（think aloud）與Manning（1991）的「曼靈認知自我教導模式」（Manning Cognitive Self-instruction Model）。以下茲就自我教導訓練的基本假定、正向內言的設計、自我教導訓練的實施及其注意要點描述如下：

一、自我教導訓練的基本假定

自我教導訓練的基本假定是：「**人們對他們自己所說的話，決定了他們在其他方面所做的事。**」根據Meichenbaum（1974）的看法，個體的行為會受到許多內在和外在層面的影響，而內在語言（或內在對話）則是這些層面中的一項，但是它卻決定了所有其他層面的影響作用。

有鑑於此，所以Meichenbaum（1974）認為：「**假如我們要改變一個人的行為，就必須先考慮他在行動之前所做的思考。**」因此，它的認知行為改變取向著重於「讓個體瞭解負向內言對其的不良影響，然後運用自我教導訓練，鼓勵個體直接改變自己的內在語言，來降低或消除情緒困擾或不適應的行為。」

二、正向內言的設計

根據Meichenbaum（1974）的看法，要實施自我教導訓練，首先要設計出「正向內言」，以作為訓練的主要內容。一般而言，「正向內言」可分為兩類：(1)是用來對抗無法專心的自控內言；(2)為用來對付造成的困擾的負向內言。

(一)自控內言

當個案做事無法專心時，教導他熟練一些專注於工作的「正向內言」，往往可以幫助他克服分心的行為。通常自我教導的內言，一開始時要比較簡單，然後逐漸增加內容，最後個案必須能夠處理錯誤的狀況，並

將口語的教導和實際行動做緊密的配合。俟有2、3次成功的經驗後，就可歸納成一些問題及策略，而形成較具通則性的內言設計，用來改善其行為表現。以下是改進ADHD兒童無法專心做迷津測驗所設計的自我教導「正向內言」（廖鳳池，1989）：

> 「我要設法走完這個迷津，我要慢慢來，小心的畫。好，往下畫，再往下，好；然後右轉，這就對了。很好，到現在為止我做得很好。記住，慢慢來。」「現在我要暫停一下，先想清楚再動筆」「我可以先計畫一下，怎麼做最有效？」「這裡做錯了，沒關係，擦掉重來」「我做得非常的好！」

(二)對抗負向內言的設計

這種自我教導訓練的設計，首先須找出個體原本習慣性的「負向內言」的內涵（如我害怕一個人在家，現在該怎麼辦？），然後再探究這些負向內言造成個體困擾的原因和方式，再來設計對抗它們的「正向內言」（獨自在家是必要的，我相信我可以克服）加以練習。表7-2乃是Yates（1986）針對演講焦慮者之負向內言所設計出現的「正向內言」及其他例子（如表7-3）。

表7-2　運用自我教導訓練法來降低演講者的焦慮

	演講者的負向內言	設計來替代的正向內言
演講前	*他們不會喜歡聽我演講，他們會認為我很笨或是猛烈的表示他們對我的說法不贊同。	*我要好好表現，這是我的工作，我要盡我所能的把它做好，最重要的是把我的觀念傳給他們。
	*我覺得我的笑容已經僵在臉上了，我沒辦法放鬆臉上的肌肉緊張，臺下每個人都會發現我的臉色這樣蒼白，我感到越來越焦慮。	*我要保持微笑，兩眼注意觀察，專注的聽講正在說話的人所說的話，現在你和他們談些什麼最有用呢？我可以放鬆自己的笑容，不過我現在不必這麼做了，因為我感到舒服愉快。

（續下表）

演講後	*我所說的是不是很無聊？但是我必須繼續說下去，到現在我一直沒辦法說到我所要說的重點，真是糟糕透了。	*無論如何，反正我要說的已經說了，現在談到我所要談的重點了。到現在為止談得還不錯，看來似乎不太難做到嘛！
	*我把事情搞壞了，他們一定會瞧不起我，我真是差勁極了。	*要談的都談得差不多了，我盡力了，也做得不錯。

（採自Yates, 1986, pp.26-27）

♻ 表7-3　運用自我教導訓練法來降低無法拿到美教雙學位的傷心

得到消息後的負向內言	設計來替代的正向內言
*你們憑什麼不給我學位，我學分都修滿了！	*美教系或許有其他的考慮，不必在乎他們給或不給。
*我覺得被美教系出賣了。	*我現在是特教系學生，何必在乎美教系。
*我在美教系浪費三年時間修討厭的學分，阿諛奉承討厭的老師。	*我也學了不少東西，最起碼「色彩學」很強啊！而且最後我還是很有品的不再奉承那些老師！
*為什麼把我捲入派別糾紛？	*可能是我想多了，我只是跟錯了老師，但跟著他我還是很快樂。
*可惡！×××竟然整我！	*唉！有什麼好生氣的，沒品的是她，用「老師」的職權來欺壓人。
*我拿不到雙學位，嗚！嗚！嗚！	*美教雙學位有什麼用？我有實力且國中、高中都是美術班，以後一樣可以展現出來。
*美教系有夠＃％￥£＄，有夠黑暗。	*我太情緒化了！再說，有朝一日我有能力時再來好好改革這些人！所謂「君子報仇，30年不晚！」
*他們連讓我修的機會都不給我，如果我大四因為被當掉畢業論文或畢業展，而不給我學位，那我就心服口服。	*何必如此強求！他們擺明整定我了！如果到大四時才發生他們死也不給我學位，那我不就更虧大了嗎？

（續下表）

＊我論文都做了，還排定要到日本做問卷，有必要嗎？	＊很棒啊！論文還是努力的做一做，讓他們刮目相看、後悔不已。而且寫論文是一種磨練，看了各式各樣的文獻也是自我收穫啊！

段秀玲（1994）在其「正向的自我對話」一文中曾提出針對降低焦慮的四階段有效率的自我內言，可作為自己練習的參考（見表7-4）。

♂表7-4　有效降低焦慮四階段自我內言練習

階段一：為面對焦慮的情境作準備	
有效率的自我內言	缺乏效率的自我內言
・我要做的是什麼？ ・是我選擇去做的。 ・如果我做了就從此不再害怕。 ・我知道處理的方法。 ・我具有組織和工作的能力。 ・我曾經成功的處理過，我有信心。 ・作幾個深呼吸、放鬆自己、我很安逸且舒適。	・我有這麼多要做。 ・我必須去做。 ・我會害怕不過還是要做的。 ・我想我能處理的。 ・我不可以忘記我要說的內容。 ・我將不再擔心了。 ・深層的放鬆常常能減輕我的焦慮。
階段二：當焦慮開始產生時	
有效率的自我內言	缺乏效率的自我內言
・我的肌肉慢慢放鬆了……更放鬆……再放鬆。 ・我能接受挑戰的處理問題是我的專長。 ・一步一步來，我能處理這狀況。 ・我只想我要做的是什麼？ ・這一切都在我的掌握中，深呼吸……放鬆……	・我的肌肉漸漸放鬆了，我必須放鬆自己……。 ・我開始害怕但我想這沒關係的。 ・我無法處理除非一步步來。 ・不要分心，你必須做的。 ・不要神經緊張，你能掌握這一切的。

（續下表）

階段三：被焦慮的情緒吞沒時	
有效率的自我內言	缺乏效率的自我內言
·現在我感到神經緊張，不過這不像我，我是可以保持寧靜且充滿自信的。	·不要神經緊張，你是可以克服的。
·如果我做了就從此不再害怕	·我不能害怕，我必須保持冷靜。
·這只是暫時的狀況，我能夠處理的。	·不要因此放棄，你必須克服的。
·我設定好自己的放鬆指數為0到10，我可以維持在很好的狀態。	·我設定好自己的緊張指數為0到10。我可以清楚看到自己的緊張狀況。
·雖然有些緊張但沒有關係那樣我才能有更好的表現。	·我不應該變得害怕。
·我將注意力放在此時此刻。	·我不應該表現得我很焦慮。
·我不期望自己完全沒有焦慮，只要它是在適度的範圍就可以。	·我必須停止害怕的感覺。
階段四：焦慮情況結束	
有效率的自我內言	缺乏效率的自我內言
·這不全是照我所想的，不過沒有關係，重要的是我盡力做了。	·這不全是照我所想的，我應該做得更好。
·在某些方面我是成功的，下次我會繼續努力。	·我不是完全成功的人，也許下一次吧！
·我做了我該做的事，有些人可能會因此生氣或傷心不過那沒有關係。	·我不應該傷害到其他的人。
·這沒有像我想像的那麼難，下次可能會更容易。	·我不認為我有足夠能力做這件事，我希望下次會比較容易。
·這次我做得較好，我有進步了。	·我做得並不夠好。

三、自我教導訓練的實施

「自我教導訓練」的實施程序，最早是由蘇聯的心理學家Luria（1961）所發展出來的。他認為教導兒童運用口語控制的方法來控制自己的行為，必須經歷三個階段：⑴由大人運用語言來指導兒童的行為；⑵兒

童反覆唸出大人的指導語言，來引導自己的行為；(3)兒童使用內言來引導自己的行為。後來Meichenbaum和Goodman（1971）將自我教導訓練依序分為以下五個步驟：

認知示範（cognitive modeling）
由施教者示範以大聲自我教導自己表現出所欲訓練的行為。
兒童在旁邊觀察學習。

外顯引導（overt guidance）
兒童在施教者的口語引導下，表現上述所欲訓練的行為。

外顯自我引導（overt self-guidance）
兒童大聲地自我引導自己表現出該行為。

褪除外顯自我引導（faded, overt self-guidance）
兒童輕聲地自我引導自己表現出該行為。

內隱的自我教導（covert self-instruction）
兒童以內在語言引導自己表現出該行為。

圖7-4　自我教導訓練的步驟

避免爭論的自我教導訓練計畫（範例一）

要　素	教師行為	例　子
1.認知示範	教師對學生呈現一個情節，情節中描述某人對老師的衣服有負面的批評。老師示範如何避免爭論，包括口述思考的歷程。	教師：我可以說我快要捉狂了。為了遠離困擾，我應該怎麼辦呢？ □我可以告訴對方停止（他可能不會如此）。

（續下表）

		□我可以避開他到另一個地方。我應該怎麼做呢？我將避開他 在我發脾氣之前，我避開他是做對一件事。
2.教師引導訓練	讓學生練習相同的情節，在老師的監督下大聲的說出。	老師可以提供激勵性的話，必要時，協助學生矯正錯誤。
3.學生引導訓練	讓學生輕聲的示範這項能力。	向學生明示自我增強的方法或者是能力未精熟時繼續練習。
4.內隱自我教導	讓學生使用內言在不同情境中練習這項技巧（也就是說，不大聲說出或輕聲說出）。	老師可以觀察學生在學校情境中的示範，同時讓其他情境中的學生和他人報告學生在設計和自然發生情境中的表現。

資料來源：Meichenbaum & Goodman (1977).

改善學生行為態度（功課稍遇挫折，便勃然惱怒，毫無信心）的自我教導訓練計畫（範例二）

要　素	內　容
1.認知示範	1.老師模仿學生平日的行為，開始顯現煩躁樣子，並高聲說：「我的肌肉漸漸緊張起來，我的臉頰發燒。我一定是開始感到煩躁了。當我對工作感到煩躁的時候，我該怎麼辦？」老師作沉思狀。 2.老師高聲說：「喔！我知道了。首先我得做幾次深呼吸。」 3.老師手觸下腹，鼓動橫膈膜，做深呼吸動作。 4.老師高聲說：「現在我覺得舒服多了。其次，我該做的是什麼？」老師作沉思狀。 5.老師高聲說：「喔！我知道了。我要舉手請求幫助。」 6.老師示範適當的舉手動作，靜靜地等待人家注意。 7.老師高聲說：「好極了！我能控制我的行為，我做到啦！」
2.教師引導訓練	1.學生角色扮演自己在做功課，表現煩躁的樣子。 2.老師高聲說：「我的肌肉漸漸緊張起來，我的臉頰發燒。我一定是開始感到煩躁了。我對工作感到煩躁的時候，我該怎麼辦？」學生作沉思狀。

（續下表）

	3.老師高聲說：「喔！我知道了。首先我得做幾次深呼吸。」 4.學生手觸下腹，鼓動橫膈膜，做深呼吸動作。 5.老師高聲說：「現在我覺得舒服多了。其次，我該做的是什麼？」學生作沉思狀。 6.老師說：「喔！我知道了。我要舉手請求幫助。」 7.學生做適當的舉手動作，靜靜地等待人家注意。 8.老師高聲說：「好極了！我能控制我的行為，我做到啦！」
3.學生引導訓 　練（先大 　聲，然後輕 　聲）	1.學生角色扮演自己在做功課，表現煩躁的樣子。 2.學生高聲說：「我的肌肉漸漸緊張起來，我的臉頰發燒。我一定是開始感到煩躁了。我對工作感到煩躁的時候，我該怎麼辦？」學生作沉思狀。 3.學生高聲說：「喔！我知道了。首先我得做幾次深呼吸。」 4.學生手觸下腹，鼓動橫膈膜，做深呼吸動作。 5.老師高聲說：「現在我覺得舒服多了。其次，我該做的是什麼？」學生作沉思狀。 6.學生說：「喔！我知道了。我要舉手請求幫助。」 7.學生做適當的舉手動作，靜靜地等待人家注意。 8.學生高聲說：「好極了！我能控制我的行為，我做到啦！」
4.內隱自我教 　導	學生一邊想（即內心向自己說），一邊按心裡所想的指示操作。操作程序，同第三步的1到8為止。

資料來源：Kaplan (1991), pp.61-62.

四、自我教導訓練實施的注意要點

　　施教者在使用自我教導訓練協助個體克服情緒困擾或其他不適應行為時，應注意表7-5所列事項（廖鳳池，1989；Kendall, 1977）。

表7-5　自我教導訓練實施的注意要點

項　　目	內　　　　　涵
要點一	施教者應該採取解說、提供資訊及面質等技巧，讓個案瞭解那些負向內言在其不適應行為中扮演重要的角色。
要點二	正向內言要想反制成功，必須有足夠的練習次數。
要點三	施教者必須明確且熟練的說明和示範正向內言的要點及用法。
要點四	自我增強的內言設計（如我的能力不錯！）非常重要，可以擴大訓練的成效。
要點五	施教者協助個案自己設計及實施自我教導訓練，而不是強迫灌輸自認為良好的內言。
要點六	除足夠的訓練之外，應用來對付實際的困境也是很重要的。

第三節

認知重組法

有些認知行為改變技術著重於降低過度的內隱行為（covert behavior）：即**不適應的思考形式**（maladaptive or dysfunctional thought patterns）。這些技術企圖藉由認知重組的歷程來改正個體對於日常生活中事件的感受和思考，進而達到修正其問題行為與情緒。例如，認知重組法可能用來協助沮喪患者，以更為有希望及正面的方法來思考其生活環境。目前有兩個廣泛地強調運用認知重組的方法是艾里斯的理情治療法和貝克的認知治療（Dobson & Block, 1988）。茲分別描述如下：

一、理情治療法

(一)不適應想法的非理性形式

Albert Ellis（1962）在1950年代發展認知重組法稱為「**理情治療法**」（rational emotional therapy, RET），又可稱為「**ABCDEF理論**」。此種治

療法的基本前提乃是情緒困擾常源自於「**錯誤和非理性的思考**」（faulty and irrelational thinking）。這些思考歷程會造成個體對於所經驗的人或事產生不夠眞實的知覺、解釋和歸因。根據理情治療，支持身心機能者的有關生活事件的想法乃是來自非理性的信念，已有五種非理性普遍形式被確認了：（Bernard & Piguseppe, 1989）

1. **絕對的思考方式**。用一種不是全部就是什麼都沒有，不是黑就是白的方式來看待事件。Ellis和他的同事已經確認三種絕對思考模式者常有：(1)我總是做的很好並贏得其他人的認同；(2)其他人都必須對我好並且以我喜歡的態度對待我；(3)我周遭的情形必須輕易達到我想要的或是不想要的。

2. **毀滅性地執著於將小狀況視爲嚴重的**。例如，某個大學生將在小考中考不好解析成「這是我大學生涯的終點」。

3. **對於挫折的容忍度低，沒有能力忍受小麻煩**。例如，有位女生爲了看醫生而必須等待5分鐘，但她會走出等待室並對自己說：「眞是糟糕透了，我竟然必須花一整天的時間來等看醫生！」

4. **過度概括性思考**。例如，有位大學助理教授在一個班級發表了一次貧乏的授課內容後告訴自己：「我永遠不能成爲一位好的老師。」

5. **沒有自我價值感**。例如，一位高級幹部決定她自己是沒價值的，因爲她不能在一天之內完成所有的工作。

又如，我喜歡的人必須喜歡我，否則我是毫無價值的。假設有位男生叫做林峰，他有一種強烈的信念，「英英必須絕對的、眞正的喜歡我」，但是她並不在乎我。這位男生可能使用不眞實的觀念，諸如「她恨我」，「如果她恨我，這是可怕的，我無法忍受」，以及「如果她恨我，我是毫無價值的」，來惡化情境。

上述這些思想往往會增進人們對情境的負面看法。理情治療法的主要目的就在於改變這些思想和信念的本質。

(二)理情治療法的運作架構和應用

　　至於Albert Ellis的「**ABCDEF**」理論（如圖7-5、7-6）主要是透過讓個體瞭解其信念系統對其情緒及行為後果的影響，讓個體能夠瞭解個人的理性信念會造成適當的情緒後果及適當的行為後果；至於非理性信念則會產生不適當期望的情緒後果及不適當的行為後果。其中，「**A**」（緣起事件）並不是直接導致「**C**」（情緒與行為之行為後果）的結果，而是個人對於緣起事件的看法「**B**」（非理性的信念）導致行為後果「**C**」。然後，協助個體辨認出他自己的非理性的信念，並進行猛烈的駁斥「**D**」（駁斥和干涉非理性的信念），以期個體的思考能由原有非理性的信念，轉換為新的理性思考「**E**」，進而產生新的情緒和行為「**F**」。

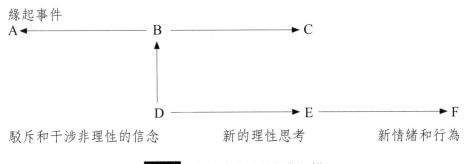

圖7-5　理情治療法的運作架構

(三)理情治療法的假設性案例

　　個案目前在一所高度競爭的明星高中當中。他不像國中時那樣地喜好挑戰，以及只付出些許的努力，就能夠得到好成績。個案對自己的描述冷淡且沮喪。以下乃是治療師和個案的對話及註解：

　　治療師：你有這種沮喪的情緒多久了？

　　個　案：我想，從這一學期初就開始了。

　　治療師：你能不能告訴我，是什麼困擾著你呢？

A.**引發事件** 我的男朋友向我提出分手的要求。

B.**非理性信念**
1.天哪！我的人生變成黑暗的了。
2.完蛋了！離開了他之後，我一個人要怎麼活下去！
3.一定是我太差勁了，他才想和我分手。
4.我如此全心全意愛他，他也一定要全心全意愛我。
5.慘了！這輩子再也沒有人願意和我交往了。
6.老天哪！我怎麼能夠承受這種失戀的打擊！

C.**不正確的情緒後果**

感到失落、悲傷、怨天尤人，覺得自己毫無魅力，沒有人會喜歡，人生失去方向。

C.**不正確的行為後果**

永遠不敢再和別人交往，即使有人喜歡我，一定沒幾天就想拋棄我、傷害我。

D.**駁斥自己非理性信念**
1.分手後，我的人生真的就變成黑暗的嗎？
2.難道離開他之後，我自己就無法活下去了嗎？
3.真的是我太差勁，所以他才想和我分手嗎？
4.為什麼我要如此全心全意的愛他，以獲得他的愛呢？
5.憑什麼認為這輩子再也沒有別人願意和我交往了呢？
6.我為什麼不能夠承受這種失戀的打擊呢？

E.**新的理性思考**
1.分手後，我確實感到難過，但是我的人生並不會因此而變得黑暗。
2.離開他之後，雖然有許多事都必須改變，必須自己獨自完成，但我相信我一個人也能夠活得很好。
3.雖然我不是十全十美，但我也有我的優點和可愛的地方。
4.雖然他選擇和我分手讓我感到悲傷，但我們之間曾有的美好回憶，亦使我感到彌足珍貴。
5.其實我的條件並不差呀！也許下一個男人會更好。
6.失戀的確需要花一些時間來調適，但我相信一定可以渡過的。

aF.**新情緒**
· 我感到悲傷難過，但不是失去自我價值。
· 想想分手的原因，而非怨天尤人。
· 勇敢接受失戀的事實，儘快調適心情。

bF.**新行為**
· 敞開心胸，多和人群接觸。
· 為自己的外在和內在加點油，讓自己看起來更具吸引力。
· 學習各種幫助自己調整情緒的方法。

圖7-6 ABCDEF的應用

個　　案：每件事……我不知道……一堆的狗屎。我似乎什麼都不在
　　　　　乎了，我對學校一點都不在意，過去學校對我很重要的。

治療師：你在學校表現如何呢？成績好嗎？（**治療師〈T〉詢問
　　　　可能催化事件）**

個　　案：糟透了！上一學期我只拿到四個學分！

治療師：我們來看看，這一學期是你在○○高中的第二個學期是
　　　　　嗎？你那時的成績如何呢？

個　　案：爛爆了！我平均只有70幾，而且總平均是C。但我也很
　　　　　努力啊！我覺得整件事像被擱淺了！

治療師：也許這是使你沮喪的部分原因……。這件事在你眼中，
　　　　　對你造成什麼影響呢？（**T詢問對於外界事件的說明**）

個　　案：我是個失敗者……，像這種成績，我永遠也不可能
　　　　　被電機學院所接納。我很有可能會在○○大學校園自
　　　　　殺……，這是我唯一行的。

　　　　　我覺得糟透了！（**個案〈C〉持有普遍的非理性想法**）

治療師：聽起來好像因為上一學期的平均拿到C，你一直對自己
　　　　　說：「我是個失敗者……我糟透了……」這樣會使任何
　　　　　人都覺得沮喪的。（**T介紹自我對話的觀念**）

個　　案：這是事實，我應該要做好卻沒有！

治療師：所以，你相信為了使你自己認為，自己是個有用的人，
　　　　　你必須在所有事情上都成功……像是在○○大學拿個
　　　　　A？（**迷思，T使C澄清非理性的想法**）

個　　案：一個人一定要在某些事上做的好，才能死的有些價值。
　　　　　學校是我在最開始的時候，曾經能夠做的很好的地方！
　　　　　（**C確認自己的非理性想法**）

治療師：我想告訴你，你正和全國最優秀的學生們競爭，他們並
　　　　　不太在乎在成績上的等級。畢竟，在一群表現非常優秀
　　　　　的人中的平均，並不是真的平均，是嗎？（**T介紹和C非**

理性想法相反的理性想法）

個　案：我知道你在說什麼，不過那沒什麼用。最近的電機學院至少都要B+的平均成績，而我一定要進入電機學院。這是我從小的目標！

治療師：現在，等一等！你說你「一定」要去電機學院，聽起來好像你不進電機學院會違反法律，是這樣的嗎？

個　案：不完全是啦！你知道我的意思嘛！

治療師：我不確定。你真的很想進電機學院是嗎？因為這和你「一定」要去有很大的差異！（T挑戰C非理性的想法**「必須」，而建議相反的理性想法「想要」**）

治療師：我不確定你究竟是什麼意思……你真的確定你想就讀電機學院嗎？你要知道，「想要」和「必須」完全是兩碼子事。如果你認為你「必須」就讀電機學院，那就是你想太多了！然而你似乎對這點確信不疑，我想，這或許是你如此沮喪的主要原因。

個　案：我知道你的意思，但是我家……一直以來，父母親總不斷的告訴我，整個家族都希望我能當上電機工程師。

治療師：OK！但那是他們的想法，難道你也必須抱持同樣的想法嗎？

個　案：但我不能讓他們失望……

治療師：讓他們失望了又如何呢？

個　案：那會傷透他們的心、讓他們對我失望透頂，有時我甚至害怕他們會因此而不再喜歡我，那真是太可怕了！

治療師：嗯……如果上不了電機學院，最壞的情況就是你的父母親不再喜歡你，甚至拒絕你，而你還不確定這是否會發生；就算發生了，又真有你想像中那麼恐怖嗎？可否用邏輯推理的方式證明給我看？

個　案：被家人拒絕當然很糟啊！

治療師：在邏輯上，我仍然看不出「被家人拒絕」和「糟」之間
　　　　有何關聯。我同意那不會是件令人愉快的事，但你似乎
　　　　把「被拒絕」和「災難」劃上等號了！我希望你試著把
　　　　這兩者之間的環節一個接著一個的解釋清楚。

個　案：他們甚至不想讓我待在身邊……好像我是一坨狗屎，讓
　　　　我覺得自己很下賤！

治療師：你看，你又來了……不斷的告訴你自己：父母會拒絕
　　　　你、會不讓你待在身邊、會把你看作一坨狗屎……但我
　　　　還是看不到任何邏輯。

個　案：唉喲……我就是覺得會這樣嘛！

治療師：不！我堅決反對……你之所以會有這樣的感覺，完全是
　　　　因為你不斷的用那些負面的話催眠自己。

個　案：但我相信那是真的啊……

治療師：我仍然期待著一些足以證明你想法的邏輯基礎。為什麼
　　　　「被拒絕」就代表「你是最糟的」？為什麼「不唸電機
　　　　學院」就代表「你是一坨狗屎」？

個　案：好的，我同意電機學院這個部分，我的確不一定要去
　　　　唸，但至於我父母……唉……真麻煩……我在想……假
　　　　日時我能上哪兒去呢？你想想，畢竟我不常待在家，所
　　　　以我必須面對經濟上的壓力，而我又拿不到獎學金，假
　　　　如我爸媽切斷我的經濟來源，那將會是一場大災難啊。

治療師：又來了……又來了……把什麼都說得像災難一樣，能不
　　　　能向我證明它真的是一場災難呢？

個　案：唔……或許我是誇大了些，情況雖然有點棘手，但我應
　　　　該應付得來吧，也許可以考慮半工半讀。事實上，我知
　　　　道我辦得到，只是可能必須延畢而已，這種感覺還是頗
　　　　糟……

治療師：嗯……這樣聽起來有意義多了！我同意這感覺的確不好
　　　　受，但至少不是那麼恐怖吧？

㈣練習理情治療法的基本步驟：排除「一定要」的情結

你曉得一般人多常使用「一定要」嗎？我們可以透過計算，每天甚至是一小時中你聽到別人使用「一定、必須、應該、應當」的次數來加以瞭解，次數可能是很高的。

大學生告訴教授：「我無法參加星期三的考試，因為我『必須』回家參加活動。」老師告知學生：「你『一定』要準時繳交你的報告。」每天有關這方面難以計算的次數從人們口中說出，彷彿如果他們不做這件事或其他的事，世界就要結束一樣。

這個練習的目的是讓你覺察自己的「一定要」情結，同時練習運用理情治療法的技巧，來推翻非理性的思考而代以使用理性的思考。

首先，寫下你使用「一定、應該、必須、應當」的例子，記錄在表7-6的最左邊欄位。你也許在和別人的對話或自我對談中使用了「一定要」的字眼。如果能夠尋找一位每天相處的朋友幫忙，請他指出你何時有了「一定要」情結。這樣會很有幫助，因為我們通常很少察覺自己用了多少「一定要」的字眼。

表7-6　非理性想法的反駁論點和理性想法的空白表格

寫下「一定、應該、必須、應當」的想法	反駁論點	理性想法

一旦你有十句以上的「一定要」情結，在表7-6中間針對每一句「一定要」的想法，寫下簡短的反駁論點，這些論點要解釋為何想法是非理性的。最後，在最右邊寫下理性的想法作為非理性想法和「一定要情結」的抉擇。理性的想法要反映出你對自己的行為導正負責，並聲明你所想要的或是選擇的而非你相信一定要做的。表7-7乃是一些實際的例子（Spiegler & Guevremont, 1993）。

⌗ 表7-7　非理性一定要想法的反駁論點和理性想法

一定要的想法	反駁論點	理性的想法
我無法去上課，因為我必須讀書。	我可以去上課如果我這麼選擇。我只是覺得充分準備考試是重要的。	我寧願錯失一堂課，也不願意面對未準備好考試的風險。
我必須準時回家看我最喜歡的電視節目。	我的確會享受最喜歡的節目，不過如果我錯失了一段經歷，生命就這麼等著結束。	我希望能準時到家並欣賞我最喜歡的電視節目。

㈤理情治療法的成效

目前已有許多研究用以評估「理情治療法」在處理各種情緒和行為異常的成效（例如，Engels et al., 1993; Gossette & O'Brien, 1993）。這些研究提出了四項結論：⑴「理情治療法」對某些異常似乎是有效的，諸如焦慮。⑵在處理恐懼和焦慮方面，「理情治療法」比其他處理方法（如系統減敏感法），並不特別優異或較為無效。⑶由於很少有研究組合長期和追蹤的評估，因此少有事實顯示「理情治療法」的改進是持久的。⑷許多「理情治療法」的報告或設計不佳，使其結果不夠明確。

二、認知治療

「**認知治療**」是一種處理行為和情緒異常的認知重組法，這種方法類似於「理情治療法」，係由精神病理學家Aaron Beck所建立的（Beck et al., 1990; DeRubeis & Beck, 1988）。就像「理情治療法」一樣，情緒困擾常源自於錯誤和負面的思考形式，必須予以改正。

「認知治療」的基本概念稱為「**基模**」（schema），它是組織個體經驗與影響其對於日常事件的知覺、解譯及歸因的一種基本的認知結構。我們可以將基模視作為「**核心信念**」（core beliefs）。我們每個人都有基模來組織我們的知識體系。不管怎樣，凡是發展出情緒問題的人，這些核心

信念均傾向於變成「**自動的思想**」（automatic thought）——習慣地或經常地發生錯誤或不適當的思考形式。例如，具有能力不足基模的人將會傾向於在許多情境預期失敗。而「認知治療」就是企圖發現個案的自動的思想為何，協助個案克服認知的盲點、模糊的知覺、自我欺騙及不正確的判斷，然後改變其認知中對於現實的直接扭曲或不合邏輯的思考形式（廖鳳池，1989）。

依據Beck（1976）的看法，發展出情緒異常的個體往往會有過度地錯誤和不適當的思考形式。他們的自動思想包括表7-8所列幾種認知錯誤的形式。

表7-8　認知錯誤的形式

認知錯誤的形式	內　　涵
二分法的思考（用絕對性、全有全無的術語思考）	例如，人不是聖人就是罪犯；物體不是完美的就是有缺點的。
過度類化（依據某一事件建立通則，並運用此項結果來判斷他人或事件）	例如，發現孩子偷竊東西的母親可能會決定他是可怕的、無用的母親或孩子是惡魔。
任意推論（從不充分的、模稜兩可的或相反的事實，來引出特定的結論）	例如，工人可能會將其老闆的不快樂，解釋為是其工作表現不力的緣故。事實上，這可能只是其偏見而已。
擴大（延伸事件的意義或影響力）	例如，考試獲得80分的學生可能將此成績視為是一場大災難。
選擇性摘要（注意細節，而忽視整體）	因為一個朋友趕著上公車沒有停下來談話，而感到沮喪。
個人化（將外在錯誤事件歸因於自己）	覺得人們笑都是在嘲笑你。

Beck（1976）進一步指出，凡是臨床上有沮喪症狀的人，可能會發展出負面三元（negative triad）——包括對於自我、世界和未來的錯誤及負面看法。

(一)認知治療的過程

雖然「認知治療」和「理情治療法」都是試著改正個案的不正確思考形式，不過在使用程序卻有兩項主要的差異：⑴**「認知治療」比「理情治療法」更強調治療者與個案之間的協同努力。**也就是說，在「認知治療」方面，治療者與個案主動的分享發現和改變自動思想。在治療上，治療者試著建立信任關係，然後引導個案發現和檢視自己不適當思考形式下的認知錯誤。雖然，理情治療法也有某些程度的協同發生，不過認知治療更為著重分享。⑵**「認知治療」使用假設考驗**（hypothesis testing）**的技巧。**一旦治療者與個案發現錯誤的信念或思想，他們會將其視為假設而非事實，同時試著根據贊成和反對的事實、尋找特定情境或感受的各種解釋及信念的真正涵義等來驗證假設。圖7-7乃是Beck「認知治療」實施的程序或步驟（廖鳳池，1988；Beck, 1976；Beck et al., 1990）。

在Beck的治療程序相當重視**「蘇格拉底的對話」**（Socratic dialogue）的應用。這是一種透過不斷詢問對方名詞的定義、邏輯推理及據實的問答式談話。他運用此種對話方式來協助當事人體會想法和情緒間的關聯（及填空），並逐步澄清和改正自己的想法。此外，Beck也試著運用各種認知或行為治療技巧來進行諮商的工作。例如，自我監控情緒、認知預演、角色扮演等（Beck, 1976）。

(二)認知和行為介入

認知治療有許多特定的介入技巧來直接改變當事人的認知。例如，在焦慮的治療中，若當事人認為某件不好的事即將發生在他們身上，我們可以使用「三個欄位」的技巧去幫助他重建想法（Beck & Emery, 1985）。

首先，第一個問題是**「證據是什麼？」**也許在治療過程中牽涉到分析邏輯錯誤和提供資訊（排除不合實際的想法）。要求當事人使用下列的技巧，去發覺錯誤的想法。在「情境」欄位中，他們描述引發焦慮的情境；在第二個欄位中，寫下自動化想法；而在第三個欄位中，填寫他們想法中

步驟一	
教導個案認識不適應的觀念	不適應的觀念是指那些造成個體無法應付生活經驗、破壞內部一致性及過量情緒反應的想法而言。

步驟二	
進行個案事件及其情緒反應間的填空活動	就像理情治療法一樣，治療者引領個案認識個人的想法如何影響情緒，亦即在刺激與反應間，填入個案原先被空下來的想法。

步驟三	
排除個人中心化	治療者和個案用客觀的方法來探討想法和情緒間的關係。例如，舉出與個案無關的事例來討論，以避免個案受個人中心化思考習慣的影響，無法清楚地辨識自己的非現實、及不適應的自動化的思想。

步驟四	
獲得可靠的結論	利用講求實際證據的方法，讓個案獲得正確的知識。

步驟五	
改變通則	經由前述步驟，個案可以發現他所遵循通則的謬誤，並加以改變，使其更合理且更能適應生活情境。

圖7-7　Beck認知治療的程序或步驟

的錯誤（如表7-9所示）。然後，要求他們描述其自動化的想法，如同面對假設一般，透過觀察去測試他們。

第二個問題是「**可用別的方式來看待它嗎？**」包含對事情的解讀以及抉擇的形成。例如，對最後幾個完成考試的學生，做出的反應是「我一定很笨」，或者包含「我知道很多題材，並且有很多要說」，或是「寫出組

織性良好的答案需要時間」。治療師對於可能增加壓力的事件，首先塑造這種不具威脅性的解讀技巧，然後由當事人練習這項技巧，重新歸因的責任有助於讓當事人相信他們有能力控制負面結果。

第三個問題是「**如果真的發生了怎麼辦？**」在當事人預期了可怕的結果後，這樣的問題是可以被瞭解的。例如，當事人歷經了失業恐慌後，相信即使不具任何傷害性的身體感覺都是輕微疾病的象徵。排除災難性的想法幫助當事人看往其他非大災難性的結果，例如，發燒是由於疲累、饑餓或是壓力，而非腦瘤的原因，這樣的過程幫助當事人將期望轉向真實的面向。

♂表7-9 使用「三個欄位」技巧的實例

情境	自動化想法	邏輯錯誤
第一次穿一件新的運動服	人們會嘲笑我	沒有證據
進行口頭報告	我上次在臺上呆住了，而我這次也會再呆住一次	過度概括性的想法
	如果我沒做好，我會死	放大
等待發回考試卷	我不知道考卷其中三題的答案，所以我一定會失敗	過度概括性的想法
	我是最晚寫完的學生之一，我一定很笨	專橫推理
	老師今天看到我的時候，沒有對我微笑，這表示我一定考得很糟	個人化
	如果我這次考試沒有拿到好成績，我爸媽一定會殺了我	放大
失去工作	我真是沒用，我什麼都做不好	過度概括性的想法
	我永遠也找不到另一個工作	專橫推理
	那沒什麼大不了的	縮小

修改自Spiegler & Guevremont (1993).

除了上述直接塑造當事人的認知外，認知治療亦改變了當事人的行為，此為間接改變他們的認知和情緒。例如，有位沮喪的當事人認為他無

法照顧自己；透過塑造的過程，他開始自己著衣並料理他的三餐。基於此項經驗，當事人也許可以重新建構關於自己能力的想法和減少無助悲觀的感覺。當事人所表現的行為，通常被視作試驗提供他們去駁倒關於自己和世界的非邏輯性想法（像是「我無法照顧自己」）。

　　一般說來，當事人的疾病和認知失調越嚴重，會依賴越多的行為介入，至少在治療的一開始。因此，在認知治療中許多技巧被用來改善過度的行為。

(三)認知治療的成效

　　原先Aaron Beck所發展的「認知治療」是用來處理沮喪的。許多研究亦顯示「認知治療」對於此種症狀的處理效果良好，而且具有持久（例如，Craighead et al., 1992; Robins & Hayes, 1993）。對大多數的個案來說，就像其他形式的心理治療與各種藥物治療一樣，認知治療在降低或消除沮喪和維持已改進的情緒功能上是有效的。

　　不管怎樣，實質上大約有1/3的沮喪個案使用認知治療未能獲得改善。1970年代之後，Beck所發展的認知治療已被擴大範圍用來處理其他的情緒問題，包括焦慮、驚慌、吃的異常等（Beck, 1993; Beck et al., 1990）。雖然，很少有研究用來評估認知治療在處理這些異常的成效，不過現有研究顯示，Beck的「認知治療」仍是一種具有相當前景的方法（Chambless & Gillis, 1993; Wilson & Fairburn, 1993）。

第四節
認知能力訓練

　　認知重組法的技巧主要是用來降低或消除不適當的內隱行為——維持個案情緒問題的思考形式。「認知能力訓練法」則乃是採取不同於認知重組法的一種認知行為改變技術。它主要是藉著訓練個體未曾擁有或使用過的認知能力，來企圖矯正個體適當內隱行為的不足，使其能夠運

用這些新的技巧來降低外顯和內隱的情緒問題。目前也有兩項廣泛地運用認知——行為取向的方式，來訓練個體適當的認知能力（此部分可參考邱連煌（2001）所著的「認知行為改變」）。這些方法是「**壓力免疫訓練**」（stress inoculation training）與「**問題解決訓練**」（problem-solving training）。茲分別描述如下：

一、壓力免疫訓練

在日常生活中人們會面臨許多壓力的情境，從親人死亡或失業等嚴重事件（如臺灣1999年9月21日在南投縣所發生的集集大地震，造成許多人家破人亡）至「教學創新九年一貫新程」的挑戰及約會遲到等日常小事。我們常常無法控制這些環境事件的發生，但是我們卻可以學習認知能力來協助我們應付或調適這些事件的發生。一旦我們無法因應它們，就可能會感到焦慮、生氣、沮喪或甚至自殺（見範例一、二、三）。通常，接受焦慮、生氣或沮喪異常治療的人，都是缺乏因應壓力的認知能力。

壓力很大，移民少年六度尋短（範例一）

臺中市有對父母很重視子女教育，為了提供兒子更好的學習環境，在兒子國中一畢業，就放棄不錯的工作，安排全家移民，在美國開家小型中式餐館，同時經常提醒兒子「我們都是為了你」（壓力源），才這樣做的，日子過得不是很順遂，父母又動輒吵架，兒子成了夾心餅乾，四周又沒有其他親友可以支持，整個家庭相當孤立。

這名就讀高一的青少年壓力好大，到了美國後，他的課業又趕不上，無法與同學打成一片。父母過苦日子，感情惡化，好像也都是他造成的。使得他情緒低落、沮喪，一年內多次企圖自殺了斷生命，包括臥軌、跳樓、跳河和服藥等，每次尋死都會事先留字條在抽屜裡，幸好母親總會及時找到，才沒釀成大禍。

課業考試壓力大，造成高中生打媽媽出氣（範例二）

臺中市有位就讀明星高中一年級的男生，在國小和國中求學時成績優異，常是得獎高手。父母以他為榮，經常向他表示，只要把書唸好，什麼都不必管。可是進了高中明星學校後，班上人才備出，這名男生馬上遇到強勁的競爭對手，無法再名列前茅（壓力源），他受不了打擊，越來越焦慮，整天悶不吭聲，越到考試時，情緒就越顯低落。母親多問他幾句，他就動手打人，而且越來越嚴重。

這對父母本來曾對兒子深寄厚望，如今萬念俱灰，只期盼他能夠「順利混畢業」就好了。

　　Donald Meichenbaum曾經發展一種治療程序稱為「壓力免疫訓練」，來教導個案認知能力，以協助他們因應他們所體驗的壓力事件（Meichenbaum, 1977; Meichenbaum & Cameron, 1983; Meichenbaum & Deffenbacher, 1988）。

升學壓力　他拿鉛筆戳自己動脈（範例三）

現值國中、高中升學關卡，不少準考生出現嚴重的壓力症候群，臺中市一家精神科診所一個月來收治近30名就讀國三、高三的成績優異學生，他們害怕自己考輸給同學，整天頭痛失眠，有個男生已經自殺三次，稍不如意就拿削尖鉛筆猛戳自己的動脈，看到噴血，他才開心。

精神科開業醫師劉昭賢說，這群學生的共通點都是唸明星學校，而且在班上功課數一數二，有的還是在國小、國中數度跳級的資優生，反而是普通學校，學業成績原本就不太理想的學生，可能因為看得開，適應力就強多了。

劉昭賢諮商時發現他們絕大多數根本不愁沒有好學校唸，但是依舊怨氣沖天，有個已推甄上一流大學的高三學生說，他很怕學校功課比他差的同學，最後會考上比他更好的科系，令他英名掃地。

另一名高三女學生因為罹患身心症，常請病假，她除了會讀書以外，在校人際關係很差，在門診中不斷指責同學排擠她，理由是她有一題疑問問同學，同學竟然推說不知道。她恨恨的說「以後她問我，我要故意說錯答案」。

還有一個從小考第一名的資優男學生緊張過度，罹患強迫症，每天吃飯前，總要先想清楚先從飯碗的幾點鐘方向開始吃，每口要嚼幾下才能嚥下肚子，吃一餐飯總得花上2個小時，家長帶他就醫，他的眼光完全拒絕和醫師交集，似乎活在自己的世界裡。

這些學生為了「好還要更好」，埋首書堆，一天只睡三、四個小時，劉昭賢認為睡眠不足和情緒困擾，才是造成他們頭痛不適的最重要原因。因此除了開給抗焦慮、抗憂慮藥物以外，最基本的口頭處方就是「睡個好覺」。

他說，家長今後最應擔心的不是他們的升學問題，而是人際適應障礙，這種脆弱、競爭意識強又追求完美，絕對自我的人格特質如果不慢慢調整，「未來跌倒的機會會更多」。

聯合晚報（2002.4.11）地方綜合版23版，記者陳于嬌報導

(一)壓力免疫訓練的過程

「免疫」一詞是指運用此一程序可使個體自己免於疾病。壓力免疫訓練是設計來提供個體自我防衛的能力，可以在面臨壓力時應用。此種治療形式教導因應能力，並讓個案經由三個階段來練習這些因應能力。第一個階段稱為「**概念化**」（conceptualization）。在此階段，個案探討其過去的壓力經驗，來學習壓力的本質及其因應的方式。此種討論可以採用個別或團體的方式來實施。他們會考慮此類問題：

・你在何種特定的環境下會體驗到壓力？
・在過去你採用何種方法來降低壓力，你相信可用何種方法來加以替代？
・造成問題更糟或更好的是什麼？

此外，他們也會試著確定問題行為的前提事件，進行功能性分析。第二個階段稱為「**能力獲得與演練**」。在此一階段中，個案將學習特定的行為和認知因應能力，諸如放鬆、系統減敏感、自我陳述及因應陳述。以下乃是個案學習協助自己因應壓力的一些陳述：

控制痛苦的壓力免疫訓練（自我陳述的演練）

※為痛苦的壓力做準備

　什麼是你所必須做的

　你可以發展一個有關如何處理痛苦壓力的計畫或方案

　想一想什麼是你必須要去做的

　想一想什麼是你可以做的

　不要擔心：擔心難過並沒有任何助益

　你有許多不同的策略與方法去處理與應付痛苦的壓力

※控制和處理痛苦

　你可以應付挑戰

　一步一步來，你可以處理應付那個情況

　就是放鬆，慢慢的呼吸，並使用其中的一策略

　不要想到痛苦，就只要想想什麼是你可以做的

　緊張可以幫助你，也是一項妥善處理的暗示

　放輕鬆，一切都在控制之中，給自己一個深呼吸，並告訴自己一切都很好

　焦慮是一個訓練者，說明你可能會感受到的

　那個是正確的，痛苦是提醒你去使用你的應付處理能力

※在關鍵時刻處理你的感覺狀態

　當痛苦來臨時，保持自己集中注意力在你應該要做什麼

　什麼是你所必須做的

　不要嘗試去完全地消除痛苦，只要使它在控制之中

　只要記住，你有很多的策略可以使用，可以使你的一切都在控制之中

　當痛苦增加，你可以改變不同的策略，讓自己的一切都在掌握之中

※增強自己的內在語言

　可以告訴自己：很好，你辦到了

　　　　　　　　你把它處理得相當好

　　　　　　　　你知道，你可以做到的

　直到你可以告訴訓練人員，那種程序、方法是最好的、最有效的

資料來源：Turk (1975).

　　面對恐懼或焦慮及憤怒壓力免疫訓練（自我陳述的演練）。

	恐懼或焦慮	憤怒
準備	・我該怎麼辦？ ・我可以想計畫來解決。 ・想想我該怎麼做，這要比焦慮好得多。 ・也許焦慮是渴望解決問題的表現。	・我該怎麼辦？ ・這讓我覺得很生氣，但我可以做好的。 ・我可以掌控現況，我知道怎麼平靜我的怒氣。 ・保持輕鬆的情緒，別忘記保持幽默感！
面對問題並解決	・一次一個步驟，我一定可以解決。 ・不要想到恐懼，只要想想自己必須做什麼並保持冷靜。 ・醫生說我一定會緊張，而緊張會喚起我解決的技巧。 ・放輕鬆！我可以的！先深呼吸！嗯！很好！	・想想看要怎麼不發火？ ・這沒有理由生氣。 ・我才不要讓他控制我的情緒。 ・往好的角度想，不要馬上下定論。

資料來源：Meichenbaum (1974); Novaco (1975).

　　至於其他的能力可能繫於個體的問題和個人的環境。因而，個案可以學習溝通和研究能力等，同時在治療者的監督下練習新學習到的能力。第三個階段稱為「**應用**」。在此一階段中，「壓力免疫訓練」協助個案將新學習到的能力轉銜至自然環境中。為達成此一目標，個案要回應依序放入治療情境中引發壓力的事件。治療者應致力於使用不同的事件，來提高能力類化到各種真實的情境上。

(二)壓力免疫訓練的成效

　　「壓力免疫訓練法」包括許多已建立良好的技巧，諸如放鬆訓練、系統減敏感和模仿等。大多數有關壓力免疫訓練成效的研究是針對具有焦慮或壓力問題的個案（Meichenbaum & Deffenbacher, 1988）。這些研究發現壓力免疫訓練在降低焦慮和壓力上，要比非全面性方案（如僅用系統減敏感或認知因應能力來訓練個案）來得有效。Nomellini和Katz（1983）與Novaco（1977）的研究則指出壓力免疫訓練已成功地用來協助警察和父母

控制其脾氣。雖然，壓力免疫訓練對於情緒困難是一種非常具有前景的認知——行為治療，不過仍需進一步確定其價值。

二、問題解決訓練

另外一種提供適應性認知能力的方法，是設計來協助個案解決問題。所謂「問題」乃是生活環境中，由於個體不知道做什麼或者是如何做，而需要提供一種或多種有效且適應性的反應（D'Zurilla, 1988; D'Zurilla & Goldfried, 1971）。例如，大學聯考有截止日期，而你不知道如何花時間作所有的準備，就可能會面臨了問題。

一般而言，凡是不知道如何解決大多數日常問題的人，可能會變得極端的焦慮、感到挫折和沮喪。問題解決訓練乃是一種認知—行為治療的形式，讓個案學習確定、發現或發明有效或適應的方法，來探討日常生活中所面臨問題。這種形式的治療可以用來降低或消除個案的情緒異常或增進他們適應社會的功能（Nezu et al., 1989）。

(一)問題解決訓練的過程

有兩個廣泛用來提供問題解決訓練的治療方法，每種方法都是教導個案以逐步的策略來解決問題。以下要介紹Thomas D'Zurilla和Marvin Goldfried（D'Zurilla, 1988）所發展出來的「問題解決訓練法」，教導下列五項解決問題的步驟策略（如表7-10所示）：

表7-10　D'Zurilla和Goldfried問題解決訓練步驟

程　　序	內　　涵
步驟一：問題定位	個體發展出警覺問題產生的一般心向。為了有效地處理問題，我們首先必須瞭解它的存在。開始時，我們可以鼓勵個案注意問題與協助他們瞭解問題是不可避免的。

（續下表）

步驟二：界定和形成問題	採用具體且清晰的術語來界定問題，這個歷程與行為改變方案之界定目標行為相同。
步驟三：產生不同的解決方法	一旦清晰地界定行為之後，個案應該運用腦力激盪列出可能的解決方法。
步驟四：做決定	個案檢視可能解決方法的清單，同時刪除不可接受的解決方法。然後個案試著對自己評估每種方法的長短期行為後果。運用這些因素，他將可以選擇最佳解決問題的方法。在治療初期，個案和治療者應該一起做決定；爾後，個案變得更能夠自己做決定。
步驟五：實施解決方案和驗證	當解決方法發揮效果時，個案可以試著評估成效。如果問題已獲得解決，就結束了。如果問題仍然存在，那麼個案可以從現有解決方法中選擇其他的方法。有時甚至需要回到步驟一或二。

(二)問題解決訓練的成效

　　運用「問題解決訓練」的原理來改進個案日常生活情境上的功能與降低其情緒問題是相當具有吸引力的。事實上，沮喪和焦慮常會與無力解決日常問題相關聯（D'Zurilla, 1988; Nezu et al., 1989）。此外，對大人和小孩來說，問題解決策略是很容易的。

　　D'Zurilla（1988）的研究則指出「問題解決訓練」對於沮喪和焦慮的個案，以及一般運作功能（如無法決定生涯目標）有困難的個案可以產生有利的效果。有些研究指出問題解決上所獲得的改進，可以遷移到自然環境且具持久性；不過，有些研究則顯示這些效果有時是變異的，而且不具有持久性（Nelson & Carson, 1988; Yu et al., 1986）。很少有研究比較「問題解決訓練」與其他治療形式。因此，此種治療形式的相對成效並不是很清楚。

　　綜合言之，事實上每個個案的問題都有著不同的層面或範圍。因此，在處理上僅設計一種特定的技巧可能是不夠的，最有效的方法乃是採取多

種不同的技巧。Ollendick、Hagopian和Huntzinger（1991）曾設計組合了幾種技巧的方案，成功地處理兩位兒童分離焦慮的行為。這個方案包括行為學習論所衍生的技巧（諸如增強和消弱）與認知方法的自我控制訓練（諸如放鬆訓練、問題解決策略及使用自我教導）。如圖7-8所示，自我控制訓練並不是非常有效，但是「綜合處理法」卻效果顯著。

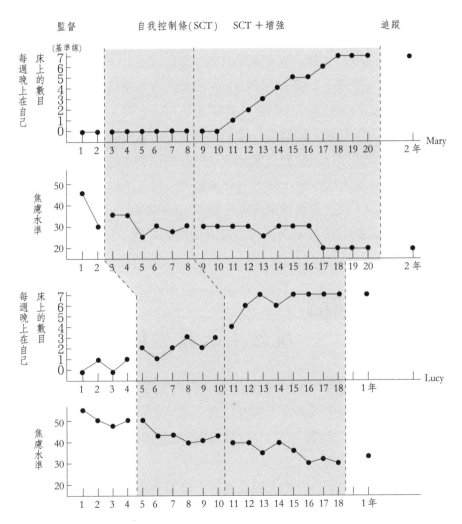

圖7-8 Mary（10歲）和 Lucy（8歲）兩位兒童分離焦慮行為之多基準線設計

（採自Ollendick, Hagopian, & Huntzinger, 1991, pp.113-121）

　　而Feindler、Marriott和Iwata（1984）則曾組合「壓力免疫」與「問題解決訓練」，成功地改進青少年虞犯的發脾氣行為。Kazdin、Siegel和Bass（1992）亦曾使用一種或兩種方法：「問題解決訓練」和「父母管理訓練」（包括教導父母使用增強、行為塑造及隔離的方法），來處理高度攻擊性和反社會性兒童。結果顯示，雖然每一種形式的訓練都可以改進兒童的行為，但是組合兩種方法卻可以產生更大的改進。

　　Lazarus（1981）曾經介紹了「**多模式治療法**」（multimodal therapy）的觀念，認為治療者應確定個案問題的某一層面或部分，然後每一層面選擇適當的技巧。運用「多模式治療法」的治療者會考慮個案問題的幾個層面：⑴行為，如飲食過量；⑵情意，如嚴重焦慮或沮喪；⑶認知，如不合理的思考；⑷人際關係，如敵意行為。治療者接著處理個案特定的行為。

　　我們大都會相信行為改變方案，若是採取個別有效的綜合處理法，會比單一方法產生更大的改進。雖然有許多實例支持此一信念，但是也有例子不贊同。例如，有許多研究就發現在處理情緒問題上，若是組合認知方法和行為學習論的方法並不全然可以增進治療的成效（Sweet & Loizeaux, 1991）。

第五節

模仿（示範）訓練

　　在我們日常生活中，經由觀察他人的行為而學習乃是一種普遍的方式。我們透過觀察而學習語言、態度和偏好與無數的技能等。我們的許多習慣（如口語表達與肢體語言）都是從我們所認同的楷模（如父母、偶像、老師）所學習來的。

　　模仿在心理和生理異常的發展及維持上扮演著重要的角色。例如，喜好攻擊的人觀察他們家族中類似的行為，可能就會影響到他們自己婚姻的攻擊量和類型。同樣地，人們如何經驗痛苦，似乎也會受到生活中重要他人處理痛苦方法的影響。Gould和Shaffer（1986）曾指出觀看大量對於自

殺的描述，不論是實際的或是假想的，均會導致仿效。

一、模仿的基礎

　　模仿的基本要素非常的簡單：「楷模」（model）示範一些行為，而觀察者（observer）注意看楷模在做什麼。楷模在當場鮮活地呈現就是所謂的「**現場楷模**」（live model）；若是間接地觀察楷模則稱為「**象徵性楷模**」（symbolic model），象徵性楷模可以在電視、書中、經由口語描述、或者是個人想像的。神話和童話在文化的象徵性楷模上，一直就是豐富的、由來已久的資源（Bly, 1990）。例如，牛郎和織女是情人的楷模。

　　觀察楷模提供了兩個重要的訊息：⑴楷模在做什麼；⑵楷模的行動為他帶來了什麼行為後果。楷模行動的行為後果是非常重要的，也就是所謂的「**替代性行為結果**」（vicarious consequences），因為它指出了觀察者若模仿楷模的行為可能會遭遇的結果。當楷模的行為後果增強了觀察者想要模仿的可能性時，我們稱為「**替代性增強**」（vicarious reinforcement）。當楷模的行為後果降低了觀察者想要模仿的可能性時則稱為「**替代性懲罰**」（vicarious punishment）。

二、模仿的功能和階段

　　Bandura（1971）在《模仿心理：衝突理論》（*Psychological modeling: Conflict theory*）一書中，曾指出模仿對於觀察者所具有的功能有五：

㈠教　導

　　模仿可以教導人們表現新行為的方法，就像小孩子經由觀察鋼琴老師的示範而學會彈某種指法。

(二)促　進

楷模的行為可以激勵觀察者去表現出類似的行為。例如，當我們聽到或看到別人在笑時，我們也會跟著笑。電視中的罐頭笑聲或拍手聲就是根據這項模仿功能。

(三)引發動機

模仿可以引發人們從事他們已知行為的動機。例如，學生已經知道如何在課堂上發表意見，但只有當他們觀察到其他同學被鼓勵發表意見時，他們才會決定要如此做。

(四)降低焦慮

在進行特別的行為時，模仿可以減少焦慮。也就是說，在觀察別人安全地從事一項令我們感到威脅的行為時，往往可以降低我們從事該項行為的焦慮。例如，父母可以經由指出其他孩子陶醉在盪鞦韆之中，來協助孩子克服對盪鞦韆的恐懼。運用模仿的行為矯正也是採取相同的策略，來處理與焦慮相關的異常。

(五)抑制作用

模仿可以抑制觀察者進行某些行為。在這種情況下，觀察楷模的行為表現可以降低人們仿效楷模行為的可能性。當我們觀察到別人表現某一特定行為，而獲得負面的行為後果時，就有可能達成抑制某一特定的行為。也就是說，當一位學生看到其他同學因表現不當的行為而被懲罰時，這位學生就可能較不會從事同樣的行為。

在行為矯正中，模仿往往提供一項或一項以上的前述功能。例如，社會技能訓練通常包括教導、促進及激勵個案從事社會所接受的行為，而與焦慮相關異常的處遇則可能需要這五項功能（Kazdin, 2012）。此外，觀察學習是人們經由觀察他人行為而受影響的一種過程。這個過程包含了三個循序階段（如圖7-9所示）。

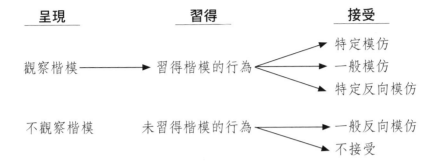

圖7-9 觀察學習的階段及其可能的結果

　　第一個階段是「**呈現**」，亦即觀察楷模的行為；第二個階段為「**習得**」，亦即學習楷模的行為，習得需要觀察者注意與記住楷模的行為；第三個階段為「**接受**」，也就是接受楷模的行為作為自己行動的指引。至於接受有四種形式，包括模仿和反向模仿，而每種模仿又可分為特定的及一般的（Liebert & Spiegler, 1994）。模仿就是表現得像楷模一樣，「**反向模仿**」就是表現相反的方式。在「**特定模仿**」中，觀察者從事與楷模一樣的行為；而在「**特定反向模仿**」中，觀察者表現出與楷模完全相反的行為。至於在「**一般模仿**」中，觀察者表現出與楷模類似的行為（並非一模一樣）；而在「**一般反向模仿**」中，觀察者表現出與楷模不同的行為（並非與楷模行為直接相反）。所謂的不接受是指觀察者不受楷模的影響。表7-11乃是這四種形式的範例。

表7-11 觀察學習中接受階段五個可能結果的範例

示範行為：老師將積木收在櫃子中	
接受的結果	行為範例
特定模仿	兒童將積木收在櫃子中
一般模仿	兒童將書放在書櫃中
特定反向模仿	兒童從櫃子中拿出積木
一般反向模仿	兒童從書櫃中拿出書
不接受	兒童對積木和書不做任何處理

模仿對於觀察者的影響方面，呈現和習得是必須的，但不是充分的條件。觀察者必須接受楷模的行為以作為自己行為的指引。至於觀察學習中，接受的形式大半是由替代性結果所決定的，而替代性增強最有可能產生模仿；替代性懲罰最有可能產生反向模仿。

三、模仿矯正的本質

模仿矯正乃是建立在個案可以從別人的經驗中獲益的簡單原理之上。模仿矯正運用了各種的模仿程序，常會與其他的行為改變技術組合在一起，諸如增強、促進及行為塑造等。雖然模仿矯正可能只是整套矯正行為過程中的一部分，但是單獨應用也是有效的。**模仿矯正主要用於兩大範圍：⑴社會技巧不足；⑵恐懼。**以下我們將敘述各種用來克服這些問題的模仿矯正程序。

㈠技巧訓練

技巧不足通常會造成個體困擾。為了表現出某種技巧，個體需要具備四項要件：⑴瞭解做法；⑵熟練技巧；⑶具有運用該項技巧的動機；⑷瞭解運用該項技巧的動機。O'Donohue和Krasner（1995）曾指出技巧不足包括下列一項或多項類型所組合而成的（見表7-12）：

表7-12　技巧不足的類型

項　　目	內　　容
知識不足	個體技巧不足是由於未能習得特定且合適的技巧所造成的，例如建設性的處理忿怒情緒。
熟練度不夠	個體技巧不足是由於個體缺乏適度練習而無法勝任該項技巧所造成的。例如，游泳技巧對於長期住院的病患來說。
缺乏動機	個體技巧不足是由於個體缺乏誘因吸引其使用該項技巧。例如，因害怕被拒絕，一位拙於社交應對的男人不會主動去和一位深深吸引他的女人說話。
辨別力不夠	個體技巧不足是由於個體無法辨別執行特定技巧的時機。例如，學生在老師上課時與同學聊天。

　　技巧訓練是一種套裝的矯正法，用來協助個體克服技巧上的不足。除示範之外，技巧訓練通常會伴隨著直接指示、激勵、行為塑造、增強、角色扮演及適當的回饋等。示範通常是技巧訓練的主要成分，因為口頭指示常無法傳達執行複雜技巧的巧妙之處，而單用鼓勵與行為塑造可能也是不夠的，個體可能要看到該項行為的實施（Gambrill, 1995）。表7-13乃是一模擬的大學生社會訓練課程（他有約異性的困難），來描述技巧訓練的主要內容。

☞表7-13　邀約異性有困難之大學生社會訓練

矯正者	如果你想要約文英參加學校的音樂會，你會怎麼說呢？
個案	我不太確定，我想我會直接問她要不要去！
矯正者	為何你不試著假裝打電話給文英，並且實際演練一下？
個案	好吧！但別期望太高。
矯正者	記著，我們只是練習，試試看嘛！（**鼓勵**）
個案	嗨！文英。我是大年，最近好嗎？聽著，如果你沒有其他的事要做，要不要和我去聽音樂會？（**角色扮演**）
矯正者	這是合理的開始（**回饋、塑造**），我們來看看是否有其他更好的方法。注意，你不要讓它聽起來像是和你去聽音樂會是最不得已的選擇（**直接指示**），讓我們來演練另一種方式，你要注意聽聽看有何不一樣。下週日晚上，學校有場音樂會，如果你有空的話，我想要邀請你一起去。（**示範**）
個案	嗯！聽起來是有不一樣。
矯正者	你何不試著說些類似的話。
個案	我看到有關下週日晚上在學校音樂館舉辦音樂會的消息，不知道妳是否願意和我一塊去欣賞？（**正確行為預演**）
矯正者	非常好，比先前好多了（**增強**），不要覺得抱歉，以直接的語氣表達你心中所想的事。（**回饋**）

(二)社會技巧訓練

社會技巧乃是成功的人際互動所不可或缺的。缺乏社會技巧與一生中

的適應問題有著極大的關聯。Frame和Matson（1987）就曾指出兒童和青少年時期的社會技巧不足與社會孤立、學業成就低落及犯罪有關；而成人時期的社會技巧不足則與沮喪、社會焦慮及精神分裂症有關。因此，許多接受心理治療的個案缺乏社會技巧也就不足為奇了。

對於社會互動性低的兒童來說，影片模仿是有效的。Ballard和Crooks（1984）就曾針對學前社會互動性低的兒童，運用影片模仿來提高其社會互動。此一影片共有11個場景。在每一段中，都會先看到一位兒童在觀察其他兒童間的互動，然後參與他們的活動，同時強調後續的結果。例如，其他的兒童給他玩具玩，和他說話、微笑等。隨著場景的進行，逐漸增加團體的人數及活動的量（如在房間內興奮的投擲玩具）。結果發現，觀看影片一或二次就足以增進兒童的社會互動，且可維持一段時間。

另外，社會技巧不足也與一些嚴重的障礙有關。例如，自閉症和智能障礙等，可能就需要現場模仿與密集的個別矯正。有項研究曾以無任何障礙的哥哥作為有智障、腦性麻痺等障礙之弟弟的楷模。當兄弟倆一起玩時，行為矯正者告訴哥哥如何開始互動、即時反應、促進弟弟做出適當的反應。最後，這兩兄弟不需行為矯正者的協助，就能維持良好的互動。

模仿別人的能力本身就是一種社會技巧，又稱為**一般性模仿**。經由模仿我們可以習得其他的行為。對於多數正常發展中的兒童來說，當他在模仿成人或同儕的行為時，給予增強通常可以習得一般性模仿。不過仍有些兒童未能學會模仿。以下乃是運用現場模仿（即楷模以身置實境的方式讓個案藉以減低其恐懼或焦慮）和象徵性模仿（即矯正者讓個案聽有關兒童一起遊戲的故事），來克服「兒童極端社會性畏縮」的例子。

個案為6歲的男孩，稱為傑美。雖然已達入學年齡，不過由於總是避免與人互動，因此目前仍在臺中縣一家幼兒園就讀。研究人員為其擬訂了兩項目標：(1)促進社會互動（即與另一位兒童進行有語言或無語言的互動）；(2)降低或消除逃避的行為（如逃避注視另一位兒童、同儕接近時，突然放棄進行中的獨自活動及在團

體中隱藏自我）。研究人員在3個半小時的觀察活動中，發現傑美有42次逃避的反應。

由於傑美避免與人互動，因此他不參與同儕楷模的計畫，甚至當電視或電影有小孩出現時則拒絕觀看。於是研究人員先進行模仿的訓練。由一位成人楷模對傑美表示友好的態度，即時回應傑美的提議，對傑美表現出關心、幫助和贊同。不管怎樣，當傑美模仿他時就增強他，最後，傑美開始模仿許多楷模的行為。

在這一點上，模仿的程序可以用來增進社會互動。這些程序包括**現場**模仿（如傑美觀看楷模與其他的兒童互動）及**象徵性模仿**（如讓傑美聽有關兒童一起遊戲的故事）。當傑美被說服加入好玩的大風吹搶座位遊戲時，行為演練就產生了。從最初需要行為矯正者陪伴在旁，直到最後，行為矯正者可以隔一段距離觀察。經過六週的模仿矯正之後，傑美已有明顯的互動，同時逃避反應亦降為4。2個月後，傑美在一個不同的遊戲場中進行總測驗，結果顯示傑美能夠加入全然陌生的兒童遊戲團體，主動開始口語接觸，並且持續有效的人際互動。

除了基本的社會互動技巧外，模仿也可以用來教導兒童、青少年和成人更為成熟的交談和問題解決。例如，社會技巧訓練已成為矯正精神分裂的要項，因為社會技巧不足與人際退縮是精神分裂症的特徵之一。此外，社會技巧不足也會造成持續的沮喪。因此，社會技巧訓練也可以作為矯正沮喪的一部分。至於前述的現場模仿和象徵性模仿都是可以採用的方法。

(三)運用模仿技巧來降低恐懼

恐懼或焦慮可能是由於預期負面結果（如預期會被拒絕約會的請求），或者是社會技巧不足（如不曉得請求約會的方法）所導致的。若是如此，運用模仿技巧可以使得這兩種情況有所改善。例如，楷模可以示範一個會令人恐懼或焦慮的行為，但是卻沒有遭受到不好的行為後果。這種

過程就稱爲「**替代性消弱**」。

　　大多數的行爲矯正均是模仿楷模的過程。也就是說，模仿楷模從一個恐懼或焦慮不能勝任的狀況下逐漸能成功地克服恐懼或焦慮。模仿楷模對於恐懼或焦慮自己不能勝任的個案是很合適的。相反地，精熟楷模則是指一個自始即毫不恐懼且很能勝任的專家。精熟楷模較適於精確技巧的發展，例如婦女學習防禦性攻擊的防身術。以下我們將要說明幾種模仿技巧：

　　1.現場模仿法

　　現場模仿即是楷模以身置實境的方式讓個案藉以減低其恐懼或焦慮。這種方法已被廣泛用來克服各種恐懼及與焦慮有關的異常，包括各種害怕（如小動物）、考試焦慮、懼人群症及強迫症等。

　　2.參與模仿法

　　所謂「參與模仿」是指矯正者爲個案示範會引發焦慮行爲，然後鼓勵並指導個案參與演練。參與模仿即是「**接觸減敏感法**」，也稱爲「**引導參與法**」。它結合了模仿、鼓勵、行爲演練及身置實境等方式，其基本流程如下表7-14所示。

🖉 表7-14　參與模仿法的基本流程

內　　涵
1. 矯正者首先示範會引發焦慮的行爲給個案看。
2. 要求個案模仿矯正者，而矯正者透過肢體鼓勵和協助個案完成動作，矯正者和個案間的關係再次建立，並安撫個案。
3. 矯正者逐漸減少協助。個案開始在矯正者僅在場卻不予協助的情況下演練（這種支持最後也會取消）。
4. 矯正者示範的行爲是進階的（由最輕度到最嚴重的恐懼或焦慮行爲）。

參與模仿法已被用於矯正懼牙醫症、說話緊張、迴避洗澡及空曠恐懼症等（Ballard & Crooks, 1984）。這種方法可能是因爲組合了模仿及行爲演練，較影帶模仿和現場模仿來得有效。

3.影片模仿法

Barbara Melamed曾率先利用影片模仿法來進行實驗，他製作了一部示範影片（片名爲伊森的手術）用以降低兒童對於住院治療和醫療程序的焦慮。結果顯示觀看過示範影片的兒童在手術後顯出較少焦慮，問題亦較少。相關的研究的效果也是相當顯著的。

4.其他象徵模仿法

雖然影片和影帶模仿是象徵模仿法用來矯正恐懼或焦慮的主要模式，但在某些時候也會使用其他的象徵模仿法。例如一部描寫無尾熊去看病的布偶戲跟影片的效果相同或者民間故事的應用。

綜上所述，目前學者們大致上已發展出想像本位暴露法、自我教導訓練法、認知重組法、認知能力訓練法及模仿訓練法等五種認知本位的行爲改變技巧，來修正或改變個體不適當行爲。雖然已獲得一些成就，惟仍須進一步發展與驗證。

本章重點

1.本位的行爲改變技巧是假定不適應的認知過程會造成不適應行爲，而改變這些過程就能導正不適應行爲。

2.本位的行爲改變技巧是藉著轉換認知過程來改變個體的行爲，認知過程在矯正上包括：知覺、自我陳述、歸因、期望、信念、及想像或心像等。

3.想像本位暴露法（imagery-based exposure treatments）是指讓個體暴露在

引起焦慮的刺激情境中，以達到矯治的效果。

4. 想像式的系統減敏感法是指訓練個體能夠完全放鬆且在引起最少至最大的焦慮情境中放鬆，直至消除這些情境所引起的焦慮。想像式的洪水法是訓練個體能夠完全放鬆且在最後引起焦慮的情境中放鬆，直至消除這些情境所引起的焦慮。想像式洪水法似乎比想像式系統減敏感法來得更有效。

5. 內隱制約技巧是因為它要求個體去想像目標行為及其後果；而被稱做「制約」，是因為重點在學習，包括：古典制約作用、操作制約作用及觀察學習。

6. 內隱制約技巧包括：內隱厭感制約、內隱消弱、內隱反應代價、內隱正增強、內隱負增強及內隱示範等。

7. 內隱制約技巧已被應用在各類問題上，不過此項技巧只對有限的臨床問題有效，且其矯正程序常由專業治療師進行。

8. 自我教導訓練（self-instructional training）是加拿大臨床心理學家Meichenbaum所建立的的認知行為改變技術。

9. 自我教導訓練的基本假定是人們對他們自己所說的話，決定了他們在其他方面所做的事。假如我們要改變個人的行為，就須先考慮他在行動之前所做的思考。

10. 認知行為改變取向著重於讓個體瞭解負向內言對其的不良影響，然後運用自我教導訓練，鼓勵個體直接改變自己的內在語言，來降低或消除情緒困擾或不適應的行為。

11. 根據Meichenbaum的看法，要實施自我教導訓練，首先要設計出「正向內言」，以作為訓練的主要內容。正向內言可分為：(1)是用來對抗無法專心的自控內言；(2)為用來對付造成困擾的負向內言。

12. 自我教導訓練的實施分為五個步驟：(1)認知示範。由施教者示範以大聲自我教導自己表現出所欲訓練的行為。兒童在旁邊觀察學習；(2)外顯引導。兒童在施教者的口語引導下，表現上述所欲訓練的行為；(3)外顯自我引導。兒童大聲地自我引導自己表現出該行為；(4)褪除外顯

自我引導。兒童輕聲地自我引導自己表現出該行為；⑸內隱的自我教
導。兒童以內在語言引導自己表現出該行為。

13.有些認知行為改變技術著重於降低過度的內隱行為：即不適應的思考
形式。這些技術企圖藉由認知重組的歷程來改正個體對於日常生活中
事件的感受和思考，進而達到修正其問題行為與情緒。目前有兩個廣
泛強調運用認知重組的方法是艾里斯的理情治療法和貝克的認知治
療。

14.理情治療法又稱為「ABCDE理論」。此種治療法的基本前提是情緒
困擾常源自於錯誤和非理性的思考。已有五種非理性普遍形式被確認
了：⑴絕對的思考方式。用一種不是全部就是什麼都沒有，不是黑就
是白的方式來看待事件；⑵毀滅性地執著於將小狀況視為嚴重的；⑶
對於挫折的容忍度低，沒有能力忍受小麻煩；⑷過度概括性思考；⑸
沒有自我價值感。這些思想會增進人們對情境的負面看法。

15.Albert Ellis的「ABCDEF」理論主要是透過讓個體瞭解其信念系統對其
情緒及行為後果的影響，讓個體能夠瞭解個人的理性信念會造成適當
的情緒後果及適當的行為後果。其中，「A」（緣起事件）並不是直接
導致「C」（情緒與行為之行為後果）的結果，而是個人對於緣起事件
的看法「B」（非理性的信念）導致行為後果「C」。然後，協助個體
辨認出他自己的非理性的信念，並進行猛烈的駁斥「D」（駁斥和干
涉非理性的信念），以期個體的思考能由原有非理性的信念，轉換為
新的理性思考，進而產生新的情緒和行為「F」。

16.練習理情治療法的基本步驟：排除「一定要」的情結。首先，寫下使
用「一定、應該、必須、應當」的例子。針對每一句「一定要」的想
法，寫下簡短的反駁論點，這些論點要解釋為何想法是非理性的。最
後，寫下理性的想法作為非理性想法和「一定要情結」的抉擇。理性
的想法要反映出你對自己的行為導正負責，並聲明你所想要的或是選
擇的，而非你相信一定要做的。

17.理情治療法在處理各種情緒和行為異常的成效。研究顯示：⑴理情治

療法對某些異常似乎是有效的，如焦慮；(2)在處理恐懼和焦慮方面，理情治療法比其他處理方法（如系統減敏感法），並不特別優異或較為無效；(3)少有事實顯示理情治療法的改進是持久的；(4)許多理情治療法的報告或設計不佳，使其結果不夠明確。

18. 認知治療是一種處理行為和情緒異常的認知重組法，類似於理情治療法，情緒困擾常源自於錯誤和負面的思考形式，必須改正。

19. 認知治療的基本概念稱為基模，它是組織個體經驗與影響其對於日常事件的知覺、解釋及歸因的一種基本的認知結構。凡發展出情緒問題的人，這些核心信念均傾向變成自動思想：習慣或經常地發生不適當的思考形式。

20. 認知治療比理情治療法更強調治療者與個案之間的協同努力。在治療上，治療者試著建立信任關係，然後引導個案發現和檢視自己不適當思考形式下的認知錯誤。

21. 認知治療使用假設考驗的技巧。一旦治療者與個案發現錯誤信念或思想，他們會將其視為假設而非事實，同時試著根據贊成和反對的事實、尋找特定情境或感受的各種解釋及信念的真正涵義等來驗證假設。

22. Beck的治療程序相當重視蘇格拉底對話的應用。這是一種透過不斷詢問對方名詞的定義、邏輯推理及據實的問答式談話，來協助當事人體會想法和情緒間的關聯，並逐步澄清和改正自己的想法。

23. 認知治療有許多特定的介入技巧來直接改變當事人的認知。例如，使用「三個欄位」的技巧：(1)第一個問題是證據是什麼？(2)第二個問題是用什麼別的方式來看待它呢？包含對事情的解讀及抉擇形成；(3)第三個問題是如果真的發生了怎麼辦？

24. 認知能力訓練法是採取不同於認知重組法的一種認知行為改變技術。它主要是藉著訓練個體未曾擁有或使用過的認知能力，來企圖矯正個體適當內隱行為的不足，使其能夠運用這些新的技巧來降低外顯和內隱的情緒問題。

25.壓力免疫訓練是設計來提供個體自我防衛的能力，可在面臨壓力時應用。此種治療形式教導因應能力，並讓個案經由三個階段來練習這些因應能力：(1)概念化。在此階段，個案探討其過去的壓力經驗，來學習壓力的本質及其因應的方式；(2)能力獲得與演練。在此階段，個案將學習特定的行為和認知因應能力，如放鬆、系統減敏感、自我陳述及因應陳述；(3)應用。在此階段中，協助個案將新學習的能力轉銜至自然環境中。

26.問題解決訓練是一種認知行為治療的形式，讓個案學習確定、發現有效或適應的方法，來探討生活中所面臨問題。這種形式的治療可用來降低個案的情緒異常或增進他們適應社會的功能。

27.每個個案的問題都有不同的層面或範圍。最有效的方法是採取多種不同的技巧。

28.楷模在當場鮮活地呈現是現場楷模；若間接觀察楷模稱為象徵性楷模。觀察楷模提供了兩個重要訊息：(1)楷模在做什麼；(2)楷模的行動為它帶來了什麼行為後果。楷模行動的行為後果是非常重要的，即替代性行為結果，因為它指出了觀察者若模仿楷模的行為可能會遭遇的結果。

29.模仿對觀察者具有教導、促進、引發動機、降低焦慮、抑制作用等功能。

30.觀察學習是人們經由觀察他人行為而受影響的一種過程。這個過程包含呈現、習得、接受等三個循序階段。

31.模仿矯正主要用於兩大範圍：(1)社會技巧不足；(2)恐懼。

32.恐懼或焦慮可能是由於預期負面結果或社會技巧不足所導致。運用模仿技巧可使這兩種情況改善。現場模仿即楷模以身置實境方式讓個案藉以減低其恐懼或焦慮；參與模仿指矯正者為個案示範會引發焦慮行為，然後鼓勵並指導個案參與演練。

回顧與知新專欄 ....

※選擇題

(　　) 1. 小明正在減重，他每天量體重並作紀錄。下列何者最適合描述他目前的行為？　(A)自我效能（self-efficacy）　(B)自我應驗（self-fulfilling）　(C)自我監控（self-monitoring）　(D)自我增強（self-reinforcement）　　　　　　　　　　　　　　【◆100教檢，第3題】

(　　) 2. 某生對吹風機的聲響十分害怕，為處理他的害怕行為，老師首先用錄音機播放很小的吹風機聲音，搭配該生喜歡的洋芋片，再逐漸增大吹風機的音量。老師是採用何種策略？　(A)消弱　(B)隔離　(C)負增強　(D)系統減敏　　　　　　　　　　　　　【#101教檢，第29題】

(　　) 3. 學生觀看卡通節目以後，學習劇中主角所展現的性格特質。這種反應屬於班度拉（A. Bandura）社會學習論中的哪一種模仿？　(A)抽象模仿　(B)象徵模仿　(C)綜合模仿　(D)直接模仿

【◆103教檢，第7題】

(　　) 4. 小林是國小資源班學生，無論是在早上或中午午休過後，都會有起不來的情況，所以希望能夠改變賴床習慣，他接受老師的建議採取了幾項改變賴床的前提事件：「甲、天天記錄自己起床的時間。乙、起床後去叫別人起床，提醒自己不再回去睡。」這是哪一種建立期望行為之前提事件控制的策略？　(A)安排建立期望行為的操作　(B)降低不受歡迎行為之可區別性刺激或暗示　(C)降低期望行為的反應難度　(D)安排可區辨的刺激或提示來引發期望行為

【107桃園國小及學前特教教甄-C，第22題】

(　　) 5. 程老師想以自我教導策略教導大虎刷洗洗手檯。下列哪一組是正確的教導步驟？甲、現在請你注意看老師的示範　乙、現在老師不說話，你自己小聲說並做同樣的動作　丙、現在在心裡默唸就好，你在心裡唸並做同樣的動作　丁、現在老師說什麼，你就做什麼，跟著老師的口令做動作　戊、現在老師會小聲說出該做的動作，你要大聲跟著老師說並做相同的動作　(A)甲→乙→丙→丁→戊　(B)丁

　　→戊→乙→丙→甲　　(C)甲→丁→戊→乙→丙　　(D)丁→甲→戊→乙
　　→丙　　　　　　　　　　　　　【108新北市國小暨幼兒園教甄，第40題】

(　　) 6. 某身心障礙兒童對於新環境感到異常焦慮，其父母從入學前一段時
　　　　間開始先依序讓他看學校的照片、遠觀學校、經過學校門口、踏入
　　　　校園，如此由遠而近的帶他接近學校環境。這種安排最符合下列哪
　　　　一種行為輔導策略？　　(A)反應類化　　(B)區別增強　　(C)過度矯正
　　　　(D)系統減敏　　　　　　　　　　　　　　　【#108-2教檢，第24題】

(　　) 7. 小星喜歡看影集，他喜歡超人、蜘蛛人打擊犯罪、濟弱扶貧的作
　　　　為，因而在班上也常扮演主持正義的角色。依照班度拉的社會學習
　　　　理論，小星的行為屬於何者模仿？　　(A)直接模仿　　(B)綜合模仿
　　　　(C)象徵模仿　　(D)抽象模仿
　　　　　　　　　　　　　　　【109桃園國小及學前特教教甄-A，第13題】

(　　) 8. 某情緒行為障礙學生，常常會對生活周遭的事情感到過度焦慮及
　　　　害怕，以至於出現身體不適的症狀，老師引導他寫出令自己焦慮
　　　　害怕的情境，教導他自我放鬆的技巧，這是屬於下列何種策略？
　　　　(A)系統減敏策略　　(B)認知行為策略　　(C)心理分析策略　　(D)完形
　　　　治療策略　　　　　　　　　　　　　　　【☆110教資考，第15題】

(　　) 9. 融合教育班級的老師藉由全班行為契約，定期選出班級中行為表現
　　　　好或進步較多的學生，藉此讓學生學習適當的人際互動行為。這種
　　　　策略屬於下列何者？　　(A)楷模學習　　(B)角色扮演　　(C)增強作用
　　　　(D)逐步改變　　　　　　　　　　　　　　【☆110教資考，第17題】

(　　) 10. 下列哪一項是採用自我教導（self-instruction）策略訓練學生自我
　　　　專注行為的正確程序？甲、學生心中默唸並引導自己表現出專注行
　　　　為　乙、學生小聲說出自我教導專注行為的內容並表現出該行為
　　　　丙、教師一邊示範專注行為，一邊大聲說出自己正在做的事情，學
　　　　生在旁觀察　丁、教師大聲說出自我教導專注行為的內容，學生依
　　　　據教師的引導表現出專注行為　戊、教師小聲說出自我教導專注行
　　　　為的內容，學生則大聲說出自我教導內容並表現出專注行為　　(A)
　　　　乙→丙→丁→甲→戊　　(B)乙→丁→丙→戊→甲　　(C)丙→乙→丁→
　　　　戊→甲　　(D)丙→丁→戊→乙→甲　　　　　【☆111教資考，第18題】

(   ) 11. 下列何者運用認知行為取向的策略？甲、小美玩火燙傷，以後不敢再玩火　乙、小華在衝動的時候，常自我提醒要冷靜　丙、小東去看牙醫，治療過程疼痛讓他不敢不刷牙　丁、小明上台報告時，會告訴自己：「別緊張，深呼吸，慢慢來！」　(A)甲丙　(B)甲丁　(C)乙丙　(D)乙丁　　　　　　　　　　　　　【☆112教資考，第23題】

參考答案

1.(C)　　2.(D)　　3.(B)　　4.(D)　　5.(A)　　6.(C)　　7.(C)　　8.(B)　　9.(A)　10.(D)
11.(D)

◆表示「教育原理與制度」應試科目；#表示「特殊教育學生評量與輔導」應試科目；☆表示「學習者發展與適性輔導」應試科目

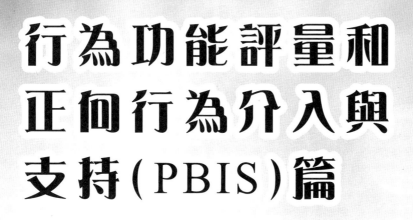

行為功能評量和
正向行為介入與
支持（PBIS）篇

第八章

功能性評量及正向行為介入與支持

第一節
行為問題的功能性評量

在許多情境上，行為問題不僅是危險的，而且似乎是無法理解的。良好「**功能性評量**」（functional assessment）的目標之一就是清楚地瞭解行為問題的來源。由於我們大都是針對評量標記（如自閉症、智能障礙及唐氏症等）或者是行為問題的簡單形式（打人、踢人、尖叫等），所以很少能夠達到良好功能性評量的目標。

不過，現在我們瞭解到所有行為絕非是無的放矢的，只要仔細地加以探究，就可能會發現每種行為，不管其好壞，對個人來說都有其存在價值和功能（施顯烆，1995）。Iwata等人（1990）曾舉出三點運用「功能性評量」的優點：(1)它可以提供行為改變處理計畫更為正確的資料；(2)它可以發展出一套系統化的行為處置計畫；(3)它有助於產生更為完整的行為處置計畫。因此，有越來越多的行為分析和改變者致力於透過系統的評量和瞭解行為問題發生情境，以及維持這些行為的行為後果來達到這項要求。

一、何謂功能性評量？

「**功能性評量**」**乃是一種蒐集行為資料並分析其行為功能的過程**。它的目的是要經由有效地蒐集資料與分析，來增進行為支持或介入的效果和效率（Horner & Carr, 1996；O'Neill et al., 1997）。細言之，我們若能達成下列五項主要結果，就表示已經完成了功能性評量（如表8-1）：

表8-1　功能性評量過程中的五項主要結果

項　　目	內　　　　　容
結果一	清晰的描述行為問題，包括行為問題經常發生的順序或類別。
結果二	確定事件、時間及情境，來預測行為問題在日常各種範圍發生或未發生的情形。

（續下表）

結果三	確定維持行為問題的行為後果。
結果四	提出一種以上的假設或陳述，描述特定行為、情境及維持情境的結果增強物。
結果五	蒐集支持假設的直接觀察資料。

　　至於用來執行「功能性評量」的形式有多種：任何人曾經使用過所謂的A-B-C行為分析法，即找出行為的**前提事件**（antecedent, A）——目前的**行為表現**（behavior, B）——**行為後果**（consequence, C），並從中歸結出目標行為與前提事件、行為後果間的關係，就表示他已執行了一種功能性評量的形式，如表8-2。此外，任何曾經在不同情境下觀察過表現出不適當行為的人，並指出「她表現出那些行為是因……」，也表示她已經發展了影響行為的結論性陳述。

⌇表8-2　ABC行為分析法

觀察者：廖○○				個案姓名：小高	
目標行為：1.（類似）過動行為：不專注、衝動。 　　　　　2.人際互動：易與人產生（小）衝突。 　　　　　3.其他行為：執著。					
日期	時間	地點	前提事件(A)	目前的行為表現(B)	行為後果(C)
10/12	09:14	教室	聽故事時不太專注，會做其他事。	不停地玩手指、腳掌或衣服。	經過老師的小聲提醒，小高能恢復專心一陣子，但有時還是會繼續做其他事。
10/26	10:32	走廊	老師請學生慢慢走到廁所。	小高一直用衝的。	經過老師大聲地口頭提醒或者請他再做一次正確動作後，小高能做出正確動作，但有時可能在走回教室的途中又再犯。

（續下表）

10/26	11:05	教室	角落遊戲時，小高和同學一起堆積木。	小高直接搶走小朋友手上的藍色積木。	經過老師口頭提醒或是同學的指正後能改正，但後續仍會有爭搶行為的出現。
11/09	08:47	教室	小高原本專心的聽老師講話（課程進行）。	一直看著另一個老師在工作櫃拿東西。	經過老師在他耳朵旁的小聲提醒，小高能恢復專心一陣子，但有時還是會繼續做其他事。
11/09	10:16	教室	課程進行告一段落，準備做鬆餅。	小高興奮地在教室裡衝來衝去。	經過老師大聲地口頭提醒或者請他再做一次正確動作後，小高能做出正確動作，但有時可能在走回教室的途中又再犯。
11/09	10:54	教室	老師幫學生做完全部的鬆餅。	嘉嘉不斷地搶著要第一個吃。	經過老師大聲地口頭提醒或者請他再做一次正確動作後，亦或是同學的指正後，小高能做出正確動作，但有時可能在走回教室的途中又再犯。
11/23	09:05	教室	閱讀時間，小高很想跟另一位同學一起分享圖畫書。	同學拒絕他，他就直接把書搶過來。	經過老師口頭提醒或是同學的指正後能改正，但後續仍會有爭搶行為的出現。

（續下表）

11/23	10:28	走廊	老師請學生到洗手台洗手，準備吃點心。	小高很執著地用第二個水龍頭，洗了很久，不讓後面的同學洗，感覺也不太想讓旁邊的小朋友靠近。	經過老師口頭提醒或是同學的提醒後仍不太能改正，但後續仍會有類似行為的出現。
12/14	09:30	教室	老師請學生把資料夾收進個人櫃。	小高爭先恐後的搶第一個衝到櫃子前，不小心把旁邊小朋友的資料夾弄掉了，但他與同學都沒做出反應。	經過老師口頭提醒或者請他再做一次正確動作，亦或是同學的指正後，小高能做出正確動作，但有時可能又會再犯。
12/14	10:43	教室	老師在講解搓湯圓的動作。	小高一直想要示範且不停地打斷老師，並大聲說出搓湯圓的動作。	經過老師口頭提醒後能改正，但後續仍會有類似行為的出現。

結論性陳述

根據觀察，小高在面對自己喜歡的課程結束之後要開始新動作時，常需老師再三提醒，有時還要再經過好一陣子才能從上一個興奮的情緒裡抽離，例如：早上的故事結束後或上完有趣的課程後→活力異常充沛、衝動行為。

在不專注行為部分，我覺得經過老師的小聲提醒，小高雖然能恢復專心一陣子，但有時還是會繼續做其他事，感覺這樣的方法對小高不算有效。而人際互動上，小高易與人產生小衝突，經過老師口頭提醒或請他再做一次正確動作，亦或是同學的指正後，小高能做出正確動作，但有時可能會再犯，後續仍會有類似行為出現。至於執著行為，雖然不太常觀察到，但老師發現這個行為常會伴隨著爭搶或與人衝突，感覺老師的提醒和指正也不能得到完全的改善。但老師覺得小高喜歡與他人互動，但似乎因他常爭搶他人的東西或較易跟人產生摩擦，所以許多同學會拒絕跟小高一起遊戲。

（續下表）

觀察者可能發現的形式
‧問題行為最有可能發生的時間、地點及人物？ 在課程進行中、角落時間或是上廁所的時間都有可能發生；老師或他人的一舉一動都有可能引起小高的注意或互動上的摩擦。 ‧維持問題行為發生的可能行為後果？ 口頭提醒／指正或重複練習等方式，不能完全改正小高的行為，後續還是可能會在發生。 ‧伴隨問題行為一起發生的是什麼？ 小高的人際互動相對於其他同學顯得較差。

二、實施功能性評量的理由

　　實施「功能性評量」有兩項核心理由。**第一項理由是在建立有效的行為支持上，行為問題發生的時間、地點及原因是相當具有價值的。**如果所發展的行為介入策略沒有實施「功能性評量」的話，它們可能會導致行為更加的惡化。我們都已經看到一些事實，例如發脾氣的兒童獲得到酬賞，然後被告訴說只要他安靜下來就可得到酬賞，或者是兒童會表現出攻擊性行為來避免學習任務，而被送到角落隔離。上述例子中，這些假想的解決方法都真正地增加了行為問題。「功能性評量」不僅有助於發展有效的計畫，而且可以協助我們避免採用錯誤策略或技巧。

　　第二項理由則是「**針對嚴重行為問題實施功能性評量乃是一種專業性標準**」。「美國行為分析協會」（Association for Behavior Analyst）曾經出版《有效處理的權利》（*Right to Effective Treatment*）一書中就指出：「所有接受行為介入的個案應擁有接受專業性功能性評量的權利」（Van Houten et al., 1988）。另外，「全美健康機構」（National Institutes of Health, NIH）也通過一項執行危險性和破壞性行為的決議（NIH Consensus Report, 1989），強烈要求實施功能性評量的程序。最近，全美已有許多州（例如明尼蘇達、佛羅里達、加州、奧瑞岡及紐約等）制訂法

律或相關規定，來明定在顯著的行為介入之前，實施功能性評量的需求。近年來，臺灣也開始引進這些觀念，作為處理行為問題的程序之一。

三、功能性評量的實施方法

最常使用來蒐集「功能性評量」資料的實施方法有三：「**詢問法**」（informant methods）、「**直接觀察**」（direct observation）及「**功能性分析**」（functional analysis）。分別描述如下（施顯烇，1995；張正芬，1997；O'Neill et al., 1997）：

(一)詢問法

實施「功能性評量」的首要策略就是與個案或者是瞭解個案者直接接觸和交談。個案本身可能有條件提供行為問題發生的有關資訊，或從相關他人尋求此類資訊（例如父母、教師）。面談與其他詢問方法（問卷和評定量表）在界定和縮小變項範圍上是很有用的。目前在國外使用很普遍的是由Durand和Crimmins（1988）所發展出來的「動機評量表」（Motivation Assessment Scale, MAS）和O'Neill et al.（1997）所提出的「功能性評量面談表」（Functional Assessment Interview, FAI）。其中MAS可以分析得出四種行為功能，包括要求物品或活動、尋求自我刺激、獲得注意及尋求逃避。洪儷瑜（1994）亦曾制訂類似的評定量表——「過動行為功能性評量表」，採取五個等級，也可以分析出四種行為功能，包括感官刺激（1、5、9、13題）、逃避（2、6、10、14題）、要求明確的東西（4、8、12、16題）及要求注意（3、7、11、15題）。其評量項目如表8-3所示：

♂ 表8-3　過動行為功能性評量表內容

1. 當他一人獨處時他更易動個不停或無所事事。
2. 當有人要求他做事，他會變得更不專注。
3. 當你轉移注意和別人說話時，他開始變得不專注或好動。

（續下表）

4. 當他得不到他想要的事物時，他會變得更不專注或好動。
5. 他不能專注在某工作或活動上，而常一再的出現類似的活動行為。
6. 當他遇到困難（或較需花時間）的工作時，他會顯得更坐不住或好動。
7. 當您不注意他時，他會更易顯得不專注或好動。
8. 當他心愛的事物被移走時，或被禁止繼續他喜愛的活動時，他會顯得無法專注在應專注的活動上。
9. 即使周圍沒人在，他也不能一個人專注，常動個不停。
10.當您要求他從事某件事時，他會顯得不能專注來讓您注意他或更生氣以示反抗。
11.當您停止注意他時，他更易顯得不專注或好動，惹您生氣。
12.當您給他他所要的事物時，他會變得較專心或安靜。
13.他不專注或不能持續在一件事情上時，也常不顧他人的存在。
14.當您停止要求他時，他會很快地安靜下來。
15.他似乎會以不專注或活動行為來引起您注意他，並花一點時間與他在一起。
16.當他從事他有興趣的活動時，他能專注和安靜。

（參考自洪儷瑜，1994，p.106）

　　任何面談的主要目標在確定那些環境中事件與個人特定的行為問題有所關聯。面談時，我們應該考量個人所表現的日常例行事件。如果是針對學校中的兒童，那麼班級中的例行事件是什麼？兒童進教室的情形？課間和午餐時發生了那些事情？運用面談問題來瞭解兒童在顯著例行事件中的特徵。而這些特徵產生了什麼改變，似乎與行為問題的增加或降低有關。相同情境、評量及行為問題形式下的兩位個案可能會有極為不同的特徵。

　　良好「功能性評量」要項之一就是將行為問題置於環境條件中。而行為分析或改變者也指出我們總是在談論環境條件中所發生的行為，而非個人。如果我們視行為問題發生於個人，就會試著改變個人；同樣的，如果我們認為行為問題發生於環境條件中，就會試著改變環境條件（context），來改變行為。事實上，**「功能性評量」**乃是一種瞭解與行為問題有關環境條件（前提事件和行為後果）的過程。而詢問法則是確認與

個體行為問題有關之環境條件重要特徵的一種很有價值的工具。

O'Neill et al.（1997）和Horner et al.（1993）曾指出文獻中許多「功能性評量」面談和問卷的實例，大都是強調獲得下列幾項資料：

> ・引發關心的行為問題是什麼？
> ・行為問題之前，正發生何種事件和情境或身體條件，可以確實地預測行為問題的發生？何種事件和情境，可以確實地預測不會發生行為問題？
> ・獲得行為問題發生時的特定情境，什麼行為後果維持著行為問題？
> ・何種適當行為所產生的行為後果與維持行為問題之行為後果相同？
> ・從先前無效、部分有效或短暫有效的行為支持策略中，我們可以獲得那些啟示呢？

㈡直接觀察

「直接觀察」是指在日常生活中系統性地觀察行為問題者。長久以來，有系統的直接觀察已經是行為應用程序的基礎。這種蒐集行為資料的方法通常由教師或父母來負責直接觀察的工作。最常見的是A-B-C行為分析法（如表8-4）與O'Neill et al.（1997）所發展出來的「功能性評量觀察表」（Functional Assessment Observation, FAO）（如表8-5）。在大多數個案中，觀察者直接記錄行為問題所發生的時間、前提事件、行為後果，以及他們對於此一實例中行為功能的看法。例如，運用A-B-C的行為分析法重複蒐集10至15次此類行為資料後，觀察者可能就會有機會發現下列形式：

1.行為問題最可能發生的時間、地點及人物？
2.維持行為問題發生的可能行為後果？
3.伴隨行為問題一起發生的是什麼？

◈ 表8-4　A-B-C行為分析法的格式

觀察者：_____ 個案姓名：_____

目標行為：

日　期	地　點	前提事件 （A）	目前的行為表現 （B）	行為後果 （C）	備註

結論性陳述：

　　直接觀察法是直接獲得行為資料的有效方法，但往往需要花費大量時間來蒐集和分析行為資料。

表8-5　功能性評量觀察表的格式

時間	行為問題				前提事件				感受的行為功能 獲得			逃避／避免			真正的行為後果		評論／備註
觀察者：　　　個案：　　　　起始時間：　　　結束時間：																	
總計																	
事件	1	2	3	4	5	6	7	8	9	10	11	12	13	14	15	16	17	18	19	20	21	22	23
日期																	

（修改自O'Neill et al., 1997）

㈢功能性分析（functional analysis）

第三項用來蒐集功能性評量行為資料的策略就是系統化地實驗操弄與行為問題有關或無關的特定變項，以便找出行為所代表的真正功能。實施時，要系統性地監督和操弄環境中的行為。有種經常使用的「功能性分析法」就是操弄目標行為發生之行為後果；另外一種方法則是操弄結構性變項，例如任務的難度、任務長度、活動中所提供的注意水準、及活動上的選擇或缺席等。在功能性評量方面，**「功能性分析法」**乃是一種最為精確且嚴謹的方法。它是唯一要求明確顯示環境事件和行為問題間功能性關係的方法。由於功能性分析包括創造引發行為問題的情境及成功歷程需要類似研究的能力，因此受過訓練的人員實施功能性分析，若未直接參與實施行為分析研究，往往是不夠明智的。

這種方法的優點是可直接操弄變項來驗證假設。不過，由於行為與環境間的關係相當複雜，有時並不容易明確地認定維持行為的功能（Iwata et al., 1994）。此外，它的實施難度頗高，必須受過訓練的人才能進行，往往會造成推廣的問題。

四、行為問題的功能形式、內涵與策略

目前已有多位學者確認了行為問題的某些功能形式，包括「社會性正增強」、「內在感覺性正增強」、「外在感覺性正增強」、「社會性負增強」、「誘發出來的問題（反應性）行為」及「醫學成因」等（Day, Horner, & O'Neill, 1994; Martin & Pear, 2019; Iwata et al., 1994），茲分別說明如下表8-6所示：

♂ 表8-6　行為問題的功能形式、內涵及策略

功能形式	內　涵	策略舉例
社會正增強	由他人的注意而維持的行為問題	可設計運用注意的處遇來針對個人未表現行為問題（DRO）或表現與行為問題相對立的行為（DRI）。這些設計的目的在消除不適當行為。另外一種作法則是讓行為在更適當情況下發生，然後在可接受的情況下降低行為問題。
內在感覺性正增強	行為問題受到自我刺激的維持（如按摩頭皮會產生令人舒服的刺痛感覺）	如果刻板化或自傷行為受到感覺性增強所維持，則可充實環境來降低個人的感覺性刺激行為。另外，改正產生感覺性後果的行為來消弱自我刺激行為也可能是有效的。
外在感覺性正增強	行為問題是受到環境行為後果所維持的（如愛扔玩具的小孩可能很喜歡玩具掉到地上的巨大聲響）	如果成因分析顯示行為問題是受到外在感覺性增強所維持，則處遇應包括感覺性增強受歡迎的替代性行為。
社會性負增強	行為問題受到逃脫要求所維持（如強光下的眨眼或掩耳來逃避大聲。逃脫厭惡刺激也可以造成行為問題）	排除此種過度行為的逃避功能，就可降低行為問題。另外，對語言障礙者可教導他們其他的溝通方法（如輕敲手指或舉手）。同時還可依難易層次來設計欲要求的行為。
誘發出的問題（反應性）行為	引發出來的行為問題（如攻擊會被個體討厭或嫌惡的刺激所引出）	處遇可包括建立一種或多種行為反應來與它對抗。也就是說，我們可先觀察並做功能性分析，找出引出該行為問題的前提事件及原因，運用其他刺激來改變因特定刺激所產生的行為問題。
醫學成因	不能說話的個體可能會以撞頭來降低內在來源的痛苦。例如中耳炎（負增強）	行為問題若具有醫學成因，則在處理行為問題前應諮詢醫生。這並不是說行為技巧是無效的，其實它們常可發揮作用。例如，處理過動行為最好結合行為療法與醫學。

第二節
功能性評量和分析策略

前一節我們提出了三種蒐集「功能性評量」和分析資料的策略：詢問相關個人、直接觀察行為及系統化地操弄環境條件（即功能性分析）。通常，我們先開始詢問、然後直接觀察行為、最後再完成系統化的功能性分析。在許多日常生活情境上，詢問和系統化地直接觀察已經成為描述不適當行為與確認維持行為後果的主要方法。以下我們將先介紹O'Neill et al.（1997）所發展出來的「功能性評量面談表」（FAI），然後再來描述「功能性評量觀察表」（FAO）的實施步驟：

一、詢問相關個人——功能性評量面談表（FAI）

(一)詢問對象、時間及結果

個體行為是非常複雜的。研究人員、老師及家庭在個人學習史上，可以確認出許多影響其行為的事情。至於「功能性評量」面談的目的主要在蒐集影響行為問題事件的有關資料，而行為矯正者的任務就在縮小這些事件的範圍。就技術層面來看，「功能性評量」面談並不是一種嚴謹的功能性分析。不過，面談卻有助確認這些變項——情境、事件及活動——成為直接觀察或系統性實驗操弄的對象。以下乃是「功能性評量」面談對象、時間及結果的描述（表8-7）：

❀表8-7　功能性評量面談對象、時間及結果

面談對象	面談時間	面談結果
包括教師、提供支持人員、父母、家庭成員或瞭解個體的其他相關人員以及對行為表示關心的人。惟先與教師、父母及提供支持人員交談是最具有意義的。	針對複雜的行為，功能性評量面談大約花費45～90分鐘。事實上，所需花費的時間往往視面談對象而有所不同。	1.描述所關心的行為。 2.確認一般和立即的生理與環境因素，來預測行為問題的發生與否。 3.確認行為問題的潛在性功能。 4.發展結論式陳述，描述情境、行為及其功能之間的關係。

(二)功能性評量面談表的運用

O'Neill et al.（1997）等人所提出的「功能性評量」面談表（FAI）可以分為十一項類別（如附錄一）。表8-8簡要的描述「功能性評量」面談表中的每個部分。

(三)發展結論性陳述

面談的最終結果是要將面談資料統整為對行為問題的結論性陳述。這些結論性陳述對於其他評量活動和發展行為支持計畫是很重要的。至於結論性陳述的要素有三：(1)**情境——發生行為問題的立即前提事件**；(2)**正在發生的行為**；(3)**行為的功能或行為所產生的強化結果**。它統合了所蒐集的行為、前提事件及維持行為之行為後果的資料。我們應該試著發展下列結論性陳述：(1)**擔負特定功能的每項行為**；(2)**每種行為發生的特定情境形式**。例如，我們可能會有兩項個人自傷行為（如撞頭、咬手）的結論性陳述。一是處理小組教學活動中所發生的行為；另一則是處理坐車到學校中所發生的行為。這樣做的目的主要是為了確保我們正在處理不同的行為功能。表8-9則是一些結論性陳述的假設性例子。

表8-8　功能性評量面談表的內涵

內容部分	注意要點
1.行為描述	此部分設計兩項問題來完成三項目標。鼓勵接受面談者列出所有不適當行為。通常，行為支持計畫會繞著這些行為來設計。例如，學生的尖叫、丟東西及跑開如果都是受到教師注意所維持，行為支持計畫就可一併探究所有行為。為達成此歷程，面談者需蒐集個體的所有行為問題。
2.界定潛在的生態／情境事件	這部分包括個人環境或日常事件，不全然會在不適當行為之前後立即發生，不過仍會影響行為的表現。也就是說，這些事件可能會在早上發生，但仍會影響下午的行為問題。至於個人行為的重要情境事件包括：(1)藥物用量及其影響；(2)醫學或生理問題；(3)睡眠週期；(4)個人每日活動時間表；(5)確定學校、家庭中的其他人數，以瞭解是否與個人行為問題有關。
3.界定行為問題發生或未發生的立即前提事件	詢問行為問題發生的特定情境，包括發生時間和地點、和誰在一起及何種特定活動是有問題的。行為問題常與此類情境有關，瞭解這些關係有助於預測個人行為問題的形式。包括：(1)時間：在每天特定時間內行為一致發生與否？(2)物理情況：行為是否發生於特定的物理情況（如教室某一角落、特定的學習場所、運動場等）？這些物理情況的那些特性會影響到行為？(3)人物：行為是否一致地發生於特定人物出現時？(4)活動：那些特定的活動與行為問題有關？這些訊息可指出個體可能不喜歡的要求和活動形式。
4.確認維持不適當行為的行為後果	任何行為一再發生乃是擔任某種有用的功能或產生某種增強形式。行為可能擔負兩種主要的功能形式：獲得受歡迎的事物或逃避不受歡迎的事物。相同結果對某些人可能是重要的，對其他人在逃避類別上也可能是重要的。另外，要注意一項行為對同一人在不同情境上可能扮演著多重功能。例如，尖叫有時可用來獲得注意，有時則可避免困難任務。至於行為後果的層次亦有一系列步驟。一旦確認所關心的行為或行為類別，就可以試著偵測：(1)維持行為後果是否涉及獲得受歡迎的事物或事件；(2)行為後果是受到內在或外在事件所維持；(3)事件特性使得它們更受歡迎或不受歡迎。面談時，若能記住此類問題會有助於鎖定重要資訊，以建立支持計畫和介入策略。

（續下表）

5.界定不受歡迎行為的效能	在某些情境，個人有時會表現適當行為，有時又會表現行為問題。個人可能已經學習到如何表現適當行為和行為問題。有時他會表現行為問題，因為他們更能夠達到結果。行為越有效，越可能被表現出來。這類行為是：(1)較少需要身體上的努力；(2)會產生更快速且一致的報償；或(3)產生更快的結果。例如，對特定個人來說，尖叫或撞頭可能要比從事適當溝通行為需要較少的努力。尖叫或撞頭也可能更能快速地引發注意。
6.個體已經知道何種功能性替代性行為？	此部分問題要求個人是否已瞭解所表現的行為，可產生類似於行為問題之後果的特定資訊。例如，個人可能會以適當方式，尋求協助或要求休息。瞭解這類資訊有助於決定教學是否需要教導新技能或增強個人已有的能力。
7.個人與他人溝通的主要方法	在思考適當替代性行為方面，溝通乃是嚴重行為問題者最重要的技能。如果要求支持有效，就須瞭解個人在環境中對他人溝通訊息的方法。此部分要求先記錄個人的溝通策略，然後提供圖表總結個人使用不同反應形式，來達成共同的溝通功能。
8.應該做或應該避免的事	此部分是在探究活動或教學中有關作法的資訊。例如，有人喜愛快節奏、大聲且生動的互動、持續性地鼓勵等；有人則喜愛慢節奏、安靜且懶於與人互動。
9.個人喜歡那些對其具強化作用的事情？	如果想要發展成功的支持策略，確認有效的增強物（物體、事件、活動）是非常重要的。我們應瞭解個人尋求那些活動或事件，而這些事件是他人所提供的。面談雖可產生有用的資訊，不過支持計畫常需要直接測試個人的嗜好。此外，確認行為問題的功能在選擇增強物上也是有用的。例如，個人表現行為問題來逃避情境，則提供自由時間可能是具有增強作用的行為後果。
10.瞭解不受歡迎行為史、曾嘗試用來降低行為的方案及其效果	學習他人已嘗試過的介入形式及效果，可以提供影響行為的線索。例如，隔離策略若已試過，且能增加行為的頻率，就可指出行為是受到逃避情境或要求所強化的。通常，很難清晰地獲得這項資訊，不過嘗試是重要的。
11.針對每一行為後果，發展結論性的陳述	此部分提供了總結面談的空間。這些總結性陳述對於日後系統性直接觀察和發展支持計畫是很重要的。

⚘表8-9　結論性陳述的假設性例子

1.小華被停止玩電腦或錄音機時，他可能會躺在地板上尖叫，並持續要求玩電腦或錄音機。
2.在家裡活動低或較不受到注意時，小傑會翻滾並開始咬手以產生自我刺激。
3.開始對閱讀或數學作業有困難時，小英就會低頭、拒絕回應及闔上書本，試著逃避完成作業。

二、直接觀察──功能性評量觀察表（FAO）

「直接觀察」乃是功能性評量歷程的要件。這個過程在蒐集直接觀察的資料，來驗證和澄清有關預測和維持行為問題的結論性陳述（Lennox & Miltenberger, 1989）。在運用詢問法無法提供有用資料的情境上，直接觀察資料就可作為結論性陳述或假設的基礎，來引導發展行為支持計畫。我們或許熟悉各種蒐集行為資料的方法，例如軼事或書面描述、事件報告、時距紀錄及A-B-C法。雖然這些方法都各有其用途，不過卻難以使用及摘要。

下面所要介紹的功能性評量觀察表FAO及其步驟，則可用來獲得全面性資料，而無須進行冗長的摘要。這種表格也適用於多次監督行為。以下要先描述一下FAO的時機和地點、觀察者及長度（表8-10），然後再介紹功能性觀察表格的運用程序（O'Neill et al., 1997; Horner et al., 1993）。

㈠觀察者、觀察時機和地點及長度

⚘表8-10　功能性評量觀察表的觀察時機和地點、觀察者及長度

項　目	內　　　　　　　容
觀察者	直接接觸行為問題者應該負責蒐集觀察資料，例如老師、父母及家庭成員等。

（續下表）

觀察時機和地點	使用表格來蒐集個人在特定情境內不同時間的資料。而這些資料對確認行為問題發生與否的時機和地點是有幫助的。此外，FAO表格亦適用於監督出現次數較低的行為（每天少於20）。惟行為問題發生次數很高時，此種表格就需要加以修改。除非要試著記錄一天中的每一事件，否則應該採用時間取樣法。
觀察長度	理想上，觀察者應持續蒐集資料直到行為和環境／事件間的關係已清晰呈現為止。基本上，目標行為至少需要發生15～20次，至少蒐集2～5天的資料。惟蒐集的時間長度會受到行為發生次數的影響。至於資料蒐集是否需要超越先前的2～5天，取決於行為——環境關係的一致性和清晰性。

(二)功能性評量觀察表格的作法

FAO記錄了指標事件和與行為問題有關的行為後果。這種表格是繞著行為問題事件而組成的。事件與單一行為問題的發生並不盡相同，事件包括所有的行為問題。因此，一個行為問題事件是：(1)一件單一簡短的尖叫；(2)持續5分鐘的尖叫；(3)持續10分鐘，但包含幾項行為問題，而每項行為表現的時間是多重的。計算事件要比計算行為問題的正確次數（如撞頭）或持久性（尖叫）來得更正確容易且更具有資料性。

FAO顯示了：(1)行為問題事件的次數；(2)發生在一起的行為問題；(3)最可能或最不可能發生行為問題事件的時間；(4)預測行為問題事件的事件；(5)有關行為問題維持功能的看法；及(6)伴隨行為問題而來的真正行為後果。組合上述這些資料對於驗證和澄清結論性陳述是有幫助的。在多數案例中，我們發現運用FAO所獲得的資料，可提供足夠的資料，讓我們有足夠的信心發展行為支持計畫。

(三)功能性評量觀察表格的內容

功能性評量觀察表（FAO）有八項主要的部分（見表8-11）。表8-12則是這些部分的說明：

表8-11 功能性評量觀察表（FAO）格式

觀察者：		個案：		開始時間：			結束時間：			
時間						感受的行為功能			真正的行為後果	評論／備註
	行為問題			前提事件		獲得	逃避／避免			
總計										
事件	1 2 3 4		5 6 7 8		9 10 11	12 13 14	15 16 17		18 19 20		
日期										

表8-12 功能性評量觀察表的內容

代碼	項目	內容
ㄅ	鑑定／日期	填入觀察對象和蒐集資料的日期。
ㄆ	時距	在此部分列出觀察期間、情境／活動。對學生來說，我們可能會列出班級時間和內容（如，9：05～9：50國語）。
ㄇ	行為	在此部分列出觀察期間已經確認的行為。也可能要列出正面行為，如適當的溝通企圖。此種表格要求彈性的監督行為。例如，若有一種特別行為發生於低度和高度的形式，我們就可以列出每種形式，以確定其發生形式的異同。

（續下表）

ㄈ	前提或情境事件	列出面談時已經確認的重要事件，作為行為問題發生的潛在指標。表格上已事先列出一些潛在性指標，包括要求、困難的任務、中斷、缺乏注意等。至於空白部分則提供觀察者列出其他的潛在性指標。如果記錄的資料無法確定行為問題發生的事件或行為後果，亦可記錄為不知道或不清礎。
ㄅ	感受的行為功能	在ㄅ部分，要求觀察者猜想最可能的行為功能。這個部分有兩項主要領域：獲得受歡迎的事與逃避不受歡迎的事。表格中已事先列出幾項行為結果，包括獲得注意、特別的項目或活動、自我刺激及逃避要求、特定的活動及個人、以及不知道等。
ㄊ	真正的行為後果	在ㄊ部分，要記錄伴隨行為問題真正行為後果的資料。這項資料可使我們瞭解某些行為後果被提供的一致性觀念，及行為問題潛在性功能的進一步線索。如果針對逃避的行為問題實施隔離策略，可能就會真正地強化行為。
ㄋ	評論／備註	觀察者可以在這個部分寫下評論。重要的是，瞭解行為問題沒有在某些環境和時間下發生亦是有意義的。
ㄌ	記錄事件和日期	這個部分的數字行是設計來協助觀察者，追蹤行為問題事件的次數，及跨越這些事件的觀察日期。這些數字可以用來表示一種以上的行為問題事件。

（修改自O'Neill et al., 1997）

至於建立FAO來蒐集資料的步驟，包括下列幾項：

‧寫下基本確認的資料和觀察日期；
‧在表格的左邊列出時距和情境／活動；
‧列出被監督的行為；
‧在前提或情境事件部分，列出潛在的相關事件或立即的前提事件；
‧若有需要，可在感受功能部分，列出任何額外可能的行為功能；
‧列出行為發生時，被傳遞的真正行為後果。

　　圖8-1則是一項已經完成的功能性評量觀察表格。由表格中顯現了幾項重要訊息。觀察者觀察了朝偉兩天，總共記錄了十五項行為問題（見底下的事件行）。觀察了三項行為問題：「拍打他人」、「在桌上刻字」及「大吼大叫」。朝偉真正的行為後果是阻礙和重建或行為受到忽視。在行為問題發生上，觀察資料顯示清晰的形式。注意一下包含行為問題的第一個事件，它被記錄為1，行為問題的第二個事件記錄為2，依次類推。第十一個事件包括拍打他人和大吼大叫。這種行為出現於要求閱讀時，老師採取阻礙和重建的策略。至於其感受的行為功能為逃離要求。

　　在尋找整體形式上，我們瞭解到拍打他人（兩天發生11次）和大吼大叫（7次）經常一起發生，但並非總是如此（見事件3、4、5）。這項發現指出這兩項行為是相同反應，可作為相同的功能。兩種感受的行為功能都是逃避要求。阻礙和重建策略被運用在其他的拍打他人和大吼大叫的事件上。至於在桌子刻字有4次，則被認為是為了獲得注意的功能。前提事件部分是朝偉單獨學習（缺乏注意）。評論則進一步提供了事件2、10及14的資訊。不管感受的行為功能是什麼，至少在觀察期間老師忽視了朝偉在桌上刻字的行為。

㈣功能性評量觀察表格的運用

　　FAO表格的基本運用是直接的。不管行為問題發生的時間，記錄是隨著事件而來的。行為問題發生於某一時距，則在ㄅ部分填上適當的數字（如1代表第一件發生行為，2代表第二件發生行為等）。然後記錄行為問題出現的情境或前提事件部分、行為的感受功能及真正的行為後果。最後，劃掉ㄅ部分的數字，使得我們能夠瞭解下一個數字為何。如果需要評論，則在評論欄寫下它。

　　如果行為問題的出現率很低，就應該記錄每項行為的發生，如此就能夠獲得行為的真正次數。無論如何，行為問題有時會產生高頻率的爆發（如撞頭或打臉），或者是包含一種以上行為問題的發生率（如5分鐘的發脾氣，包含躺在地板、踢腳、尖叫等）。對於此種個案，觀察者應該記

觀察者：張老師　　個案：朝偉　　起始時間：10/6　　結束時間：11/6

時間	問題行為			前提事件					感受的行為功能（獲得）		感受的行為功能（逃避／避免）			真正的行為後果		評論／備註
	拍打他人	在桌上刻字	大吼大叫	要求	困難任務	單獨			注意	自我刺激	要求	活動	個人	忽視	口頭重建	
8：40-9：20 國語	1,11	2,10	1,11	1,11		2,10			2,10		1,11			2,10	1,11	
9：30-10：10 數學	3,4,5 12,13		12	3,4 5,12 13							3,4 5,12 13				3,4, 5,12 13	
10：30-11：10 社會																
12：00-12：00 音樂	6,7	14	6,7	6,7		14			14		6,7			14	6,7	
12：00-1：30 午休																
1：30-2：10 美勞	8,15		8,15	8,15							8,15				8,15	
2：20-3：00 美勞		9				9			9					9		
3：20-4：00 體育																
總計	11	4	7													
事件	1　2　3　4　5　6　7　8　9			10　11　12　13　14　15					16　17　18　19　20　21　22　23							
日期	10/6			11/6												

圖8-1　已完成的功能性評量觀察表格

錄整個爆發情形，亦即一個數字就代表整個爆發。運用此種方法可以決定爆發頻率，而非每項行為問題的真正頻率。

最後，對於高發生率的行為，表格應該使用簡短的時間取樣，即僅記錄少許或一項的行為發生。這種方法可以大大地降低蒐集資料的要求，但是也可能導致資料錯失。不管我們所使用的記錄方法，觀察者應該在轉變注意力，而在觀察表格上記錄資料之前，確保從事行為問題者的安全和支持需求。蒐集資料不應該干涉必要支持或介入的傳遞。

如同前面所描述的，瞭解行為問題未發生的地點和時間是非常有用的。表8-13則是FAO記錄過程的基本步驟（Steege et al., 1989）。

表8-13　FAO記錄過程的基本步驟

1.如果行為問題在記錄的時距內發生： 　⑴記錄者將尚未使用的數字（從底部，ㄅ部分）填入行為部分的適當空格中。 　⑵記錄者使用同樣的數字在指標、感受功能及真正的行為後果部分上，填入適當的空格中。 　⑶記錄者劃掉表格底部所列的數字。 　⑷記錄者在評論欄寫下評論。 2.如果行為問題在記錄的時距內未發生： 　⑴記錄者在評論欄的那個時距填上一個符號（如*），並寫下任何評論。

㈤練習建立功能性評量觀察表格

這個部分包括：⑴有關個體的描述性資料；⑵引用面談的一些資料來建立FAO；⑶描述一系列的行為事件。實施者的任務首先是提出空白且附有相關資料（名字、日期、行為、指標及真正的行為後果）的FAO表格，然後閱讀每一行為事件的描述（如表8-14所示），並在表格上運用適當的數字記錄其發生情形。

❀表8-14 小美的基本資料及每一行為事件描述

基 本 資 料
小美8歲。目前就讀於三年級，具有行為異常。她可以學習國語，但是數學和其他學科很差。她想要與班上多數同學互動，但是有2、3位同學拒絕她。近幾個月來，小美出現更多的分裂性行為，包括要求時會口頭拒絕、學習時會擾亂同學、大吼大叫、破壞東西、企圖撞或踢老師和其他同學。這些行為引起父母和老師的顯著關切。觀察小美3天。基於功能性評量面談，小美首要關心的行為包括大叫、破壞東西、企圖撞或踢老師和其他同學。真正的行為後果包括口頭重建和隔離到角落。

行 為 事 件					
項　　目	日期	時　　間	行　　　　為	行為功能	策　　略
事件一	10/8	上午8：44	小美大叫。沒有人與他交談	獲得注意	口頭重建
事件二	10/8	上午9：35	小美大叫、踢同學大腿（數學課）	功能不是很明確	隔離至角落
事件三	10/8	上午11：35	撕簿子和拍打老師的肩膀（社會課）	逃避任務	口頭重建
事件四	10/8	下午2：25	大叫	獲得注意	忽視
事件五	11/8	上午8：40	大叫和撞同學。沒有人與他交談	獲得注意	口頭重建和隔離至角落
事件六	11/8	上午11：48	大叫和從桌上把書本掃到地上（音樂課）	逃避任務	口頭重建
事件七	11/8	下午1：45	踩老師的腳（美勞課）	獲得注意	口頭重建
事件八	11/8	下午2：42	大叫	獲得注意	口頭重建
事件九	12/8	上午11：40	撕學習單（音樂課）	困難任務	口頭重建
事件十	12/8	下午12：15	大叫（單獨遊戲時）	獲得注意	口頭重建
事件十一	12/8	下午2：45	大叫（美勞課）	獲得注意	口頭重建

（修改自O'Neill et al., 1997）

㈥根據所記錄的表格來解釋資料

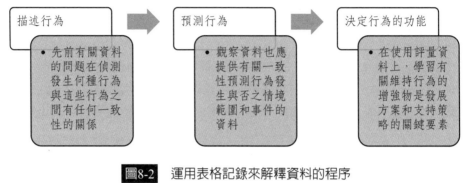

描述行為	預測行為	決定行為的功能
• 先前有關資料的問題在偵測發生何種行為與這些行為之間有任何一致性的關係	• 觀察資料也應提供有關一致性預測行為發生與否之情境範圍和事件的資料	• 在使用評量資料上，學習有關維持行為的增強物是發展方案和支持策略的關鍵要素

圖8-2　運用表格記錄來解釋資料的程序

1.描述行為

　　根據觀察資料可以告訴我們已發生的行為和發生頻率。例如小美的資料顯示，3天中，她大叫6次，破壞東西3次，及對老師和同學表現出攻擊行為5次。這些資料亦顯露出行為間重要的關係。經驗告訴我們，個人很少僅從事一種形式的行為問題。他們常從事不同形式的行為問題，例如自傷和攻擊。這些行為通常一起發生，個人可能總是大叫，然後丟東西或者是開始翻滾，接著是咬手。此類行為可能與類似的前提或情境事件有關，並且可能對個人擔負類似的功能。例如，當小美試著獲得注意或者是逃避不喜歡的任務和活動時，有時就會同時發生大叫和破壞東西，及大叫和攻擊。

2.預測行為

　　在預測行為上，第一項考慮的主要範圍是時間和相關活動。我們可以注視資料並決定在特別期間和活動上是否有關於行為發生的形式。資料也應提供更多特定事件或與行為有一致性關係的前提事件。這些可能包括表格上所包含的標準事件和附帶的事件。

3.決定行為的功能

例如，個人正從事尖叫或破壞東西以獲得具體東西，考慮各種介入都是可能的。我們可以教導個人更多達成相同結果的適當替代方法（也就是說，適當的溝通要求）。此外，個人所喜愛的項目則可以作為適當行為的增強物，且可經常提供來降低行為問題。至於表格中處理感受功能和眞正行為後果的部分，則可提供有關潛在性功能和維持增強物最直接的資料。

以小美爲例，觀察者顯示她的行爲扮演兩項基本的功能：⑴獲得注意，和⑵逃避不喜歡任務的要求。在某些情境上，當感受的功能是獲得注意時，小美被口頭重建回到活動上。此種口頭重建可以作爲強化注意此類行爲的一種形式，計畫策略時應予考慮。小美的資料說明了一項非常重要的課題。正如研究文獻和經驗顯示個人很少僅從事單一類別的行爲問題，同時亦顯示許多個人常在不同時間因不同理由而從事行爲問題。也就是說，對個人而言，行爲問題具有多重功能。他們有時可能運用相同行爲來獲得不同的增強結果的形式，諸如尖叫以獲得注意和逃避不喜歡的活動。其他個人可能運用不同行爲來獲得不同增強物，諸如尖叫以獲得注意和撞或踢來逃避不喜愛的要求。關鍵的課題是我們發展詳細的形式，來確定所發展和實施的方案策略，將可探究行爲及其所維持增強物的所有範圍。

㈦肯定或修訂先前的結論性陳述

重要的是，我們應整體性來看所觀察到的資料。蒐集觀察資料的主要目的之一在要求基於面談和詢問資料，來肯定、不肯定、修訂或添加先前已發展的結論性陳述。一旦已蒐集和分析足夠的資料，然後就可決定是否先前有關不同情境、行爲和維持的增強物是正確的，或者需要加以修訂。在選擇和實施方案策略上，此種澄清過程是很重要的步驟。表8-15乃是運用FAO表格解釋資料的基本原則。

☙表8-15　運用FAO表格解釋所蒐集資料的基本原則

項　目	內　　　　　　　　　涵
原則一	檢視行為，以決定何種行為正在發生，發生的頻率，以及某些或所有行為似乎是共同發生的。
原則二	檢視表格，以瞭解行為是否在特定的時間內一致性地發生，以及特別指標是否與特別行為的發生有一致性關係。
原則三	考量表格的感受功能與真正的行為後果，來確認不同行為的可能功能及維持它們的行為後果。
原則四	基於觀察資料，決定先前的結論性陳述是否是正確的，是否應該被修正或放棄，及是否需要發展額外的陳述。

(八)依照直接觀察資料作決定

一旦有了充足的資料，我們就可以作下列幾項決定，如圖8-3。

學習形式和關係是否變得更加清楚

依據面談和所蒐集的資料，來發展和實施正向行為介入與支持方案

實施系統性的功能性分析操弄，以澄清特別的行為形式

圖8-3　依據資料作決定的面向

三、功能性分析實驗操作

就大多數功能性評量來說，運用面談和直接觀察就可以形成結論性陳述，確認行為問題指標和維持其功能之行為後果。無論如何，如果運用面談和直接觀察無法達到此項目標，下一步策略就是實施系統性的功能性分析實驗操作。

　　功能性分析是設計來測試與行為問題最具有強烈關聯的假設性變項或事件。例如，從結論性陳述（假設性的）可知，提供困難任務時，大年最可能表現出尖叫和攻擊他人的行為，同時相信行為問題是受到逃避困難任務所維持的。那麼，我們就可以先提供大年10分鐘容易的任務，休息一下，再給予10分鐘困難的任務，然後容易的任務，緊接著是困難的任務，來測試結論性陳述的要素。

　　如果，他做得很好就可以得到讚美，若是他開始出現最輕微的行為問題，就排除任務一分鐘，並要求他冷卻下來。如果在困難任務要比容易任務時更可能出現行為問題，以及如果排除困難任務可以導致快速地降低行為問題，那麼功能性分析實驗操作就可以驗證此一假設。

　　雖然功能性分析程序可用於學校或社區情境，不過最常用於研究方面。在實施功能性分析程序之前，我們應考量下列幾項課題。

(一)實施時機

　　通常功能性分析僅在使用詢問法和直接觀察法所蒐集的資料不太明確時，才加以考慮（施顯烇，1995）。

(二)參與人員

　　基本上，功能性分析是一團隊努力，由對於實施功能性分析實驗操作有經驗者來引導整個過程。如果小組內沒有這類專家，小組領導者需要尋求具有這方面技能者的協助。至於其他參與人數則繫於潛在的安全考量。由於功能性分析可能會涉及嚴重行為問題的發生，需要若干人來維持安全與適當控制潛在的困難情境。例如，個人可能會表現出自傷行為（諸如撞頭），而需要足夠的人提供保護。除非有適當的保護措施，否則就不應實施功能性分析實驗操作。

(三)實施功能性分析的過程

1.基本方法

功能性分析的基本過程包括提出不同的環境事件或情境，以及觀察它們對個人行為的影響情形。在研究文獻和應用情境上，已有下列兩種不同的方法（Iwata, Vollmer, & Zarcone, 1990）（如表8-16）。

表8-16　實施功能性分析的方法

功能性分析的方法	實　　　　　　　　　　　例
1.操弄結構的或前提的事件	包括提出特別的要求或教學、要求個人參加某一活動、在特別的情境上實施互動。進行這些活動是為了測試有關可能預測行為發生之變項或事件的假設。
2.操弄行為問題的行為後果（針對特定的行為問題，安排不同的情境和特定的行為後果）	例如，大人在做事時，告訴小孩單獨學習。如果開始產生吵鬧，大人可以提供短暫的注意（不要吵鬧，目前是遊戲的時間），然後繼續工作。如果傳遞特別的行為後果時，看到高頻率的行為問題，我們就可以指出這些行為後果可能維持著行為。

2.決定評估的行為

依照面談和直接觀察的結果，我們至少對於所關切的行為會有一些觀念或假設性看法，稱為結論性陳述。例如，(1)活動很少時，英英會揮舞手指以獲得視覺刺激；(2)老師接近其他學生時，仁德會以吵鬧來引起注意；(3)小萍看到喜愛的東西，會尖叫，同時跑去抓它。

　　為了直接測試這些結論性陳述，我們建立情境（前提事件或行為後果），期望看到行為問題的增加，然後觀察行為問題，以決定是否真正發生期望的效果。同時我們也應建立不期望看到行為問題增加或高頻率的情境作為比較觀察。藉由這些操作，觀察行為問題在不同情境上的改變，就可以決定哪一種變項會真正影響到行為問題。

　　3.不同功能性分析的設計策略

　　有兩種典型的單一受試實驗設計最常被用來實施功能性分析。它們就是**倒返實驗設計**（ABAB）和**多元素實驗設計**（multi-element design）（Iwata et al., 1990; Martin & Pear, 2019）。倒返實驗設計包括：⑴蒐集基準線資料（A）；⑵實施處理或操弄（B）；⑶重複這些基準線和處理或操弄情境，來建立行為問題改變水準（依變項）與變項操弄間（自變項）的關係。

　　「多元素或變通性處理設計」則包括在短時間內提出幾種不同的情境。例如，提供會導致行為問題發生的困難任務、社會性注意、及具體東西（如史努比玩具）等情境，配合提供不會導致行為問題發生的控制情境（如非要求的社會性遊戲）。如此，觀察者就可以決定沒有提供外在刺激時，行為問題是否發生。這種方法的目的在要求鑑定對行為問題具實質性和一致性效果的變項。基本上，每種情境至少要重複幾次，以瞭解不同情境間的差異。

　　4.處理不夠明確的功能性分析

　　即使重複幾種不同的情境，個體仍然沒有出現明確形式是有可能的。在此類個案上，重要的是決定情境是否正確且一致性地實施。例如，對個人來說，困難任務是否真正地困難？我們可能會修改情境，然後再次提出，以獲得清晰地維持行為問題的前提事件和行為後果。

㈣功能性分析實驗操作的實例

圖8-4則說明了小吉的功能性分析實驗操作，小吉是一位國小學生。小吉的行為問題是撞或拍打其頭部和臉部，同時也有咬手的行為。在教學、班級活動、或老師接近她時，她會表現出這些行為。

依照面談和直接觀察，我們認為這些行為擔負逃脫的功能。小吉的老師實施5天的功能性分析。每天老師都呈現四種不同的情境，一次8分鐘，採取變通性處理設計的方式。這四種情境包括：⑴遊戲情境（玩樂高積木）；⑵要求情境（寫學習單）；⑶間歇性注意的情境（當她出現咬手或撞頭部的行為時，會受到指示——「不要這樣做」）；以及⑷獨處的情境。根據圖8-4的資料顯示，小吉的行為問題最常在要求的情境中出現，因而確定了小吉的主要行為功能在於逃脫要求情境。

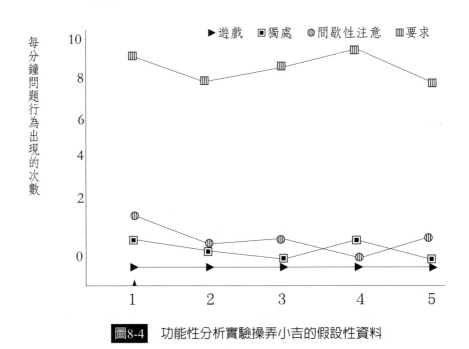

圖8-4 功能性分析實驗操弄小吉的假設性資料

此外，王慧婷等人（2020）曾針對某高職部一年級極重度多重障礙男學生小新，實施前兆行為的功能性分析。主要目的為驗證前兆行為假設是否為在「單獨情境」下發生以「自發性增強（自我刺激）」為功能的行為。他們以「遊戲情境」為控制情境，觀察小新在「遊戲情境」、「單獨情境」、「引起注意」、「任務要求情境」及「要求物品」等五個情境中標的行為發生的次數。結果顯示「單獨情境（獲得自發性增強）」前兆行為發生最多為16次，「引起注意情境（獲得注意力）」4次，在「遊戲情境」下，前兆行為共發生了3次。「任務要求情境（逃避要求或任務）」發生1次，「要求物品情境（獲得物品）」前兆行為共發生了2次，如圖8-5。過程中並無發生較具危險性的其他標的行為。經由功能性分析（FA）驗證確認功能為自發性增強，而以「小新在單獨或與環境刺激沒有關聯下，會以左手連續敲打周遭的任何物品，以獲得自發性增強」作為行為功能假設。

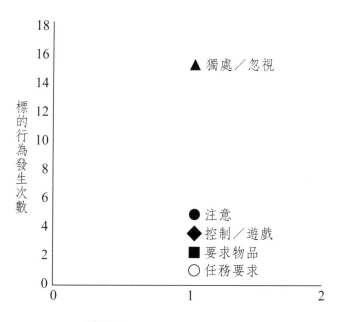

圖8-5　功能性分析實驗操作

㈤實施功能性分析的重要考量和原則

唯有適當地探討表8-17所列各項考慮之後，我們才可以實施上述所探究的操作形式。

🗹 表8-17　實施功能性分析的原則

原則一	除非先前的評量活動已經形成提供特定評估情境和變項的資料或結論性陳述，否則就不應進行功能性分析實驗操作。
原則二	實驗前，我們需要決定具有潛在危險的水準，如自傷或攻擊性行為。
原則三	實驗操作僅有在你能夠控制相關情境和變項時（如讓個人獨處或前往特別情境），才可以進行。不過也有難以控制的情境，如與生理有關的行為問題。對於此類個案，詳細觀察行為問題和生理症狀或情境間的關係是很好的策略。
原則四	通告相關人員，包括教師、父母、行政人員，並收到同意函。這是避免潛在性問題的一種最為適當的策略。
原則五	擁有足夠的人員維持實驗中每個人的安全。
原則六	觀察前，建立結束觀察的標準是很重要的。我們必須決定何種行為出現的次數或密度，就應該停止活動以維持安全。同時也需有降低行為的策略。
原則七	考量保護性的設備，譬如頭盔、手套、厚長袖。惟需瞭解設備本身也可能會影響到行為表現的次數。
原則八	維持安全的策略之一就是要確認可靠的先兆行為，即個人在危險性行為之前，可能會出現的行為。例如，個人出現攻擊行為之前，會表現出激動的訊號（如翻滾、重擊桌面）。一旦發生這種情形，在引發危險性行為之前，就應結束活動。
原則九	為了由分析中獲得有用的資料，我們必須針對所關心的行為蒐集資料。這些可能需要錄影帶或指定個人觀察和蒐集資料。此外，運用適當的設計（如在倒返設計上提出或撤除變項）來觀察活動亦是重要的，可使我們做出影響變項最為可靠的結論。
原則十	修正結論性陳述和發展方案。

（整理自O'Neill et al., 1997. pp.61-64）

第三節
正向行為介入與支持

相較於「行為改變技術」、「行為治療」、「應用行為分析」、及「行為管理」等術語，「正向行為介入與支持」（positive behavioral interventions and supports, PBIS）的出現較晚，直到1990年代才被提出來（Janney & Snell, 2008）。它主要是起源於對「行為後果本位」（consequence-based）、「非功能性」（unfunctional）及「消除性」（eliminative）等行為處理策略的反省，前述的處理策略強調針對不適當行為給予負面的行為後果，以求快速消除個體的行為；不去考慮行為問題的原因與功能，使用同樣的策略介入同樣型式的行為問題（Bambara, 2005）。就內涵來探討，「正向行為支持」所運用的行為介入策略與理論甚廣，包含生物模式、行為模式、心理教育模式、人本模式、生態模式，以及認知行為模式等，明顯地超越行為學派的範疇（紐文英，2016）。惟就實務層面來觀察，「正向行為支持」目前主要運用於教育情境，尤其是身心障礙者的行為問題處理上。以下茲就「正向行為支持」（PBS）的涵義和歷程來分述：

一、正向行為介入與支持的涵義

「**正向行為介入與支持**」（PBIS）是教育型的行為處理方法，著重於擬定策略時需考量行為問題的功能，先進行「功能性行為評量」（FBA），然後運用團隊合作發展和執行「行為支持或介入計畫」，採取正向、功能性、及多元素的行為處理策略，來消除行為問題及提升個體自我管理能力。

這種行為處理採用「**功能評量本位的行為支持計畫**」（functional assessment-based behavior support plan）、「**功能等值訓練**」（functional equivalence training）或「**功能本位介入**」（function-based intervention），

目的在於協助個體發展出功能相同且符合社會期待的適當行為，來替代不適當行為，這樣不僅可以擴展個體的正向行為，而且能夠長期預防行為問題的發生（鈕文英，2013；Umbreit, Ferro, Liaupsin, & Lane, 2006）。另外，「正向行為介入與支持」（PBIS）源自於應用行為分析，這種分析對於「正向行為介入與支持」具有下列影響：

提供行為學習與改變的概念性架構

- 即前提事件—行為—行為後果（簡稱A-B-C）

導入行為功能的概念與評量方法

- 例如，功能性行為評量

提供有效的行為處理與教學介入策略

- 例如，提示、逐步養成

二、正向行為介入與支持的歷程

正向行為介入與支持起於想要介入的目標行為，其歷程包含選擇與描述目標行為、評量目標行為、擬定行為支持或介入計畫、執行計畫、評估執行成效，如下圖所示。另外，在這些歷程中持續地觀察與紀錄行為問題也是必要的。

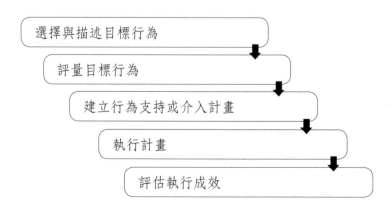

選擇與描述目標行為

評量目標行為

建立行為支持或介入計畫

執行計畫

評估執行成效

(一)選擇與描述目標行為

每個人都會有其基本的心理和生理需求，當這些需求無法獲得滿足時，就容易形成行為問題。實施正向行為支持者首先會從選擇個體不適當、具挑戰或困難的行為問題著手，如固著行為（自我刺激行為、習癖行為）、自傷行為（撞擊、咬身體部位）、不適當的社會行為（曠課、逃學或逃家、偷竊、說謊）或攻擊行為（打人、破壞東西、叫罵）等。通常這類行為問題也比較容易引起關注，亟待改善。

選擇了目標行為之後，接著就需要界定和描述它。一般而言，目標行為通常要加以具體化，明確的描述出來，如使用自己的下巴撞擊地面或桌面；不可流於抽象或模糊的描述，如讓自己受傷。

(二)評量目標行為

正向行為支持的第二項步驟，就是運用功能性評量來探究行為的原因、發生情境和功能，然後才能擬定一個明確且完整行為支持或介入計畫。此部分請參見本書第八章第一節「行為問題的功能性評量」與第二節「功能性評量和分析策略」。

(三)建立行為支持或介入計畫

功能性診斷的目的在增進行為支持計畫的成效和效能。我們應致力於確定蒐集診斷資料和發展行為支持計畫之間的邏輯關係。

1.建立行為支持計畫的考量要素

設計行為支持計畫時，我們應該考量的要素有四：(1)行為支持計畫應該顯現家庭或支持人員改變的情形，而不是針對所關心個人改變的情形；(2)依照功能性診斷資料，來建立行為支持計畫；(3)行為支持計畫應該是技術性的——也就是說，要與人類的行為原理相一致；(4)行為支持計畫應與負責實施者的能力、資源和價值互相配合（O'Neill et al., 1997）。茲扼要分述如下：

⑴行為支持計畫描述我們的行為

行為支持計畫是設計來改正行為問題的型式。過程包括在不同情境改變家庭、老師等的行為。這些人行為上的改變可能就會造成個案行為的改進。而行為支持計畫可能包括改變物理環境、調整課程、更換酬賞和懲罰物及變換教學方法等。一個良好的行為支持計畫會詳細地界定預期要改變教師或家庭成員的相關行為。

⑵依功能性診斷資料建立行為支持計畫

如果功能性分析實驗操作是設計來提高適當行為的環境，那麼功能性診斷就是確認有效環境之關鍵特色的一種工具。目前已有下列兩種策略用來改進功能性診斷結果與行為支持計畫設計之間的聯結（如表8-18）：

表8-18　改進功能性診斷結果與行為支持計畫間的策略

策略1	·在行為支持計畫上，列出經由功能性診斷所獲得的結論性陳述
策略2	·建立功能性診斷結論性陳述模式，並界定改變模式的方法，以確保適當行為成功地與行為問題相抗衡

就第一項策略來說，這些結論性陳述可作為行為支持計畫的基礎。例如，結論性陳述若顯示行為問題是受到社會性注意所維持的，那麼介入就不應該包括在出現行為問題之後給予社會性注意。如果結論性陳述顯示行為問題是受到逃避困難任務所維持的，那麼在行為問題出現時就不應該採取讓個人離開困難任務的策略。

至於第二項策略，行為支持計畫不僅要顯示個人應做些什麼；也要顯示個人不應該做些什麼。同時，我們不應該假定實施功能性診斷就可以產生明顯的介入計畫。

⑶行為支持計畫應是技術性的

人類的行為表現往往會遵循著某些原理，因此任何行為支持計畫都應

該與這些原理相一致。行為管理不僅是一組技術而已（例如消弱、普默克原理、過度矯正、代幣制），尚包括可以應用於各種行為問題型式的基礎原理。增強、類化和刺激控制就是這些原理的例子，上述這些基礎原理都應該作為任何行為支持計畫的技術性基礎。行為支持計畫應該運用這類原理，來建立性支持適當行為和降低行為問題發生的環境。如果行為支持計畫要使：

■**行為問題不發生關聯**——例如，由於能力不足，小明發現學習任務是令人厭惡的，那麼改變其學習任務的複雜性或數量，就可以使激發逃避的行為問題不發生關連。基本上，讓行為問題不產生關連性的方法，包括改變物理環境、充實環境及改進活動或環境等。雖然這些努力單獨並不可能消除行為問題，不過卻可使其他的行為支持計畫更加有效。

■**使行為問題無效能**——行為之所以會產生效能往往包括下列組合效果：①個人行為表現所需的身體努力；②獲得增強之前，必須表現出行為的次數（增強時制）；③第一次行為問題和增強間的延宕時間。基本上，在教室發出怪聲而受到同儕增強的兒童，會表現出非常有效能的行為：祇要表現出一項很容易做到的行為問題之後，就能快速地獲得增強物。有位表現出嚴重發脾氣行為而能逃避要求的青少年，可能在表現出一種有效（獲得酬賞）但無效能的行為（因為發脾氣是非常費力的，需要許多的反應）。功能性診斷應該確認維持行為問題的行為，並提供行為問題效能的某些指標（如努力、時制）。

■**使行為問題無用**——只要這些行為問題是有效的，具有長期行為問題史的個人，就會繼續表現出這些行為問題（即使個體已經被教導替代性的行為）。因此，行為支持計畫應該使行為問題獲得增強物的方法發揮不了效用。即使行為支持計畫包括教導新的且更為有效能的替代性技巧，仍須努力消除行為問題，使其無效用。

如果增強物是接近玩具或大人的注意，那麼行為支持計畫就應顯示增強物在行為問題出現之後受到抑制的情形。如果行為問題因為逃避要求或困難任務而受到增強，就應包括確保行為問題不會伴隨著逃避要求或任務

的技巧。

⑷行為支持計畫應配合實施的情境

行為支持計畫的目標並不是要建立一個完美的計畫，而是設計一個有效且可實施的計畫。如果我們期望行為支持計畫改變家庭或老師的行為，那麼程序就需要：①符合自然情境；②與情境個人的價值相一致（他們願意執行此一程序）；③強調功能性診斷結果與執行間的關連；④配合個人實施此一程序的能力；⑤產生短期的強化結果。

2.選擇介入的程序

對臨床人員來說，實施功能性診斷和直接撰寫行為支持計畫是相當常見的。不過，有些學者則認為應加入一項介入步驟。這項步驟包括主動協同實施計畫者與競爭性行為模式，來界定有效環境的特性。然後，運用這些特性來選擇組成行為支持計畫的特定策略。至於使用等值性行為模式的理由主要有下列四點：

⚘表8-19　等值性行為模式的理由

> 它可以增進介入程序與功能性診斷結果之間的關聯

> 它可以增加與負責實施計畫者的能力、資源和價值相配合

> 它可以增進行為支持計畫上不同程序間的凝聚性

> 它可以增加計畫被實施的真實性

⑴建構等值性行為模式

O'Neill et al.（1997）等人認為建構等值性行為模式的步驟有三：①建立功能性診斷結論性陳述的圖解說明；②加上能夠產生競爭或等值行為問

題的適當行為；③確定可提高適當行為並使行為問題產生不相關聯、沒有效能及無效用的介入選擇。茲就這三項步驟簡要地說明如下：

| 建立功能性評量結論性陳述的圖解說明 | 界定等值性行為 | 使行為問題無用的介入選擇 |

■步驟一：建立功能性評量結論性陳述的圖解說明

為了圖解功能性診斷結論性陳述，我們應簡要地的列出①情境事件；②前提事件；③行為問題；④維持行為的行為後果。譬如，經由功能性診斷，我們發現呈現困難的學習任務時，大偉會表現出發脾氣行為。也就是說，發脾氣行為可能是受到逃避困難的學習任務所維持的，而且更常發生在前晚睡眠少於3小時。因此，大偉的結論性陳述是：當大偉睡眠不足且老師呈現困難的學習任務時，他就會表現出發脾氣行為。此一功能性診斷結論性陳述的事件次序如下所示：

情境事件	前提事件	行為問題	維持行為的行為後果
睡眠少於3小時	呈現困難的學習任務	發脾氣	逃避困難的學習任務

■步驟二：界定等值性行為

有效行為支持的基本原則是在尚未確認個人應該表現的替代性行為時，不應該提出要降低行為問題。我們的行為支持計畫應該同時針對行為問題的降低或適當行為的增進。要達到此項目標，清晰地確認與行為問題相互競爭的行為或行為徑路是很有幫助的。我們可以透過詢問下列兩項問題來加以達成：(1)針對已經發生的前提事件，我們想要個人在那個情境表現的適當行為是什麼？(2)針對已經發生的前提事件，可以產生與行為問題相同行為後果的適當行為是什麼？

　　如前所述，我們想要大偉從事的行為是做這項困難的學習任務。不過當我們詢問老師大偉完成學習任務之後會發生些什麼事情，老師說通常會收到一些口頭讚美和更多的學習任務。另外，我們又詢問老師何種等值的行為反應是適當時，經過討論之後，老師同意大偉要求休息會是一項可以接受的反應，也可以產生幾分鐘逃避困難的學習任務的行為。根據上面的分析，就可形成大偉的等值性行為圖解說明：

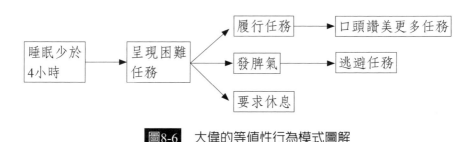

圖8-6　大偉的等值性行為模式圖解

　　由圖8-6可知，大偉的等值性行為模式圖解顯示：①功能性診斷結論；②所想要培養的行為（履行任務）；③大偉沒有等值的行為──如要求休息──可能會給予他逃避困難的學習任務。這個模式也指出大偉厭惡困難的學習任務。一旦呈現此類困難的學習任務時，就會引發大偉逃避行為。此外，這種情形更常發生於大偉疲倦時──睡眠少於3小時。從這些陳述我們可獲得許多用來設計大偉所需有效環境的資料。

　　另外一項建立等值性行為模式的例子是達德。達德10歲，他並沒有任何障礙，但是卻常與其四年級老師發生衝突，包括頂嘴、拒絕學習及不順從等。達德的功能性診斷顯示老師直接指導他或者是與其他兒童在一起時，他的行為問題是受到相同行為後果所維持的。至於提供他獨自完成班級作業之後，行為問題最可能發生約2至3分鐘，而且會受到老師社會性注意所維持。因此，達德的等值性行為模式圖解如下所示：

完成等值性行為模式首先包括決定所想要的行為。就達德而言，我們期望達德不管任何活動都能繼續進步，所確認的等值反應在於口頭要求教師社會性注意，這是達德可以做，但是無法有效使用的能力。現在回到我們先前所發展的功能性診斷圖解，把它複製到圖8-6。先決定所要養成的行為，並把它放在行為問題圖解的上頭。同時考量一下個人表現此項行為時，會產生什麼樣的行為後果；把它們列出來作為維持行為的行為後果。然後，再界定適當且與行為問題具有相同行為後果的等值行為。在行為問題之下放置此一行為。這樣就形成了達德整個等值性行為模式的圖解（圖8-7）：

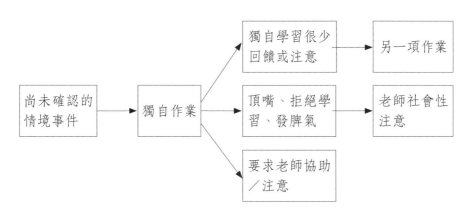

圖8-7　達德的等值性行為模式圖解

■步驟三：使行為問題無用的介入選擇

此項目標並不在於設定單一技巧——諸如過度矯正，而是組織一群情境上的改變，來降低行為問題的可能性，增進替代性適當行為的可能性，及配合實施程序者的價值、資料和能力。這項目標是要使行為問題不會發生關聯、沒有效能及無用。

建立行為支持計畫的一般作法是先由行為問題的行為後果著手。不管怎樣，我們已經發現先由行為後果開始，有時可能會造成計畫過於著重此一部分，包括使用更多侵入性的程序（如斥責、體罰等）。因此，除：①

結合實施行為支持計畫者；②圖解競爭性行為模式，評估模式的邏輯和結構之外，我們可以採取下列過程：

⑴改變情境事件

探究更多長遠的情境事件，確認任何使這些事件比較不會產生影響的改變，並在圖8-8等值性行為模式的情境事件部分，列出可能改變的觀念。

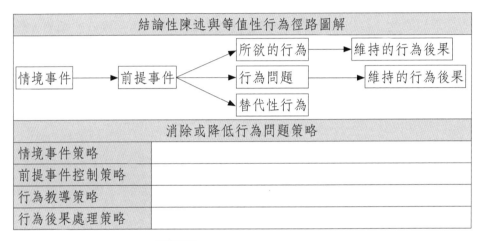

圖8-8 等值性行為模式表格

⑵改變立即的前提事件

在立即性前提事件控制策略上，可作出什麼改變，而使得行為問題中斷與前提事件的關係呢？根據文獻，前提事件控制策略有下列幾種作法，如圖8-9.（Kern & Clarke, 2005）。

根據先前的前提事件控制策略，有許多實際的方法可依據個體的實際情況來選擇與運用（Horner et al., 1996; Martin & Pear, 2019），包括調整情境、調整課程和工作相關因素、緩和背景因素效果、及中斷反應策略等。這些方法如圖8-10至8-13：

消除或減少

- 引發目標行為的立即前提事件

改變

- 引發目標行為的立即前提事件

分散

- 引發目標行為的立即前提事件

增加

- 引發正向行為的立即前提事件和行為後果

緩和

- 背景因素的影響力

中斷

- 目標行為的鎖鏈

中斷

- 目標行為產生的增強效果

圖8-9　前提事件控制策略的作法

調整情境因素

- 調整活動的時間或地點
- 調整座位
- 調整物理環境（如環境中的障礙物或複雜性）
- 消除誘發的刺激
- 重新安排環境中的人
- 建立明確且適切的期望或作息時間表
- 妥善安排轉換時刻
- 增加促發正向行為的刺激或提示
- 提供功能等值的替代性感官刺激
- 安排飛後效增強（即獨立於行為問題或跟它無關的增強）
- 刺激控制（即將個體的行為控制在某些刺激中）
- 控制背景變項

圖8-10　調整情境因素的實務作法

調整課程和工作相關因素

- 調整工作或作業
- 份量、難度、完成方式、形式、呈現方式、要求策略、內容
- 改變互動方式
- 使用教導的控制建立服從指令的行為（如規定、指令、提示）
- 調整學習或工作時間表
- 改變從事活動的位置或姿勢
- 提供符合個體需求的課程內容及教學活動
- 提供選擇工作或作業項目的機會

圖8-11 調整課程和工作相關因素之實務作法

緩和背景因素效果的策略

- 加入愉悅的刺激（如喝熱水、看美景照片）
- 做暖身或放鬆活動

圖8-12 緩和背景因素效果之實務作法

中斷反應策略

- 增加反應的努力
- 刺激飽足
- 保護或彌補措施（戴頭盔或手套）
- 轉移刺激（即行為問題或先兆出現時，突然出現一種強烈的刺激）
- 促進身心放鬆
- 感覺改變
- 感覺消弱
- 動手阻止
- 口頭暗示
- 促進溝通並表達關切
- 強化警覺裝置（如手靠近臉部就會發出警示的聲音）

圖8-13 中斷反應策略之實務作法

　　我們可以考慮上述實務作法，並在圖8-8等值性行為模式表格中的前提事件策略欄上列出潛在性立即前提事件的改變。

⑶**列出所喜愛的和替代性行為的教導策略**

　　需要教導個人我們所喜愛和等值性的行為嗎？事實上，個人光是瞭解履行能力的方法是不夠的。因此，我們的目標應該是確認想要教導給個人的新行為，要比行為問題來得更具有效能。所以，在多數情境中，降低或消除行為問題的關鍵就是有效的教導新行為。

　　行為教導的內容可分為三類，如表8-20（Bambara & Reichle, 2005）：

表8-20　行為教導的內容

類別	次類別
替代技巧	
容忍和因應技巧	情緒調整技巧
	問題解決技巧
	自我控制技巧
	容忍技巧
一般適應技巧	溝通技巧 （包含功能性溝通訓練、圖片兌換溝通系統）
	休閒技巧
	情況辨識技巧
	作選擇和決定的技巧
	社會技巧

　　我們可以考慮上述行為教導的內容，並在圖8-8等值性行為模式表格中的教學策略欄列出教導策略上的建議。

⑷**檢試改變行為後果的方法**

　　我們要牢記：「行為是其行為後果的功能」，所以我們酬賞的是行為，而不是個人。在這一方面，首先要考慮行為問題接受到增強物的數量。如果行為問題是受到逃避不愉快事件所維持，那麼就應考慮逃避那個

事件的可能價值。我們必須瞭解個人對於不同事物的喜好是充滿變化的。這個事件可能具有強烈或輕微的增強作用。因此，我們應該確保適當行為所提供的酬賞等值或超越行為問題所能提供的酬賞。

如果行為問題要比適當行為更能夠產生強而有力的增強作用，那麼我們可考慮下列兩項策略：①增加表現出適當行為的增強價值；②降低行為問題的增強價值（抑制增強物或加上懲罰物）。這些作法的目的是要讓行為問題不會發生效用。實施行為改變者在檢試行為後果的處理上可採取的參考策略和實務作法，如圖8-14。

增進正向行
為的使用
- 正增強
- 區別性增強
- 負增強

提示正
向行為
- 讚美和提示他人表現的正向行為
- 矯正性回饋
- 重新指示
- 以問題解決形式回顧和探討行為過程

減少行為問
題的效能
- 消弱
- 自然懲罰
- 區別性增強
- 反應代價、隔離或過度矯正

圖8-14 行為後果的處理上可採取的策略和作法

我們可以考慮上述行為後果處理的方法，並在圖8-8等值性行為模式表格中的適當欄位上列出行為後果處理策略上的建議。

3.等值性行為模式實例

下列有二個等值性行為模式的額外實例，用來建立行為支持計畫。每個例子都是先簡要的描述實施診斷的個人和相關條件。評論這些事項，並

摘記每一等值性行爲模式探討可能產生不同行爲問題的方法。

⑴小傑的等值性行爲模式

小傑11歲，爲重度智障。他都是透過單字來與人溝通，但是有良好的接受性語言。家庭很支持他，目前是普通班五年級學生，並有同儕小老師及特殊教育教師的從旁協助。小傑學校教育方案的主要挑戰是跟同儕發展出來的強烈不當社交關係。作業時，他會有吵鬧聲、離開座位與其他同學互動。老師認爲他的行爲對班上是非常具有干擾性的。老師診斷其行爲問題是受到接近同儕注意所維持的，而同儕注意最可能發生在獨自作業時（長時間缺乏與同儕直接接觸）提供。其等值性行爲模式如圖8-15：

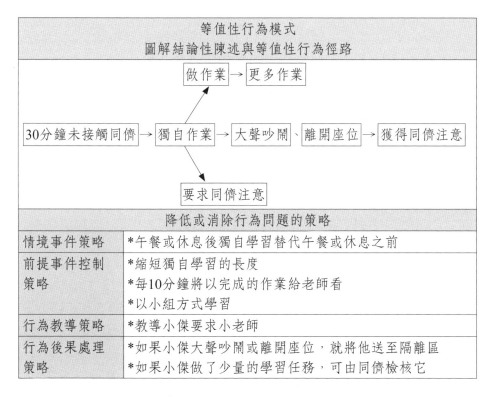

圖8-15　小傑的等值性行爲模式

⑵人杰的等值性行為模式

人杰12歲。他長得很高大，相貌堂堂。人杰並沒有障礙，但是過去三年來，在班上他卻有打架的問題。每隔兩週就會發生打架。兩個月前曾打傷另一位同學。人杰並未接受特殊教育，但卻是受關心的焦點。與其老師討論發現，當人杰冒犯另一位同學時，就會發生打架。同學間彼此會口頭威脅。然後身體的衝突就會因而發生。一旦人杰向家裡陳述衝突時，此種循環就更可能會發生。其等值性行為模式如圖8-16：

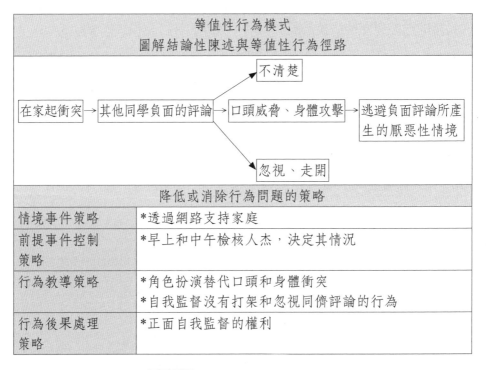

等值性行為模式 圖解結論性陳述與等值性行為徑路	
在家起衝突 → 其他同學負面的評論 → 不清楚 口頭威脅、身體攻擊 → 逃避負面評論所產生的厭惡性情境 忽視、走開	
降低或消除行為問題的策略	
情境事件策略	*透過網路支持家庭
前提事件控制策略	*早上和中午檢核人杰，決定其情況
行為教導策略	*角色扮演替代口頭和身體衝突 *自我監督沒有打架和忽視同儕評論的行為
行為後果處理策略	*正面自我監督的權利

圖8-16　人杰的等值性行為模式

㈣執行計畫

依據功能性評量結果建立行為支持或介入計畫之後，接下來就是結合相關人員，共同落實這項計畫。

㈤評估執行成效

實施正向行為介入與支持計畫之後,就須評估計畫執行的成效,以瞭解是否達到預期的目標。就結果評估方面來看,可包含下列幾項(Crimmins et al., 2007; Umbreit et al., 2006):⑴個體行為改變的效果,包括增進正向行為的介入與其維持和類化成效、降低或消除行為問題,如表8-21;⑵促進其他人員轉變,包含提高行為處理團隊的運作效能、增進團隊成員行為介入的能力及他們之間的互動、以及促進教養人員的方法與態度、問題解決和溝通技巧;⑶提升個體的生活品質,包含與同儕的互動關係、以及促進個體身心健康等。

٭ 表8-21 個體行為改變效果之評估指標

習得正向行為	消除或降低行為問題
實例 • 舉手要求協助,而非拒絕工作 • 玩虛擬實境(virtual reality, VR),而非搖晃頭部	實例 • 消除或降低打人行為 • 將除或降低咬手指行為
評量方法 • 記錄舉手要求協助的次數 • 記錄玩VR的時間	評量方法 • 記錄打人次數 • 記錄撕咬手指的次數或持續時間

第四節
功能性評量及建立PBIS計畫實例

以下實例乃是針對實際個案進行功能性評量後，找出其行為問題的功能，所發展的PBIS計畫，期盼有助於學習者對本章內容的深入瞭解與使用。

> 實例一：重度自閉症學生「手放嘴巴」行為之功能性評量與
> PBIS計畫

一、個案背景資料描述

個案為小樺（化名），生理年齡為9歲6個月，為重度自閉症，他還伴隨語言障礙，就讀某國小特教班四年級。小樺主要的自我刺激之目標行為問題是「手放嘴巴」——他會將手放進嘴巴，且會不斷咬手指頭和指甲，導致手部出現傷口和流血情形。

二、實施功能性評量以瞭解其行為的功能：詢問相關人士及直接觀察

(一)詢問相關人士

1.訪談家長和教師，瞭解行為問題發生的狀況和情境

(1) 媽媽表示在家裡常出現此行為問題，從幼兒園開始，小樺就出現此行為，且隨著年齡增加，出現率也提高了。

(2) 在一年級常出現此行為，後來有教學助理員協助，行為問題減少許多；二、三年級時又出現此行為，尤其要個案聽從指令或進行操作活動時。例如，進行實用語文課程，教導個案認識圖卡和文

字，要求小樺完成配對工作時。

2.訪談家長或教師所採取的解決方法和成效

(1) 家長有使用過口語警告和戴手套方式介入，一開始會因害怕或不舒服而停止行為，但不久又開始將手放嘴巴。

(2) 教師嘗試過許多方式處理小樺的行為問題，有些方式效果不佳，反而增加行為出現次數，而影響教學活動的進行，例如，口頭警告、忽視、戴手套等方法；有些方式能有效制止行為問題出現：甲、讓小樺從事手部活動，如拿玩具、拉手做活動；乙、播放音樂或影片；丙、給予耐咬的食物如：豆干、蒟蒻乾，由於嘴巴有食物，小樺無法將手放入嘴巴。

(二)直接觀察

經過在特教班連續多天觀察小樺的上下課情形，「手放嘴巴」行為問題會在所有教室情境下出現，但若讓小樺從事喜愛的活動或選擇想玩的教具，此時個案的手不會放嘴巴。

(三)決定行為問題的功能

綜合分析與家長和教師訪談、以及直接觀察後，發現小樺出現「手放嘴巴」行為主要的功能是「逃避學習」；其背後的原因可能是：教學方式過於單調、教材難度過高、或對該科目沒興趣，導致對學習產生厭倦和排斥。

(四)PBIS計畫

教師可從前提事件控制策略、行為教導策略和行為後果處理策略等三方面來介入此行為問題。

1.前提事件控制策略

在前提事件控制策略中，根據個案問題行為的功能是「逃避學習」，教師可採用方法為：(1)調整教學方式；(2)重編教材內容；(3)營造活潑有趣的學習環境。在調整教學方式，由於個案喜歡音樂和舞蹈，因此教師可使用音樂或其他多媒體進行教學。在重編教材方面，教師應該依學生能力、興趣和需求來編排教材，以提供符合個案難易程度的學習內容。營造有趣的學習環境，以改善個案對學習的排斥和厭倦感，提升其對學習的接受度。

2.行為教導策略

在行為介入中，教師可教導個案適當的替代行為，因個案自我表達能力低，可教導個案使用圖卡或手勢來請求協助，例如，教導使用「請教我」、「我不會」等圖卡，並搭配區分性增強策略來增強個案的替代行為（例如，個案能指認圖卡來請求協助，老師則提供個案喜歡的教具操作作為增強）。此外，可將「手不能放入嘴巴」和「洗手」的健康觀念融入教學中，利用影片和實例說明手部的正確功能和洗手步驟，並讓個案反覆練習加深印象。

3.行為後果處理策略

當個案出現問題行為而導致無法繼續學習時，教師可以採取策略如下：(1)提供個案喜歡的手部活動（例如，彈樂器、拍手），以轉移學生的注意力；(2)播放音樂或影片讓個案放輕鬆，因個案出現行為問題是想逃避學習，教師此時可停止教學活動，安排休息時間以降低學生不安的情緒；(3)給予增強食物，教師可事先準備好個案喜歡的食物，當開始出現行為問題時，將食物放入嘴巴，使個案無法將手繼續放入嘴巴中。

4.搭配增強制度

教師可與個案訂定增強制度的契約，例如：在一節課裡，個案10分鐘手都沒有放入嘴巴，就可獲得聽音樂5分鐘的活動增強。

5.控制某些情境因素

可事先預防「手放嘴巴」問題行為的出現：(1)家長因素：教師須與家長做好溝通，建議家長一次不要讓個案做太久的作業，可以分次分量進行，並且搭配增強制度鼓勵個案學習。此外，家長須避免用嚴厲語氣或處罰方式來責怪個案，以防個案的逃避學習狀況更加嚴重；(2)教師因素：教師須考量個案喜好來改變教學方式，在教學中加入音樂和實物操作活動，讓個案在學習中產生興趣，動手做也能促使他無法將手放入嘴巴。

（資料來源：修改自林美妤（2018）。自閉症學生「手放嘴巴」行為之功能評量實例。臺東特教，47，6-10。）

功能性評量面談表（FAI）：

行為案主的姓名	吳　太　太	年　　　齡	45	性別	女
訪　問　日　期	2002年6月1日	訪問人姓名	陳○禎		
被　訪　人　姓　名	吳太太的女兒們				

1.行為的描述

⑴每一個我們所關切的行為，在下面我們來一一定義它：
　・行為的形狀，它是以什麼形式、狀況呈現？
　・行為的次數，它一天發生幾次？或一星期發生幾次？或一個月發生幾次？
　・行為持續的時間，當行為發生它持續了多久的時間？
　・行為的強度，當行為發生時是多麼嚴重或具破壞性的？

行　為	形　狀	次　數	持續時間	強　度
1.不斷罵人	他人作為、言語等生活表現不如他所願時，就會發生。	一天內至少5次	各10至15分鐘	緊跟在被罵者身旁，連進廁所也不例外。
2.揮東西或摔東西	他人作為、言語等生活表現不如他所願時；或是不斷罵人無效時；壓力無法發洩亦有可能發生此行為。	一天內約1至2次	各5分鐘之內	把桌上原本放置的東西弄亂，甚至將物品弄毀。
3.大吼大叫	希望他人達到他的要求；他人給予的勸說不想接受，或是不願自行做某件事時。	一天內至少3次	各約5分鐘	整棟樓的鄰居皆可聽到。
4.不理睬別人	他人給予的勸說不想接受，或是不願自行做某件事時。	一天內約1至2次	各約10分鐘	直接轉身去房內睡覺。
5.他人打電話時拿起話筒干擾	覺得他人不該在這時間講電話，或他認為講電話時間過久，講話聲音太大聲。	一天內約1至2次	各約15秒內	有時是偷聽談話內容，有時是對電話者在電話中發出警告，使談話中斷。

⑵上面描述的幾個行為中，那些可能一起發生？他們發生在相同的時間嗎？還是接踵而來地出現？或是發生在同一情境？

上述的行為不斷罵人和揮東西摔東西及大吼大叫有時一起發生，不斷罵人和不理睬人有時接踵而至，一至四項的行為較常發生在同一種相似情境，第五項的情境較獨立。

2.界定可能引發行為的生態因素

⑴行為案主使用什麼藥物？這種藥物對他的行為有什麼影響？

無服用藥物。

⑵行為案主有沒有生理上和醫藥上的症狀？例如氣喘、發疹、鼻塞、癲癇等症狀？

無上述等症狀。

⑶描述行為案主睡眠的情況及這種情況對行為可能的影響？

行為案主一天睡眠時間充裕，約12個小時左右，其中還包括固定的午睡時間。

⑷描述行為案主飲食的情況、食物的限制，以及這些情況和限制對行為可能的影響。

無食物的限制，什麼都吃。

⑸行為案主對日常生活順序是不是有充分的瞭解？例如何時起床、何時吃飯、何時洗澡、何時上床睡覺等等。

行為案主的生活起居正常且規律並有自主性。

8點起床，9點半上班，12點到2點半吃飯及午睡，5點下班回到家，休息至6、7點（睡覺），約6點吃飯（大多不用煮飯），7點到9點看電視，做雜事，約9點或10點就寢。

⑹行為案主日常生活中有多少選擇的自由？那些方面他可以自由選擇？

對於日常生活與選擇自由都無限制。但生活規律。

⑺行為案主生活環境中一共有多少人？例如家庭、學校或收容機構？生活環境會不會太擁擠？其他的人會不會影響他的行為？

家中共5人，所處公司共4人，應不致環境過於擁擠。

⑻管照人員如父母、老師、收容機構的工作人員人手是否足夠？有沒有受過適當的訓練？這些人對他的行為有什麼影響？

無特別管照之人員。

⑼行為案主的行為、學習活動、工作等等管照人員如何監督？

同上。

3.界定那些事情或情況最有可能會引發行為問題

⑴一天當中什麼時候行為問題最有可能發生？最不可能發生？

晚上是行為問題最常發生的時候，早上則為最不可能發生的時候。因為晚上最常待在家中，早上、白天大部分時間在公司上班。

⑵哪一些情況中行為問題最有可能發生？最不可能發生？

需要他人做某件事的時候最容易產生上述行為問題，或者要求他人達到某一行為標準（行為案主自己設定的行為標準）時最容易引發行為問題，最不可能發生的時機是行為案主即將做喜歡的事時，較少發生行為問題。

⑶什麼人在場的時候行為問題最有可能發生？最不可能發生？

先生不在情境現場時行為問題最有可能發生，若有不熟的人和長輩在場時最不可能發生行為問題。

⑷從事那些活動時間行為問題最可能發生？最不可能發生？

休息時間最可能發生（剛回家時、吃飯飯後、需要做家事前、睡覺前），最不可能則是洗澡後和準備出去散步時。

⑸那些事情或情況雖未列入上述四種問題中，但有可能會引發行為問題？例如特殊的要求、活動的干擾、活動的轉換、延遲或是忽略他的需要等等？

若是對他的言語無所反應之時，延遲他所指定的行動時，要求他做家事，打擾他做喜歡的活動，都可能引發行為問題更加嚴重。

⑹你認為你做哪一種事最會引起他的行為問題？

對他的話不予回應，將他的話左耳進右耳出。

4.界定行為問題的功能（維持行為問題的行為後果是什麼？）

仔細的想想列在1.⑴中的行為，到底每一種行為對這個人而言有什麼特殊的功能，例如，引人注意、逃避工作、情緒的發洩等等。

行　　為	他會得到什麼	他可以逃避什麼
1.不斷罵人	別人將會達到他所希望的事	不用自己動手完成
2.揮東西或摔東西	別人會順從他的要求	別人其他意見，無法反駁而不願承認
3.大吼大叫	他人會對大吼大叫的事不得不注意	別人對他一再發脾氣的事，習以為常，不予正視
4.不理睬別人	他人見他不理睬，索性自己動手	對他人意見可以充耳不聞，不用作別人要求的事
5.他人打電話時拿起話筒干擾	因為打擾而中斷談話，甚至掛斷電話	無力管他人的事，想藉此顯示自我權力

　　※描述這個人在下列各種情況中最有可能發生的反應：

　　⑴如果你交代他一項困難的工作，他上述的行為問題那些較可能發生，那些較不可能發生？或是沒有影響？

　　①不斷罵人②揮東西或摔東西③大吼大叫④不理睬別人⑤他人打電話時拿起話筒干擾都有可能發生。

　　⑵如果有人干擾他喜愛的活動，如吃冰淇淋、看電視等，他上述的行為問題那些較可能發生，那些較不可能發生？或是沒有影響？

　　①揮東西或摔東西③大吼大叫④不理睬別人等行為較可能發生。

　　⑶如果他的例行活動有所變更，他上述的行為問題那些較可能發生，那些較不可能發生？或是沒有影響？

　　①大吼大叫④不理睬別人⑤他人打電話時拿起話筒干擾等行為較可能發生。

　　⑷如果他看到什麼東西卻是要不到。例如，吃的東西、玩的東西，只能看但不能吃或不能摸，他上述的行為問題那些較可能發生，那些較不可能發生？或是沒有影響？

　　①不斷罵人②揮東西或摔東西③大吼大叫可能發生，最不可能發生④不理睬別人⑤他人打電話時拿起話筒干擾，較少發生。

(5)如果你不理會他大約15分鐘，他上述的行為問題那些較可能發生，那些較不可能發生？或是沒有影響？

①不斷罵人②揮東西或摔東西③大吼大叫還是會發生，但不一定會更嚴重或消除。

5.界定行為問題的效能

(1)他的行為問題使用多少精力？

(2)一旦行為問題發生，這個人是否得到報償；得到報償的頻率？

(3)從行為發生到獲得報償之間有多長時間？

低效能（越少次得到報償）	→	高效能（越多次得到報償）			
1.不斷罵人	1	2	3	4	5
2.揮東西或摔東西	1	2	3	4	5
3.大吼大叫	1	2	3	4	5
4.不理睬別人	1	2	3	4	5
5.他人打電話時拿起話筒干擾	1	2	3	4	5

6.這個人有什麼功能相同的替代行為？

(1)這個人有什麼適當的行為或技能可以和行為問題產生相同的功能？好好溝通、願意雙方表達意見、接納他人意見。

7.界定這個人主要的與人溝通方法為何？

這個人在一般的情況下使用那種方法或工具來表達他的想法或需要？

直接使用語言，如果他人不理會，再加上肢體（用手指東西或摔東西表達不滿）。

⑴評量這個人行為反應的溝通功能表：

溝通功能	完整的口語（成句）	用單字表意	複誦	其他口語	完整的手語	單字手語	用手指出	抓住別人以帶領	搖頭	抓/碰	拿東西給人	增加身體動作	靠近你	走開或離開	凝視	面部表情	攻擊行為	自傷行為	其他
要求別人的注意	✓		✓									✓	✓			✓			
需要別人完成某事	✓						✓					✓	✓						
要求別人達成他既定目標	✓											✓							
要求別人幫他做事	✓						✓									✓			
要求別人聽從他想法	✓		✓										✓		✓	✓			
表示不高興、發脾氣	✓											✓					✓	✓	
抗議、拒絕其他意見	✓													✓					

⑵有關這個人對指令的瞭解：

①這個人會遵從口語的要求或指令嗎？如果會，大約是多少程度？

　　會遵守口語要求，可是如果並非他所願意做的事，不一定會遵從。

②這個人對於用手語或身體姿勢（手勢）表達的指令有回應嗎？

　　大多會有所回應。

③這個人能不能模仿別人動作的示範來從事不同的工作或活動？
（舉例說明他的模仿能力）

　　可以。例如，看別人示範一次音響的使用方式就可以照做。

④當別人問他是否想要某物？是否想去某地？他如何表示「要」或「不要」？

直接用口語表達，會用手指向他所要的東西。

8.在從事工作時，什麼事是你應該做或是你應該避免的？

⑴在行為訓練或是其他活動中，你認為怎麼做最能使訓練順利進行？

放慢腳步，多一些鼓勵、輕鬆、有趣的態度，正面的回應。

⑵在行為活動中，你認為那些事會干擾訓練的進行？

出現他可以依賴、解除他危機的人，其他可以轉移注意的情形（假裝為其他事發脾氣）。

9.這個人最喜愛的事情，活動或東西？

⑴活動：散步、看電影、旅遊、睡覺。

⑵物品：飾品、衣服等等。

⑶食物：生魚片、榴槤。

10.過去行為問題處理的歷史？

行為問題	問題有多少歷史	行為處理的策略	效果
1.不斷罵人	5至10年	勸導、不理睬、隔離	不大
2.揮東西或摔東西	5年	勸導、責備	不大
3.大吼大叫	1年	不理睬	時好時壞未穩定
4.不理睬別人	3年	申斥	不大
5.他人打電話時拿起話筒干擾	3年	責備、申斥、用同樣方式對待他	改善一些

11.總結性的陳述預測和（或）結果

事件／情境	行為問題	行為後果
想要別人改變她所不喜歡的行為	不斷罵人	因為受不了疲勞轟炸而勉強做到他的要求
她所認為應達到的行為（標準），被別人質疑、反駁不願意照做時	揮東西或摔東西，破壞（有時會自我傷害）的行為產生	因怕他受傷或再毀損物品而遵從他的要求
當別人忽視她的要求	大吼大叫	高分貝的大叫令人難以忍受，而完成他的要求
當別人希望她做某件事而她不願意時	不理睬別人	若是多說，他會不斷罵人或大吼大叫，不如自己動手
按照她的指示做事，未達她的標準	不斷罵人	因為受不了疲勞轟炸而勉強做到他的要求
若無「立刻」作她所吩咐的事	不斷罵人，有時也伴隨大吼大叫	受不了語言刺激所以放下手邊工作
不斷罵人，揮東西或摔東西，大吼大叫都沒用時	他人打電話時拿起話筒干擾	因為干擾而不能繼續說話

※行為問題可能性功能

⑴不斷罵人：他人將會從她的指示做事。

⑵揮東西或摔東西：他人將不會再提出反駁而遵從她的意見。

⑶大吼大叫：對於她的要求不再視若無睹。

⑷不理睬別人：想要她達成的事乾脆自行動手幫她做。

⑸他人打電話時拿起話筒干擾：對於有些人對其他行為問題無所反應時，她會用此證明她有支配權。

行為支持計畫處理

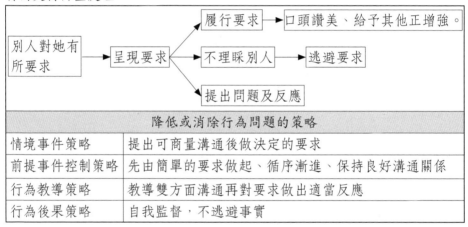

降低或消除行為問題的策略	
情境事件策略	提出可商量溝通後做決定的要求
前提事件控制策略	先由簡單的要求做起、循序漸進、保持良好溝通關係
行為教導策略	教導雙方面溝通再對要求做出適當反應
行為後果策略	自我監督，不逃避事實

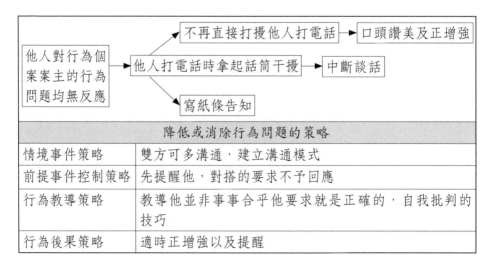

降低或消除行為問題的策略	
情境事件策略	雙方可多溝通，建立溝通模式
前提事件控制策略	先提醒他，對搭的要求不予回應
行為教導策略	教導他並非事事合乎他要求就是正確的，自我批判的技巧
行為後果策略	適時正增強以及提醒

本章重點

1. 每種行為不管好壞，對個人都有其存在價值和功能。

2. 功能性評量有幾項優點：⑴它可以提供行為改變處理計畫更正確的資料；⑵它可以發展出一套系統化的行為處置計畫；⑶它有助於產生更完整的行為處置計畫。

3. 功能性評量是一種蒐集行為資料並分析其行為功能的過程。目的是要經由有效蒐集資料與分析，來增進行為支持或介入的效果和效率。

4. A-B-C行為分析法，即找出行為的前提事件（antecedent, A）、行為表現（behavior, B）與行為後果（consequence, C），並從中歸結出目標行為與前提事件、行為後果間的關係。

5. 最常使用來蒐集功能性評量資料的方法有三種：詢問法（informant methods）、直接觀察（direct observation）及功能性分析（functional analysis）。

6. 詢問法就是與個案或是瞭解個案者直接接觸和交談。面談與其他詢問方法（問卷和評定量表）在界定和縮小變項範圍上是很有用的。

7. 功能性評量是一種瞭解與行為問題有關環境條件的過程。而詢問法則是確認與個體行為問題有關之環境條件重要特徵的一種很有價值的工具。

8. 直接觀察是指在日常生活中系統性地觀察行為問題者。這種蒐集行為資料的方法通常由教師或父母來負責。最常見的是A-B-C行為分析法與功能性評量觀察表（FAO），但需花費大量時間來蒐集和分析資料。

9. 功能性分析法就是操弄目標行為發生之行為後果。它是唯一要求明確顯示環境事件和行為問題間功能性關係的方法。優點是可直接操弄變項來驗證假設。不過有時並不易明確認定維持行為的功能。它的實施難度頗高，須受過訓練的人才能進行。

10. 目前已確認行為問題的某些功能形式，包括社會性正增強、內在感覺性正增強、外在感覺性正增強、社會性負增強、誘發出來的行為問題

及醫學成因等。

11. 面談的最終結果是要將面談資料統整為對行為問題的結論性陳述。其要素包括：(1)情境──發生行為問題的立即前提事件；(2)正在發生的行為；(3)行為的功能或行為所產生的強化結果。它統合了所蒐集的行為、前提事件及維持行為後果的資料。

12. 就多數功能性評量來說，運用面談和直接觀察就可以形成結論性陳述，確認行為問題指標和維持其功能之行為後果。如果運用面談和直接觀察無法達到此項目標，下一步策略就是實施系統性的功能性分析實驗操作。

13. 功能性分析是設計來測試與行為問題最具有強烈關聯的假設性變項或事件。

14. 功能性分析是一團隊努力，由對實施功能性分析實驗操作有經驗者來引導整個過程。

15. 正向行為支持（PBS）是教育型的行為處理方法，著重於擬定策略時需考量行為問題的功能，先進行功能性行為評量，然後運用團隊合作發展和執行行為支持或介入計畫，採取正向、功能性及多元素的行為處理策略，來消除行為問題及提升個體自我管理能力。

16. 正向行為支持（PBS）的行為處理採用「功能評量本位的行為支持計畫」、「功能等值訓練」或「功能本位介入」，目的在協助個體發展功能相同且符合社會期待的適當行為，來替代不適當行為，這樣不僅可擴展個體的正向行為，且能長期預防行為問題的發生。

17. 正向行為支持的歷程，包含選擇與描述目標行為、評量目標行為、擬定行為支持或介入計畫、執行計畫，以及評估執行成效。

18. 建構等值性行為模式的步驟為：(1)建立功能性診斷結論性陳述的圖解說明；(2)加上能夠產生競爭或等值行為問題的適當行為；(3)確定可提高適當行為並使行為問題產生不相關聯、沒有效能及無效用的介入選擇。

19. 改變情境事件。探究更多長遠的情境事件，確認任何使這些事件比較

不會產生影響的改變。

20.改變立即的前提事件。有許多實際方法可依個體的實際情況來運用，包括：調整情境、調整課程和工作相關因素、緩和背景因素效果，及中斷反應策略等。

21.列出所喜愛的和替代性行為的教導策略。行為教導的內容可分為三類，包含：替代技巧、容忍和因應技巧及一般適應技巧。

22.實施行為改變者在檢試行為後果的處理上可採取的參考策略和實務作法，包括：⑴增進正向行為的使用，如正增強；⑵提示正向行為，如重新指示；⑶減少行為問題的效能，如消弱。

回顧與知新專欄 ....

※選擇題

(   ) 1. 對特殊學童行為問題的評量，可以先使用什麼方式來瞭解行為的可能原因，再進一步發展適當的處理方案？   (A)工作分析   (B)檔案評量   (C)功能性評量   (D)生態評量   【#95教檢，第13題】

(   ) 2. 要瞭解注意力缺陷過動症學生在教室中的行為問題，下列何者是較適合的評量分析？   (A)人格評量分析   (B)智力評量分析   (C)性向評量分析   (D)功能評量分析   【#99教檢，第5題】

(   ) 3. 小新是一位重度智能障礙的學生，缺乏口語能力。最近幾天上課時，他持續地出現搥打自己大腿、突然尖叫等行為，但這樣的行為則很少在烹飪課時發生。下列何種評估方式最能幫助我們較精確地判斷小新行為的原因？   (A)生態評估   (B)口語能力評估   (C)事件觀察紀錄   (D)行為功能分析   【#99教檢，第13題】

(   ) 4. 有個學生總是在上課時會不斷干擾同學，老師想要運用A-B-C分析法瞭解學生的干擾行為，其中在「C」的部分，老師需要蒐集的學生資料是下列哪一項？   (A)干擾行為的持續時間   (B)最常做出的干擾行為   (C)在何種情境下會表現出干擾行為   (D)出現干擾行為後老師的處理方式   【#102教檢，第9題】

(   ) 5. 某生上課時不斷和鄰座同學說話，嚴重干擾老師上課。特教教師想利用A-B-C分析法瞭解其干擾行為，下列哪一項是屬於「A」的部分？   (A)干擾行為的定義及目標   (B)同儕關係及教室座位安排   (C)干擾行為出現的頻率或持續時間   (D)該生出現干擾行為時老師的反應   【#106教檢，第22題】

(   ) 6. 某位學生的行為功能介入方案中，訂有「增進同儕對該生的接納度，營造班級的社會性支持」的策略，這是屬於下列何種介入層面？   (A)前事控制   (B)行為教導   (C)後果處理   (D)生態環境改善   【106臺北市國中教甄，第46題】

(   ) 7. 增強、消弱、代幣系統、過度矯正等策略，都屬於何種層面的行為介入策略？   (A)前事控制策略   (B)行為教導策略   (C)後果處理策

略　(D)生態環境改善策略　　　【106臺北市國中教甄，第55題】

(　　) 8. 小丹對同學說話態度不友善，甚至有時爆粗口，因此導師將小丹轉介至輔導室。輔導老師運用行為改變技術的ABC分析法來瞭解小丹的狀況，發現小丹總是對隔壁座位的女同學說出不友善的話，對座位前方的女同學則不會如此。請問輔導老師找出了ABC分析法的哪一部分？　(A)A　(B)B　(C)C　(D)以上皆非
【107臺北市國小教甄，第15題】

(　　) 9. 關於行為功能的類別階層，下列描述何者正確？　(A)個體使用自己的方式獲得實體增強物，此種行為的功能稱為「負增強直接獲得實際物品」　(B)個案過去曾出現此行為便可以逃避環境的嫌惡刺激，因而習得該行為，此種行為的功能稱為「負增強社會中介逃避」　(C)透過他人逃避環境的嫌惡刺激，稱為「負增強直接逃避」　(D)行為本身就可以產生增強作用，稱為「獲得內在增強或逃避內在不舒服」　【107新北市國小暨幼兒園教甄，第23題】

(　　) 10. 下列哪一項是正向行為支持計畫的行為教導策略？　(A)社會技能訓練　(B)調整時間　(C)調整座位　(D)區別性增強其他行為
【108桃園國小及學前特教教甄-B，第40題】

(　　) 11. 資源班學生大同週一上午入班上語文課時的行為表現與平日迥異，不僅精神萎靡且情緒煩躁。資源班林老師抽絲剝繭地探求原因，發現大同在過去的整個週末都沒日沒夜地試練一款新的手機遊戲……請問週末連打兩天手遊，對於大同週一上午的學習不良表現，屬於什麼樣的前事（antecedent）？　(A)預備事件（setting event）　(B)中性刺激（neutral stimuli）　(C)前導刺激（antecedent stimuli）　(D)增強刺激（reinforcing stimuli）
【108新北市國中特教教甄，第4題】

(　　) 12. 「小強發脾氣前，常常都脹紅著臉、拳頭緊握，並大口喘氣……」前述針對小強發脾氣前行為的觀察，最適合被稱之為何？　(A)前兆（precursor）　(B)預備事件（setting event）　(C)中性刺激（neutral stimuli）　(D)刺激控制（stimulus control）
【108新北市國中特教教甄，第5題】

( ) 13. 集中式特教班林老師在完成國華嚴重自傷行為的功能分析後，決定以「調整作息＋調整課業內容」作為正向行為支持的處理策略。林老師所設定的處理策略最貼近下列何者？ (A)前事介入策略 (B)善後行為處理 (C)替代行為訓練 (D)生態環境改善

【108新北市國中特教教甄，第10題】

( ) 14. 進行身心障礙學生行為功能分析時，下列何者最符合對目標行為的敘述？ (A)經常沉溺在反覆行為中 (B)在課堂中用自己的下巴撞擊桌面 (C)行為離經叛道，需要轉介心理師或輔導教師 (D)個性魯莽，時常製造各種麻煩，讓教師非常困擾

【#108-1教檢，第15題】

( ) 15. 某師在評估學生上課干擾行為時，發現學生的目的是為了獲得老師及同儕的注意。下列哪一項介入策略最符合功能等值行為的概念？ (A)忽視學生的干擾行為 (B)要求學生至教室後方冷靜一下 (C)適時給予發表機會並引導回應主題 (D)與學生約定上課應有的行為表現並予以增強 【#108-2教檢，第5題】

( ) 16. 某注意力缺陷過動症學生，上課時常會起來走動，對課程的進行造成很大的干擾。下列輔導策略何者不適切？ (A)指派其在座位上進行抄寫活動，以減少走動行為 (B)教導學生以自我對話的方式，控制離座走動的衝動 (C)設計讓其需要活動的任務，減少其他學生異樣眼光 (D)以功能性行為評量分析其走動行為的原因，並據以因應調整 【#109教檢，第21題】

( ) 17. 行為介入的歷史發展，先後次序為何？甲、應用行為分析與行為管理技術 乙、正向行為支持及功能性行為 丙、行為改變技術 (A)甲乙丙 (B)乙丙甲 (C)丙甲乙 (D)甲丙乙

【109桃園國小及學前特教教甄-C，第32題】

( ) 18. 大新是三年級集中式特教班的低功能自閉症學生，缺乏口語表達能力，常以哭鬧方式引起他人注意。針對大新的行為，下列哪些策略較為適當？甲、出現哭鬧行為時便給予安撫 乙、出現哭鬧行為時立即實施隔離 丙、沒有出現哭鬧行為時即給予讚美 丁、出現哭鬧行為時讓他用圖卡指出需求 (A)甲乙 (B)甲丙 (C)乙丁

(D)丙丁　　　　　　　　　　　　　　【☆110教資考，第20題】

(　) 19. 小偉是就讀普通班三年級的情緒行為障礙學生，有明顯的衝動、過動、注意力不集中的狀況，在班上的適應需要協助。下列哪一項敘述較為正確？　(A)小偉需要個別指導，以確認他學習能更專注　(B)正向行為支持策略由導師專責處理，避免產生更大的傷害　(C)校內團隊合作實施正向行為支持策略，以增進其學校適應能力　(D)在資源班學習的社會技巧課程，但因情境不同無法在普通班實施　　　　　　　　　　　　　　　　【☆111教資考，第9題】

(　) 20. 小誠在午餐時間，常拿著餐盤隨處走動，且邊吃邊大聲說話，於是王老師對全班說明並示範合宜的用餐行為；之後當小誠在座位上安靜用餐時，王老師便立即給予口頭讚美。王老師採用了哪些行為支持策略？甲、前事控制　乙、行為訓練　丙、後果處理　丁、環境調整　(A)甲丙　(B)甲丁　(C)乙丙　(D)乙丁

【☆111教資考，第19題】

(　) 21. 透過全校性正向行為支持的及早介入，能顯著的改善具情緒行為問題學生的適應功能。下列何者是對全校性正向行為支持的正確描述？　(A)透過教育和系統的改變，降低情緒行為問題　(B)強調方法策略的改變，即可增進其生活品質　(C)主要在縮小個人行為目錄，減少其行為問題的發生　(D)注重學生隱私，不宜全校性宣導可能的情緒行為問題　　　　　　　　　【☆112教資考，第1題】

(　) 22. 集中式特教班智能障礙學生的個別化教育計畫中，下列關於行為功能介入方案的敘述何者較為正確？　(A)每位學生應有行為功能介入方案　(B)應使用初級預防的正向支持策略　(C)實施前應先檢視班級經營與教學措施的適宜性　(D)應根據校外行為支援團隊實施的功能評量結果擬定　　　　　　　　【☆112教資考，第3題】

(　) 23. 小立上課會一直發出干擾的聲音，故意舉手發表無關的言論。老師希望應用正向行為支持策略以改善小立行為問題，下列哪一項做法較不適當？　(A)讓學生獨自坐在教室後面減少干擾　(B)製作提示卡提示學生上課應有的行為　(C)在學生表現干擾行為時扣除獎勵卡點數　(D)共同擬定行為契約鼓勵學生表現適當行為

【☆112教資考，第21題】

(　　) 24. 某身心障礙學生下課時非常憤怒地衝到資源教室，此時老師請他坐
到椅子上，要求其深呼吸數到十，再用力握緊拳頭，再次數到十，
深呼吸三次再數到十，重複以上動作至該生穩定情緒為止。此老師
所採用之行為教導策略為下列何者？　(A)放鬆訓練　(B)系統減敏
(C)焦點治療　(D)行為契約　　　　　　　　【☆112教資考，第5題】

(　　) 25. 甲生在打掃時，以掃把打乙生，衝突起因於乙生遺失甲生借他的玩
具。老師跟甲生討論如何處理自己生氣的情緒及玩具遺失的問題，
並加以演練。試問老師採取的是下列哪一種策略？　(A)前事控制
策略　(B)行為教導策略　(C)後果處理策略　(D)環境改善策略
【☆112教資考，第22題】

參考答案

1.(C)　2.(D)　3.(D)　4.(D)　5.(B)　6.(D)　7.(C)　8.(A)　9.(D)　10.(A)

11.(A)　12.(A)　13.(A)　14.(B)　15.(C)　16.(A)　17.(C)　18.(D)　19.(C)　20.(C)

21.(A)　22.(C)　23.(A)　24.(A)　25.(B)

※問答題

1.何謂「功能性評量」（functional assessment）？其評量方法為何？此種方法有
何優缺點？　　　　　　　　　　　　　　　　　　　　　【#94教檢，第3題】

2.林老師班上有位特殊需求學生，上課時，常常不經同意就隨意發言，影響班
級上課。針對這位學生的行為，試說明林老師在前事控制、後果處理、行為
訓練、生態環境改善方面的可行作法。　　　　　　　　　【#98教檢，第3題】

3.試列出進行功能性評量時學生行為問題觀察表必須記載的要項。
【#102教檢，第2題】

4.依據全校性正向行為支持（School-Wide Positive Behavior Support, SWPBS）
之三級介入模式，試從目標、對象及實施方式說明各級介入的重點。
【☆110教資考，第1題】

5.某智能障礙學生常在課堂上突然尖叫和搥桌子，王老師想要針對該生的行為
進行A-B-C的分析。試說明A-B-C的定義為何？如果你是王老師，在A-B-C三
個部分各要蒐集哪些資料？　　　　　　　　　　　　　【☆111教資考，第1題】

◆表示「教育原理與制度」應試科目；#表示「特殊教育學生評量與輔導」應試
科目；☆表示「學習者發展與適性輔導」應試科目

個案行為研究篇

第九章

評估行爲改變的科學方法

第一節
評估行為改變的要項

一、界定目標行為

　　行為改變方案中想要改變的行為稱為「**目標行為**」（target behavior）。如果良好的目標行為很少出現或者根本不出現，那麼我們就要想辦法增加其出現頻率；反之，若是不適當的目標行為經常出現，我們就要讓它減少或消除。惟評估行為改變的首要步驟就是要把目標行為具體化（施顯烇，1995）。如果不能瞭解特定行為，我們可能就會無法確認行為改變方案的目標行為，也無從決定行為的前提事件與行為後果或者是設計改變它們的方法。因此，我們必須將廣泛的特質轉換為客觀且可測量的行為（Brown, 1982）。一旦目標行為清晰之後，就可以確認和界定所要設計方案的行為目標。

　　在運用行為改變方案上，我們可能會確認想要達成的目標行為。這些目標行為通常與個人特質有直接關聯。例如，「協助小銘成為一位合作和用功讀書的學生」或「行為改變方案結束之後，小明會比過去較少發生遲到的行為」。至於「**行為目標**」（behavior goal）則是指個人在行為改變方案結束時，應達成目標行為的水準。例如，「行為改變方案結束之後，小明會比過去較少發生遲到的行為」，這個目標就太模糊了。我們可能會無從瞭解小銘或小明是否已經達成此項目標？因此，我們必須設定正確想要的行為水準，也就是要將行為加以數量化。例如，「行為改變方案結束後，小明每週的遲到行為會由6次降為2次，每次遲到少於10分鐘。」在陳述行為目標上，顯示基準線水準──「6次」是很好的作法。

　　為了有效修正行為，我們必須採用可測量的方式來清楚地界定行為。如果我們沒有辦法做到這一步，有時就會尚未真正發生的行為認為已經發

生，或者是已經發生的行為認為尚未發生。由於所蒐集資料的不正確性，我們用來改變行為的技巧可能就會朝向錯誤的方向，而使得改變目標行為變得更為艱難且成功率降低。也就是說，行為改變方案的成功繫於是否符合了行為目標。

二、決定評估行為的特性

　　評估行為的特性會涉及到反應變項的選擇，也就是蒐集資料的形式。我們所蒐集的資料必須能夠測量目標行為，反映達成目標行為的任何進展情形。行為改變有幾種不同的層面，包括多久、多少次、多快、多好和多強等。我們必須選擇最能反映目標行為層面的資料形式（Dowrick, 1991）。例如，若行為目標在增加學生每週的讀書時間，那麼就應該蒐集時間性的行為資料，而不是次數性的行為資料。以下我們將描述幾項行為資料的蒐集形式（杜正治，2006；Kazdin, 2012）：

(一)頻率（frequency）

　　在評估行為改變方案上，或許最常使用的行為資料蒐集形式就是「頻率」，也就是指「在一段時間內，行為發生的次數或數目」。運用頻率的適當時機有三：

> ・目標行為是各自獨立的，亦即每一行為事件有清晰的開始和結束；
> ・每一行為事件花費相當固定的數量；
> ・行為目標包括改變行為發生的次數。例如，老師計畫評估學生在15分鐘之內正確拼讀出來的國字，因此老師是依據頻率（國字數目）來評估此項行為。

　　蒐集次數性或頻率的行為資料相當容易著手，而且多數目標行為都可採用次數性行為資料來進行適當的評估。例如，在行為改變方案上，評估男孩對立性行為的次數，以降低其行為發生的次數（Nordquist, 1971）。

又如評估一位六年級低成就學生正確計算數學問題的數目，以增進其數學能力（Pigott, Fantuzzo, & Clement, 1986）。至於其他可以使用次數性行為資料，來加以適當評估的目標行為包括咬指甲、離開座位、攻擊行為等。

㈡持續時間（duration）

所謂「持續時間」是指每一事件目標行為從開始至結束持續的時間長度。我們若想要瞭解行為發生的時間有多長，持續時間就是行為資料蒐集形式的最佳選擇。例如，評估社會互動關係的持續性，以增進兩位嚴重退縮智障兒童花費在社會性活動的時間，譬如彼此滾球（Whitman, Mercurio, & Caponigri, 1970）。至於其他可以依據持續時間，來加以評估的目標行為實例，包括讀書、看電視、發脾氣、打電話、遲到等。

㈢反應強度或大小（Magnitude）

在降低某人焦慮、悲傷或恐懼的行為改變方案上，評估此人的焦慮、悲傷或恐懼程度是不是就很重要呢？惟這就涉及到行為強度的評估——程度或大小。如果強度是具有變異性的，而且行為目標包含強度的改變，那麼評估目標行為的程度或大小就是很有用的。例如，Jackson和Wallace（1974）就曾運用電子設備評估智障男孩的說話強度，以增進其說話的音量。對許多目標行為來說，強度是一適當的測量選擇。例如，增進專注讀書的程度、肌力的大小（包括舉起的重量、擲球的距離或跳躍的長度）或降低食物的熱量等。

㈣延宕時間（Latency）

所謂「延宕時間」是指要求指示下達到行為反應發生前的這一段時間。測量兒童順應老師或父母的要求（譬如回到座位或將書本歸還原位），就是運用延宕時間來評估目標行為的例子。Puder et al.（1983）曾運用延宕時間來評估兒童上床至入睡的行為。

(五)練習次數（Trials to criterion）

所謂「練習次數」是指學生想要達成預定標準所需的練習次數。練習次數適用於教導概念與操作時。例如，教導學生於口頭指示或教師示範之後，評估學生模仿教師動作的練習次數，即是此種行為資料的蒐集形式。

(六)百分比（Percent）

「百分比」也是最常使用的行為資料蒐集形式之一。「百分比」是指行為發生的次數除以行為發生的機會總數，再乘以100。個人有許多回應機會或符合行為標準會因時間或環境不同而有所變異時，百分比特別有用。

蒐集資料除了要注意行為資料的形式外，仍有下列兩點值得留意：(1)我們經常會需要蒐集一種以上的行為資料形式。例如，降低某人的焦慮、悲傷或恐懼感受，行為目標可能包括降低此種感受的頻率、持續時間及其反應強度等三種行為資料形式。(2)運用結構性的表格來記錄和蒐集行為資料，這種方式可以使記錄和評鑑資料更為容易且快速。

三、評估行為的策略

所有評估行為的方法都包含某種形式的觀察，但是我們主要可以採用兩種方法來觀察行為：(1)直接的──經由看或聽真正的行為；(2)間接的──經由面談或問卷。外顯的目標行為總是採取直接的評估，而內隱的行為則經常採用間接性的評估。茲分別敘述如下：

(一)直接評估法

「直接評估法」在以直接的方式測量真正的目標行為。例如，老師可以藉由注視和記錄每一事件，來評估學生舉手發言的行為。有時直接評估是採取結構性的行為測試。例如，有位個案極度害怕蜥蜴，治療者將關在

籠子裡的蜥蜴漸進地靠近它。一旦個案感到不安，就停止測試並測量和記錄個案和蜥蜴之間的距離。又如讓個案在特定情境中角色扮演，然後由治療者評估特定行為的表現（譬如臉部緊張）。

「直接評估法」常常會使用工具來測量身體特徵或行為層面，例如錄影帶。由於「直接評估法」是採用直接的方式，因此在行為改變技術的研究和應用上，它們已經是相當受到歡迎的行為資料蒐集法。但是這種方法仍有下列幾項缺失存在：

> ‧如果需要訓練觀察員和付費，則相當耗時且昂貴；
> ‧直接評估法有時僅評估一種行為樣本，惟這項樣本未必就是個人行為的代表性樣本。

(二)間接評估法

「間接評估法」則是採用抽象或迂迴的方法來測量目標行為——我們可能會要求個人描述行為事件發生的來龍去脈。由於這種方法並不是直接評估真正的行為，因此有時會產生不正確的情形。以下我們將介紹「面談」、「自我陳述量表」、「非個案自我評定」及「生理測量」等四種間接評估的方法：

1.面談

在行為改變或治療上，「面談」是最常用來評估的一種方法（Swan & MacDonald, 1978）。治療人員通常會透過與個案及個案生活中的重要他人（例如親戚、朋友及老師）面談，來完成下列三項事情：(1)面談可以協助確定個案不足和過度的行為、適當的替代性行為，以及問題行為的前提事件和行為後果等；(2)面談也可以協助評估相關的課題，譬如個案生活中的重要文化因素；(3)治療者可與接受面談者建立互信的關係（Davison & Neale, 1994）。

　　「面談」往往會因結構性程度而有所不同（Turkat, 1986）。行為改變者若採用高度結構性的面談，依照特定次序詢問一些問題，通常是以預定的方式確認或評量個案的問題。反之，如果採用非結構性的面談，那麼行為改變者有許多時間提出問題，而且必須依靠臨床經驗和直覺來決定應採取的方向及解答的方法。由於面談是採取回溯的方式——也就是，個人追溯先前已經發生過的行為，因此行為改變者必須注意可能產生的錯誤。

2.自我陳述量表

　　行為改變者可以建構評定量表和問卷，來有效率地大量蒐集個案特定行為的臨床性資料。有些「自我陳述量表」提供了有關個案背景的資料，而其他工具則設計來協助評量問題和確認目標行為（Jensen & Haynes, 1986）。例如，洪榮照（1998）的「攻擊行為自陳量表」，共計有32題，就是讓受試者以自陳方式填答。受試者在閱讀完題目後依四點量表——「經常如此」、「有時如此」、「很少如此」及「從未如此」，勾選適合自己的描述。在此量表上，得分越高者，表示攻擊性越強。

　　至於問卷和評定量表則可用來協助行為改變者評估特定不足或過度的行為，包括：發脾氣、肯定行為、沮喪、害怕和焦慮、親子衝突及物質虐待⋯⋯（Carson, 1986; Correa & Sutker, 1986）。例如，洪儷瑜（1992）所修訂的「柯能氏（Conners）教師行為評定量表」就可以用來評估注意力不足過動症（ADHD）兒童的問題所在。其評量項目如表9-1所示。

3.非個案自我評定

　　讓個人的老師、行為改變者及父母等來填答評定量表或行為檢核表，也可以獲得有用的個案行為資料。例如，在臺灣目前常用來評估兒童是否符合自閉症特徵的Clancy行為量表（王亦榮等人，1999）就是採用非個案自我評定（由母親填答）的方式來進行。量表內容共有十四項行為特徵，以三點量表形式——「從不」、「偶爾」、「經常」來評估兒童的行為。其評量項目如表9-1、9-2所示。

表9-1 「柯能氏（Conners）教師行為評定量表」評量項目

1.坐立不安	21.脾氣暴躁
2.發怪聲音	22.孤立自己
3.易感挫折	23.不被接受
4.動作不協調	24.易受影響
5.好動	25.不懂公平
6.衝動	26.缺領導才能
7.易分心	27.和異性不合
8.注意力短	28.和同性不合
9.過分敏感	29.破壞別人活動
10.過分認真	30.順從
11.作白日夢	31.反抗
12.生悶氣	32.輕率
13.愛哭	33.害羞
14.侵擾別人	34.膽怯
15.易鬥嘴	35.需教師注意
16.情緒不穩	36.固執
17.賣弄聰明	37.討好別人
18.破壞性強	38.不合作
19.偷竊	39.上課缺席
20.說謊	

（參考自洪儷瑜，1992，p.178）

表9-2　「Clancy行為表現量表」評量項目

1.不易與別人混在一起玩。
2.聽而不聞，好像聾了。
3.強烈反抗學習，譬如拒絕模仿說話或是做動作。
4.不顧危險。
5.不能接受日常習慣之變化。
6.以手勢表達需要。
7.莫名其妙地笑。
8.不喜歡被人擁抱。
9.活動量過高。
10.避免視線接觸。
11.過度偏愛某些物品。
12.喜歡旋轉的東西。
13.反覆怪異的動作或玩。
14.對周圍漠不關心。

4.生理測量

　　有許多不同的「生理測量」可以用來評估內在事件，而且多數測量需要特殊的設備或生理回饋測試。例如，為了幫助病患瞭解身心所面臨的壓力狀況，有些醫院會運用「生理回饋儀」來幫助患者「看到」身體內部的生理訊息（包括肌電、指溫、血壓等項指標，詳見第二章第一節生理回饋部分）。

　　行為改變方案在下列兩種主要的狀況下，採取「生理測量」是有用的：⑴目標行為本身可能是一種內在的生理反應，例如高血壓；⑵目標行為可能有一致性的生理因素，譬如發脾氣或焦慮的人可能有較高的心跳特性。針對這個案例，就可以測量心跳來確定個案的自我陳述。基本上，運用生理測量乃是評估內隱事件的唯一客觀方法，而這些評估可以產生頻率、持續時間及反應強度的行為資料，但是生理測量通常過於昂貴，而且並不全然可以獲得清晰的內隱行為現況（Kallman & Feuerstein, 1986）。

四、行為的記錄和正確性

如果我們想要評估個人的行為，如何測量並確保所蒐集行為資料的正確性呢？接下來我們將探究這些相關課題。

(一)記錄行為

常見蒐集行為資料的方法包括選擇特定的時段（例如一小時的矯正期間或學校休息時間），然後在此段期間評估每一目標行為的事件。評估和記錄某段特定時間的所有行為事件稱為「**連續記錄**」（continuous recording）。如果行為發生率很高、測量每個事件需要特殊設備或花費很多時間、抑或觀察者必須同時監督其他事件（如其他學生的班級活動），可能就很難使用連續記錄這種方法來評估行為。

另外一種**記錄行為**的方法在於選擇特定的觀察期間（18分鐘），並將每個期間分成等長的小時距（30秒），然後在每個時距內記錄目標行為是否發生，這種方法稱為「**時距紀錄法**」（interval recording）。基本上，每個時距所記錄的是「是」或「否」。即使有多種行為事件發生，某一特定時距通常僅記錄一項行為事件（是或否）。這種用來評估和記錄行為的資料形式不是次數性資料（行為發生次數），就是百分比資料（如表9-3所示）。

✄表9-3　時距紀錄表格實例

學生：										觀察者：						
目標行為：上課時離開座位的行為																
觀察日期：									觀察情境：國語課							
觀察期間：自＿＿時＿＿分至＿＿時＿＿分																

1分		2分		3分		4分		5分		6分		7分		8分		9分	
30"	30"	30"	30"	30"	30"	30"	30"	30"	30"	30"	30"	30"	30"	30"	30"	30"	30"

10分		11分		12分		13分		14分		15分		16分		17分		18分	
30"	30"	30"	30"	30"	30"	30"	30"	30"	30"	30"	30"	30"	30"	30"	30"	30"	30"

　　打「∨」表示目標行為有發生，打「×」表示目標行為沒有發生。第三種評估和記錄行為的方法，稱為「**時間取樣法**」（time sampling）。這種方法包括選定一種以上等長的觀察期間，並將其分成等長的次期間（譬如一分鐘），同時指定每個次期間開始之後的短暫時距內（10秒）來蒐集資料，即1分鐘的次期間內僅評估和記錄行為10秒鐘。在這些時距內，行為資料蒐集的形式可以相當的多元。例如，Powell、Martindale和Kulp（1975）曾評估和記錄學員學習行為的頻率和持續時間，在每個時距內記錄全部、部分或全無，來表示學員是否在座位上專心學習。又如Sarafino（1985）研究嬰幼兒社會性行為時，在每個時距上連續記錄九項社會行為。就像時距記錄法一樣，運用時間取樣的觀察者需要有一訊號，來提醒行為記錄的開始與結束。圖9-1乃是運用時間取樣紀錄法來評估兒童阻斷性行為（如攻擊、講髒話、大叫）的例子。

| 學生：＿＿＿＿＿＿＿＿＿＿　觀察者：＿＿＿＿＿＿＿＿＿＿ |
| 開始時間：＿＿＿＿＿＿＿＿　日　期：＿＿＿＿＿＿＿＿＿＿ |

	時　距				
	1	2	3	4	5
第一個10分鐘	△ ○ ×	△ ○ ×	△ ○ ×	△ ○ ×	△ ○ ×
第二個10分鐘	△ ○ ×	△ ○ ×	△ ○ ×	△ ○ ×	△ ○ ×
第三個10分鐘	△ ○ ×	△ ○ ×	△ ○ ×	△ ○ ×	△ ○ ×

△＝攻擊　　○＝講髒話　　×＝大叫

圖9-1　運用時間取樣紀錄法來評估兒童阻斷性行為的例子（全部觀察時間為30分鐘，分成15個2分鐘的次時距，然後在每個次時距的前20秒內進行觀察記錄）

(二)記錄行為的正確性和效度

「記錄行為有效度」是指這些記錄能夠反應所要測量的事物。如前所述，直接評估法通常測量他們想要檢試的真正目標行為——例如，目標行為是口吃，我們就可能計算個人說話的事件。這些評估和行為記錄的正確性，往往取決於行為界定的程度、觀察者訓練的情形、以及運用評估工具測量的精細情形等。如果直接評估是正確的且記錄到想要檢視的真正行為，那麼這些行為記錄和評估通常就具有很高的效度。

至於「間接評估」通常包括非常主觀的估計且依賴個人的記憶（如接受面談和填答自我陳述量表時）。因此，記錄行為的效度和正確性可能高，也可能低。提高此種「記錄行為有效度」的方法之一，在從幾種評估方法上來考量所產生的資料——面談家庭成員或由家庭成員評定，來驗證個案的資料。例如，若家庭成員正確地瞭解目標行為且有機會觀察和記錄它們，那麼家庭成員的評估可能就會很正確（McMahon, 1984）。假若這些條件不存在，那麼相關評估和記錄行為可能就會不正確。此外，仍有許多因素會影響到間接評估法的正確性。例如，清晰詢問或執行者是受過高度訓練的，都可以提高行為評估的正確性。

不過，有一種現象可能會降低直接和間接評估法的正確性和效度稱為「**反應性**」（reactivity）。也就是，個人如果發現正在受到觀察時，行為會傾向於改變的過程（Monette, Sullivan, & DeJong, 1990）。反應性通常會使個人的行為傾向於符合社會的價值和觀念。

五、評估行為資料的信度

評估所蒐集行為資料正確性的一般方法，包括評估兩位以上觀察者所蒐集記錄行為資料的一致性程度，稱為「**觀察者間信度**」（interobserver reliability）或「**評定者間信度**」（interrater reliability）。觀察者一致性或信度與正確性並不相同。如果它們是正確的，那麼行為資料就將更加的可

靠。為了評估觀察者間的信度，我們必須讓2位以上的觀察者同時蒐集同一項行為的資料，同時也必須確定觀察者是獨立蒐集行為資料。雖然評估不同觀察者所蒐集行為資料的一致性方法有幾種，不過有兩種方法是特別常見的（Foster & Cone, 1986）。

第一種方法稱為「**觀察期間全部法**」（session totals method），亦即將每位觀察者在觀察期間所蒐集到的資料統統加起來，然後以較小的整數除以較大的整數，再乘上100，就可以得到觀察資料一致性百分比。例如，人傑和小英同時觀察和記錄甲生一天的講髒話的次數。人傑觀察到40次講髒話的行為，而小英觀察到36次講髒話的行為，然後以36次除以40次，再乘上100，得到90%的一致性。至於此一百分比代表著什麼意義呢？

運用「觀察期間全部法」來評估觀察者間信度在解釋上要很小心。雖然百分比可以讓我們瞭解到兩位觀察者整體同意或一致的範圍，不過並不意味這兩位觀察者都觀察和記錄到36次講髒話的行為。事實上，人傑多觀察到4次講髒話的行為，或許這些觀察可能是錯誤的，或許學生真正發生50次講髒話的行為，而人傑和小英僅觀察和記錄到30次講髒話的行為。惟即使觀察者可能在某些事件上不一致，高達90%的一致性讓我們有理由相信，所記錄行為的全部次數是真正行為的可靠性估計。除了使用次數性資料外，觀察期間全部法也可以運用於其他類型的資料，包括持續時間或反應強度（Wysocki, 1979）。

第二種經常用來評估觀察者間信度的方法是「**時距紀錄法**」（interval recording method）。如同前述，在觀察期間內，針對每一特定的時距僅記錄一項目標行為事件，即使是發生許多事件。現在讓我們運用時距紀錄法來考慮一下先前所舉人傑和小英的假設性例子。他們兩位觀察學生10分鐘，每隔30秒的時距內觀察學生是否發生講髒話的行為，然後記錄它們（如表9-4）。這些記錄可能顯示，學生講髒話的行為可能在某些時距內發生，而不在某些時距內發生。運用「時距紀錄法」時，為了計算觀察者間信度，兩位觀察者一致的時距數（行為有發生）要除以全部的時距數

⤶ 表9-4　兩位觀察者的觀察結果（學生講髒話的行為）

時距（30秒）	1	2	3	4	5	6	7	8	9	10	11	12	13	14	15	16	17	18	19	20
人傑		✓	✓	✓	✓		✓	✓	✓	✓	✓	✓	✓	✓	✓	✓	✓	✓	✓	✓
小英		✓	✓		✓		✓	✓		✓	✓		✓		✓	✓	✓	✓	✓	✓

（記錄一致或不一致的時距）。假設有16個時距是一致的，而有4個時距是不一致的，那麼我們就可以得到80%的一致性百分比。

　　為何在分析中排除兩位觀察者都記錄未發生講髒話行為的部分呢？畢竟，他們似乎都同意在這些時距上行為並沒有發生。由於這些資料更可能較行為發生的資料不正確，因而在評估觀察者間信度若包含不正確的行為記錄，我們的評估就可能會產生偏差，所以許多研究者不太喜歡納入行為未發生的資料（Foster & Cone, 1986）。不過有個例外是針對過度行為時（如情緒反應），我們需要決定在呈現前提線索時，觀察者是否同意行為不再發生。在這個案例上，我們會使用未發生行為的資料來替代已發生行為的資料。

　　另外，評估和記錄行為資料的正確性仍有下列四點值得注意：⑴有些事實顯示，讓觀察者瞭解其記錄要受到其他觀察者的檢核，似乎可以增加觀察的正確性（Foster & Cone, 1986）；⑵蒐集行為資料前，可以訓練觀察者計算觀察者間信度；⑶最低可接受的信度水準是80%的一致性同意（Sulzer & Mayer, 1972）；⑷在自我管理方案上也可以使用觀察者間信度來評估資料的正確性，即讓一位以上觀察者蒐集個人行為資料，來與個人的自我監督記錄互相比較。

　　在評估行為改變上，蒐集可靠性的行為資料是有必要的。如果缺乏可靠性的資料，研究的基礎就會受到影響。如果研究設計和實施良好，行為改變的解釋就會更加令人信服。

第二節

評估行為改變的實驗設計

在評估行為改變方面，除了要考量前述的各個要項之外，尚需配合選擇適當的研究設計，藉以瞭解特定行為介入或處理的成效。而單一受試實驗設計則可用來說明特定行為介入的成效。任何一種單一受試實驗設計都是要求檢視特定行為介入在個體行為上的效果。單一受試實驗設計通常先是「基準線階段」，在自然的狀況下未提供任何介入或處理來測量行為。

Alberto和Troutman（1986）曾指出這個階段的資料蒐集可以提供目前行為水準的描述性分析，以及未來表現的預測性分析。此外，這個階段的行為資料蒐集也可顯示行為介入是否有需要。如果資料點的趨向是朝著所欲的方向增加或降低，就無須提供行為介入或處理，除非我們想要更加快速的改變行為。反之，若是朝著非所欲的方向增加或降低，就顯示了後續行為介入或處理的需求。

不管基準線階段資料點的趨向為何，我們應該持續性的記錄資料，直到表現水準維持相當穩定為止。資料變動過大可能顯示所測量的行為未能精確的界定或者是有變項未受到良好的控制而影響到行為。

一旦基準線達到穩定，就可以開始提供「行為介入或處理」，同時與基準線階段的水準相互比較。此項跨越基準線和實驗情境的資料比較可決定行為介入或處理的成效。

有關評估行為改變的實驗設計有許多種類型，以下只簡要介紹「倒返實驗設計」、「逐變標準實驗設計」、「多基準線實驗設計」、「多重處理實驗設計」及「交替處理設計」（張世彗，1993；郭生玉，1986；Kazdin, 2012; Wolery, Bailey, & Sugai, 1988），若欲進一步探究請參照「單一受試實驗設計」的專書，例如，*"Single subject research in special education"*（Tawney & Gast, 1984）和《單一受試研究法》（杜正治，2006），以及《單一個案研究法：設計與實施》（鈕文英、吳裕益，2019）：

一、倒返實驗設計（Reversal Designs）

「倒返實驗設計」，又稱「撤除設計」（withdrawal design）。它是最為常用的一種傳統實驗設計。這種設計至少包括三項實驗條件：「基準線」（Baseline, A）、「介入或實驗處理」（Intervention, B），及「基準線」（A）。惟一般的形式是「基準線」（A）、「介入或實驗處理」（B）、「基準線」（A）及「介入或實驗處理」（B）。其中，第一和第二個基準線條件是相同的，而第一和第二個介入或實驗處理條件也是相同的（Wolery, Bailey, & Sugai, 1988）。

在倒返實驗設計上，基準線階段（A）表示未提供任何介入或沒有採取任何的處理，伴隨著呈現行為「介入或實驗處理」（B），然後撤除介入再回到「基準線階段」（A）。例如，在先前五天的基準線階段期間所蒐集到的資料顯示，<u>人傑</u>的離開座位行為有一清晰和穩定的趨向（如圖9-2所示）。此種資料穩定性使得介入階段的傾斜更加的明顯。

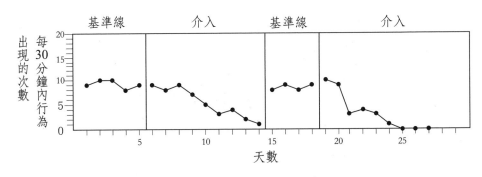

圖9-2 <u>人傑</u>倒返實驗設計假設性資料

如果研究就在此點停止，那麼急劇的降低可能就會被質疑是其他無關變項所造成的機率，而不是由於研究者的行為介入或實驗處理所形成的。如果教師想要提供令人相信的行為介入成效事實，那麼行為介入階段（B）就必須伴隨回到基準線階段（A）之後呈現。如同圖8-2所示，倒返

回到基準線階段（A）之後，人傑離開座位行為的次數急劇增加。這些資料提供了令人相信的事實顯示，老師所採取的介入或實驗處理，對於人傑的離開座位行為具有很大的影響。

㈠實　例

馮淑珍（2005）曾運用「倒返實驗設計」，來探討小老師制對安置在普通班之身心障礙學生的遊走干擾教學之效果。

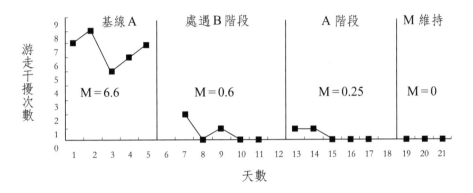

圖9-3　受試個案遊走干擾教學次數曲線圖

　　由上圖9-3受試個案遊走干擾教學次數曲線圖可知遊走干擾教學行為的受試個案在基線階段總共觀察了5天平均值為6.6次。在處理B階段共觀察記錄5天，介入「小老師」的策略後，受試個案遊走干擾教學行為的次數平均值降低到0.6次，較基線階段大為減少。另一方面，介入「小老師」制的策略後，使受試個案由基線階段的高次數趨向轉為降低逐漸的進步趨向，兩階段重疊百分比為0，顯示「小老師」制對受試個案在遊走干擾教學方面有相當明顯的效果。

　　在撤回「小老師」制的介入後，受試個案遊走干擾教學行為平均值為0.25次，較介入B階段減少。另一方面，介入「小老師」制後，使受試個案由介入B階段的次高次數趨向轉為逐漸降低的進步趨向，兩階段重疊百

分比雖非為0，仍顯示撤回「小老師」制對受試個案的遊走干擾教學行為仍有明顯的維持保留效果。觀察者間係數為84%。

　　整體而言，受試個案在介入「小老師」制後，其遊走干擾教學行為問題的解決上獲得很大的進步。在維持階段亦能保持介入「小老師」制後期的效果，顯示介入「小老師」制因應策略對受試個案在遊走干擾教學問題的解決上有顯著正面效果。

㈡優缺點

　　A-B-A-B倒返實驗設計的優點主要有三：⑴每次僅測量一項行為；⑵重複實驗處理可提供三次機會瞭解處理的效果。第一次是實驗處理階段，第二次是回到基準線階段，第三次則為重複實驗處理階段；⑶可以有效的評估實驗處理的效果（杜正治，2006；Wolery, Bailey, & Sugai, 1988）。

　　不過，此種設計與其他倒返實驗設計一樣，均會遭遇一項共同的問題——行為的不可逆性。也就是說，取消實驗處理後的階段，行為並不一定就會恢復到基準線階段，如此將會使得實驗處理效果難以獲得確認。另外，由於此種設計在第二個基準線條件期間必須撤除介入或實驗處理，可能會產生順序或互動的效果。

　　亦即先前條件的經驗可能會影響到介入效果。第三則是會有倫理道德的問題。

二、逐變標準實驗設計（Changing Criterion Designs）

　　「逐變標準」的基本原則類似於先前所討論的設計。如同倒返實驗設計一樣，基準線階段是作為描述目前的表現水準，以預測未來的表現水準。而逐變標準中的次階段一再的進行，以試驗預測。如果介入造成改變，那麼我們就可預期行為表現依循著標準產生轉變。惟若由於無關因素，行為表現產生隨機變動，而使得行為表現未能依照所設定的標準。在這種情形上，我們就無法說明介入的因果關係。換言之，如果行為表現緊

密地符合標準上的變化，那麼就可認為介入負責行為的改變。

「逐變標準實驗設計」非常類似操作制約學習的行為塑造（shaping），其理論依據主要是採用逐步養成原理漸進增強行為，使得行為一步一步接近最終的目標（郭生玉，1986）。「逐變標準實驗設計」包括基準線（A）和介入或實驗處理（B）。亦即在建立穩定的基準線（A）之後，就開始漸進且分段的增加成功或增強的標準，直到最終的行為達到為止。此種取向的實驗設計特別適用於需要緩慢塑造或改變的行為，例如抽煙、減肥、運動時間等。

圖8-5乃是一項逐變標準設計的假設性實例，圖中顯示介入階段伴隨著基準線階段而來。在介入階段中，有幾個次階段（由垂直的虛線表示），每個次階段都設定有不同的行為表現水準（每個次階段內水平的虛線）。一旦行為表現穩定且一致地符合標準就緊跟著設定新的標準。（圖9-4）。

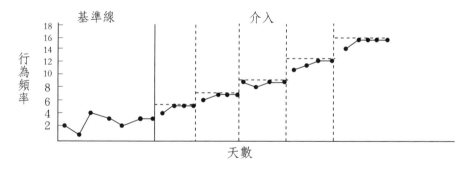

圖9-4　逐變標準設計的假設性實例

㈠實　例

DeLuca和Holborn（1992）曾採用「逐變標準實驗設計」，來研究代幣增強系統對於11歲非常肥胖和體重正常男孩練習固定腳踏車的效果。在基線期階段，每位男孩的踏板率是穩定的，然後研究人員在每30分鐘的練

習期間，開始以「變動比率」（variable-ratio schedule, VR）增強踏板率。每位男孩在介入開始時，每一增強實例所需的踏板旋轉數設定為約高於基線期平均率15%以上。也就是說，如果男孩在基線期的踏板旋轉數為每分鐘70轉，那麼介入開始所需的踏板旋轉數為每分鐘80轉。然後，每一後續增加的增強標準設定為前一階段所達成平均踏板率的15%以上。只要男孩因踏板而獲得積點代幣（point token），鈴聲就會響起且光會亮表示成功。至於代幣則可以日後用來交換後援酬賞。

由圖9-5可見，這2位男孩的踏板率增加與增強標準每次的增加相一致，顯示代幣增強系統對11歲非常肥胖和體重正常男孩練習固定腳踏車的顯著效果。

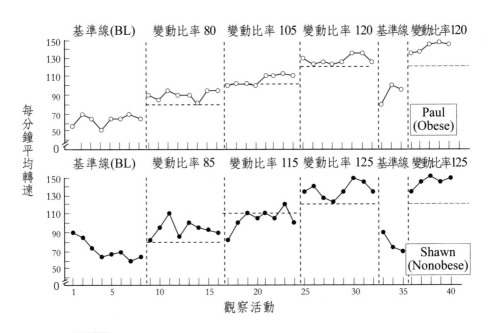

圖9-5 代幣增強系統對2位男孩練習固定腳踏車之效果研究

（採自DeLuca & Holborn, 1992）

(二)優缺點

「逐變標準實驗設計」的優點主要有二：⑴沒有倫理道德的問題，因為這種實驗設計不需要回到基準線（撤除介入或實驗處理），所以可以避免倒返實驗設計所產生的困難；⑵這種實驗設計最適合於探究需要逐步塑造的行為，例如複雜的技能、精力過剩兒童的動作行為等。不過，由於逐變標準實驗設計的效果，要視每一階段的行為改變是否很符合所設定的標準，如果非常符合一致，即可充分顯示實驗處理的效果。否則，就很難確定行為改變是否由實驗處理所造成的。事實上，「逐變標準實驗設計」的主要困難就在於行為改變和標準變換之間一致性的確定（Kazdin, 1982）。

三、多基準線實驗設計（Multiple Baseline Designs）

「多基準線實驗設計」包括兩個條件：「基準線」（Ａ）和「介入或實驗處理」（Ｂ）。它特別適用於倒返回到基準線階段具有倫理問題或危險性的行為，諸如自傷行為。不過，有些行為（例如閱讀、數學和騎腳踏車）一旦學會了，就不太可能回到基準線階段。就這些例子而言，運用多基準線實驗設計可能就較為適合。

「多基準線實驗設計」的主要特色是依據不同的基準線來確定實驗效果，故首先需要蒐集兩個或兩個以上的行為（或受試、情境）作為基準線，然後再針對某一個行為（或受試、情境）實施實驗處理或介入，其他行為（或受試、情境）則仍然維持在基準線階段，俟處理效果穩定後，再針對第二個行為實施實驗處理或介入，第三個行為（或受試、情境）則仍然維持在基準線階段。最後再針對第三個行為（或受試、情境）給予實驗處理（如圖9-6）。

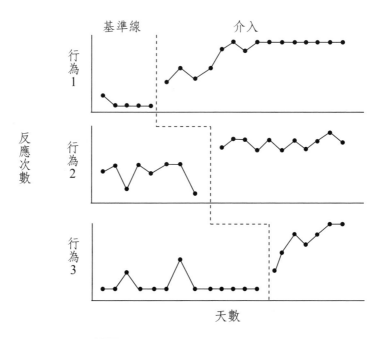

圖9-6　多基準線的假設性實驗設計

　　「多基準線實驗設計」的形式有三種：⑴「跨受試的多基準線實驗設計」（multiple-baseline design across subjects）；⑵「跨行為的多基準線實驗設計」（multiple-baseline design across behaviors）；⑶「跨情境的多基準線實驗設計」（multiple-baseline design across situations）。分別描述如下：

㈠跨受試的多基準線實驗設計

　　「跨受試的多基準線實驗設計」中，有2個或2個以上受試者的同一項行為要被改變。故在建立基準線階段，要同時觀察測量多位受試者的同一項行為，獲得穩定的基準線後，先針對一位受試者實驗處理，其他受試者則不給予處理，仍然維持在基準線階段。俟接受實驗處理之受試者的行為，達到新的穩定狀態時，再針對第二個受試者進行實驗處理，如此繼續實驗直到所有受試者均接受過實驗處理為止。茲以林惠鸞的研究為例，說明此種研究設計。

　　林惠鸞（2006）曾採用跨受試多基準線實驗設計，來探究水中教學方案對國小啟智班學生在健康體適能表現之成效研究。

　　在柔軟度表現方面，由圖9-7比較可知，2位受試者在介入期間，柔軟度都獲得改善，相較於基線期也都達到顯著差異水準。在維持期間，二者的水準穩定性仍高達百分之百。而受試甲的介入／維持階段的重疊百分比為100%，受試乙為67%，顯示2位受試者對於介入後的效果維持良好。

　　由實驗結果的資料中可以發現，以柔軟度的整體表現來看，2位受試者在水中活動教學方案介入後的表現都達到顯著差異。

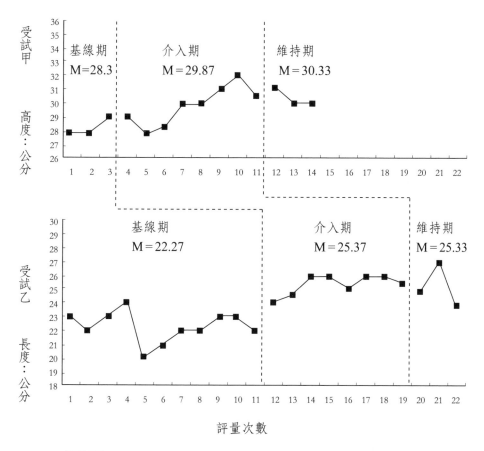

圖9-7　受試甲與受試乙柔軟度曲線圖之比較（坐姿體前彎）

　　在肌力表現方面，由圖9-8可知，2位受試者在肌力的表現上的差異，受試甲的身心狀況如表3-2學生資料分析所示，其大動作能力良好，在做跳躍力的測量時可以盡力發揮；但受試乙的肢障問題（左腳關節髖骨異位），在跳躍時可以說僅是靠單腳的力量跳起居多，並無法如受試甲一般的發揮，所以在兩相比較的情況下，受試乙在測量數據上，表現較低。

　　由實驗結果的資料中可以發現，以肌力的整體表現來看，2位受試者肌力表現在水中活動教學介入後，都得到顯著成效。

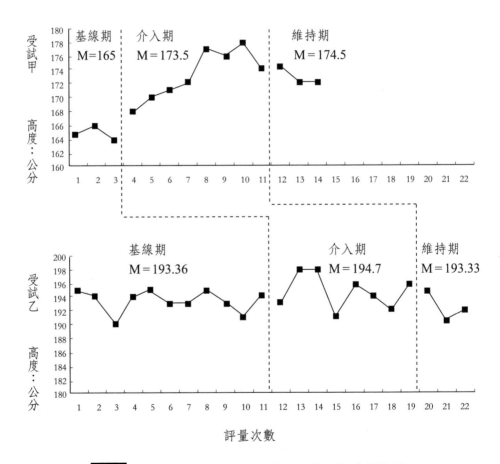

圖9-8　受試甲與受試乙柔軟度曲線圖之比較（跳躍力）

在心肺耐力方面，由圖9-9可發現，由介入期的平均值來看，2位受試者在心肺耐力的表現在教學介入後都有改善，但只有乙達到顯著的差異水準。

受試甲的身心狀況，其大動作能力良好，但受試乙則有肢障的問題，較不良於行，行走或跑步時是呈不平穩的狀態，並無法如受試甲一般的行動自如，所以在體適能測量的數據上，甲乙兩人有相當大的懸殊。

由實驗結果的資料中可以得知，在心肺耐力的整體表現來看，僅有受試乙在水中活動教學介入後的效果良好，並達到顯著差異，反觀受試甲的表現，似乎較無明顯的變化。

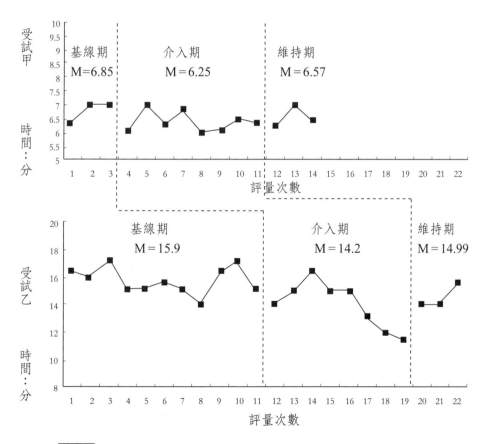

圖9-9　受試甲與受試乙心肺耐力曲線圖之比較（800公尺跑走）

(二)跨行為的多基準線實驗設計

「跨行為的多基準線實驗設計」中，同一位受試者有二個或二個以上行為要被改變。在建立基準線階段，要同時觀察測量受試者的不同行為，獲得穩定的基準線後，先針對一項行為進行實驗處理，其他行為則不給予處理，仍然維持在基準線階段。俟接受實驗處理的行為，達到新的穩定狀態時，再針對第二項行為進行實驗處理，如此繼續實驗直到所有行為均接受過實驗處理為止。茲以倪志琳（1999）對學齡前自閉症兒童的研究為例，說明此種研究設計。

倪志琳（1999）曾採用「跨行為的多基準線實驗設計」，來驗證結構教學法是否能增進學前自閉症兒童發展能力與個別學習目標之達成。受試之一（學童甲）是位中度自閉症兒童，作實驗時身體狀況良好，進入方案前曾在某醫院兒童心智科接受過約10個月的療育。溝通能力方面，情緒激動時會發出含混不清的發音，舌頭不太會舔，對於想要的東西會拉大人的手來表示；被叫名時會瞄一下或暫停正在從事的活動。社會互動方面，遊戲時會看著對方（如丟球）；不瞭解團體活動的規則；生氣時會擊手、跺腳、偶爾會推人。

至於教學目標，在認知操作方面，受試在三選一的情況下，能將三種日常用品實物（杯子、碗、襪子）與實物配對，連續四天正確率達到80%以上；在認知語言方面，受試要能用手指出想吃的食物，連續四天正確率達到80%以上；而模仿行為方面，受試要能模仿教師靜態動作三種，連續4天正確率達到80%以上。在認知操作的基線期方面，目標行為的通過率穩定呈0%。在處理期，介入實施結構教學法後，於第七教學日出現20%的通過率，隔天又回復基線期水準，經2天維持基線期水準表現後又上升，俟第十三教學日達到通過標準。又經過4週18天的教學介入，達到所訂的教學目標，其後第2、11、20、22天進行重複測試，通過之百分比分別為80%、80%、60%、80%，顯示了行為維持的效果。

在認知語言的基線期方面，目標行為的通過率穩定呈0%。在處理

期，介入實施結構教學法後，受試之通過率開始成長，雖於第七教學日達到100%，但之後起伏變化大，直到第十四教學日才維持超過80%的通過率。經過近6週共18天的教學介入始達到教學目標，其後第2、11、21天進行重複測試，均維持穩定之100%的通過率。至於在模仿的基線期方面，目標行為的通過率穩定呈0%。在處理期，介入教學後，受試之通過率便逐漸上升，雖於第七教學日達到80%，但隨後又下降，到第十一教學日後，才維持超過80%的通過率。經過5週15天的教學介入，達到所訂的教學目標，其後第2、10、13天進行重複測試，通過率均穩定100%的水準。實驗研究的結果，如圖9-10。

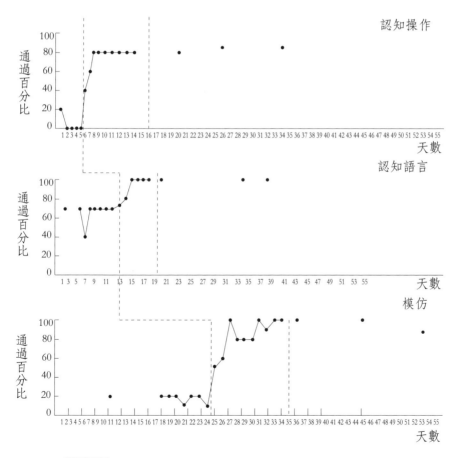

圖9-10　結構教學法對學齡前自閉症兒童學習成效之研究

(三)跨情境的多基準線實驗設計

「跨情境的多基準線實驗設計」中，同一位受試者在2個或2個以上情境的同一項行為要被改變。在建立基準線階段時，要同時觀察測量受試者在不同情境上的行為，獲得穩定的基準線後，先針對一項情境進行實驗處理，其他情境則不給予處理，仍然維持在基準線階段。俟接受實驗處理之受試者的行為，達到新的穩定狀態時，再針對第二項情境進行實驗處理，如此繼續實驗直到所有情境均進行過實驗處理為止。茲以Kandel、Ayllon和Rosenbaum（1977）的研究為例，說明此種研究設計。

Kandel、Ayllon和Rosenbaum（1977）曾採用「跨情境的多基準線實驗設計」，來驗證系統化社會互動方案是否能夠增進嚴重退縮兒童社會互動能力之達成。受試是位自閉症且有腦傷男孩，名叫Bobby。在學校總是孤立的、自言自語且經常獨自玩耍。實驗情境包括運動場和點心時間的活動。實驗處理先由運動場的活動開始，老師對兒童示範適當的社會互動，然後讓兩位兒童與受試互動。這兩位兒童也鼓勵Bobby參與運動場上額外的活動，並協助他離開獨自玩耍區。在訓練活動上，玩具是某些互動的焦點。然而，酬賞則是提供兩位協助訓練的兒童。實驗結果顯示，實驗介入的效果是相當明顯的。此外，在3週之後進行追蹤研究，亦顯示社會互動的行為獲得維持（如圖9-11）。

(四)優缺點

綜合言之，「多基準線實驗設計」的主要優點有三：(1)不必回到基準線階段，即可顯示出實驗的處理效果；(2)這種設計一次只針對一種行為（或受試、情境）實驗處理，確定有初步效果之後，再運用到其他行為（或受試、情境）上，這種逐步的處理方式非常符合臨床的實際情境；(3)很容易發展出令人相信的實驗效果（Wolery, Bailey, & Sugai, 1988）。

不過，多基準線實驗設計在實際運用亦會產生下列若干問題：(1)這種設計包含的行為、受試或情境越多，所需花費的時間就會越多；(2)這些設

計採用多基準線來顯示明確的實驗處理效果，惟這些基準線的行為可能互有關聯，而產生類化的效果；⑶有些行為在接受實驗處理後產生改變，但有些則否。在這種情況之下，就無法確知實驗的處理效果，尤其只有兩條基準線時。

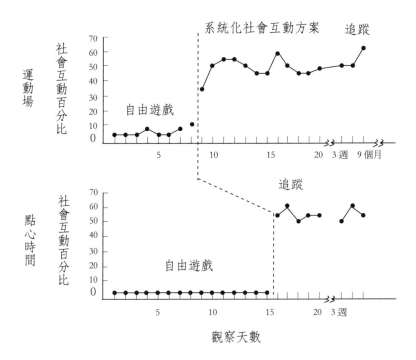

圖9-11　系統化社會互動方案對嚴重退縮兒童社會互動能力之成效研究

四、多重處理實驗設計（Multitreatment Designs）

此種設計和A-B-A-B倒返實驗設計很類似，兩者之間的主要差異在於兩個或兩個以上實驗處理或介入的比較（張世彗，1993）。若以符號來說明此種設計，（A）是基準線階段；（B）為某種實驗處理或介入；（C）表示另一種實驗處理或介入；至於（BC）則表示兩種實驗處理合併

實施。此種設計有多種變體，典型的順序是A-B-A-B-C-B-C或A-B-A-B-BC-B-BC（陳榮華，1986）。茲以VanHouten、Hill和Parsons（1975）的研究為例，說明此種研究設計。

VanHouten、Hill和Parsons（1975）曾採用「多重處理實驗設計」，來檢測表現回饋系統（如適時與回饋、公開張貼、讚美課業表現及同儕互動）對學生學習表現的成效研究。受試者為加拿大小學四年級學生，閱讀能力較佳者在A班（19位學生），而閱讀能力較差者在B班（20位學生）。實驗開始前，兩班老師列出作文題目，以隨機方式排列，預定每天的作文題目。作文每週進行4天，當天在黑板上寫出作文題目，鼓勵學生儘量寫，老師可以協助學生拼字。

實驗階段的次序和長度分別為：基準線階段（A），5天；處理階段1：適時與回饋（B1），5天；處理階段2：適時與回饋加公開張貼（BC1），5天；處理階段3：適時與回饋（B2），5天；處理階段4：適時與回饋加公開張貼（BC2），5天；處理階段5：適時與回饋加公開張貼加讚美（BCD），7天；以及處理階段6：適時與回饋加公開張貼（BC3），3天。結果顯示，包含四個元素的包裹策略（適時、回饋、公開張貼及讚美）對於A班學生最為有效，不過介入組合並沒有再度採用，來複製處理的效果，值得留意（如圖9-12）。

顯然，多重處理實驗設計具有「順序效果」（sequence effects）的問題，亦即先前的實驗處理可能會影響到後面的實驗處理（張世彗，1993）。為了更清楚的確定各實驗處理及合併處理的效果，可以採用「對抗平衡方式」（counterbalanced）安排各實驗處理的順序，來控制順序效果的問題。此外，多重處理實驗設計所針對的行為必須是可逆性的，因為它無法解決行為不可逆的問題，也就是無法解決實驗處理效果分割的問題。不過，多重處理實驗設計就像倒返設計一樣，可以建立實驗控制，而且較為適用於行為後果事件的比較。

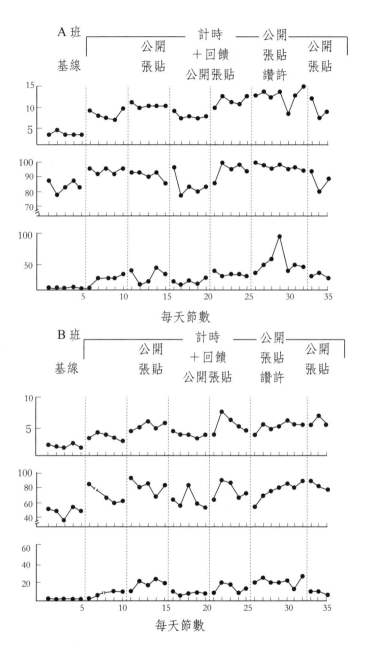

A 班

基線　公開張貼　計時＋回饋 公開張貼　公開張貼讚許　公開張貼

每天節數

B 班

基線　公開張貼　計時＋回饋 公開張貼　公開張貼讚許　公開張貼

每天節數

圖9-12 表現回饋系統（如適時與回饋、公開張貼、讚美課業表現及同儕互動）對A和B兩班學生學習表現的成效研究

五、交替處理設計（Alternating Treatment Designs）

「交替處理設計」常被用來研究2種或2種以上實驗處理或介入，來針對單一行為的效果（Barlow & Hayes, 1979），又稱為「同時處理」（simultaneous-treatment）或「多元素設計」（multielement designs）。這種設計包括三項實驗條件：「基準線階段」（A）、「交替實驗處理階段」（B）及「繼續處理階段」（C）。在交替處理設計上，基準線階段（A）表示未提供任何處理，雖然不一定需要，但仍應保持基準線的穩定，然後接著在交替處理階段（B），以快速交替的方式，呈現兩種或兩種以上的介入或實驗處理，繼而在階段（C）僅採用較為有效的策略（張世彗，1993）。茲以Kohler和Greenwood（1990）和楊佩瑜（2013）的研究為例，說明此種研究設計。

(一)兩種小老師程序對同儕拼字的效果研究

Kohler和Greenwood（1990）曾採用「交替處理設計」，來檢測兩種小老師程序（tutoring procedures）對其同儕拼字的效果研究。一種小老師程序是「標準小老師程序」（standard tutoring procedure），包括在同儕正確拼字後，由小老師給予回饋和代幣增強物；拼錯時，給予矯正性回饋。另一種小老師程序則是「修正的小老師程序」，包括同儕正確拼字後，由小老師給予讚美和代幣增強物；一旦同儕一出現拼錯單字上字母時，就給予矯正性回饋。在介入期階段，告訴小老師分別採用不同的兩種小老師程序。

至於在所有階段上的10分鐘小老師觀察期間上，觀察小老師的行為類型稱為協助。圖9-13乃是Karen（其中一位小老師）在每個小老師觀察期間上協助行為的次數。我們可以注意到在基線期和處理期階段，當被指示使用標準小老師程序時，她很少表現出協助行為；不過，在處理期階段，協助行為卻經常發生於使用修正的小老師程序；然後進入選擇階段，要求小老師使用她所選擇的程序，她會繼續使用協助行為。

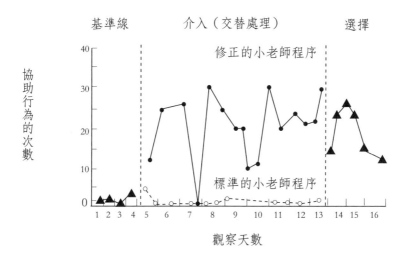

圖9-13　小老師程序對其同儕拼字的效果研究

(二)不同部件識字教學對國小智能障礙學生識字學習成效之比較研究

　　楊佩瑜（2013）曾採用交替處理設計，來探究不同部件識字教學對國小智能障礙學生識字學習成效之比較研究。

　　在聽音選字方面，由圖9-14、9-15、9-16可知，在基線期（A）時，受試甲、乙、丙聽音選字的得分正確百分率皆為0；在交替處理期（B），接受「課前預習的部件識字教學（B2）」後，三位受試者的「聽音選字」平均得分正確百分率皆高於或等於「部件識字教學（B1）」。顯見，接受「課前預習的部件識字教學（B2）」較「部件識字教學（B1）」為佳。因此，進入最佳介入期（B'）時，再提供「課前預習的部件識字教學（B2）」進行5次介入。

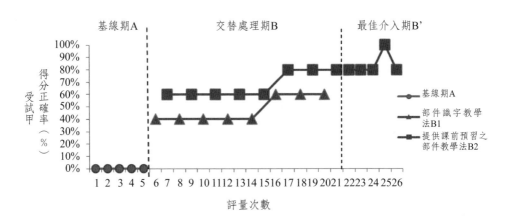

圖9-14　受試甲各階段聽音選字立即成效之得分正確百分率

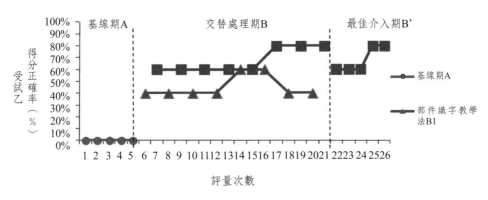

圖9-15　受試乙各階段聽音選字立即成效之得分正確百分率

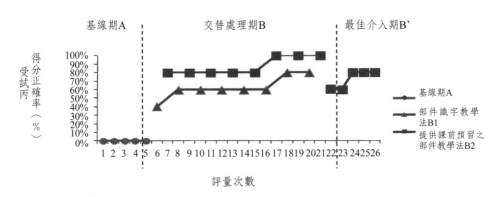

圖9-16　受試丙各階段聽音選字立即成效之得分正確百分率

在看字讀音方面，由圖9-17、9-18、9-19可知，在基線期（A），受試甲、乙、丙看字讀音的得分正確百分率皆為0；在交替處理期（B），接受「課前預習的部件識字教學（B2）」後，三位受試者的「看字讀音」得分百分率皆高於或等於「部件識字教學（B1）」。顯見，接受「課前預習的部件識字教學（B2）」較「部件識字教學（B1）」對為佳。因此，進入最佳介入期（B'）時，再提供「課前預習的部件識字教學（B2）」進行5次的介入。

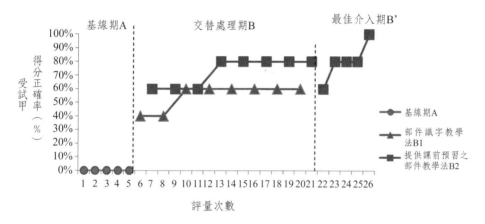

圖9-17 受試甲各階段看字讀音立即成效之得分正確百分率

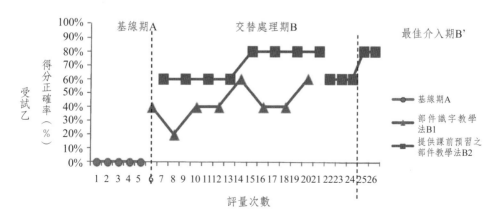

圖9-18 受試乙各階段看字讀音立即成效之得分正確百分率

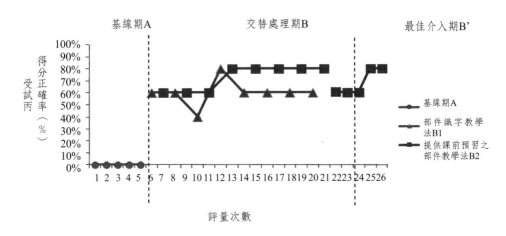

圖9-19　受試丙各階段看字讀音立即成效之得分正確百分率

在看詞選字方面，由圖9-20、9-21、9-22可知，在基線期（A），受試甲、乙、丙在各階段「看詞選字」的得分正確百分率皆為0；在交替處理期（B），接受「課前預習的部件識字教學（B2）」後，三位受試者的「看詞選字」得分百分率皆等於或高於「部件識字教學（B1）」，因此可知，B2顯然較B1為佳。因此，進入最佳介入期（B'）時，再提供「課前預習的部件識字教學（B2）」進行5次的介入。

綜括而言，該研究為比較兩種不同部件識字教學對三位國小智能障礙學生識字學習成效之研究，從視覺分析資料來看，兩種教學對三位受試者在「聽音選字」、「看字讀音」及「看詞選字」的立即評量皆能提高識字得分的正確率，而且提供「課前預習部件識字教學」的立即成效較「部件識字教學」為佳。

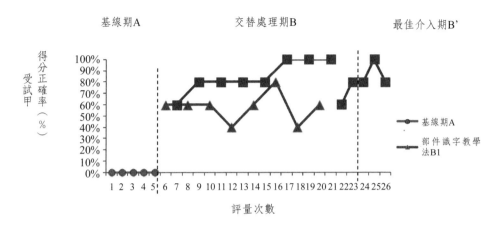

圖9-20　受試甲各階段看詞選字立即成效之得分正確百分率

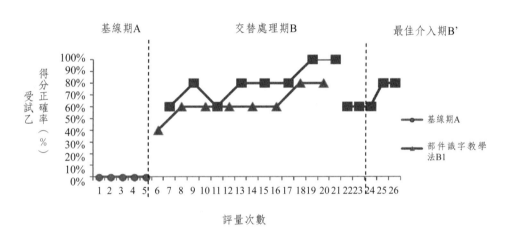

圖9-21　受試乙各階段看詞選字立即成效之得分正確百分率

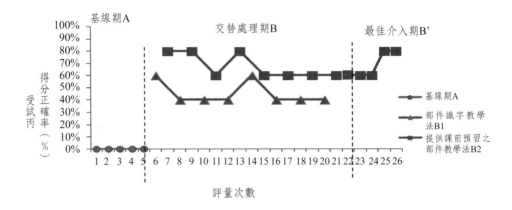

圖9-22　受試丙各階段看詞選字立即成效之得分正確百分率

㈢優弱點

「交替處理實驗設計」可以藉由快速交替處理來控制順序效果，不過卻無法完全控制先行處理對於後來處理所產生的殘存影響（Barlow & Hayes, 1979）。另外，交替處理實驗設計可適用於可逆性和不可逆性的行為，並沒有倒返的問題。

這種設計可以建立實驗控制。其主要優點是可以快速地評估不同實驗處理在同一行為上的效果。缺點則在於此種設計無法確定單一實驗處理的效果，因為同一行為同時接受兩種實驗處理或介入。此外，其缺點是需要充分控制對抗平衡，以及個案要能夠辨別使用每一種策略的時間。

六、本章結語

總括而言，本章所介紹之「評估行為改變的方法」，乃是行為學習論者多年來企圖透過運用科學方法，進行實徵性的蒐集（觀察和測量）個體行為的資料，來探究其自變項與依變項間的因果關係進而發現知識，而這正是目前行為改變技術的特性之一（見第一章第二節），因為他們早已

不滿意缺乏科學事實用以證實處理個體行爲的方法。不過，這些方法和實驗設計較爲偏向研究層面，實務人員（如老師、父母等），都是直接處理行爲，較少使用它們來直接改變記錄和分析個體的行爲。使用者若欲更爲完整且詳盡的瞭解這些設計，可參見「單一受試研究法」（杜正治，2006）。

本章重點

1. 行爲改變方案中想要改變的行爲稱爲目標行爲。我們必須將廣泛的特質轉換爲客觀且可測量的行爲。一旦目標行爲清晰後，就可確認和界定所要設計方案的行爲目標。

2. 評估行爲的特性會涉及到反應變項的選擇，也就是蒐集資料的形式。

3. 評估行爲改變方案上最常使用的行爲資料蒐集形式是頻率，是指在一段時間內，行爲發生的次數或數目。

4. 蒐集次數性或頻率的行爲資料相當容易著手，且多數目標行爲都可採用次數性行爲資料來進行適當的評估。

5. 持續時間指每一事件目標行爲從開始至結束持續的時間長度。若想要瞭解行爲發生的時間有多長，持續時間就是行爲資料蒐集形式的最佳選擇。

6. 對許多目標行爲來說，強度是一適當的測量選擇。例如，增進專注讀書的程度、肌力大小等。

7. 延宕時間是指要求指示下達到行爲反應發生前的這一段時間。

8. 練習次數是指學生想要達成預定標準所需的練習次數，適用於教導概念與操作時。

9. 百分比是指行爲發生的次數除以行爲發生的機會總數，再乘以100。個人有許多回應機會或符合行爲標準會因時間或環境不同而有變異時，百分比特別有用。

10.所有評估行為的方法都包含某種形式的觀察，但主要可採用兩種方法來觀察行為：⑴直接的；⑵間接的。外顯的目標行為總是採取直接評估，而內隱的，則常採用間接評估。

11.直接評估法在以直接方式測量真正的目標行為。間接評估法則是採用抽象或迂迴的方法來測量目標行為。

12.間接評估的方法包含：面談、自我陳述量表、非個案自我評定及生理測量等。

13.行為改變方案在下列兩種主要的狀況下，採取「生理測量」是有用的：⑴目標行為本身可能是一種內在的生理反應，例如高血壓；⑵目標行為可能有一致性的生理因素，譬如發脾氣或焦慮的人可能有較高的心跳特性。

14.評估和記錄某段特定時間的所有行為事件稱為連續記錄。選擇特定觀察期間，並將每個期間分成等長的小時距，然後在每個時距內記錄目標行為是否發生稱為時距紀錄法。時間取樣法包括選定一種以上等長的觀察期間，並將其分成等長的次期間（如1分鐘），同時指定每個次期間開始之後的短暫時距內（如10秒）來蒐集資料。

15.評估和行為記錄的正確性，往往取決於行為界定的程度、觀察者訓練的情形，以及運用評估工具測量的精細情形等。

16.間接評估通常包括：非常主觀的估計且依賴個人的記憶。因此，記錄行為的效度和正確性可能高，也可能低。

17.有種現象可能會降低直接和間接評估法的正確性和效度稱為反應性。反應性常會使個人的行為傾向符合社會的價值和觀念。

18.評估所蒐集行為資料正確性的一般方法，包括評估兩位以上觀察者所蒐集記錄行為資料的一致性程度，稱為觀察者間或評定者間信度。

19.觀察期間全部法是將每位觀察者在觀察期間所蒐集到的資料加統，然後以較小的整數除以較大的整數，再乘上100，就可得到觀察資料一致性百分比。

20.運用時距紀錄法時，為了計算觀察者間信度，兩位觀察者一致的時

距數（行為有發生）要除以全部的時距數（記錄一致或不一致的時距）。

21.評估和記錄行為資料的正確性須注意：⑴有事實顯示讓觀察者瞭解其記錄要受到其他觀察者的檢核，似乎可增加觀察的正確性；⑵蒐集行為資料前，可訓練觀察者計算觀察者間信度；⑶最低可接受的信度水準是80%的一致性同意；⑷在自我管理方案上也可使用觀察者間信度來評估資料的正確性。

22.任何一種單一受試實驗設計都是要求檢視特定行為介入在個體行為上的效果。這種設計通常先是基準線階段，在自然的狀況下未提供任何介入或處理來測量行為。一旦基準線達到穩定，就可開始提供「行為介入或處理」，同時與基準線階段的水準相互比較。此項跨越基準線和實驗情境的資料比較可決定行為介入或處理的成效。

23.倒返實驗設計又稱撤除設計。這種設計一般的形式是「基準線」（A）、「介入或實驗處理」（B）、「基準線」（A）及「介入或實驗處理」（B）。其中，第一和第二個基準線條件是相同的，而第一和第二個介入或實驗處理條件也是相同的。

24.A-B-A-B倒返實驗設計的優點有：⑴每次僅測量一項行為；⑵重複實驗處理可提供三次機會瞭解處理的效果；⑶可有效的評估實驗處理的效果。弱點是：⑴行為的不可逆性；⑵可能會產生順序或互動的效果；⑶會有倫理道德問題。

25.逐變標準實驗設計包括基準線（A）和介入或實驗處理（B）。亦即在建立穩定的基準線（A）之後，就開始漸進且分段增加成功或增強的標準，直到最終行為達到為止。

26.逐變標準實驗設計的優點有：⑴沒有倫理道德問題，因為這種實驗設計不需要回到基準線；⑵這種實驗設計最適合於探究需要逐步塑造的行為。這種設計主要困難在於行為改變和標準變換之間一致性的確定。

27.基準線實驗設計包括兩個條件：基準線（A）和介入或實驗處理

（B）。它特別適用於倒返回到基準線階段具有倫理問題或危險性的行為。另有些行為一旦學會了，就不太可能回到基準線階段。運用多基準線實驗設計可能就較為適合。

28. 多基準線實驗設計的形式有三種：⑴跨受試的多基準線實驗設計；⑵跨行為的多基準線實驗設計；⑶跨情境的多基準線實驗設計。

29. 多基準線實驗設計的優點有：⑴不必回到基準線階段，即可顯示出實驗的處理效果；⑵這種設計一次只針對一種行為（或受試、情境）實驗處理，確定有初步效果之後，再運用到其他行為（或受試、情境）上，這種逐步的處理方式非常符合臨床的實際情境；⑶很容易發展出令人相信的實驗效果。

30. 多基準線實驗設計在實際運用亦會產生問題：⑴這種設計包含的行為、受試或情境越多，所需花費的時間就會越多；⑵這些設計採用多基準線來顯示明確的實驗處理效果，惟這些基準線的行為可能有關聯，而產生類化的效果；⑶有些行為在接受實驗處理後產生改變，但有些則否。在這種情況之下，就無法確知實驗的處理效果，尤其只有兩條基準線時。

31. 多重處理實驗設計類似倒返實驗設計，主要差異在於兩個或兩個以上實驗處理或介入的比較。多重處理實驗設計具有順序效果的問題。它也無法解決行為不可逆的問題。惟這種可建立實驗控制，且較為適用於行為後果事件的比較。

32. 交替處理設計常被用來研究2種或2種以上實驗處理或介入，來針對單一行為的效果，又稱為同時處理或多元素設計。這種設計包括三項實驗條件：「基準線階段」（A）、「交替實驗處理階段」（B）及「繼續處理階段」（C）。

33. 交替處理實驗設計主要優點是可快速地評估不同實驗處理在同一行為上的效果。弱點則在於無法確定單一實驗處理的效果、需充分控制對抗平衡，以及個案要能辨別使用每一種策略的時間。

回顧與知新專欄 ....

※ 選擇題

(　　) 1. 老師在某堂課上課時對某生的問題行為進行觀察紀錄，整理結果
如下：雙手互敲17次、平均每次3下；雙手在眼前揮舞9次，每次
約10秒至30秒不等。老師蒐集到下列哪些行為資訊？　(A)老師處
理方式與行為的後果　(B)行為的原因與行為出現的情境　(C)行
為的頻率與行為持續的時間　(D)行為出現的情境與行為的方式

【☆110教資考，第18題】

(　　) 2. 老師在課堂上透過時距記錄觀察某生拔頭髮的自我傷害行為。下
列敘述何者最符合時距記錄的方法？　(A)老師每教學15分鐘便觀
察學生的拔頭髮行為5分鐘　(B)老師記錄完整一節課中拔頭髮行為
的總次數與持續時間　(C)老師以每5分鐘為一單位劃分為10個時
距，觀察每時距中是否發生拔頭髮行為　(D)老師把一節課分成4個
時距，每時距最後5秒鐘，觀察該生是否出現拔頭髮行為

【☆110教資考，第22題】

(　　) 3. 某身心障礙學生家長在個案會議中，提到該生每天洗澡的時間都
過長。有一天家長記錄該生洗澡時間共花費1小時35分，家長是採
取下列何種記錄方式？　(A)延宕時間記錄　(B)持續時間記錄
(C)次數與比例記錄　(D)永久性結果記錄　【☆112教資考，第6題】

參考答案

1.(C)　　2.(C)　　3.(B)

☆表示「學習者發展與適性輔導」應試科目

附　錄

附錄一：功能性評量面談表（FAI）

功能性評量面談表

行為案主的姓名		年齡		性別	
訪問日期		訪問人姓名			
被訪人姓名		訪問地點			

一、行為的描述

1.我們所關切的每一種行為，將其定義如下：

＊行為的形狀，它是以什麼形式、狀況呈現的？

＊行為的次數，它一天發生幾次？或一星期發生幾次？或一個月發生幾次？

＊行為持續的時間，當行為發生它持續了多久的時間？

＊行為的強度，當行為發生時是多麼嚴重或具破壞性的？

行　為	形　狀	次　數	持續時間	強　度

2.上面描述的幾個行為中，那些可能一起發生？它們發生在相同的時間嗎？還是接踵而來地出現？或是發生在同一情境？

二、界定可能引發行為的生態因素

1.行為案主使用什麼藥物？這種藥物對他的行為有什麼影響？

2.行為案主有沒有生理上和醫藥上的症狀？例如氣喘、發疹、鼻塞、癲癇等症狀？

3.描述行為案主睡眠的情況及這種情況對行為可能的影響。

4.描述行為案主飲食的情況、食物的限制，以及這些情況和限制對行為可能的影響。

5.行為案主對日常生活順序是不是有充分的瞭解（例如何時起床、何時吃飯、何時洗澡、何時上床睡覺等等）？

6.行為案主日常生活中有多少選擇的自由？那些方面他可以自由選擇？

7.會不會太擁擠？其他的人會不會影響他的行為？

8.管照人員如父母、老師、收容機構的工作人員人手是否足夠？有沒有受過適當的訓練？這些人對他的行為有什麼影響？

9.行為案主的行為、學習活動、工作等等管照人員如何監督？

三、界定那些事情或情況最有可能會引發問題行為

1.一天當中什麼時候問題行為最有可能發生？最不可能發生？

2.哪一些情況中問題行為最有可能發生？最不可能發生？

3.什麼人在場的時候問題行為最有可能發生？最不可能發生？

4.從事那些活動時間問題行為最有可能發生？最不可能發生？

5.那些事情或情況雖未列入上述四種問題中，但有可能會引發問題行為？

6.你認為你做哪一種事最會引起他的問題行為？

四、界定問題行為的功能（維持問題行為的行為後果是什麼？）

仔細的想想列在一、中的行為，到底每一種行為對這個人而言有什麼特殊的功能，例如引人注意、逃避工作、情緒的發洩等等。

行　　為	他會得到什麼	他可以逃避什麼

※描述這個人在下列各種情況中最有可能發生的反應

1.如果你交代他一項困難的工作，他上述的問題行為那些較可能發生，那些較不可能發生？或是沒有影響？

2.如果有人干擾他喜愛的活動，如吃冰淇淋、看電視等，他上述的問題行為那些較可能發生，那些較不可能發生？或是沒有影響？

3.如果他的例行活動有所變更，他上述的問題行為那些較可能發生，那些較不可能發生？或是沒有影響？

4.如果他看到什麼東西卻是要不到，例如吃的東西、玩的東西，只能看但不能吃或不能摸，他上述的問題行為那些較可能發生，那些較不可能發生？或是沒有影響？

5.如果你不理會他大約15分鐘，他上述的問題行為那些較可能發生，那些較不可能發生？或是沒有影響？

五、界定問題行為的效能

1.他的行為問題使用多少精力？

2.一旦問題行為發生，這個人是否得到報償；得到報償的頻率？

3.從行為發生到獲得報償之間有多長時間？

低效能（越少得到報償）　　高效能（越多得到報償）

	低效能（越少得到報償）──►高效能（越多得到報償）				
	1	2	3	4	5
	1	2	3	4	5
	1	2	3	4	5
	1	2	3	4	5
	1	2	3	4	5
	1	2	3	4	5

六、這個人有什麼功能相同的替代行為？

1.這個人有什麼適當的行為或技能可以和問題行為產生相同的功能？

七、界定這個人主要的與人溝通方法爲何？

1.這個人在一般的情況下，使用那種方法或工具來表達他的想法或需要？

2.評量這個人行為反應的溝通功能表：

溝通功能	完整的口語（成句）	用單字表意	複誦	其他口語	完整的手語	單字手語	用手指出	抓住別人以帶領	搖頭	抓/碰	拿東西給人	增加身體動作	靠近你	走開或離開	凝視	面部表情	攻擊行為	自傷行為	其他
要求別人的注意																			
要求別人的協助																			
要求喜愛的食物／東西／活動																			
要求休息一會兒																			
秀出某事物或某地方																			
表示身體不舒服（頭痛、生病）																			
表示困擾或不高興																			
抗議或拒絕所安排的情況或活動																			

3.有關這個人對指令的瞭解

(1)這個人會遵從口語的要求或指令嗎？如果會，大約是多少程度？

(2)這個人對於用手語或身體姿勢（手勢）表達的指令有回應嗎？

(3)這個人能不能模仿別人動作的示範來從事不同的工作或活動？

(4)當別人問他是否想要某物？是否想去某地？他如何表示「要」或「不要」？會說「要」或「不要」？

八、在從事工作時，什麼事是你應該做或是你應該避免的？

1.在行為訓練或是其他活動中，你認為怎麼做最能使訓練順利進行？

2.在行為活動中，你認為那些事會干擾訓練的進行？

九、這個人最喜愛的事情、活動或東西？

1.食物：

2.玩具或東西：

3.家中的活動：

4.社區的活動：

5.其他：

十、過去行為問題處理的歷史

問題行為	問題有多久歷史	行為處理的策略	效　果

十一、總結性的陳述預測／結果

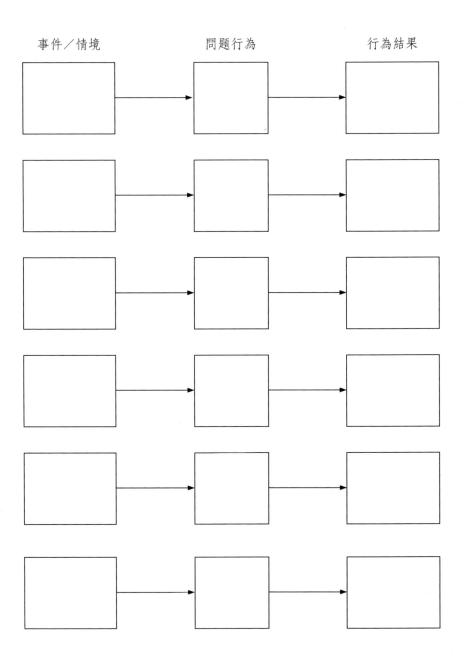

附錄二：功能性評量觀察（FAO）練習實例結果

觀察者：	個案：小美	起始時間：10/8	結束時間：12/8

時間	問題行為				前提事件						感受的行為功能 獲得		逃避/避免				真正的行為後果 口頭重建	送至角落	評論/備註
	大吼大叫	破壞	踢打同學	踢打老師	要求	困難任務	單獨	數學課			不知道	注意	自我刺激	要求	活動	個人			
8:40-9:20 國語	1,5		5				1,5					1,5					1,5	5	
9:30-10:10 數學			2								2							2	
11:20-12:00 音樂	6	3,6,9		3	3		3,6,9					3,6,9				3,6,9			
12:00-1:30 午休	10					10						10				10			
1:30-2:10 美勞				7	7									7		7			
2:20-3:00 美勞	4,8					4,8					4,8							8	
3:20-4:00 體育	11					11					11					11			
總　　計	6	3	3	2															
事　　件	1 2 3 4				5 6 7 8						9 10 11 12 13 14 15 16 17 18 19 20								
日　　期	10/8				11/8						12/8								

參 考 文 獻

一、中文部分

王慧婷等人（2020）。一位極重度高職自閉症學生前兆行為功能分析與介入成效
　　之初探。特殊教育研究學刊，45(2)，29-60。

老師特殊的「100分評分機制」，讓學生提升自信。資料來源取自https://tw.news.
　　yahoo.com/2022.05.13

何華國（2006）。特殊兒童心理與教育。臺北市：五南。

杜正治（2006）。單一受試研究法。臺北市：心理。

林正文（2001）。認知行為治療。臺北市：五南。

林正文（2005）。行為改變技術——制約取向。臺北市：五南。

林玉体（1984）。教育概論。臺北市：東華。

林美好（2018）。自閉症學生「手放嘴巴」行為之功能評量實例。臺東特教，
　　47，6-10。

施顯烆（1995）。嚴重行為問題的處理。臺北市：五南。

段秀玲（1994）。正向的自我對話。諮商與輔導，100，31-34。

洪儷瑜（1992）。柯能氏教師用行為評量表之因素分析。測驗年刊，39，175-
　　185。

洪儷瑜（1994）。注意力缺陷及過動學生的認識與教育。臺北市：臺北市立師範
　　學院特殊教育中心印行。

倪志琳（1999）。結構教學法對自閉症兒童學習成效之研究。國立臺灣師範大學
　　特殊教育研究所博士論文（未出版）。

張世彗（1993）。不同處理設計在特教上的應用。國小特殊教育，15，33-40。

張世彗（1999）。注意力缺陷過動異常（ADHD）教師實務手冊。臺北市：臺北
　　市立師範學院特殊教育中心印行。

張正芳（1997）。自閉症兒童的行為輔導——功能性評量的應用。特殊教育季

刊，65，1-7。

張春興（1993）。心理學。臺北市：東華。

張春興（2001）。教育心理學。臺北市：東華。

張春興（2007）。張氏心理學大辭典（重訂版二刷）。臺北市：東華。

張春興、林清山（1986）。教育心理學。臺北市：東華。

郭生玉（1986）。單一受試（或小N）的實驗設計。中國測驗學會測驗年刊，
　　33，143-162。

陳榮華（2009）。行為改變技術。臺北市：五南。

鈕文英（2013）。身心障礙者的正向行為支持。臺北市：心理。

鈕文英、吳裕益（2019）。單一個案研究法：設計與實施。新北市：心理。

黃安邦譯（1989）。社會心理學。臺北市：五南。

楊坤堂（1994）。行為管理法在特殊兒童輔導與教學上的應用（上）。國小特殊
　　教育，17，8-17。

楊坤堂（1995）。行為管理法在特殊兒童輔導與教學上的應用（上）。國小特殊
　　教育，18，1-10。

楊坤堂（2004）。情緒障礙與行為異常。臺北市：五南。

廖鳳池（1988）。認知治療理論的評介。諮商與輔導，33，2-8。

廖鳳池（1989）。自我教導訓練。諮商與輔導，38，2-9。

聯合晚報（1999年8月6日）。英國有所高中實施循規蹈矩獎勵計畫。

謝蕙蓮（2002）。員工最棒。（聯合晚報，2002.10.4）

二、英文部分

Alberto, P. A., & Troutman, A. C.(2013). *Applied behavior analysis for teachers* (9th.
　　ed.). Columbus, OH: Charles E. Merrill.

Atkinson, R. L., Atkinson, R. C., Smith, E. E., & Hilgard, E. R.(1987). *Introduction to
　　psychology*. New York: Harcourt Brace Javanocich Publishers.

Axelrod, S.(1983). *Behavior modification for the classroom teacher*. NY: McGraw-Hill.

Azrin, N. H., & Besalel, V.(1980). *How to use overcorrection*. Lawrence, KS: H & H

Enterprises.

Azrin, N. H., & Foxx, R. M.(1980). A rapid method of toilet training the institutionalized retarded. *Journal of Applied Behavior Analysis*, *4*, 89-99.

Baer, D. M.(1981). *How to plan for generalization*. Lawrence, KS: H & H Enterprises.

Bakke, B. L., Kvalc, S., Burns. T., McCarten, J. R., Wilson, L., Maddos, M., & Cleary, J. (1994). Multicomponcent intervention for agitated behavior in a person with Alzheimer's discase. *Journal of Applied Behavior Analysis*, *27*, 175-176.

Bambara, L. M. (2005). Evaluation of positive behavior support. In L. M. Bambara & L. Kern (Eds.), *Individualized supports for students with problem behaviors: Designing positive behavior plans* (pp. 1-24). New York: The Guilford Press.

Bandura, A.(1969). *Principles of behavior modification*. NY: Holt, Rinehart & Winston.

Bandura, A.(1971). *Psychological modeling*: *Conflicting theory*. Chicago: Aldine-Atherton.

Bandura, A.(1977). *Social learning theory*. Englewood Cliffs: Prentice-Hall.

Bandura, A., Ross, D., & Ross, S. A.(1961). Imitative behavior by children. *Journal of Abnormal and Social Psychology*, *66*, 3-11.

Barlow, D. H., & Hayes, S. C.(1979). Alternating treatments design: One strategy for comparing the effects of two treatments in a single subject. *Journal of Applied Behavior Analysis*, *12*, 199-210.

Baron, R. A.(2001). *Essentials of psychology*. Boston: Allyn & Bacon.

Beck, A. T.(1976). Cognitive therapy: Past, present, and future. *Journal of Counsulting and Clinical Psychology*, *61*, 194-198.

Beck, A. T., & Emery, G.(1985). *Anxiety disorders and phobias: A cognitive perspective*. NY: Basic Books.

Beck, A. T., Freeman, A., & Associates (1990). *Cognitive therapy of personality disorders*. New York: Guilford.

Beck, A. T., Kovacs, M., & Weissman, A.(1975). Hopelessness and suicidal behavior: An overview. *Journal of the American Medical Association*, *234*, 1146-1149.

Bernard, M. E., & Diguseppe, R.(1989). Rational-emotive therapy today. In M. E. Bernard & R. Diguseppe(Eds.), *Inside rational-emotive therapy: A critical appraisal of the theory and therapy of Albert Ellis* (pp.1-7). San Diego: Academic Press.

Bly, R.(1990). Tron John: *A book about men.* MA: Addison-Wesley.

Bootzin, R. R.(1975). *Behavior modification. Massachusetts*: Winthrop Publishers, Inc.

Brown, P. L.(1982). *Managing behavior on the job.* New York: Wiley.

Camp, B. W., & Bash, M.A.S. (1981). Think aloud: *Increasing social and cognitive skills: A problem-solring program for children.* Chompaingn, IL: Research Press.

Camp, B. W., Bloom, G. E., Hebert, F., & Van-Doorninck, W. J.(1977)."Think aloud": A program for developing self-control in young aggressive boys. *Journal of Abnormal Child Psychology, 5*, 157-169.

Carlson, N. R.(1988). *Discovering psychology.* Boston: Allyn & Bacon.

Carpenter, S., & Huffman, K. (2013). *Visualizing psychology.* Hoboken, NJ: John Wiley & Sons.

Carroll-Rowan, L., & Miltenberger, R. G.(1994). A comparison of procedures for teaching abduction prevention to preschoolers. *Education and Treatment of Children, 17*, 113-128.

Carson, T. P.(1986). Assessment of depression. In A. R. Ciminero, K. S.Calhoun, & H. E.Adams, *Handbook of behavior assessment.* NY: Wiley.

Carter, N., Holmstrom, A., Simpanen, M., & Melin, L.(1988). Theft reduction in a grocery store through product identification and graphing of losses for employees. *Journal of Applied Behavior Analysis, 21*, 385-389.

Casey-Black, J., & Knoblock, P.(1989). Students with challenging behaviors. In R. Gaylord-Ross (Ed.), *Integration strategies for students with handicaps* (pp.129-148). Baltimore: Paul H. Brookes.

Cautela, J. R.(1981). *Behavior analysis forms for clinical intervention.* Champaign, IL: Research Press.

Cautela, J. R.(1993). The use of covert conditioning in the treatment of a severe childhood phobia. In J. R. Cautela & A. J. Kearney, *Covert conditioning handbook*. Pacific Grove, CA: Brooks/Cole.

Chambless, D. L., & Gillis, M. M.(1993). Cognitive therapy of anxirty disorders. *Journal of Consulting and Clinical Psychology*, *61*, 248-260.

Christophersen, E. R., Arnold, C. M., Hill, D. W., & Quilitch, H. R.(1972). The home point system: Token reinforcement procedures for application by parents of children with behavior problems. *Journal of Applied Behavior Analysis*, *5*, 485-497.

Coon, D.(1997). *Essentials of psychology*. Boston: Brooks/cole. Publishing Co.

Coon, D., Mitterer, J. O., & Martini, T. S. (2015). *Introduction to psychology* (15th ed.). Belmont, CA: Wadsworth.

Cooper, J. O., Heron, T. E., & Heward, W.L.(1987). *Applied behavior analysis*. Columbus, OH: Merrill.

Cooper, J. O., Heron, T. E., & Heward, W.L.(2007). *Applied behavior analysis* (2nd ed). Upper Saddle River, NJ: Pearson.

Correa, E. I., & Sutker, P. B.(1986). Assessment of alcohol and drug behaviors. In A. R. Ciminero, K. S. Calhoun, & H. E. Adams, *Handbook of behavior assessment*. NY: Wiley.

Crider, A. B., Geethals, G. R., Kavanaugh, R. D., & Solomon, P. R. (1992). *Discovering Psychology*. Glenview, Illinois: Scott, Foresman and Company.

Cuvo, A. J., Davis, P. K., O'Reilly, M. F., Mooney, B. M., & Crowley, R. (1992). Promoting stimulus control with textual prompts and performance feedback for persons with mild disabilities. *Journal of Applied Behavior Analysis*, *25*, 477-489.

Davison, G. C., & Neale, J. M.(1994). *Abnormal psychology*. NY: Wiley.

Dawson, B., de Armas, A., McGrath, M. L., & Kelly, J. A.(1986). Cognitive problem-solving training to improve the child-care judgement of child neglectful parents. *Journal of Family Violence*, *3*, 209-221.

Day, H. M., Horner, R. H., & O'Neill, R. E. (1994). Multiple functions of problem behaviors: Assessment and intervention. *Journal of Applied Behavior Analysis*, *27*,

279-289.

Davis, P., & Chittum, R. (1994). A group oriented contingeucy to increase leisure activities in adults with traumatic brain injury. *Journal of Applied Behavior Analysis*, *27*, 553-554.

DeLuca, R. V., & Holborn, S. W.(1992). Effects of a variable-ratio reinforcement schedule with chaining criteria on exercise in obese and nonobese boys. *Journal of Applied Behavior Analysis*, *25*, 671-679.

Derby, K. M., Wacker, D. P., Sasso, G., Steege, M., Northup, J., Cigrand,K., & Asmus, J.(1992). Brief functional assessment techniges to evaluate aberrant behavior in an outpatient setting: A summary of 79 cases. *Journal of Applied Behavior Analysis*, *25*, 713-721.

DeVries, J. E., Burnette, M. M., & Redmon, W. K.(1991). AIDS prevention: Improving nurses' compliance with glove wearing through performance feedback. *Journal of Applied Behavior Analysis*, *24*, 705-711.

Dobson, K. S., & Block, L. (1988). Historical and philosophical bases of the cognitive-behavior therapies. In Dobson, K. S. *Handbook of cognitive-behavior therapies*. NY: Guilford.

Dougherty, B. S., Fowler, S. A., & Paine, S. C.(1985). The use of peer monitors to reduce negative interaction during recess. *Journal of Applied Behavior Analysis*, *18*, 141-153.

Dowrick, P. W.(1991). Analyzing and documenting. In P. W. Dowrick, *Pactical guide to using video in the behavioral sciences*. NY: Wiley.

Durand, V. M., & Crimmins, D. B.(1988). Identifying the variables maintaining self-injurious behavior. *Journal of Autism and Developmental Disordets*, *18*, 99-117.

D'Zurilla, T. J.(1988). Problem-solving therapies. In Dobson, K. S. *Handbook of cognitive-behavior therapies*. NY: Guilford.

D'Zurilla, T. J., & Goldfried, M. R.(1971). Problem-solving and behavior modification. *Journal of Abnormal Psychology*, *78*, 107-126.

Ellis, A.(1962). *Reason and emotion in psychotherapy*. NY: Lyle Stewart.

Ellis, A.(1977). The basic clinical theory of rational-emotive therapy. In A. Ellis & R. Grieger, *Handbook of rational-emotive therapy*. NY: Springer.

Ellis, A.(1993). Reflections on rational-motion therapy. *Journal of Consulting and Clinical Psychology*, *57*, 414-419.

Engels, G. I., Garnefski, N., & Diekstra, R. F. W.(1993). Efficacy of rational-motion therapy: A quantitative analysis. *Journal of Consulting and Clinical Psychology*, *61*, 1083-1090.

Evans, W. H., Evans, S. S., & Schmid, R. E.(1989). *Behavior and instructional management*. Boston: Allyn and Bacon.

Eysenck, H. J.(1952). The effects of psychotherapy: An evaluation. *Journal of Consulting psychology*, *16*, 319-324.

Fantuzzo, L. W., & Clement, P. W.(1981). Generalization of the effects of teacher-and self-administered token reinforcers to nontreated students. *Journal of Applied Behavior Analysis*, *14*, 435-447.

Feeney, E. J.(1972). Performance audit, feedback and positive reinforcement. *Training and Development Journal*, 8-13.

Feindler, E. L., Marriott, S. A., Iwata, M.(1984). Group anger control training for junior high school delinquents. *Cognitive Therapy and Research*, *8*, 299-311.

Fennis, B. M., & Stroebe, W. (2010). The psychology of Advertising. NY: Psychology Press.

Forehand, R., Sturgis, E. T., McMahon, R. J., Aguar, D., Green, K, Wells, K. C., & Breiner, J. (1979). Parent behavioral training to modify child noncompliance: Treatment generalization across time and from home to school. *Behavior Modification*, *3*, 3-25.

Foster, S. L., & Cone, J. D.(1986). Design and use of direct observation procedures. In A. R. Ciminero, K. S. Calhoun, & H. E. Adams, *Handbook of behavior assessment*. NY: Wiley.

Foster-Johnson, L., & Danlap, G. (1993). Using functional assessment to develop effective, individualized interventions for challenging behaviors. *Teaching Exceptional Children, 25*, 45-50.

Frank, I. M., & Maile, L. J.(1991). The use of video in sport skill acquisition. In P. W. Dowrick, *Practical guide to using video in the behavioral sciences*. NY: Wiley.

Frederiksen, L. W., & Lovett, S. B.(1980). Inside organizational behavior management: Perspectives on an emerging field. *Journal of Organizational Management, 2*, 193-203.

Freeman, A.(1990). Cognitive therapy. In A. S. Bellack & M. Hersen, *Handbook of comparative treatments for adult disorders*. NY: Wiley.

Freud, S.(1933). *New introductory lectures in psychoanalysis*. NY: Norton.

Gambrill, E.(1995). Helping shy socially anxious and lonely adults: A skill-based contextual approach. In W. O'Donohuo & L. Krasner(1995). *Handbook of psychological skills training*: Clinical techniques and application (pp.247-286). Boston: Allyn/ Bacon.

Garry L. Martin (2011). *Behavior Modification: What It Is and How To Do It* (9th Ed.). Upper Saddle River, NJ: Prentice Hall.

Gergen, M. M., Sulos, J. M., Lana, R. E.(1989). *Psychology*. New York: Harcourt Brace, Jawanovich, Publishers.

Gleitman, H.(1987). *Basic psychology*. New York: W. W. Worton & Company, Inc.

Goldstein, E. B.(1994). *Psychology*. Boston: Brooks/cole Publishing Co.

Gorgen, M. M., Suls, J. M., Rosnow, R. L., & Lana, R. E.(1989). *Psychology*. NY: Harcourt Brace Jawanovich, Publishers.

Gossette, R. L., & O'Brien, R. M.(1993). Efficacy of rational-motion therapy with children: A critical re-appraisal. *Journal of Behavior Therapy and Experimental Psychiatry, 24*, 15-25.

Gould, M. S., & Shaffer, D.(1996). The impact of suicide in television movies: Evidence of imitation. *New England Journal of Medicine, 31*, 690-694.

Greenwood, C. R., Delquardi, J. C., & Hall, R. V.(1984). Opportunity to respond and student academic performance. In W. L. Heward, T. E. Heron, D. S. Hill, & J. Trapporter, *Focus on behavior analysis in education*. Columbus, OH: Charles E. Merrill.

Hall, R. V., & Hall, M. C.(1980). *How to use planned ignoring*. Lawrence, KS: H & H Enterprises.

Hamilton, M., & Matson, J. L.(1992). Mental retardation. In S. M. Turner, K. S. Calhoun, & H. E. Adams, *Handbook of clinical behavior therapy*. New York: Wiley.

Hamilton, M.,(1980). Instructionally-based training in self-control: Behavior-specific and generalized outcomes resulting from student-implemented self-modification projects. *Teaching of Psychology*, *7*, 140-145.

Hawkin, R. P., & Dotson, V. A.(1975). Reliability scores that delude: An Alice in Wonderland trip through the misleading characteristics of interobserver agreement scores in interval recording. In E. Ramp & G. Semb, Behavior analysis: *Areas of research application*. Englewood Cliffs, NJ: Prentice-Hall.

Hermann, J. A., deMontes, A. I., Dominguez, B., Montes, F., Hopkins, B. L.(1973). Effects of bonuses for punctuality on the tardiness of industrial workers. *Journal of Applied Behavior Analysis*, *6*, 563-570.

Horner, R. H., & Carr, E. G. (1996). *Behavior Support for students with severe disabilities: Functional assessment and comprehensive intervention*. Manuscript submitted for publication.

Horner, R. H., & O'Neill, R. E., & Flannery, K. B.(1993). Building effective behavior support plans from functional assessment information. In M. Snell (Ed.), *Instruction of persons with severe handicaps* (4th ed., pp. 381-402). Columbus, OH: Merrill.

Huffman, K., & Dowdell, K. (2015). *Psychology in action* (11th ed.). Hoboken, NJ: John Wiley & Sons.

Huffman, K., Vernoy, M., & Vernoy, J.(1995). *Essentials of psychology in action*. New

York: John Wiley & Sons, Inc.

Hussian, R. A. (1981). *Geriatric psychology: A behavioral perspective*. New York: Van Nostrand Reinhold.

Hussian, R. A., & Davis, R. L. (1985). Responsive care: *Behavioral interventions with elderly persons*. Champaign, IL: Research Press.

Iwata, B. A., Dorsey, M. F., Slifer, K. J., Bauman, K. E., & Richman, G. S.(1982). Toward a functional analysis of self-injury. *Journal of Applied Behavior Analysis, 27*, 197-209.

Iwata, B. A., Vollmer, T. R., & Zarcone, J. R. (1990). The experimental analysis of behavior disorders: Methodology, applications, and limitations. In A. C. Repp & N. N. Singh(Eds.), *Perspectives on the use of nonaversive and aversive interventions for persons with developmental disabilities*. (pp.301-330). Pacfic Grove, CA: Brooks/ Cole.

Jackson, D. A., & Wallace, R. F.(1974). The modification and generalization of voice loudness in a fifteen-year-old retarded girl. *Journal of Applied Behavior Analysis, 7*, 461-471.

Janney, R. E., & Snell, M. E. (2008). *Behavioral support* (2nd Ed.). Baltimore: Paul H. Brookes.

Jensen, B. J., & Haynes, S. N.(1986). Self-report questionnaires and inventories. In A. R. Ciminero, K. S. Calhoun, & H. E. Adams, *Handbook of behavior assessment*. NY: Wiley.

Jones, M. C.(1924). The elimination of children's fears. *Journal of Experimental Psychology, 7*, 382-390.

Jones, R. T., & Kazdin, A. E. (1980). Teaching children how and when to make emergency telephone calls. *Behavior Therapy, 11*, 509-521.

Kallman, W. M., & Feuerstein, M. J.(1986). Psychophysiological procedures. In A. R. Ciminero, K. S. Calhoun, & H. E. Adams, *Handbook of behavior assessment*. NY: Wiley.

Kandel, H. J., Ayllon, T., & Rosenbaum, M. S.(1977). Flooding or systematic exposure in the treatment of extreme social withdrawal in children. *Journal of Behavior Therapy and Experimental Psychiatry, 8*, 75-81.

Kaplan, J. S. (1991). *Beyond behavior Modification: A cognitive-behavior approach to behavior management in the school.* Austin, TX: PRO-ED.

Kauffman, J. M. (1993). *Managing classroom behavior.* Massachusetts: Allyn and Bacon Co.

Kayser, J. E., Billingsley, F. F., & Neel, R. S.(1986). A Comparison of in-context and traditional instruction approaches: Total task, single trial versus backward chaining, multiple trials. *Journal of the association for the Severely Handicapped, 11*, 28-38.

Kazdin, A. E.(1978). *History of behavior modification.* Baltimore: University Park Press.

Kazdin, A. E.(1982). Current developments and research issues in cognitive-behavioral interventions: *A Commentary School Psychology Review, 11*, 75-82.

Kazdin, A. E.(2012). *Behavior modification in applied setting* (7th. ed.). Homewood, IL: The Dorsey Press.

Kazdin, A. E., & Cole, P. M.(1981). Attitudes and labeling biases toward behavior modification: The effects of labels, content and jargon. *Behavior Therapy, 12*, 56-68.

Kazdin, A. E., & Crickson, L. M.(1975). Developing responsiveness to instructions in severely and profoundly retarded residents. *Journal of Behavior Therapy and Experimental Psychiatry, 6*, 17-21.

Kazdin, A. E., Siegel, T. C., & Bass(1981). Cognitive problem-solving skills training and parent management training in the treatment of antisocial behavior in children. *Journal of Consulting and Clinical Psychology, 60*, 733-747.

Kazdin, A. E., & Esveldt-Dawson, K.(1981). *How to maintain behavior.* Lawrence, KS: H & H Enterprises.

Keller, M. F., & Carlson, P. M.(1974). The use of symbolic modeling to promote social skills in preschool children with low levels of social responsiveness. *Child Devel-*

opment, *45*, 912-919.

Kerr, M. M., & Nelson, C. M.(1983). *Strategies for managing behavior problems in the classroom*. Columbus, OH: Charles E. Merrill.

Kim, Y. H. (2008). Rebounding from learned helplessness: A measure of academic resilience using anagrams. *Dissertation Abstracts International: Section B: The Sciences and Engineering*, *68*(10-B), 6947.

Kirk, S. A.(1958). *Early education of the mentally retarded*. Urbana: University of Illinois Press.

Koegel, L. K., Koegel, R. L., & Danlap, G. (1996). *Positive behavior support: Indading people with difficult behavior in the community*. Baltimore: Paul H. Brookes.

Kohler, F. W., & Greenwood, C. R.(1990). Effects of collateral peer supportive behaviors within the classwide peer tutoring program. *Journal of Applied Behavior Analysis*, *23*, 307-322.

Lancioni, G. E.(1982). Normal children as tutors to teache social responses to withdrawn mentally retarded schoolmates: Training, maintenance, and generalization. *Journal of Applied Behavior Analysis*, *15*, 17-40.

Lazar, I. (1983). Discussion and implications of the findings. In the *consortium for longitndinal studies, as the twig is bent: Lasting effects of preschool programs* (pp. 461-465). Hillsdale, NJ: Lawrence Erlbaum Associates.

Lazarus, A. A.(1981). *Multimodal therapy*. NY: Guilford.

Lee, C.(1992). On cognitive theory and causation in human behavior. *Journal of Behavior Therapy and Experimental Psychiatry*, *23*, 257-268.

Lefrancois, G. R. (2012). Theories of human learning: What the professor said (6th ed.). Belmont, CA: Wadsworth/Gengage.

Lennox, D. B., & Miltenberger, R. G. (1989). Conducting a functional assessment of problem behavior in applied settings. *Journal of the Association for Persons with Severe Handicaps*, *14*, 304-311.

Liebert, R. M., & Spiegler, M. D.(1994). personality: *Strategies and issues*. CA: Brook/

Cole.

Lovaas, O. I.(1977). The autistic child: *Language development through behavior modification*. New York: Irvington.

Lovitt, O. I., Newsom, C., Simmons, J. Q., & Long, J. S.(1973). Some generalization and follow-up measures on autistic children in behavior therapy. *Journal of Applied Behavior Analysis*, *6*, 131-166.

Lovitt, T. C.(1984). *Tactics for teaching*. Columbus, OH: Charles E. Merrill.

Luthans, F., & Kreitner, R. (1985). *Organizational behavior modification and beyond: An operant and social learning approach*. Glenview, IL: Scott, Foresman.

Madsen, C. H., Becker, W. C., & Thomas, D. R.(1968). Rules, praise, and ignoring ： Elements of elementary classroom control. *Journal of Applied Behavior Analysis*, *1*, 139-150.

Mahoney, M. J.(1977). Reflections on the cognitive-learning trend in psychotherapy. American Psychologist, *32*, 5-13.

Mahoney, M. J.(1993). Introduction to special section: Theoretical developments in the cognitive psychotherapies. *Journal of Consulting and Clinical Psychology*, *61*, 187-193.

Manning, B. H. (1991). Cognitive self-instruction for classroom processes. NY: State University of New York Press.

Martin, G. L., & Hrycaiko, D. (1983). Behavior modification and coaching: Principles, procedures, and research. Springfield, IL: Charles C. Thomas.

Martin, G., & Pear J.(2019). Behavior modification (10th. ed.). New Jersey: Prentice Hall.

Mayo, L. L., & Norton, G.R.(1980). The use of problem solving to reduce examination and interpersonal anxiety. *Journal of Behavior Therapy and Experimental Psychiatry*, *11*, 287-289.

McClannahan, L. E., & Risley, T. R.(1975). Design of living environments for nursing-home residents: Increasing participation in recreational activies. *Journal of Applied*

Behavior Analysis, *8*, 261-268.

McCullough, J. P., Huntsinger, G. N., & Nay, W. R.(1977). Self-controlled treatment of aggression in a 16-year-old male：Case study. *Journal of Consulting and Clinical Psychology*, *30*(2), 19-22.

McMahon, R. J.(1984). Behavior checklists and ratings scales. In T. H. Ollendick & M. Hersen, Child behavioral assessment：Principles and procedures. NY: Pergamon Press.

McMullin, R. E., & Gile, T. R.(1981). Cognitive behavior therapy: A restructuring approach. NY: Grune & Stratton.

McNeil, C. B., Eyberg, S., Eisenstadt, T. H., Newcomb, K., & Funderburk, B.(1991). Parent-child interaction therapy with behavior problem children：Generalization of treatment effects to the school setting. *Journal of Clinical Child Psychology*, *20*, 140-151.

Meichenbaum, D.(1974). Cognitive behavior modification. N.J.: General Learning Press.

Meichenbaum, D.(1977). Cognitive behavior modification: An integrative approach. N.Y.: Plenum Press.

Meichenbaum, D.(1986). Cognitive behavior Modification：In F. H. Kanfer & A. P. Goldstein, Helping people change: A textbook of nmethods. N.Y.: Plenum Press.

Meichenbaum, D., & Cameron, R.(1983). Stress inoculation training：Toward a general paradigm for training coping skills. In D. Meichenbaum & M. E. Jaremko, Stress reduction and prevention. N.Y.: Plenum Press.

Meichenbaum, D., & Deffenbacher, J. L.(1986). Counseling Psychologist, 16, 69-90.

Meichenbaum, D., & Genest, M.(1980). Cognitive behaviormodification：An inregration of cognitive and behavior methods. In Kanfer, F. H. & Goldstein, A. P., Helping people change. NY: Pergamon Press. pp. 390-422.

Miltenberger, R. G. (2024): Behavior Modification (7th ed.) CA: Wadsworth/Thomson Learning.

Miltenberger, R. G. (2024): Behavior Modification: Principles and procedures (7nd ed.) CA: wadsworth/Thomson Learning.

Monette, D. R., Sullivan, T. J., & DeJong, C. R.(1990). Applied social research: Tool for the human services. Fort Worth, TX: Holt, Rinehart & Winston.

Nakano, K. (1990). Operant self-control procedure in modifying Type A behavior. *Journal of Behavior Therapy and Experimental Psychiatry*, *21*, 249-255.

National Institutes of Health. (1989). Treatment of destructive behaviors. Rockville, MD: Abstracts presented at NIH Consensus Development Conference.

Nelson, G., & Carson, P. (1988). Evaluation of a social problem solving skills program for third-fourth-gtrade students. *American Journal of Community Psychology*, *16*, 79-99.

Nezu, A. M., Nezu, C. M., & Perri, M. C. (1989). Problem solving therapy for depression: Yheory, research, and clinical guidelines. NY: Wiley.

Nomellini, S., & Katz, R. C.(1983). Effects of anger control training on abusive parents. *Cognitive Therapy and Research*, *7*, 57-68.

Nordquist, V. M.(1971). The modification of a child's enuresis: Some response- response relationships. *Journal of Applied Behavior Analysis*, *4*, 241-247.

Northup, J., Wacker, D., Sasso, G., Steege, M., Cigrand, K., Cook, J., & DeRaad, A. (1991). A brief functional analysis of aggressive and alternative behavior in an out-clinic setting. *Journal of Applied Behavior Analysis*, *24*, 509-522.

Novaco, R. W. (1976). The functiona and regulation of the arousal of anger. *American Journal of Psychiatry*, *133*, 1124-1128.

Novaco, R. W. (1977). A Stress inoculation approach to anger management in the training of law enforcement officers. *American Journal of Community Psychology*, *5*, 327-346.

O'Donohue, W., & Krasner, L. (1995). Handbook of psychological skills training: Clinical techniques and application. Boston: Allyn/Bacon.

Ollendick, T. H., Hagopian, L. P., & Huntzinger, R. M.(1991). Cognitive-behavior therapy with nighttime fearful children. *Journal of Behavior Therapy and Experimental Psychiatry*, *22*, 113-121.

Oltmanns, T. F., Neale, J. M., & Davison, G. C.(1991). Case studies in abnormal psychology. NY: Wiley.

O'Neill, R. E., Horner, R. H., Albin, R. W., Sprague, J. R. Storey, K., & Newton, J. S.(1997). Functional assessment and program development for problem behavior. Boston: Brooks/Cole Publishing Co.

O'Neill, R. E., Horner, R. H., O'Brien, M., & Huckstep, S. (1991). Generalized reduction of difficult behaviors : Analysis and intervention in a competing behaviors framework. Journal of Developmental and Physical Disabilities (pp. 382-401). Pacfic Grove, CA: Brooks/cole.

Ormrod, J. E.(1990). Human learning: Theories, principles, and educational applications. New York: Macmillaan.

Pavlov, I. P.(1927). Conditioned reflexes. New York: Oxford University Press.

Pigott, H. E., Fantuzzo, J. W., & Clement, P. W.(1986). The effects of reciprocal peer tutoring and group contingencies on the academic performance of elementary school children. *Journal of Applied Behavior Analysis*, *19*, 93-98.

Powell, J., Martindale, A., & Kulp, S.(1975). An evaluation of time-sampled measures of behavior. Journal of Applied Behavior Analysis, *8*, 463-469.

Premark, D.(1959). Toward empirical behavior laws: Positive reinforcement. *Psychological Review*, *66*, 219-233.

Puder, R., Lack, P., Bertelson, A. D., & Storandt, M.(1983). Short-term stimulus control treatment of insomnia in older adults. *Behavior Therapy*, *14*, 424-429.

Rathus, S. A.(1973). A 30-item schedule for assessing assertive behavior. *Behavior Therapy*, *4*, 398-406.

Robins, C. J., & Hayes, A. M.(1993). An appraisal of cognitive therapy. *Journal of Consulting and Clinical Psychology*, *61*, 205-214.

Rosenhan, D. L., & Seligman, M. E. P.(1984). abnormal psychology. NY:Norton.

Rushall, B. S.(1993). The restoration of performance capacity by cognitive restructuring and covert conditioning handbook. Pacific Grove, CA:Brooks/Cole.

Sarafino, E. P.(1985). Peer-peer interactions among infants and toddlers with extensive daycare experience. *Journal of Applied Developmental Psychology*, *6*, 17-29.

Sarafino, E. P.(1994). Health psychology: Biopsychosocial internations. New York:John.

Sarafino, E. P.(1996). Principles of behavior change. New York:John Wiley & Sons, Inc.

Saunders, J. T., Reppucci, N. P.(1978). The social identify of behavior modification. In M. Hersen, R. Eisher, & P. Miller(Eds), Progress in behavior modification. New York:Academic Press.

Shea, D. J. (2008). Effects of sexual abuse by Catholic priests on adults victimized as children Sexual Addiction and Compulsivity, *15*, 250-268.

Skinner, B. F.(1938). The behavior of organisms: An experimental analysis. New York: Appleton- Century-Crofts.

Skinner, B. F.(1953). Science and human behavior. New York:Macmillan.

Skinner, B. F.(1954). The science of learning and the art of teaching. *Harvard Educational Review*, *24*, 86-97.

Smith, B. M., Schumaker, J. B., Schaeffer, J., & Sherman, J. A.(1982). Increasing participation and improving the quality of discussions in seventh-grade social studies classes. *Journal of Applied Behavior Analysis*, *15*, 97-110.

Spiegler, M. D., & Guevremont, D. C.(1993). Contemporary behavior therapy(2ed.). CA:Brooks/ Cole Publishing Co.

Spivack, G., & Shure, M. B.(1982). The cognition of Social adjustment:Interpersonal cognitive problem-solving thinking. In B. B. Lahey & A. E. Kazdin, Advances in clinical child psychology. NY:Plenum Press.

Spooner, F.(1984). Comparisons of backward chaining and total task presentation in training severely handicapped persons. *Education and Training of the Mentally Retarded*, *19*, 15-22.

Steege, M. W., Wacker, D. P., Berg, W. K., Cigrand, K. K., & Cooper, L. J. (1989). The use of behavioral assessment to prescribe and evalvate treatments for severely handicapped children. *Journal of Applied Behavior Aanlysis*, *22*, 23-33.

Stein, D. J., & Young, J. E.(1992). Cognitive science and clinical disorders. San Diego, CA:Academic Press.

Stock, L. Z., & Milan, M. A.(1993). Improving dietary practices of elderly individuals: The power of prompting, feedback, and social reinforcement. *Joumal of Applied Behavior Analysis*, *26*, 379-139.

Stokes, T. F., & Baer, D. M.(1977). An implicit technology of generalization. *Journal of Applied Behavior Analysis*, *10*, 349-367.

Sulzer, B., & Mayer, G. H.(1972). Behavior modification procedures for school personnel. Hinsdale, IL:Dryden.

Sulzer-Azaroff, B., & Mayer, G. H.(1986). Achieving educational excellence—using behavioral strategies. NY:Holt, Rinehart and Winston.

Swan, G. E., & MacDonald, M. L.(1978). Behavior therapy in practice:A national survey of behavior therapists. *Behavior Therapy*, *9*, 799-807.

Sweet, A. A., & Loizeaux, A. L.(1991). Behavioral and cognitive treatment methods: A critical comparative review. *Journal of Behavior Therapy and Experimental Psychiatry*, *22*, 159-185.

Sweet, G. E., & MacDonald, M. L.(1978). Behavioral and cognitive treatment methods:AZ critical comparative review. *Journal of Behavior Therapy and Experimental Psychioatry*, *22*, 159-185.

Tawney, J. W., & Gast, D. L.(1984). Single subject research in special education. NJ: Macmillan Publishing Co.

TFPDPP(1993). A report to the Division 12 Board, October 1993. Washington, DC: American Psychological Association Division of Clinical Psychology.

Thorndike, E. L.(1989). Animal intelligence: An experimental study of the associative processes in animals. *Psychological Review Monograph Supplements*, *2*, 7-8.

Tuncker, J. A., Vuchinich, R. E., & Downey, K. K.(1992). Substance abuse. In S. M.

Turner, K. S. Calhoun, & H. E. Adams, Handbook of clinical behavior therapy. NY: Wiley.

Turkat, I. D.(1986). The behavior interview. In A. R. Ciminero, K. S. Calhoun, & H. E. Adams, Handbook of behavior assessment. NY:Wiley.

Turner, S. M., Calhoun, K. S., & Adams, H. E.(1992). Handbook of clinical behavioral therapy. New York:Wiley.

Umbreit, J., Ferro, J., Liaupsin, C. J., & Lane, K. L. (2006). *Functional behavioral assessment and function-based intervention: An effective practical approach.* Upper Saddle River, NJ: Prentice Hall.

VanHouten, R.(1980). How to motivate others through feedback. Lawrence, KS:H & H Enterprises.

VanHouten, R., Axelord, S., Bailey, J. S., Favell, J. E., Foxx, R. M., Iwata, B. A., & Lovaas, O. I.(1988). The right to effective behavior treatment. *The Behavior Analyst, 11,* 111-114.

Walker, J. E., Shea, T. M.(1984). Behavior management—A practical approach for educator. St Louis: Mirror/Mosby.

Warzak, W. J., & Page, T. J.(1990). Teaching refusal skills to sesually active adolescents. *Journal of Behavior Therapy and Experimental Psychiatry, 21,* 133-139.

Wasik, B. H.(1970). The application of Premack's generalization on reinforcement to the management of classroom behavior. *Journal of Experimental Child Psychology, 10,* 33-43.

Watson, J. B.(1913). Psychology as the behaviorist views it. *Psychological Review, 20,* 33-43.

Watson, J. B., & Rayner, R.(1920). Conditioned emotional reactions. *Journal of Experimental Psychology, 3,* 1-14.

Webster-Stratton, C.(1982). Teaching mothers through videotape modeling parent-training program: Comparison of immediate and 1-year follow-up results. *Behavior Therapy, 13,* 391-394.

Weld, E. M., & Evans, J. M.(1990). Effects of part versus whole instructional strategies on skill acquisition and excess behavior. *American Journal of Mental Retardation, 94*, 377-386.

Whelan, J. P., Mahoney, M. J., & Meyers, A. W.(1991). Performance enhancement in sport: A cognitive behavioral domain. *Behavior Therapy, 22*, 307-327.

Whitman, T. L., Mercurio, J. R., & Caponigri, V.(1970). Development of social responses in two severely retarded children. *Journal of Applied Behavior Analysis, 3*, 133-138.

Wilson, G. T., & Evans, S. M.(1978). The therapist-client relationship in behavior therapy. In A. S. Gurman & A. M. Razin(Eds.), The therapists contribution to effective psychotherapy:An empirical approach. New York:Pergamon Press.

Wilson, G. T., & Fairburn, C. G.(1993). Cognitive treatments for eating disorders. *Journal of Counseling and Clinical Psychology, 61*, 261-269.

Wilson, W. H., & Simpson, G. M. (1990). Pharmacotherapy. In A. S. Bellack & M. Hersen, Handbook of comparative treatments for adult disorders. New York: Wiley.

Wixted, J. T., Bellack, A. S., & Hersen, M.(1990). Behavior therapy. In A. S. Bellack & M. Hersen, Handbook of comparative treatments for adult disorders. New York: Wiley.

Wolery, M., Bailey, D. B., & Sugai, G. M.(1988). Effective teaching:Priciples and procedures of applied behavior analysis with exceptional students. Boston: Allyn & Bacon.

Wolfe, D. A., Menders, M. G., Factor, D.(1984). A parent-administered program to reduce chikldren's television viewing. *Journal of Applied Behavior Analysis, 17*, 267-272.

Wolko, K. L., Hrycaiko, D. W., & Martin, G. L. (1993). A comparison of two self-management packages to standard coaching for improving practive performance of gymnasts. *Behavior Modification, 17*, 209-223.

Wolpe, J.(1958). Psychotherapy by reciprocal inhibition. Stanford, CA:Stanford University Press.

Wysocki, T., Hall, G., Iwata, B., & Riordan, M.(1979). Behavior management of exercise:Contracting for aerobic points. *Journal of Applied Behavior Analysis*, *12*, 55-64.Yates, B. T.(1986). Application in self-management. (pp.26-29) Belmont, CA:Woodsworth Publishing Co.

Zeigler, S. G. (1994). The effects of attentional shift training on the execution of soccer skills: A preliminary investigation. *Journal of Applied Behavior Analysis*.

家圖書館出版品預行編目資料

亍為改變技術：含正向行為介入與支持
（PBIS）／張世彗著. -- 九版. -- 臺北
市：五南圖書出版股份有限公司, 2024.05
　面；　公分
ISBN 978-626-393-304-0（平裝）

1.CST: 行為改變術

78.3　　　　　　　113005629

1IFB

行爲改變技術
含正向行爲介入與支持（PBIS）

作　　者 ― 張世彗

發 行 人 ― 楊榮川

總 經 理 ― 楊士清

總 編 輯 ― 楊秀麗

副總編輯 ― 黃文瓊

責任編輯 ― 李敏華

封面設計 ― 封怡彤

出 版 者 ― 五南圖書出版股份有限公司

地　　址：106臺北市大安區和平東路二段339號4樓

電　　話：(02)2705-5066　　傳　　真：(02)2706-6100

網　　址：https://www.wunan.com.tw

電子郵件：wunan@wunan.com.tw

劃撥帳號：01068953

戶　　名：五南圖書出版股份有限公司

法律顧問　林勝安律師

出版日期　2000年10月初版一刷
　　　　　2003年 8 月三版一刷
　　　　　2007年 8 月四版一刷
　　　　　2010年 9 月五版一刷
　　　　　2013年 3 月六版一刷
　　　　　2017年 8 月七版一刷
　　　　　2021年 9 月八版一刷（共二刷）
　　　　　2024年 5 月九版一刷

定　　價　新臺幣590元

經典永恆・名著常在

五十週年的獻禮 —— 經典名著文庫

五南，五十年了，半個世紀，人生旅程的一大半，走過來了。

思索著，邁向百年的未來歷程，能為知識界、文化學術界作些什麼？

在速食文化的生態下，有什麼值得讓人雋永品味的？

歷代經典・當今名著，經過時間的洗禮，千錘百鍊，流傳至今，光芒耀人；

不僅使我們能領悟前人的智慧，同時也增深加廣我們思考的深度與視野。

我們決心投入巨資，有計畫的系統梳選，成立「經典名著文庫」，

希望收入古今中外思想性的、充滿睿智與獨見的經典、名著。

這是一項理想性的、永續性的巨大出版工程。

不在意讀者的眾寡，只考慮它的學術價值，力求完整展現先哲思想的軌跡；

為知識界開啟一片智慧之窗，營造一座百花綻放的世界文明公園，

任君遨遊、取菁吸蜜、嘉惠學子！